> install.packages

心理・教育のための
R によるデータ解析

服部 環 著

福村出版

```
Model Chisquare = 11.95 Df = 3 Pr(>Chisq) = 0.00754 # (a)
Chisquare (null model) = 124.8 Df = 10 # (b)
Goodness-of-fit index = 0.9637 # (c)
Adjusted goodness-of-fit index = 0.8166 # (d)
RMSEA index = 0.1571 90% CI: (0.0711, 0.2549) # (e)
Bentler-Bonnett NFI = 0.9042 # (f)
Tucker-Lewis NNFI = 0.74 # (g)
Bentler CFI = 0.922 # (h)
SRMR = 0.06586 # (i)
BIC = -2.458 # (j)
```

JCOPY 〈(社)出版者著作権管理機構 委託出版物〉
本書の無断複写は著作権法上での例外を除き禁じられています。複写される場合は、そのつど事前に、(社)出版者著作権管理機構（電話 03-3513-6969、FAX 03-3513-6979、e-mail: info@jcopy.or.jp）の許諾を得てください。

はじめに

　本書では心理・教育の学習と研究を行うために必要なデータ解析法を学びます。一口にデータ解析法といっても，その教育過程は2つに分かれると思います。1つは記述統計と推測統計を中心とする心理・教育統計学，もう1つは多変数の関係を同時に分析する多変量データ解析法です。本書は後者を中心とするデータ解析法に焦点を当てました。ですから，心理・教育統計学をすでに学習されていることを前提としました。しかし，具体的に想定した既習内容は平均，分散，標準偏差，共分散，相関係数だけです。歪度については本書の中で説明しました。また，計算手順を説明するために加算記号Σを使いましたが，これまでの授業でΣ記号を見たことがなくても，少し練習すればΣ記号の使い方を理解できると思います。

　解析法によっては，解析結果を読み取るために行列の理解が必要になることがあります。そのため，行列の基本的な演算を説明しました。ただし，心理・教育を学ぶ私たちが理解しておくべき行列演算の種類は多くはありませんし，4章以降のデータ解析法を学ぶときに行列演算が出てきますので，そのときに行列演算を練習すればよいと思います。

　また，統計的仮説検定の論理と基本的用語を学習していることも前提としました。具体的には母集団と標本，帰無仮説と対立仮説，有意水準と p 値（有意確率），第一種の誤謬（タイプⅠエラー）と第二種の誤謬（タイプⅡエラー），そして，検定力です。

　本書の特徴はすべての計算にRとRパッケージを利用したことです。Rとは，パソコン上で利用する統計解析用のフリーソフトウェアです。フリーソフトウェアですから，誰でもどこでも自由に利用することができます。ハードディスクはもちろんのこと，USBメモリにRをインストールしておけば，ポケットに入れて持ち歩くことができます。移動先でパソコンを借りれば，その場でRを利用できます。ある学生は大学のパソコン端末を利用してRをUSBメモリにインストールして，自室のパソコンでRを利用しています。LANの接続契約を結んでいないからだそうです。本書ではWindows版のRを利用しましたが，Mac OS X版とLinux版もあります。

　Rはフリーソフトウェアですが，その機能は商用ソフトウェアに劣りません。一連の命令文を梱包したRパッケージと呼ばれる機能を追加すれば最新の統計解析技法を利用できます。本書でも積極的にRパッケージを利用してみました。同一の解析を目的とするパッケージがいくつもありますから，本書では使い勝手を優先して選んでみました。なかには本書が出版される頃にバージョンアップされているパッケージがあるかもしれません。実際，本書で紹介するスクリプトを作成した後にバージョンアップされたパッケージがあり，関数の初期設定（デフォルト設定）や出力・表示内容が変わったり，バグが取り除

かれたりしていました。

　さて，本書の構成は以下の通りです。

　1章では，RとRパッケージのインストール手順を紹介します。
　2章では，四則演算と平方根，指数，対数などを求める命令文，また，平均，分散共分散，標準偏差，相関係数などの統計量を求める命令文を学びます。こうした命令文は関数と呼ばれ，それぞれ名前が付いています。3章以降で利用する基本的な関数の微分を説明しますが，初めて微分を習う方は図形的に微分を理解し，実際の微分にはRを使えばよいと思います。また，ハードディスクやUSBメモリに保存された調査・実験データを入力する関数を学びます。
　3章では，単回帰分析を学びます。単回帰分析では説明変数として質的変数を用いることもできますが（分散分析），量的変数から量的変数を1次式を用いて予測する単回帰分析に限定しました。単回帰分析の実行にはlm()関数を利用します。
　4章では，重回帰分析を学びます。重回帰分析は多数の変数を用いて1つの変数を予測します。重回帰分析にもlm()関数を利用します。重回帰分析では多重共線性に注意する必要があります。その有無を調べるためにcarパッケージのvif()関数を利用します。重回帰分析の学習はパス解析を学ぶための準備でもあります。
　5章では，一般化線形モデルを学びます。このモデルは重回帰分析，ロジスティック回帰モデル，ポアソン回帰モデル，そして，対数線形モデルなどを統一的に表現することができます。そのため，一般化線形モデルを学ぶことによって複数のモデルを一度に学ぶことができます。もちろん，個々のモデルを個別に学ぶこともできます。説明変数として質的な変数を用いることもできますので，そうした分析例も紹介します。本書ではglm()関数を利用します。
　6章では，分類法として判別分析とクラスター分析を学びます。判別分析は個体を分類する方法の1つです。目的は，確かな基準によって分類されている個体を他の観測変数にもとづいて分類する規則を探ることです。また，群の相違や特徴を探る判別分析もあります。前者にはqda()関数，後者にはlda()関数を使います。また，非階層的クラスター分析の1つであるk平均法をkmeans()関数を用いて実行します。
　7章では，因子分析を学びます。因子分析は観測変数の変動を説明する潜在変数を探ります。本書ではpsychパッケージを追加インストールして因子分析を行います。因子数を決める統計量の計算にもpsychパッケージの関数を利用します。因子軸の回転を行う関数はpsychパッケージにもありますが，因子軸の回転に特化したGPArotationパッケージも紹介します。さらに，psychパッケージを利用した順序尺度データの因子分析を学びます。

8章では，主成分分析を学びます．因子分析が観測変数の背後にある潜在変数を探るのに対し，主成分分析は観測変数から合成得点を作り，重要な情報を表現します．本書ではpsychパッケージのprincipal()関数を利用します．

9章では，独立成分分析を学びます．独立成分分析と主成分分析との違いは，独立成分分析が観測変数を合成する独立な成分を求めるところにあります．主成分得点は無相関ですが，必ずしも独立とは限りません．計算にはfastICAパッケージを利用します．2変数の独立成分分析によって因果の方向を推測できることがありますので，因果関係が明確なデータを使って因果の方向を特定できるかどうかを調べてみます．また，noisy独立成分分析とも呼ばれる独立因子分析をifaパッケージを使って学びます．

10章では，パス解析を学びます．パス解析は観測変数の間に仮定される因果連鎖を探ります．パス解析は構造方程式モデリングの下位モデルとして表現できますから，パス解析の学習を通して構造方程式モデリングの基礎・基本，具体的には研究仮説をパス図で表現する方法を学びます．計算にはsemパッケージを利用します．

11章では，確認的因子分析と潜在曲線モデルを学びます．2つとも構造方程式モデリングの下位モデルですから，計算にはsemパッケージを利用することができます．また，相関係数に関する種々の検定も測定方程式モデルで表現できます．構造方程式モデリングを使うことにより，研究仮説に応じて柔軟に帰無仮説を立てることができます．

12章では，潜在変数の構造方程式モデルを学びます．このモデルは先のパス解析と測定方程式モデルを合わせたモデル，つまり潜在変数の因果関係を探る構造方程式モデルです．最も構造方程式モデリングらしいモデルとも言えます．ここでも計算にはsemパッケージを利用します．

13章では，3次の積率を利用する回帰分析を学びます．2次の積率だけでは因果の方向を特定することはできません．また，2変数に双方向の因果関係を想定してパス係数を推定することもできません．しかし，3次の積率を利用することにより，2変数だけでも因果の方向を特定できる可能性があります．

14章では，項目反応理論を学びます．項目反応理論は大規模調査に利用されることが多いのですが，データ数の少ない心理・教育の調査研究でも利用することができます．項目反応のタイプに応じて多数のモデルが提案されていますが，本章では最も基本となるロジスティックモデルに焦点を当てました．計算にはltmパッケージとirtoysパッケージを利用しました．ltmパッケージは大規模テストにも利用できますので，練習問題としてPISA 2003のReadingテストに適用してみます．

各章で具体的に分析事例を見ていきますが，素データを1ページ以内に収めて掲載するために標本サイズが小さいデータを分析に利用しました．しかし，実際の心理・教育データの解析では，安定した分析結果を得るためには数百あるいはそれ以上に大きな標本を必

要とします。この点に注意してください。各章に練習問題を用意しました。練習問題には数値によって数理的事実を確認するための問題，Rパッケージや関数の理解を深めるための問題があります。是非，トライしてください。

　おしまいに参考図書を紹介します。特別な強い理由はありませんが，1つのテーマや分析技法ごとに3点の文献を紹介します。比較的数式の少ないものから数式が豊富なものまであります。また，本文の脚注でも参考図書を紹介していますので，巻末の参考図書リストとあわせてご活用ください。

　本書で紹介したパッケージがバージョンアップを繰り返して実用的に使えるようになった頃，福村出版の石井早苗さんから本書を執筆する機会を頂きました。そのあとも，本書が完成するまでたいへん快適な執筆環境を提供して頂き，感謝しています。この場を借りてお礼を申し上げます。ありがとうございました。

　2011年1月

服部　環

目 次

はじめに……………………………………………………………………………… 3
本書で使用するデータのダウンロードについて…………………………………12

1章　RとRパッケージのインストール……………………………………13

1.1　Windows版Rのインストールと起動……………………………………14
　　1.1.1　Rのインストール（14）
　　1.1.2　Rの起動と終了（15）

1.2　パッケージのインストールと読み込み…………………………………17

2章　Rの基礎………………………………………………………………19

2.1　基礎的演算…………………………………………………………………20
　　2.1.1　四則演算（20）
　　2.1.2　基本的関数（22）

2.2　ベクトルと行列……………………………………………………………25
　　2.2.1　数列（25）
　　2.2.2　ベクトルと行列の作成（25）
　　2.2.3　行列とベクトルの演算（27）
　　2.2.4　要素の参照と置換（34）

2.3　繰り返し文…………………………………………………………………35

2.4　基本的統計関数……………………………………………………………37

2.5　微分…………………………………………………………………………49

2.6　データの入出力……………………………………………………………55

3章　単回帰分析……………………………………………………………63

3.1　単回帰分析の定式化………………………………………………………64

3.2　lm()関数を用いた単回帰分析の実行……………………………………66

3.3　単回帰分析における検定…………………………………………………71

3.4　身長の2乗を用いた体重の予測…………………………………………73

4章　重回帰分析 …… 75

    4.1　説明変数が2つの場合の定式化 …… 76
    4.2　lm() 関数を用いた重回帰分析の実行 …… 76
    4.3　重回帰分析における検定 …… 81
        4.3.1　決定係数の検定（81）
        4.3.2　偏回帰係数と切片の検定（81）
    4.4　多重共線性と分散拡大係数（VIF） …… 82
        4.4.1　多重共線性（82）
        4.4.2　分散拡大係数（VIF）とトレランス（85）
        4.4.3　抑制変数（88）
    4.5　説明変数が p 個の場合 …… 90
    4.6　変数選択 …… 93

5章　一般化線形モデル …… 97

    5.1　目的変数と誤差の分布 …… 98
    5.2　一般化線形モデルと指数分布族 …… 99
        5.2.1　指数分布族とは（99）
        5.2.2　線形予測子と正準連結関数（103）
    5.3　glm() 関数 …… 104
        5.3.1　glm() 関数の書式（104）
        5.3.2　母数の推定方法──最尤推定法（106）
    5.4　正規分布の場合──重回帰モデル …… 107
    5.5　2項分布の場合──ロジスティック回帰モデル …… 109
    5.6　ポアソン分布の場合 …… 121
        5.6.1　ポアソン回帰モデル（121）
        5.6.2　対数線形モデル（129）

6章　分類法 …… 139

    6.1　2次判別分析 …… 140
        6.1.1　1変数の場合（140）
        6.1.2　2変数以上の場合（144）
        6.1.3　qda() 関数による2次判別分析（147）
    6.2　線形判別分析 …… 153
    6.3　正準判別分析 …… 154
        6.3.1　正準判別分析の定式化（155）

        6.3.2　lda() 関数を用いた正準判別分析（156）
    6.4　非階層的クラスター分析 …………………………………………………… 162
        6.4.1　k 平均法（162）
        6.4.2　kmeans() 関数を用いた k 平均法（163）
        6.4.3　既存のクラスターへの分類（166）

7章　因子分析 …………………………………………………………………… 169

    7.1　因子の存在と観測変数の相関 ………………………………………………… 170
        7.1.1　観測変数の疑似相関（170）
        7.1.2　身体計測値の因子分析（171）
        7.1.3　因子分析モデルの定式化（174）
        7.1.4　因子分析の計算手順（174）
    7.2　因子数の決定 ………………………………………………………………… 175
        7.2.1　因子数を決める方法（175）
        7.2.2　身体計測値の因子数（176）
    7.3　因子負荷量の初期解 ………………………………………………………… 180
        7.3.1　主な推定方法（180）
        7.3.2　身体計測値の初期解と相関係数行列の再生値（181）
    7.4　因子の回転 …………………………………………………………………… 188
        7.4.1　回転方法（188）
        7.4.2　身体計測値の回転解（190）
    7.5　因子得点の推定 ……………………………………………………………… 197
    7.6　順序尺度データの因子分析 ………………………………………………… 200
        7.6.1　順序尺度データと相関係数（200）
        7.6.2　random.polychor.pa() 関数を用いた因子数の推定（201）
        7.6.3　因子負荷量の推定（206）

8章　主成分分析 ………………………………………………………………… 209

    8.1　主成分分析の定式化 ………………………………………………………… 210
    8.2　principal() 関数を用いた主成分分析 …………………………………… 214
    8.3　十種競技の主成分分析 ……………………………………………………… 217
        8.3.1　主成分の数と初期解（217）
        8.3.2　主成分の回転解（223）

9章　独立成分分析 ……………………………………………………………… 227

    9.1　カクテルパーティー効果 …………………………………………………… 228

- 9.2 独立成分分析とは ……………………………………………………… 228
  - 9.2.1 独立と無相関（228）
  - 9.2.2 人工的な観測信号の独立成分分析（229）
- 9.3 独立成分分析の定式化 …………………………………………………… 230
- 9.4 fastICA パッケージを用いた独立成分分析 …………………………… 231
- 9.5 独立成分分析による2変数の因果分析 ………………………………… 239
  - 9.5.1 親子の身長の因果関係（240）
  - 9.5.2 混合係数の有意性検定（243）
  - 9.5.3 女性の身長と体重の因果分析（245）
- 9.6 ifa パッケージを用いた独立因子分析 ………………………………… 247

10章　パス解析 …………………………………………………………… 255

- 10.1 研究仮説の表現とパス図 ………………………………………………… 256
  - 10.1.1 パス図を描画するためのルール（256）
  - 10.1.2 データから推定する母数（260）
- 10.2 パス解析と sem パッケージ …………………………………………… 261
  - 10.2.1 減量希望量を予測するパス解析モデル（261）
  - 10.2.2 必要とする関数と実行手順（262）
  - 10.2.3 スクリプトの実行と関数の出力（266）
- 10.3 母数の推定 ………………………………………………………………… 270
  - 10.3.1 観測変数の共分散構造（270）
  - 10.3.2 最尤推定法と適合度指標（272）
- 10.4 双方向の因果関係を含むパス解析 ……………………………………… 276

11章　測定方程式モデル ………………………………………………… 283

- 11.1 確認的因子分析 …………………………………………………………… 284
  - 11.1.1 モデルの特定（285）
  - 11.1.2 モデルの識別（291）
- 11.2 潜在曲線モデル …………………………………………………………… 294
  - 11.2.1 確認的因子分析との関係（294）
  - 11.2.2 sem パッケージを用いた潜在曲線モデル（297）
  - 11.2.3 条件付き潜在曲線モデル（303）
- 11.3 相関分析──相関係数の検定 …………………………………………… 306

12章　潜在変数の構造方程式モデル …………………………………… 319

- 12.1 潜在変数間の因果モデル ………………………………………………… 320

12.2　修正指標 …… 324
12.3　不適解と母数の制約 …… 330
12.4　同値モデル …… 334

13章　3次の積率を利用する回帰分析 …… 335
13.1　2次の積率を用いた単回帰モデルの限界 …… 336
13.2　高次の積率を用いた単回帰モデル …… 339
13.2.1　測定値の3次までの積率（339）
13.2.2　自由母数と観測変数の積率構造（342）
13.2.3　母数の推定方法（344）
13.2.4　単回帰モデルのためのスクリプトと適用事例（345）
13.2.5　重回帰モデル（358）
13.3　双方向の回帰モデル …… 359
13.3.1　自由母数と観測変数の積率構造（360）
13.3.2　双方向モデルのためのスクリプトと適用事例（361）

14章　項目反応理論 …… 375
14.1　項目反応理論と古典的テスト理論 …… 376
14.1.1　古典的テスト理論の限界（376）
14.1.2　特性値と項目困難度の尺度（377）
14.2　項目反応モデル …… 378
14.3　ロジスティックモデル …… 379
14.3.1　項目特性関数と項目特性曲線（379）
14.3.2　テスト特性関数とテスト特性曲線（384）
14.3.3　母数の推定法（385）
14.4　尺度の変換 …… 397
14.4.1　等化法（400）
14.4.2　語彙理解力検査項目の等化（402）
14.4.3　真の得点にもとづく等化（414）
14.5　ltmパッケージを用いた母数の推定 …… 415

参考図書 …… 422
索　引 …… 427

本書で使用するデータのダウンロードについて

　本書で利用するデータファイルや，掲載されたスクリプトはインターネットを介してダウンロードすることができます。

---

① 下記のアドレスにアクセスしてください。
　　　　　http://www.fukumura.co.jp/download.html
② ◆Rデータ／スクリプト横の<u>ダウンロード</u>をクリックしてください。
③ 「ファイルのダウンロード」のウインドウが開きますので「保存」をクリックしてください。
④ 「名前を付けて保存」のウインドウが開きますので，名前を変更せずにそのままファイルを保存してください。
⑤ 保存したファイル「Rdata and Script」はZIP形式の圧縮ファイルです。「Rdata and Script」を解凍すると「Rdataとスクリプト」フォルダが表示されます。
　解凍には専用ソフトが必要です。ZIP形式の圧縮ファイルに対応した解凍ソフトはフリーソフトも含め多数あります。各自で準備してください。
⑥ 「Rdataとスクリプト」フォルダには，本文や練習問題で利用するデータファイルを保存した「Rdata」と，「スクリプト」の2種類のフォルダがあります。
　「Rdata」フォルダのデータファイルは本文や練習問題で利用します。データファイルの利用方法は，「2章2.6 データの出入力」を参照してください。
　計算に必要なパッケージをインストールしておけば，スクリプトをそのままコピー&ペーストして本文の結果を再現することもできます。

1章

RとRパッケージのインストール

〈特徴〉

　Rは誰でも自由に無償で利用できる統計ソフトウェアである。パソコンをインターネットに接続すればいつでもRをダウンロードできる。Rのユーザが多数のパッケージを配布しているので，必要なパッケージを追加インストールすれば最先端のデータ解析法を利用できる。

〈注意点〉

　本書では一般ユーザが配布している追加パッケージを利用するが，パッケージは頻繁に更新・修正される。ときには大きなバグが発見され修正されることもあるので，RjpWikiと呼ばれるRのサイト（http://www.okada.jp.org/RWiki/?RjpWiki）で更新情報に注意しておくとよい。あるいは，定期的に「パッケージの更新」を実行してパッケージを最新バージョンへ更新するとよい。

1.1 Windows版Rのインストールと起動

　Windows版Rをインストールする手順と次章以降で必要となる基本的な操作方法について説明する。ここではRの処理に慣れることが目的である。本文中のスクリプト（命令文，指示文）と出力とを照合することにより，操作方法の理解が進むであろう。

1.1.1　Rのインストール

■インストールプログラムのダウンロード
　以下に紹介するRのダウンロードサイトからWindows版R，Mac OS X版R，Linux版Rなどを入手できる。ここでは，Windows版Rのインストールプログラム（本書の執筆時はR-2.11.0）をダウンロードする方法を紹介する。

(1)　筑波大学のダウンロードサイト
　パソコンをインターネットへ接続した上で，ブラウザの所定の記入欄へURL（Uniform Resource Locator）として

　　http://cran.md.tsukuba.ac.jp/bin/windows/base/

を入力する。すると，図1.1に示すウィンドウが開くので，画面の最上部に表示される

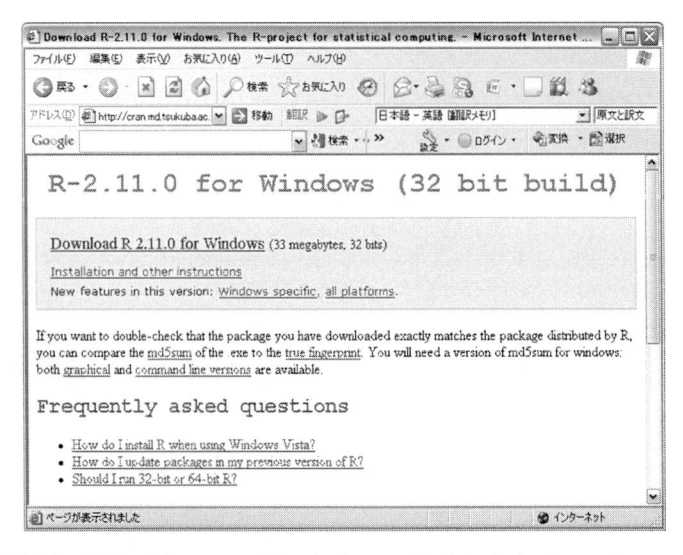

図1.1　http://cran.md.tsukuba.ac.jp/bin/windows/base/

```
Download R-2.11.0 for Windows
```
をマウスの左ボタンでクリックし

```
R-2.11.0-win32.exe
```
をハードディスクあるいは外部記憶装置へダウンロードする。

(2) **会津大学のダウンロードサイト**

　パソコンをインターネットへ接続した上で，ブラウザの所定の記入欄へ URL として

```
ftp://ftp.u-aizu.ac.jp/pub/lang/R/CRAN/bin/windows/base/
```
を入力する。そして，ファイルの一覧表から

```
R-2.11.0-win32.exe
```
を選択してハードディスクあるいは外部記憶装置へダウンロードする。

■Rのインストール

　エクスプローラ上で R-2.11.0-win32.exe を起動し，画面の指示に従う。初期設定（デフォルト）をそのまま利用してクリックしていけば，日本語版Rがインストールされる。
　なお，インストール方法に関する詳しい説明が

```
http://www.okada.jp.org/RWiki/   の　Rのインストール
```
にあり，そこでは Windows Vista での問題点が紹介されている。

1.1.2　Rの起動と終了

　スタートメニューから R-2.11.0 を選択するか，デスクトップに作成されたRのアイコンを左ボタンでダブルクリックし，Rを起動する。このとき，Windows Vista と Windows 7 の場合には，Rのショートカットをマウスの右ボタンでクリックし，［管理者権限として実行］を選び，Rを起動しておく。
　起動直後の R Console は以下の通りである。R Console 内の最左列に表示される「>」記号はユーザが打ち込んだものではなく，Rが出力するプロンプトである。プロンプトとは，Rがユーザに対して命令文の入力を促すための記号である。

```
R version 2.11.0 (2010-04-22)
Copyright (C) 2010 The R Foundation for Statistical Computing
ISBN 3-900051-07-0

Rは，自由なソフトウェアであり，「完全に無保証」です。

一定の条件に従えば，自由にこれを再配布することができます。
配布条件の詳細に関しては，'license()' あるいは 'licence()' と入力してください。

Rは多くの貢献者による共同プロジェクトです。
詳しくは 'contributors()' と入力してください。
また，RやRのパッケージを出版物で引用する際の形式については
'citation()' と入力してください。

'demo()' と入力すればデモをみることができます。

'help()' とすればオンラインヘルプが出ます。
'help.start()' で HTML ブラウザによるヘルプがみられます。
'q()' と入力すれば R を終了します。

>
```

Rを終了するには，R Console に表示される説明の通り，プロンプトの後ろに q() と記入して ⏎ キー（Enter キー）を押す。

```
> q() ⏎
```

すると

　作業スペースを保存しますか？

という質問がでるので，Rの動作に慣れるまでは

　いいえ (N)

を選択しておく方が無難であろう。なお，これ以降の説明では，改行を示す ⏎ 記号を省略する。

1.2 パッケージのインストールと読み込み

特別な分析を行うために開発された関数と例題用のデータは，パッケージという形で提供されている．現在，2200を超えるパッケージが公開されており，ユーザはRをインストールした後，必要に応じてパッケージを追加インストールする．パッケージは「パッケージのインストール」と「パッケージの読み込み」を行うことにより，初めて利用可能な状態となる．インストールは一度行えばよいが，読み込みはRを起動するたびに行う．

ここでは，carパッケージを使い，パッケージのインストールと読み込み方法を説明する．

(1) `install.packages()` 関数と `library()` 関数を利用する方法

引用符「"」で追加するパッケージ名を挟み，R Console から

```
> install.packages("car")
```

とする．CRAN（Comprehensive R Archive Network）のミラーサイト名を問われたときは，適当なサイト名（たとえば，Japan(Aizu)，Japan(Tsukuba) のいずれか1つ）を選択すればよい．パッケージをインストールできたら

```
> library(car)
```

としてパッケージを読み込む．`library()` 関数では，パッケージ名の両脇に引用符はなくてもよい．

(2) R Console の「パッケージ」メニューを利用する方法

R Console の［パッケージ］メニューを開いて［パッケージのインストール］を選択する．CRAN のミラーサイト名を問われたときは，適当なサイト名を選択すればよい．パッケージの一覧が画面に表示されたら，インストールするパッケージ名をマウスでクリックする．パッケージをインストールできたら［パッケージ］メニューの［パッケージの読み込み］を選択し，読み込むパッケージ名をクリックする．

以上でパッケージ内の関数やデータを利用できるようになる．

R Console から

```
> ?car
```

とすれば，パッケージの使い方（HTMLヘルプ）を画面へ表示することができる．HTMLヘルプが表示されればパッケージは正しく読み込まれている．

また，パッケージをメモリ上から取り外すには detach() 関数を用い

```
> detach("package:car")    # car パッケージを取り外す
```

とする。

2章
Rの基礎

〈特徴〉
　Rは関数電卓としても使えるし，高度な統計解析パッケージとしても使える。最初に四則演算の方法から基本的な関数，そして統計関数の使い方について学ぶ。

〈注意点〉
　数値の加減乗除には「+」「-」「*」「/」，冪乗には「^」，平方根には「sqrt」，対数には「log」や「log10」を使う。こうした演算記号をベクトルと行列に適用した場合，それぞれの要素に演算が施される。
　同一の演算記号でも，適用するデータ（オブジェクトという）の型式によって処理が異なることがある。

2.1 基礎的演算

Rには統計解析を行う多数の関数が用意されており，ユーザが関数へデータを渡して統計解析を実行する。現在ではプルダウンメニューから統計解析を行う関数を呼び出すRコマンダー（Rcmdr）が配布されているが，そこで利用できる関数は一部に限定される[*1]。そのため，以下ではR Consoleから関数を利用していく。その際，プロンプト「>」の後ろへ数値，演算記号，スクリプトなどを直接には打ち込まず，エディタ（Rエディタ，メモ帳，市販のエディタなど）に書き込んだものをR Consoleへコピー＆ペーストするのがよい。エディタへスクリプトを書いておけば，一連の処理やスクリプトに間違いがあっても，容易に該当箇所を修正して再実行できる。

なお，Rエディタを利用する場合には，R Guiのメニューから［ファイル］→［新しいスクリプト］を選択する。

2.1.1 四則演算

Rでは電卓と同様の四則演算を行うことができる。計算例を次に示すが，左右に並べた入出力例からわかる通り，数値と演算記号との間にスペースはあってもなくてもよい。また，半角の「#」記号の後ろはすべて無視されるので，コメントを入れるときに「#」記号を使うと便利である。

```
> 2 + 9     # 足し算              > 2+9      # 足し算
[1] 11                            [1] 11
> 8 - 10    # 引き算              > 8-10     # 引き算
[1] -2                            [1] -2
> 6 * 9     # 掛け算              > 6*9      # 掛け算
[1] 54                            [1] 54
> 20 / 6    # 割り算              > 20/6     # 割り算
[1] 3.333333                      [1] 3.333333
> 5 ^ 2     # 冪乗，累乗          > 5^2      # 冪乗，累乗
[1] 25                            [1] 25
> 5 ** 2    # 5の2乗              > 5**2     # 5の2乗
[1] 25                            [1] 25
> 6 ^ 2.5   # 6の2.5乗            > 6^2.5    # 6の2.5乗
[1] 88.18163                      [1] 88.18163
```

[*1] 必要に応じてユーザが関数を登録することができる。

```
> (6 + 2) * 3                    > (6+2)*3
[1] 24                           [1] 24
> (5 / 2) + 10                   > (5/2)+10
[1] 12.5                         [1] 12.5
> 1 + 2 + 3 + 4 + 5              > 1+2+3+4+5
[1] 15                           [1] 15
```

コンソールに表示されている [1] は R が出力したもので，カギかっこ内の数値は各行の先頭に位置する数値の通し番号である。ここでは演算結果が 1 つしかないので，いずれも [1] となっている。

ユーザが任意の名称で変数（オブジェクトと呼ばれる）を作り，数値や文字を代入することができる。これを代入，付値（アサインメント，値の割り当て，値の付与），保管などという。数値や文字の代入には「<-」を使う。書式は

```
変数   <-   数値・計算式・関数など
```

である。変数名は R の内部で予約されている文字列を除き，任意の文字と数値を組み合わせて作ることができる。

まず，x に 5 を代入し 7 を加えてみる。

```
> x <- 5                 # xに5を代入する
> x
[1] 5                    # 5が代入されている
> x + 7
[1] 12                   # 5 + 7であるから12となる
> y <- 10                # yに10を代入する
```

x に 5，y に 10 が代入されているので

```
> x + y
[1] 15
> x^2 + y^2
[1] 125
```

となる。x^2 は x の 2 乗である。

次のように不等号の向きを変え，数値・計算式・関数など -> 変数として数値を変数に代入することもできる。

2.1 基礎的演算

```
> 1+2+3+4+5 -> sumof12345    # 1+2+3+4+5をsumof12345に代入する
> sumof12345
[1] 15
```

半角文字の数値を先頭におく変数名を作ることはできないので，次の変数名はエラーとなる。

```
> 2x <- 2 * x                # 先頭が2なのでエラーになる
エラー：  予想外の  シンボル  です  ( "2x" の)
```

下のようにかな漢字を用いて変数名を作ることもできる。

```
> これは1から5の和です <- 1+2+3+4+5
> これは1から5の和です
[1] 15
```

すでにxには5が代入されているので，右辺の加算を行うことによりxに15が代入される。

```
> x <- x + 10                # xに5が代入されている
> x                          # xに15が代入される
[1] 15
```

以下では変数名として英語半角アルファベットや仮名漢字を使うが，特別の規則に従って使い分けているわけではない。ユーザ自身が打ち込みやすい変数名を使えばよい。

2.1.2 基本的関数

心理・教育統計で利用する基本的関数を表2.1に示す。関数とは，ある値 x （複数でもよい）に対して1つの値が定まる関係のことである。

$x = a^y$ （ただし，$a > 0$，$a \neq 1$）を満たす y を $y = \log_a x$ と書く。ここで，a がネピア (Napier) 数 e （約2.718281828）に等しいとき自然対数，a が10に等しいとき常用対数という。

それでは，表2.1の関数を使ってみる。かっこの中にはスペースがあってもよい。

表2.1 Rの基本的関数

書式	意味
abs(x)	$|x|$ (xの絶対値 [absolute value])
sqrt(x)	$\sqrt{x}$ (xの正の平方根 [square root])
log(x)	$\log_e x$ (xの自然対数 [natural logarithm])
log10(x)	$\log_{10} x$ (xの常用対数 [common logarithm])
log2(x)	$\log_2 x$ (底を2とするxの対数 [binary logarithm])
exp(x)	e^x (ネピア数eのx乗 [指数, exponential])
round(x, digits = a)	小数点以下 a + 1 桁目を四捨五入 [round off]
floor(x)	小数を切り捨て（下限 [floor]）
ceiling(x)	小数を切り上げ（上限 [ceiling]）

```
> abs(-2.9)              # 絶対値
[1] 2.9
> sqrt(2)                # 正の平方根
[1] 1.414214
> log(10)                # 自然対数
[1] 2.302585
> log10(100)             # 常用対数
[1] 2
> log2(8)                # 底を2とする対数
[1] 3
> exp(2)                 # eの2乗
[1] 7.389056
> round(5.5)             # 四捨五入 [round(5.5, 0)]
[1] 6
> floor(5.5)             # 切り捨て
[1] 5
> ceiling(5.5)           # 切り上げ
[1] 6
```

練習1 以下の値を求めなさい。

(1) $\dfrac{3}{5} + 5(2 + 1)$

(2) $2^5 - 2^2 \times 2^3$

(3) $2^{-3} - \dfrac{1}{2^3}$

(4) $\sqrt{\dfrac{9+3}{2+1}}$

(5) $\displaystyle\sum_{i=1}^{5} i$

(6) $\left(1+\dfrac{1}{n}\right)^n$，ただし，$n = 10, 1000, 1000000$ とする

(7) e^1

(8) $\log_e(e^5)$

(9) $\log_e(10 \times 5) - (\log_e 10 + \log_e 5)$

(10) 3.141593 の小数点以下 4 桁目を四捨五入した値

以下の通りである。演算記号やカンマの間にはスペースがなくてもよいが，見やすくするために適宜スペースを入れた。なお，c() 関数は数の並び（ベクトル）を作る。

```
> 3/5 + 5*(2 + 1)
[1] 15.6
> 2^5 - 2^2*2^3          # 2^2×2^3は2^5に等しい
[1] 0
> 2^(-3) - 1/2^3         # 2^(-3) は1/2^3のこと
[1] 0
> sqrt((9 + 3)/(2 + 1))
[1] 2
> sum(1:5)               # 1+2+3+4+5のこと
[1] 15
> n <- c(10, 1000, 1000000)   # c() は数の並び（ベクトル）作る
> (1 + 1/n)^n            # n を無限大にするとネピア数 e になる
[1] 2.593742 2.716924 2.718280
> e^1                    # ネピア数 e は R で予約されていない
 エラー： オブジェクト 'e' がありません
> exp(1)                 # ネピア数の冪乗には exp() 関数を使う
[1] 2.718282
> log(exp(5))            # log(exp(5))=5*log(exp(1))=5
[1] 5
> log(10*5) - (log(10) + log(5)) # log(a×b)=log(a)+log(b)
[1] -4.440892e-16        # -4.440892×「10の -16乗」のこと
> round(3.141593, digits = 3)   # 小数点以下桁4目を四捨五入する
[1] 3.142
```

2.2 ベクトルと行列

2.2.1 数列

数列を作るには，以下のようにコロン演算子（：），seq() 関数（数列 [sequence]），rep() 関数（複製 [replication]）を使う。コロンの両脇やかっこの中にはスペースがあってもなくてもよい。

```
> 1:5                     # 1から5までの整数
[1] 1 2 3 4 5
> 10:6                    # 10から6までの整数
[1] 10 9 8 7 6
> seq(1, 2, by = 0.5)     # 1から2まで0.5刻みの数列
[1] 1.0 1.5 2.0
> seq(10, 6, -2)          # 10から6まで -2刻みの数列
[1] 10 8 6
> rep(2, 3)               # 2を3回繰り返す
[1] 2 2 2
> rep(1:2, 3)             # 1 2 という数列を3回繰り返す
[1] 1 2 1 2 1 2
> rep(1:3, each = 2)      # 1 1 2 2 3 3を作る
[1] 1 1 2 2 3 3
> rep(1:3, c(1, 2, 3))    # 1 2 2 3 3 3を作る
[1] 1 2 2 3 3 3
> rep(c("a", "b"), 3)     # a bという文字列を3回繰り返す
[1] "a" "b" "a" "b" "a" "b"
```

2.2.2 ベクトルと行列の作成

複数の数値を1列に並べたものをベクトル（vector）といい，c() 関数を用いてベクトルを作る。c() 関数のcはcombine（結合する）のcである。かっこ内にはベクトルへ配置する要素を入れ，要素の間を半角のカンマ「,」で区切る。カンマの両脇にはスペースがあってもなくてもよい。

```
> vecx <- c(5, 3, 2, 4, 1)    # 5次のベクトル vecx を作る
> vecx
[1] 5 3 2 4 1
```

ベクトルに基本的関数を適用すると要素ごとに演算が施される。

```
> vecx^2                       # ベクトルの要素の2乗
[1] 25  9  4 16  1
> sqrt(vecx)                   # ベクトルの要素の正平方根
[1] 2.236068 1.732051 1.414214 2.000000 1.000000
> vecy <- c(8, 9, 6, 10, 7)    # 5次のベクトルvecyを作る
> vecy
[1]  8  9  6 10  7
> vecx + vecy                  # 要素の足し算
[1] 13 12  8 14  8
> vecx - vecy                  # 要素の引き算
[1] -3 -6 -4 -6 -6
> vecx * vecy                  # 要素の掛け算
[1] 40 27 12 40  7
> vecx / vecy                  # 要素の割り算
[1] 0.6250000 0.3333333 0.3333333 0.4000000 0.1428571
```

文字を要素とするベクトルを作ることもできる。

```
> abc <- c("a", "b", "c")      # 文字の場合は " 記号で挟む
> abc
[1] "a" "b" "c"
```

長さ（次数）の等しい複数のベクトルを並べたものを行列（matrix）という。cbind() 関数はかっこ内に指定したベクトルをそれぞれ縦長にしたまま横方向へ束ねて行列を作る。cbind の c は column（列）の c，bind は束ねるを意味する bind である。

```
> vecx <- c(5, 3, 2, 4, 1)     # 5次のベクトルvecxを作る
> vecy <- c(8, 9, 6, 10, 7)    # 5次のベクトルvecyを作る
> cbind(vecx, vecy)  # vecxとvecyを横方向へ並べて行列にする
     vecx vecy
[1,]    5    8
[2,]    3    9
[3,]    2    6
[4,]    4   10
[5,]    1    7
```

rbind() 関数はそれぞれのベクトルを横に寝かせたまま縦方向へ束ねる。rbind() 関数の r は row（行）の r である。

```
> rbind(vecx, vecy)    # vecxとvecyを縦方向へ並べて行列にする
     [,1] [,2] [,3] [,4] [,5]
vecx    5    3    2    4    1
vecy    8    9    6   10    7
```

ベクトルを束ねでできた変数は行列である。

```
> xy <- rbind(vecx, vecy)    # vecxとvecyを並べてxyに代入する
> is.matrix(xy)              # xyは行列か？
[1] TRUE                     # xyは行列である
```

行列に基本的な演算を施すと，要素に適用される。

```
> xy^2                   # 行列xyの要素の2乗
     [,1] [,2] [,3] [,4] [,5]
vecx   25    9    4   16    1
vecy   64   81   36  100   49
> sqrt(xy)               # 行列xyの要素の正平方根
          [,1]     [,2]     [,3]     [,4]     [,5]
vecx  2.236068 1.732051 1.414214 2.000000 1.000000
vecy  2.828427 3.000000 2.449490 3.162278 2.645751
```

2.2.3 行列とベクトルの演算

　パッケージによっては出力の読み取りに行列とベクトルの理解が必要になるので，行列とベクトルの基本的な演算について学ぶ。特に逆行列は重回帰分析と因子分析，固有値と固有ベクトルは判別分析，因子分析と主成分分析，一般化逆行列は独立成分分析を学ぶために理解しておくべき事項である。したがって，こうした分析法を学ぶときに本項を参照すればよい。

　matrix() 関数を用いて行列（matrix）を作成することができる。行列の縦の並びを行（row），横の並びを列（column）という。たとえば，

```
> X <- matrix(c(1, 2, 3, 4, 5, 6, 7, 8), ncol = 2)   # 4行2列
> X
     [,1] [,2]
[1,]    1    5
[2,]    2    6
[3,]    3    7
[4,]    4    8
```

として行列を作る。matrix()関数のかっこ内にあるncolは列数を指定する引数(argument)である。ここではncol=2としているので列数が2となり，c()関数に入れた1，2，……，8という8個の数値が4行2列の行列Xの要素となる。ncolのnはnumber ofのnである。等号「=」の両脇にはスペースがあってもなくてもよい。また，行数はnrowによって指定する。

次のYは2行3列の行列である。

```
> Y <- matrix(c(9, 10, 11, 12, 13, 14), ncol = 3)    # 2行3列
> Y
     [,1] [,2] [,3]
[1,]    9   11   13
[2,]   10   12   14
```

c()関数のなかに入れた数値を順に横へ配置していくときは，引数としてbyrow=TRUEもしくはbyrow=Tを追加する。byrowは行ごとにを意味するby rowsのことで，TRUEは当てはまるを意味する。数値を順に縦へ配置するにはbyrow=FLASEもしくはbyrow=Fとするか，この引数自体を使わない。

```
> matrix(c(1, 2, 3, 4, 5, 6, 7, 8), ncol = 2, byrow = T)
     [,1] [,2]
[1,]    1    2
[2,]    3    4
[3,]    5    6
[4,]    7    8
```

■行列の転置

行列Xの左上要素と右下要素の位置を固定したまま裏返しにした行列を行列Xの転置行列といい，プライム「′」を用いてX'と表記する。行列Xのi行j列の要素をx_{ij}とするとき，先に作成した4行2列の行列Xの場合，

$$\boldsymbol{X} = \begin{pmatrix} x_{11} & x_{12} \\ x_{21} & x_{22} \\ x_{31} & x_{32} \\ x_{41} & x_{42} \end{pmatrix} = \begin{pmatrix} 1 & 5 \\ 2 & 6 \\ 3 & 7 \\ 4 & 8 \end{pmatrix} \tag{2.1}$$

であるから，$\boldsymbol{X}$ の転置行列 $\boldsymbol{X}'$ は

$$\boldsymbol{X}' = \begin{pmatrix} x_{11} & x_{21} & x_{31} & x_{41} \\ x_{12} & x_{22} & x_{32} & x_{42} \end{pmatrix} = \begin{pmatrix} 1 & 2 & 3 & 4 \\ 5 & 6 & 7 & 8 \end{pmatrix} \tag{2.2}$$

となる．転置行列のことを，裏返しにした行列と説明したが，行と列を入れ替えた行列ともいえる．

Rではt()演算子がかっこ内に入れた行列の転置行列を作る．演算子名のtは転置を意味するtranspositionのtである．

```
> t(X)                       # 行列Xの転置行列 (X')
     [,1] [,2] [,3] [,4]
[1,]   1    2    3    4
[2,]   5    6    7    8
```

また，ベクトルの場合，たとえば，$\boldsymbol{w}$ が3次の縦ベクトル

$$\boldsymbol{w} = \begin{pmatrix} w_1 \\ w_2 \\ w_3 \end{pmatrix} = \begin{pmatrix} 1 \\ 2 \\ 3 \end{pmatrix} \tag{2.3}$$

であれば，転置ベクトル $\boldsymbol{w}'$ は

$$\boldsymbol{w}' = (w_1 \ w_2 \ w_3) = (1 \ 2 \ 3) \tag{2.4}$$

という横ベクトルとなる．

■行列の積

$\boldsymbol{X}$ の列数と $\boldsymbol{Y}$ の行数が等しいときに限り，2つの行列の積 $\boldsymbol{XY}$ を求めることができる．$\boldsymbol{XY}$ の行数は $\boldsymbol{X}$ の行数，列数は $\boldsymbol{Y}$ の列数に等しい．行列の積を求めるRの演算子は%*%である．先に作成した行列 $\boldsymbol{X}$ は4行2列，行列 $\boldsymbol{Y}$ は2行3列であったから，以下のように2つの行列の積を計算することができる．

```
> Z <- X%*%Y    # Zは4行3列の行列になる
> Z
     [,1] [,2] [,3]
[1,]   59   71   83
[2,]   78   94  110
[3,]   97  117  137
[4,]  116  140  164
```

行列 Z の i 行 j 列の要素 z_{ij} は

$$z_{ij} = \sum_{k=1}^{2} x_{ik} y_{kj} = x_{i1} y_{1j} + x_{i2} y_{2j} \tag{2.5}$$

である．ここで，x_{ik} は行列 X の i 行 k 列の要素，y_{kj} は行列 Y の k 行 j 列の要素である．たとえば，z_{11}=1×9+5×10=59である．

行列 Y の列数と行列 X の行数が等しくないときは以下のようなエラーとなり，YX を計算できない．

```
> Y%*%X
 以下にエラー Y%*%X :   適切な引数ではありません
```

■行列の逆行列

行数と列数が等しい正方形の行列を正方行列という．そして，左上から右下へ向かう対角要素以外が0である正方行列を対角行列といい，とくにすべての対角要素が1の対角行列を単位行列（identity matrix）という．一般に単位行列を I と表記する．対角行列は，次のように diag() 関数で作成することができる．diag は対角線を意味する diagonal の diag である．

diag() 関数の引数がベクトルのとき，その要素を対角要素とする対角行列を作る．

```
> diag(c(6:9))           # 対角要素を6,7,8,9とする対角行列
     [,1] [,2] [,3] [,4]
[1,]    6    0    0    0
[2,]    0    7    0    0
[3,]    0    0    8    0
[4,]    0    0    0    9
```

引数が数値のときは，その次数の単位行列を作る．

```
> diag(3)                    # 3次の単位行列を作る
     [,1] [,2] [,3]
[1,]    1    0    0
[2,]    0    1    0
[3,]    0    0    1
```

次のスクリプトで作成する行列 A と行列 B の積 C は単位行列であるから，$C=AB=I$ が成り立つ。このように2つの行列の積が単位行列となるとき，一方の行列は他方の行列の逆行列（inverse matrix）と呼ばれる。したがって，行列 A は行列 B の逆行列であり，行列 B は行列 A の逆行列である。

```
> A <- matrix(c(10, 2, 1, 5), ncol = 2)
> B <- matrix(c(5/48, -2/48, -1/48, 10/48), ncol = 2)
> C <- A%*%B   # 積をCへ代入した
> C
              [,1]             [,2]
[1,] 1.000000e+00    2.775558e-17   # 2.775558e-17は
[2,] 2.081668e-17    1.000000e+00   # 2.775558×10のマイナス17乗
> round(C, 5)    # Cは対角線が1で，他は0（対角行列）
     [,1] [,2]
[1,]    1    0
[2,]    0    1
```

逆行列は正方行列に定義され，solve() 関数を用いて求めることができる。solve には方程式を解くという意味がある。下の solve(A) は行列 A の逆行列であり，先の行列 B と等しい。A の逆行列のことを A^{-1} と表記するので，$B=A^{-1}$ と書ける。

```
> solve(A)       # solve() 関数は行列Aの逆行列を求める
             [,1]         [,2]
[1,]  0.10416667  -0.02083333
[2,] -0.04166667   0.20833333
> B
             [,1]         [,2]
[1,]  0.10416667  -0.02083333
[2,] -0.04166667   0.20833333
```

■行列の一般化逆行列

m×n（m≠n）次の行列（矩形行列という）の逆行列を定義することはできないが，一般化逆行列を定義することができる。行列 A の一般化逆行列 G は

$$AGA = A \tag{2.6}$$

を満たす行列である．通常の逆行列と区別するために，行列 A の一般化逆行列を A^- と表記する．MASS パッケージ[*2]の ginv() 関数はムーア・ペンローズ一般化逆行列を求める．MASS パッケージは R と一緒にインストールされるので，library() 関数を用いて読み込むだけでよい．ginv() 関数の ginv は generalized inverse matrix（一般化逆行列）の ginv である．

最初に 3 行 2 列の行列 A を作る．

```
> library(MASS)     # ginv() 関数を使えるようにする
> A <- matrix(c(5, 2, 1, 6, 8, 9), ncol = 2)
> A                 # Aは3行2列の行列
     [,1] [,2]
[1,]    5    6
[2,]    2    8
[3,]    1    9
```

A は正方行列ではないから，通常の逆行列を定義できないので，計算しようとするとエラーになる．

```
> solve(A)          # Aの逆行列は定義できない
 以下にエラー solve.default(A) :  逆行列は正方行列だけにしか定義できません
```

しかし，一般化逆行列を定義できる．

```
> G <- ginv(A)      # Aの一般化逆行列を求め，Gとする
> G                 # Gは2行3列の行列
            [,1]         [,2]         [,3]
[1,]  0.23908524 -0.03243243 -0.13056133
[2,] -0.03950104  0.05405405  0.08939709
```

行列 G と行列 A の間に $AGA = A$ が成り立つ．

```
> A%*%G%*%A     # AGA = Aが成り立つ
     [,1] [,2]
[1,]    5    6
[2,]    2    8
[3,]    1    9
```

[*2] Venables, W. N., & Ripley, B. D. (2010). *MASS: Main Package of Venables and Ripley's MASS.*

■行列の固有値と固有ベクトル

以下のように行列 A とベクトル w を作る。

```
> A <- matrix(c(4, 1, 3, 2), ncol = 2)    # 行列A
> w <- matrix(c(0.9486833, 0.3162278))    # 縦ベクトルw
```

そして，この行列 A とベクトル w の積を求め，ベクトルを作る。

```
> A%*%w                          # 行列Aとベクトルwの積
         [,1]
[1,] 4.743417
[2,] 1.581139
```

一方，ベクトル w に 5 を乗じると

```
> 5 * w                          # 5をベクトルwの要素に掛ける
         [,1]
[1,] 4.743417
[2,] 1.581139
```

となり，2つのベクトルが一致している。つまり，

$$Aw = 5w \tag{2.7}$$

が成り立つ。このとき，5を行列 A の固有値（eigenvalue），ベクトル w を固有ベクトル（eigenvector）という。

また，次のベクトル w も $Aw = 1w$ を満たすので，1（イチ）は行列 A の固有値，ベクトル w は固有ベクトルである。

```
> w <- matrix(c(-0.7071068, 0.7071068))  # 縦ベクトルw
> A%*%w                          # 行列Aとベクトルwの積
          [,1]
[1,] -0.7071068
[2,]  0.7071068
> 1 * w                          # 1をベクトルwの要素に掛ける
          [,1]
[1,] -0.7071068
[2,]  0.7071068
```

λ をスカラー（1つの数値）としたとき，

$$Aw = \lambda w \tag{2.8}$$

を満たす λ が行列 A の固有値，ベクトル w が固有ベクトルである．固有値と固有ベクトルは正方行列に定義され，固有値の数は行列 A の次数に等しい．

Rでは固有値と固有ベクトルを eigen() 関数を用いて求めることができ，values という参照名で固有値が，vectors という参照名で固有ベクトルが返される．固有ベクトル w の要素を定数倍しても式 (2.8) が成り立つので，eigen() 関数は固有ベクトルの要素の2乗和が1となるように調整して固有ベクトルを返す．eigen() 関数の eigen は eigen equation（固有方程式）の eigen である．

先に作成した行列 A の固有値を eigen() 関数を用いて求めてみると，以下に示す通り，確かに5と1である．

```
> eigen(A)      # 行列Aの固有値と固有ベクトルを求める
$values         # 固有値
[1] 5 1
$vectors        # 固有ベクトル
          [,1]       [,2]
[1,] 0.9486833 -0.7071068
[2,] 0.3162278  0.7071068
> colSums(eigen(A)$vectors^2)   # 固有ベクトルの縦2乗和 =1
[1] 1 1
```

2.2.4 要素の参照と置換

ベクトルの要素を参照するには [ ] 記号を用い，参照する要素の番号をカギかっこ内に入れる．次の例はベクトル x の3番目の要素に -5 を代入する．

```
> x <- 1:5
> x[3] <- -5            # ベクトルxの3番目の要素を -5にする
> x
[1]  1  2 -5  4  5
```

行列の要素を参照するには [,] 記号を用い，カンマの前に行番号（縦の番号），後に列番号（横の番号）を入れる．次の例は行列 x12 の (2,3) 要素に 0 を代入する．

```
> x12 <- rbind(1:5, 6:10)
> x12[2, 3] <- 0        # 行列x12の (2,3) 要素を0にする
```

```
> x12
     [,1] [,2] [,3] [,4] [,5]
[1,]    1    2    3    4    5
[2,]    6    7    0    9   10
```

複数の行番号と列番号を一度に指定することもできる。

```
> x12[1:2, c(2, 4)] <- 99   # (1,2)(1,4)(2,2)(2,4)要素を99
> x12
     [,1] [,2] [,3] [,4] [,5]
[1,]    1   99    3   99    5
[2,]    6   99    0   99   10
```

要素の番号にマイナス記号を付けると，その要素が削除される。

```
> x <- 1:5
> x[c(-1, -3)]    # 要素1と要素3を削除する
[1] 2 4 5
> x[x >= 3]       # 3以上の要素だけを残す
[1] 3 4 5
```

2.3 繰り返し文

同一の命令文を繰り返し実行させる関数に for() 文があり，これを用いた繰り返し命令を for ループ (loop) ともいう。loop は閉じた回路や輪を意味する。独立成分分析を学ぶときに for() 文を利用するので，それまで本項の説明を読み飛ばしておいてもよい。

さて，for() 文の書式は以下の通りである。{} 記号で命令文をはさむ。

```
for (変数名 in 範囲) {
  命令文
}
```

範囲は変数名が参照するベクトル，行列，リストなどである。たとえば，次の for() 文は範囲をベクトルで指定して数値を画面に表示する。

```
> for (i in 1:5) {     # iを1,2,3,4,5と変えて
+   print(i:1)         # print(i:1) を実行する
+ }
[1] 1
[1] 2 1
[1] 3 2 1
[1] 4 3 2 1
[1] 5 4 3 2 1
> for (i in c(1, 3, 5)) {   # iを1,3,5と変えて
+   print(i:(i+2))          # print(i:(i+2)) を実行する
+ }
[1] 1 2 3
[1] 3 4 5
[1] 5 6 7
```

以下のように文字ベクトルの要素を変数名へ与えることもできる。

```
> for (i in c("a","b","c")) {   # iが文字ベクトルの要素
+   print(i)
+ }
[1] "a"
[1] "b"
[1] "c"
```

sum(1:10) は 1 から10までの和を求めるが，これを for 文を用いて記述すると次のようになる。

```
> sum1to10 <- 0      # 和を入れるオブジェクトを0にしておく
> for (i in 1:10) {
+   sum1to10 <- sum1to10 + i   # sum1to10に1,2,3,..10を加える
+ }
> sum1to10
[1] 55
```

なお，R では for () 文の処理が遅いので，長時間を要する処理を行うときは，ベクトル化と呼ばれる演算を行う方が望ましい。

また，ある条件を満たす限り同一の命令文を反復させる while() 関数がある。while は何々の間ずっと，の意味である。書式は次の通りである。

```
while (条件) {
  命令文
}
```

次のシミュレーション用のスクリプトは，6の目が出るまでサイコロを振り，それまでに振った回数（失敗回数）を数える。sample(1:6, 1)は1から6の整数のなかから1つの整数を抽出するので，サイコロを振ることに等しい。

sample()関数のsampleとは，標本抽出を意味するsampleのことである。条件をwhile(目!=6)としているので，目が6ではない限り{}内の命令文を繰り返す。!=は両辺が等しくない，を意味する。

```
> # 6の目が出るまでサイコロを振った回数（= 失敗回数）
> 目 <- 0    # サイコロの出た目（初期値）
> 失敗回数 <- -1
> while ( 目 != 6) {          # != 6は，6と等しくない，という意味
+   目 <- sample(1:6, 1)      # サイコロを振る
+   失敗回数 <- 失敗回数 + 1    # 6が出るまでに失敗した回数
+       # 失敗回数は成功回数1，確率1/6の負の2項分布に従う
+ }
> 失敗回数
[1] 11
```

このスクリプトで求める失敗回数は成功回数1，成功確率1/6の負の2項分布に従う。最初の試行で成功すれば，失敗回数は0である。

ここでは失敗回数が11となったが，1から6の整数のなかから1つの整数をランダムに選択するので，失敗した回数が常に11になるわけではない。

2.4　基本的統計関数

基本的な統計関数を表2.2に示す。関数の引数にはベクトル，行列，データフレームなどの形式をもつオブジェクトを記入する。表面的には同じように見えるオブジェクトでも，その形式によって関数の処理が異なることがある。たとえば，mean()関数は，引数が行列の場合は全要素の平均を返すが，データフレームの場合は各列の平均を返す。データフレームとは，同一の長さをもつ変数を横に並べたものであり，見た目は行列と同様の2次元配列であるが，各行・各列がラベルをもつ。統計解析を行うには，素データをデータフレーム形式にしておくと便利である。行列をデータフレームにするには，data.

表 2.2 基本的統計関数

書式	意味
sum(x)	全要素の総和（総和 [summation]）
rowSums(x)	各行の和（x は 2 次元配列）
colSums(x)	各列の和（x は 2 次元配列）
mean(x)	平均（mean）
rowMeans(x)	各行の平均（x は 2 次元配列）
colMeans(x)	各列の平均（x は 2 次元配列）
var(x)	列の不偏分散共分散行列（分散 [variance]，共分散 [covariance]）
sd(x)	各列の標準偏差（standard deviation；列の不偏分散の正平方根）
cov(x)	列の不偏分散共分散行列（covariance）
cor(x)	列の相関係数行列（相関 [correlation]）
summary(x)	各列の最小・最大値，四分位数，平均（要約 [summary]）
by(x, 指標, 関数)	指標で x の値を群分けし，各群へ関数を適用する
order(x)	要素の大きさの順位（order）を昇順もしくは降順で返す

frame() 関数を用いる。

　var() 関数と cov() 関数は不偏分散共分散を返してくる。また，sd() は不偏分散の正平方根（不偏標準偏差ではない）を返す。ちなみに，変数 x と y の不偏共分散 $U(x, y)$ の定義は以下の通りである。x_i と y_i は個人 i の変数 x と y の得点，$\bar{x}$ と $\bar{y}$ は変数 x と y の平均である。2 変数が同一の場合は，その変数の不偏分散である。

$$U(x,y) = \frac{1}{n-1} \sum_{i=1}^{n} (x_i - \bar{x})(y_i - \bar{y}) \tag{2.9}$$

　不偏性（unbiasedness）というのは，「同一条件の下で同一母集団から標本抽出を繰り返し行って統計値を求めた場合，その統計値の期待値（平均）が母集団の統計量に等しくなる」という性質である。上式で定義される共分散はこの不偏性を有するので不偏共分散（unbiased covariance）と呼ばれる。一方，平均からの偏差の 2 乗和を n で割って定義される共分散は不偏性をもたないので，不偏共分散とは呼ばず，標本共分散（sample covariance）と呼ぶことがある[*3]。

　関数の使用例を示す。まず，3 つのベクトル x，y，z を束ねて行列 xyz とする。

[*3] 文献によっては，平均からの偏差の 2 乗和を $n-1$ で割った共分散を標本共分散，同じく分散を標本分散と呼んでいることがある。

```
> x <- c(1, 6, 3, 2, 8)
> y <- c(2, 7, 5, 4, 9)
> z <- c(4, 5, 8, 3, 7)
> xyz <- cbind(x, y, z)    # x,y,zを横に並べて行列xyzとする
> xyz
     x y z
[1,] 1 2 4
[2,] 6 7 5
[3,] 3 5 8
[4,] 2 4 3
[5,] 8 9 7
```

ベクトルや行列をsum()関数へ渡すと要素の和を返してくる。

```
> sum(x)               # ベクトルxの要素の総和
[1] 20
> sum(xyz)             # 行列xyzの要素の総和
[1] 74
```

行列の行和（横の合計）の計算にはrowSums()関数，列和（縦の合計）の計算にはcolSums()関数を使う。

```
> rowSums(xyz)         # 行列xyzの行和（横の和）
[1]  7 18 16  9 24
> colSums(xyz)         # 行列xyzの列和（縦の和）
 x  y  z
20 27 27
```

sum()関数はデータフレームでも総和を返す。

```
> sum(data.frame(xyz))    # データフレームにしても総和
[1] 74
```

ベクトルや行列をmean()関数へ渡すと全要素の平均を返す。

```
> mean(x)              # xの要素の平均
[1] 4
> mean(xyz)            # 行列xyzの要素の平均
[1] 4.933333
```

行平均を求めるにはrowMeans()関数，列平均を求めるにはcolMeans()関数を使う。

```
> rowMeans(xyz)          # 行列 xyz の行平均
[1] 2.333333 6.000000 5.333333 3.000000 8.000000
> colMeans(xyz)          # 行列 xyz の列平均
  x   y   z
4.0 5.4 5.4
```

mean() 関数へデータフレームを渡すと列平均（観測変数ごとの平均）を求める。

```
> mean(data.frame(xyz))  # データフレームにすると列平均
  x   y   z
4.0 5.4 5.4
```

var() 関数は不偏分散共分散行列を求めるが，引数がベクトルの場合は不偏分散を返す。

```
> var(x)                 # x の不偏分散
[1] 8.5
> var(xyz)               # xyz の列間の不偏分散共分散行列
     x    y    z
x 8.50 7.75 3.00
y 7.75 7.30 3.05
z 3.00 3.05 4.30
```

sd() 関数は不偏分散の正平方根（標準偏差）を返す。引数が行列の場合は列ごとに計算する。

```
> sd(x)                  # x の不偏分散の正平方根
[1] 2.915476
> sd(xyz)                # x,y,z の不偏分散の正平方根
       x        y        z
2.915476 2.701851 2.073644
```

cov() 関数は不偏分散共分散行列を返す。

```
> cov(x, y)              # x と y の不偏分散
[1] 7.75
> cov(xyz)               # xyz の列間の不偏分散共分散行列
     x    y    z
x 8.50 7.75 3.00
y 7.75 7.30 3.05
z 3.00 3.05 4.30
```

相関係数行列の計算には cor() 関数を使う。

```
> cor(xyz)                    # x,y,zの相関係数行列
          x         y         z
x 1.0000000 0.9838543 0.4962238
y 0.9838543 1.0000000 0.5443825
z 0.4962238 0.5443825 1.0000000
```

summary()関数は列ごとに要約統計量を求める．

```
> summary(xyz)                # x,y,zの最小・最大値，四分位数，平均
       x             y              z
 Min.   :1     Min.   :2.0    Min.   :3.0
 1st Qu.:2     1st Qu.:4.0    1st Qu.:4.0
 Median :3     Median :5.0    Median :5.0
 Mean   :4     Mean   :5.4    Mean   :5.4
 3rd Qu.:6     3rd Qu.:7.0    3rd Qu.:7.0
 Max.   :8     Max.   :9.0    Max.   :8.0
```

個人を学年のような属性別に分けて統計量を求めるときは，by()関数を併用する．次はベクトルidに個人が所属する群番号を代入し，群ごとに行列xyzへmean()関数を適用する．

```
> id <- c(1, 2, 1, 2, 2)     # 個人の群番号
> by(xyz, id, mean)           # 群別に平均を求める
INDICES: 1                    # 第1群
  x   y   z
2.0 3.5 6.0
------------------------------------------------------------
INDICES: 2                    # 第2群
       x        y        z
5.333333 6.666667 5.000000
> by(xyz, id, sd)             # 群別に標準偏差を求める
INDICES: 1                    # 第1群
       x        y        z
1.414214 2.121320 2.828427
------------------------------------------------------------
INDICES: 2                    # 第2群
       x        y        z
3.055050 2.516611 2.000000
```

データ解析では任意の変数に着目して個人を並べ替えることがある．ここでは，order()関数を用いた並べ替え方法を例示するために行列oridを用意し，個人を並べ替えてみる．

```
> gakunen <- c(1, 2, 1, 1, 1, 2, 2, 2, 2, 1)
> d1 <- c(5, 5, 5, 3, 2, 8, 7, 8, 8, 8)
> d2 <- c(4, 3, 3, 6, 2, 7, 8, 9 ,8 ,8)
> d3 <- c(9, 1, 2, 2, 1, 6, 3, 2, 5, 6)
> orid <- cbind(gakunen, d1, d2, d3)
> orid
      gakunen d1 d2 d3
 [1,]       1  5  4  9
 [2,]       2  5  3  1
 [3,]       1  5  3  2
 [4,]       1  3  6  2
 [5,]       1  2  2  1
 [6,]       2  8  7  6
 [7,]       2  7  8  3
 [8,]       2  8  9  2
 [9,]       2  8  8  5
[10,]       1  8  8  6
```

まず，oridの第1列，第2列，第3列の要素を使って昇順に並べ替えてod1へ代入する。

```
> od1 <- orid[order(orid[, 1], orid[, 2], orid[, 3]), ]
```

次に，第3列（d2）の要素に関しては降順に並べ替えてod2へ代入する。数値データなので，降順とするにはマイナス符号を付けて -orid [,3] とすればよい。

```
> od2 <- orid[order(orid[, 1], orid[, 2], -orid[, 3]), ]
```

行を並べ替えた行列を比較しやすいように横に並べて表示する。

```
> cbind(od1, od2)    # 結果を比較しやすいように横に並べる
      gakunen d1 d2 d3 gakunen d1 d2 d3
 [1,]       1  2  2  1       1  2  2  1
 [2,]       1  3  6  2       1  3  6  2
 [3,]       1  5  3  2       1  5  4  9
 [4,]       1  5  4  9       1  5  3  2
 [5,]       1  8  8  6       1  8  8  6
 [6,]       2  5  3  1       2  5  3  1
 [7,]       2  7  8  3       2  7  8  3
 [8,]       2  8  7  6       2  8  9  2
 [9,]       2  8  8  5       2  8  8  5
[10,]       2  8  9  2       2  8  7  6
```

od2では，d1が同点の個人の中ではd2が降順となっている。

所定の条件を満たす個人を選択し，それと同時に指定の変数を取り出すにはsubset()関数を使う。次の例はzが5以上という条件で，変数yとzを取り出している。

```
# zが5以上で，変数yとzを取り出す
> subset(xyz, z >= 5, select = c(y, z))
     y z
[1,] 7 5
[2,] 5 8
[3,] 9 7
```

また，データフレームであればsplit()関数を用いてデータを分割することができる。書式を以下に示す。

> オブジェクト名<-split(元のデータフレーム,分割変数名)

オブジェクト名　分割後のデータを代入するオブジェクト名である。
元のデータフレーム　分割前のデータフレーム名である。
分割変数名　分割に利用する属性が代入されている変数名である。データフレーム内の変数であってもなくてもよい。

たとえば，行列xyzをデータフレームへ変換し，先の変数idを用いてデータを2分割してみる。

```
> bunkatsu <- split(data.frame(xyz), id)   # idの値に応じて2分割
> bunkatsu$"1"   # 参照名は"1"
  x y z
1 1 2 4
3 3 5 8
> bunkatsu$"2"   # 参照名は"2"
  x y z
2 6 7 5
4 2 4 3
5 8 9 7
```

個々のデータの欠損値はNA（not available）を用いて示す。引数で欠損値の処理法を指定できる関数があり，そのような関数では，処理法を指定しないときは計算結果がNAとなってしまう。

以下ではデータフレームの2カ所を欠損値とし，mean()関数，sd()関数，cor()関数を適用してみた。引数のuse="complete.obs"で指定する方法はケースワイズ削除（リ

ストワイズ除去）と呼ばれる。complete.obs は complete observations（完全な観測記録）であるから，個人に1つでも欠損値があれば，その個人を計算から除く。そのため，解析に利用できる個人が少なくなる可能性がある。また，use="pairwise.complete.obs" で指定する方法はペアワイズ削除と呼ばれる。pairwise.complete.obs は pairwise complete observations（一対ごとに完全な観測記録）であるから，個人ごとに2変数の値を対にしたときに欠損値がなければ，その2つの値を計算に使う。

```
> xyz[1,2] <- NA              # NA は欠損値を意味する
> xyz[2,3] <- NA              # NA は欠損値を意味する
> dxyz <- data.frame(xyz)     # dxyz はデータフレーム
> dxyz                        # (1,2),(2,3) 要素が欠損値
  x  y  z
1 1 NA  4                     # y が欠損値
2 6  7 NA                     # z が欠損値
3 3  5  8
4 2  4  3
5 8  9  7
> mean(dxyz)
  x  y  z                     # y と z に欠損値があるので平均が
  4 NA NA                     # NA となってしまう
> mean(dxyz, na.rm = TRUE)    # 欠損値を除く
   x    y    z
4.00 6.25 5.50                # 欠損値を除いた平均
> sd(dxyz)
        x         y         z # y と z に欠損値があるので標準偏差が
2.915476        NA        NA  # NA となってしまう
> sd(dxyz, na.rm = TRUE)      # 欠損値を除く
        x        y        z
2.915476 2.217356 2.380476    # 欠損値を除いた標準偏差
> cov(dxyz)                   # 欠損値があるので計算しない
    x  y  z
x 8.5 NA NA                   # x は欠損値がないので計算できる
y  NA NA NA
z  NA NA NA
> cov(dxyz, use = "complete.obs")  # ケースワイズ削除
           x   y   z
x 10.33333 8.5 4.0            # 欠損値のないケース3,4,5を
y  8.50000 7.0 3.5            # 用いて求めた分散共分散
z  4.00000 3.5 7.0
```

```
> cov(dxyz, use = "pairwise.complete.obs")   # ペアワイズ削除
          x         y         z
x  8.500000  6.083333  4.333333      # cov(x,y)はケース2,3,4,5
y  6.083333  4.916667  3.500000      # cov(x,z)はケース1,3,4,5
z  4.333333  3.500000  5.666667      # cov(y,z)はケース3,4,5を用いて
                                     # 計算
> cor(dxyz)
   x  y  z
x  1 NA NA                   # yとzに欠損値があるので相関係数を
y NA  1 NA                   # 計算できない
z NA NA  1
> cor(dxyz, use = "complete.obs")   # ケースワイズ削除
          x         y         z
x 1.0000000 0.9994238 0.4703171     # 欠損値のないケース3,4,5を
y 0.9994238 1.0000000 0.5000000     # 用いて求めた相関係数
z 0.4703171 0.5000000 1.0000000
> cor(dxyz, use = "pairwise.complete.obs")   # ペアワイズ削除
          x         y         z
x 1.0000000 0.996268  0.5854906     # r(x,y)はケース2,3,4,5
y 0.9962679 1.000000  0.5000000     # r(x,z)はケース1,3,4,5
z 0.5854906 0.500000  1.0000000     # r(y,z)はケース3,4,5を用いて
                                    # 計算
```

練習2 以下に示す x と y を用いて指定の統計量を計算しなさい。

x : 1, 4, 5, 3, 6, 8

y : 3, 5, 2, 7, 8, 6

(1) ケンドール（Kendall）の順位相関係数 ρ_k とスピアマン（Spearman）の順位相関係数 ρ_s を cor() 関数を用いて求めなさい。

(2) cov() 関数を使わずに不偏共分散を求めなさい。

(3) cov() 関数を用いて求めた不偏共分散を標本共分散へ変換しなさい。

(1) まず

```
> ?cor
```

としてヘルプを見ると，以下の通り，method 引数を用いて相関係数のタイプを指定することがわかる。

```
cor(x, y = NULL, use = "everything",
    method = c("pearson", "kendall", "spearman"))
```

引数のuseは欠損値の処理方法を指定するので，ここでは以下のように指定すればよい．

```
> x <- c(1, 4, 5, 3, 6, 8)
> y <- c(3, 5, 2, 7, 8, 6)
> cor(x, y, method = "kendall")     # ケンドールの順位相関
[1] 0.2
> cor(x, y, method = "spearman")    # スピアマンの順位相関
[1] 0.3142857
```

(2) また，不偏共分散は

```
> n <- length(x)          # length(x) 関数はベクトル x の長さを返す
> n
[1] 6
> (1/(n - 1)) * sum((x - mean(x)) * (y - mean(y)))
[1] 2.1                             # x と y の不偏共分散
> cov(x, y)                         # x と y の不偏共分散
[1] 2.1
```

である．

(3) 次のように不偏共分散を $n-1$ 倍して n で割れば標本共分散である．

```
> cov(x, y) * (n - 1) / n           # 不偏共分散をn-1倍し，nで割る
[1] 1.75                            # 標本共分散
```

練習3 変数 x が正規分布に従うとき，x の不偏標準偏差（unbiased standard deviation）$S_u(x)$ は

$$S_u(x) = U(x) \underbrace{\frac{\sqrt{n-1}}{\sqrt{2}} \frac{\Gamma(\frac{n-1}{2})}{\Gamma(\frac{n}{2})}}_{c(n)} \tag{2.10}$$

である．ここで，$U(x)$ は不偏分散の正の平方根，$\Gamma(m)$ はガンマ関数，n は標本の大きさである．不偏標準偏差 $S_u(x)$ を求めるスクリプトを書き，適当なデータを用いて $S_u(x)$ を計算しなさい．

計算式の通りにスクリプトを書くと

```
> x <- c(55, 58, 55, 57, 39, 45, 60, 63, 54, 46)
> n <- length(x)
>                                                 # n が小さいとき
> cn <- (sqrt(n-1) * gamma((n-1)/2)) /
+       (sqrt(2) * gamma(n/2))                    # 修正項 c(n)
> usd1 <- sd(x) * cn                              # 不偏標準偏差
> usd1
[1] 7.721094
```

となる．ガンマ関数の計算にgamma()関数を用いたが，標本のサイズ（n）が大きいときはgamma()関数の値を求めることができないので，次のusd2を使うほうがよい．lgamma()関数はガンマ関数の対数を返す．

```
>                                                 # n が大きいとき
> logcn <- log(sqrt(n-1)) + lgamma((n-1)/2) -
+          log(sqrt(2)) - lgamma(n/2)             # log([cn])
> usd2 <- exp(log(sd(x)) + logcn)                 # 不偏標準偏差
> usd2
[1] 7.721094
```

なお，式 (2.10) の $c(n)$ は不偏分散の正平方根を不偏標準偏差へ変換するための修正項であり，修正項 $c(n)$ を

$$\tilde{c}(n) = \frac{n - 0.75}{n - 1} \tag{2.11}$$

によって近似することができるので，Rを利用できないときは，次のように不偏分散の正平方根に$\tilde{c}(n)$を乗じればよいであろう．数値例からわかるように，usd3とusd2に大きな違いはない．

```
>                                                 # 電卓を利用するとき
> cnp <- (n-0.75) / (n-1)                         # 修正項の近似値
> usd3 <- sd(x) * cnp
> usd3
[1] 7.718604
```

なお，標本が小さいとき，以下のように標本分散の平方根および不偏分散の正平方根は，不偏標準偏差との相違が大きい．

```
> sqrt(sum((x-mean(x))^2)/n))          # 標本分散の正平方根
[1] 7.124605
> sqrt(sum((x-mean(x))^2)/(n-1)))      # 不偏分散の正平方根
[1] 7.509993
```

練習4 不偏標準偏差を求める関数を作成しなさい。

自前の関数は

```
関数名 <- function(関数へ渡す引数){
    命令文1
    命令文2
    ......
    return(関数が返す計算結果)
}
```

として作成するので，不偏標準偏差を求める関数名を usd とし，

```
> # 不偏標準偏差を求める自前の関数
> usd <- function(x) {
+     x <- x[complete.cases(x)]     # 欠損値を削除する
+     n <- length(x)
+     logcn <- log(sqrt(n-1)) + lgamma((n-1)/2) -
+             log(sqrt(2)) - lgamma(n/2)
+     return(exp(log(sd(x)) + logcn))
+ }
```

とする。これで usd() 関数が定義できたので，以下のように使う。

```
> x <- c(55, 58, 55, 57, 39, 45, 60, 63, 54, 46)
> usd(x)
[1] 7.721094
```

行列やデータフレームへ usd() 関数を適用する場合には，apply() 関数を併用して

```
> matx <- matrix(rnorm(100), ncol = 5)    # 正規乱数
> apply(matx, 2, usd)              # 列（縦）の不偏標準偏差
[1] 0.7470641 0.8864968 0.9362438 1.0047764 0.8632712
>                                  # 行（横）のときは1とする
```

とする．

2.5　微分

図 2.1 に 2 次曲線 $f(x)=(x-1)^2$ を示す．

この曲線において x の値を $x=2$ から $x=2+h(h>0)$ まで変化させたときの，関数 $f(x)=(x-1)^2$ の平均変化率を求める．関数の平均変化率は縦軸の変化量を横軸の変化量 h で除した値であるから

$$\frac{f(2+h)-f(2)}{h} = \frac{(2-1+h)^2-(2-1)^2}{h} = \frac{2h+h^2}{h} \\ = 2+h \tag{2.12}$$

となる．したがって，図 2.1 の場合には $h=2$ としているので，平均変化率は 4 である．

次に，$x=2$ としたまま h の値を 0 に限りなく近づけたときの平均変化率，つまり $x=2$ という 1 点での変化率を求める．これは $2+h$ において $h=0$ とすればよいから 2 である．このように，ある 1 点 x における変化率を微分係数（differential coefficient）という．そして，この微分係数を求めることを x について微分する（differentiate）という．

さらに，x の値を特定の値に固定せず，x のままとして平均変化率を求めると，先と同様の手順をふむことにより，

$$\frac{f(x+h)-f(x)}{h} = \frac{(x-1+h)^2-(x-1)^2}{h} = \frac{2xh+h^2-2h}{h} \\ = 2(x-1)+h \tag{2.13}$$

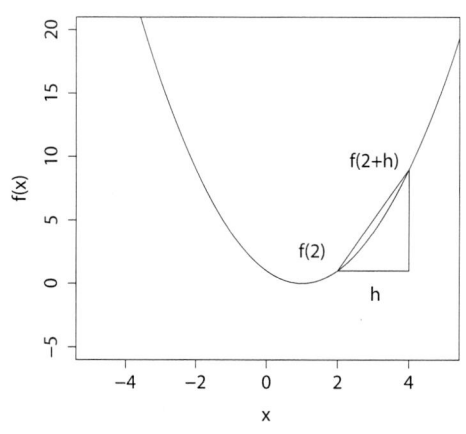

図 2.1　2 次関数の接線を求める図

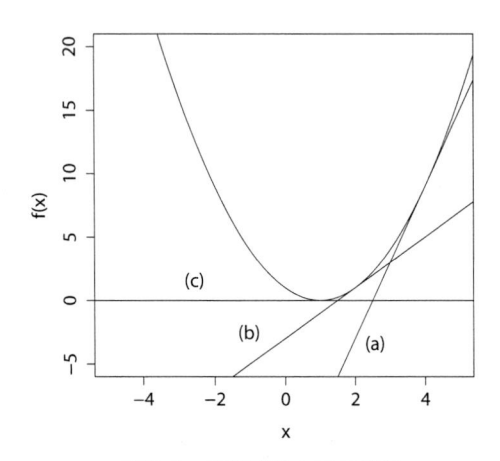

図2.2 2次関数とその接線

となる。したがって，このときの微分係数は $h = 0$ とすればよいから $2(x-1)$ である。一般に関数 $f(x)$ の微分係数を $f'(x)$ と表記する。したがって，$f'(x) = 2(x-1)$ と表記できる。このとき，微分係数 $f'(x)$ は x の関数であるから導関数とも呼ばれる。

図形的には微分係数は $f(x)$ における接線の傾きである。たとえば，図2.2に関数 $f(x) = (x-1)^2$ の3本の接線を示す。直線 (a) は $x = 4$ における接線（傾き = 2(4-1) = 6），直線 (b) は $x = 2$ における接線（傾き = 2(2-1) = 2），直線 (c) は $x = 1$ における接線（傾き = 2(1-1) = 0）である。関数 $f(x) = (x-1)^2$ の最小値は $x = 1$ とした場合であり（$f(1) = (1-1)^2 = 0$），このときの接線 (c) の傾きは 0 である。見方を変えれば，接線の傾き，すなわち微分係数を 0 とする x の値が関数 $f(x) = (x-1)^2$ の最小値を与えることがわかる。

微分は関数の最小値や最大値を求めるときに利用されるが，$f(x) = x^3 - 3x^2 - 9x$ という関数の場合には，$x = -1, 3$ において微分係数が 0 になっても，

```
> # 3次曲線
> x <- seq(-4, 6, by = 0.1)
> fx3 <- x^3 - 3*x^2 - 9*x
> plot(x, fx3, type = "l", xlim = c(-4, 6), ylim = c(-30, 10),
+       cex.lab = 1.5, cex.axis = 1.5, ylab ="f(x)")   # 3次曲線
# 図を省略
```

となることからわかる通り，$f(-1)$ と $f(3)$ が最小値や最大値を与えるわけではない。つまり，微分係数を 0 とする x の値が常に関数の最小値や最大値を与えるとは限らない。この関数の場合には，$f(-1)$ と $f(3)$ は x のある限定した区間においての最大値と最小値であるから，それぞれ極大値（local maximum）と極小値（local minimum），2つ合わせて極値と呼ばれる。local とは部分的な，局所的なという意味である。

以上をまとめると，ある関数の最小値や最大値を与えるときの x の微分係数は 0 にな

る．しかし，微分係数が0であっても，関数によっては，そのときの関数値が最小値もしくは最大値とは限らない，ということである．

練習5 $f'(x) = 2(x-1)$ の導関数を求めなさい．

$2(x-1)$ という関数の1点 x での変化率を求めればよいから

$$\frac{2(x-1+h) - 2(x-1)}{h} = \frac{2h}{h} = 2 \tag{2.14}$$

である．これを関数 $f(x)$ の2次微分といい，$f''(x)$ と表記する．したがって，$f''(x) = 2$ である．また，これに対して先の $f'(x)$ を関数 $f(x)$ の1次微分という．

■**基本的関数の導関数**

基本的な関数の導関数を求める．Rでは，微分する関数を expression() 関数で定義し，D() 関数によって微分する，という手順をふむ．関数名の expression は式という意味であり，Dは導関数を意味する derivative のDである．2つの関数の書式を以下に示す．

```
数式を代入するオブジェクト名 <- expression (数式)
```

数式を代入するオブジェクト名 文字通り数式を代入するオブジェクトの名前である．
数式 数式にはRの書式に従って関数を定義する．

```
オブジェクト名<-D (数式を代入したオブジェクト名 ," 変数 ")
```

オブジェクト名 導関数を代入するオブジェクト名である．導関数を画面へ表示するだけなら不要である．
数式を代入したオブジェクト名 expression() 関数を用いて作成した数式を代入したオブジェクト名である．
" 変数 " 微分する変数名を引用符「"」で挟んで指定する．

それでは，表2.3に示す関数の導関数を求める．

```
> # 微分する
> fx <- expression(a)              # a（任意の値）
> D(fx, "x")                       # xについて微分する
[1] 0                              # xの関数ではないから0になる
> fx <- expression(x^a)            # xのa乗
> D(fx, "x")                       # xについて微分する
x^(a - 1) * a
> fx <- expression(log(x))         # log(x)（対数）
> D(fx, "x")
1/x
> fx <- expression(exp(x))         # e^x（指数関数）
> D(fx, "x")
exp(x)
> fx <- expression(exp(-x))        # e^(-x)（指数関数）
> D(fx, "x")
-exp(-x)
> fx <- expression(log(1 + exp(x)))
> D(fx, "x")
exp(x)/(1 + exp(x))
> fx <- expression(1/(1 + exp(x)))
> D(fx, "x")
-(exp(x)/(1 + exp(x))^2)
> fx <- expression(1/(1 + exp(-x)))
> D(fx, "x")
exp(-x)/(1 + exp(-x))^2
> fx <- expression(exp(x)/(1 + exp(x)))
> D(fx, "x")
exp(x)/(1 + exp(x)) - exp(x) * exp(x)/(1 + exp(x))^2
```

導関数はRの書式に従って表現されているので，見やすいように通常の数式表現へ書き換えた導関数を表2.3に示す。また，$f(x)$ と $g(x)$ を x の関数としたときの微分公式も表2.3に示す。

表 2.3 基本的な関数の導関数と微分公式

関数	微分係数（導関数）
a(x の関数ではない)	0
x^a	ax^{a-1}
$\log(x)$	$\frac{1}{x}$
e^x	e^x
e^{-x}	$-e^{-x}$
$\log_e(1+e^x)$	$\frac{e^x}{1+e^x}$
$\frac{1}{1+e^x}$	$-\frac{e^x}{(1+e^x)^2}$
$\frac{1}{1+e^{-x}}$	$\frac{e^{-x}}{(1+e^{-x})^2}$
$\frac{e^x}{1+e^x}$	$\frac{e^x}{(1+e^x)^2}$
$\log[f(x)]$	$\frac{f'(x)}{f(x)}$
$f(x) \pm g(x)$	$f'(x) \pm g'(x)$
$f(x)g(x)$	$f'(x)g(x) + f(x)g'(x)$
$\frac{f(x)}{g(x)}$	$\frac{f'(x)g(x) - f(x)g'(x)}{g(x)^2}$

練習 6 $f(x) = \log_e(1+e^x)$ の 2 次微分を求めなさい。

1 次微分を log2ex へ代入して D() 関数へ渡した結果を以下に示す。

```
> fx <- expression(log(1+exp(x)))
> log1ex <- D(fx, "x")
> log1ex
exp(x)/(1 + exp(x))
> D(log1ex, "x")
exp(x)/(1 + exp(x)) - exp(x) * exp(x)/(1 + exp(x))^2
```

見やすいように表記すると，

$$f'(x) = \frac{e^x}{1+e^x}, \quad f''(x) = \frac{e^x}{(1+e^x)^2} \tag{2.15}$$

である。

練習 7 次式を a, b, c, θ についてそれぞれ微分しなさい。

$$f(a,b,c,\theta) = c + \frac{1-c}{1+e^{-a(\theta-b)}} \tag{2.16}$$

書式に従って数式をオブジェクトに代入し，D() 関数によって微分すればよい。

```
> fx <- expression(c + (1-c)/(1 + exp(-a*(theta - b))))
> D(fx, "a")              # a について微分
(1 - c) * (exp(-a * (theta - b)) * (theta - b))/(1 + exp(-a *
    (theta - b)))^2
> D(fx, "b")              # b について微分
-((1 - c) * (exp(-a * (theta - b)) * a)/(1 + exp(-a * (theta -
    b)))^2)
> D(fx, "c")              # c について微分
1 - 1/(1 + exp(-a * (theta - b)))
> D(fx, "theta")          # theta について微分
(1 - c) * (exp(-a * (theta - b)) * a)/(1 + exp(-a * (theta -
    b)))^2
```

a, b, c, θ について一度に微分したいときには，以下のように deriv() 関数を利用する。deriv は導関数を意味する derivative の deriv である。

```
> deriv(fx, c("a","b","c","theta"))   # a,b,c,theta についての微分
expression({
    .expr1 <- 1 - c
    .expr3 <- theta - b
    .expr5 <- exp(-a * .expr3)
    .expr6 <- 1 + .expr5
    .expr11 <- .expr6^2
    .expr15 <- .expr1 * (.expr5 * a)/.expr11
    .value <- c + .expr1/.expr6
    .grad <- array(0, c(length(.value), 4L), list(NULL, c("a",
        "b", "c", "theta")))
    .grad[, "a"] <- .expr1 * (.expr5 * .expr3)/.expr11
    .grad[, "b"] <- -.expr15
    .grad[, "c"] <- 1 - 1/.expr6
    .grad[, "theta"] <- .expr15
    attr(.value, "gradient") <- .grad
    .value
})
```

grad[,"a"]，grad[,"b"]，grad[,"c"]，grad[,"theta"] が a, b, c, θ についての微分で，その内容は .expr1，.expr2 等の数式に代入されている。grad は勾配や傾斜を意味する gradient の grad である。以下に導関数を見やすく表記した。

a についての微分： $(1-c)\dfrac{e^{-a(\theta-b)}(\theta-b)}{(1+e^{-a(\theta-b)})^2}$ (2.17)

b についての微分： $-(1-c)\dfrac{e^{-a(\theta-b)}a}{(1+e^{-a(\theta-b)})^2}$ (2.18)

c についての微分： $1-\dfrac{1}{1+e^{-a(\theta-b)}}$ (2.19)

θ についての微分： $(1-c)\dfrac{e^{-a(\theta-b)}a}{(1+e^{-a(\theta-b)})^2}$ (2.20)

2.6　データの入出力

　Rはパソコン内部のハードディスクや外部記憶装置のファイルに保存したデータ，クリップボードに一時的に記憶したデータ，サーバにあるファイルからデータを入力できる。利用できるファイルは数値等を半角スペースで区切っているテキスト形式のファイル，半角のカンマ「,」で区切ったCSV形式（comma separated value format）のファイル，Excelファイル，商用統計ソフトで作成したシステムファイルなどである。ここでは，テキスト形式ファイルとCSV形式ファイルの入出力方法を説明する[*4]。

■データファイルの作成

　調査データや実験データを分析するとき，縦を個人の並び，横を変数の並びとしてデータをファイルへ保存する。ファイルの作成にはメモ帳やExcelを使う。たとえば，5名が受けた事前テストの得点preと事後テストの得点post，そしてレポートの成績reportがあるとき，メモ帳を開いて次のように打ち込む。変数名の間，数値・文字データの間には半角スペースを1つ以上入れる。データの間にスペースがあれば，変数ごとにカラムの位置が揃っていなくてもよい。

```
pre   post  report
 53    76     A
 41    64     B
 27    31     C
 34    25     B
 25    32     B
```

[*4] 数値や文字などがスペースやカンマで区切られていないデータを読み込むときは read.fwf() 関数を利用する。read.fwf の fwf は fixed width formatted の fwf である。

5人分のデータを打ち込めたら，保存するファイルの種類を「テキスト文書（*.txt）」として保存する。ここではファイルの保存先をディスクCのRdataフォルダとし，ファイル名をdemo.txtとする。

　また，Excelを用いてデータを入力する場合には，1行目に変数名を入れ，2行目から個人のデータを入力していく。したがって，1行A列にはpre，6行B列には32，6行C列にはBが入る。データをすべて入力したら，ファイルの種類を「CSV（カンマ区切り）（*.csv）」として保存する。ここでは保存先をディスクCのRdataフォルダとし，ファイル名をdemo.csvとする。メモ帳でdemo.csvファイルを開けば，画面が以下のようになる。

```
pre, post, report
53,76,    A
41,64,    B
27,31,    C
34,25,    B
25,32,    B
```

■作業ディレクトリの変更

　ファイルを保存したディスクやフォルダをRの「作業ディレクトリ（working directory）」として指定しておけば，ファイル名を指定するだけで，そこに保存されているファイルからデータを読み込むことができる。作業ディレクトリを変更する方法には，以下の2つがある。

(1) **R Consoleのメニューバーを利用する方法**　R Consoleのメニューバーから［ファイル］→［ディレクトリの変更］と進み，画面上で目的のディスクやフォルダを探し，作業ディレクトリを指定する。

(2) **setwd()関数を利用する方法**　たとえば，setwd()関数を用いて作業ディレクトリをディスクCのRdataフォルダへ変更するには，ディスク名とフォルダ名の間に「:/」を入れて全体を引用符「"」で挟み，

```
> setwd("C:/Rdata")   # 作業ディレクトリをC:/Rdataへ変更する
```

とする。setwdはset working directoryのsetwdである。

　また，現在の作業ディレクトリ名を確認するにはgetwd()関数を使う。もちろん，getwdはget working directoryのgetwdである。

```
> getwd()             # 作業ディレクトリ名を確認する
[1] "C:/Rdata"        # C:/Rdataへ変更されている
```

■ read.table( ) 関数

以下では所定のディレクトリへ作業ディレクトリが変更されているものとする。read.table() 関数を用いてデータを読み込む。関数の書式と引数は次の通りである。read.table の table は数値や文字データを並べた「表」の意味である。

```
オブジェクト名 <- read.table("ファイル名", header = TF)
```

オブジェクト名　read.table() 関数で入力したデータを代入するオブジェクト名である。

"ファイル名"　入力するデータを保存したファイル名である。ファイル名を引用符「"」で挟む。

header=TF　ファイルの 1 行目に変数名があるときは header=TRUE とする。変数名がないときは header=FALSE とするか，ファイル名だけを指定する。header はヘッダー（見出し）を意味する header である。

なお，先頭の m 行だけを読み込みたいときは，引数に nrows=m を追加する。

それでは，先に保存したファイルを読み込み，x というオブジェクトへ代入する。

```
> x <- read.table("demo.txt", header = TRUE)
>                           # 引用符は ' でもよい
```

以下の通り，データが正しく読み込まれていることがわかる。

```
> x                         # x はデータフレームとなる
  pre post report
1  53   76      A
2  41   64      B
3  27   31      C
4  34   25      B
5  25   32      B
```

str() 関数はオブジェクト x の構造をコンパクトに示す。str は structure（構造）の str である。

```
> str(x)    # str() 関数はオブジェクト x の構造を調べる
'data.frame':   5 obs. of  3 variables:
 $ pre   : int  53 41 27 34 25
 $ post  : int  76 64 31 25 32
 $ report: Factor w/ 3 levels "A","B","C": 1 2 3 2 2
```

x はデータフレームであり，3 つの変数が代入されていることがわかる。report は文字列変数なので，Factor（因子）と表示される。

CSV 形式のファイルを read.table() 関数を用いて読み込むこともでき，引数として以

下のように sep="," を入れる。

```
> x <- read.table("demo.csv", header = TRUE, sep = ",")
> x
  pre post report
1  53   76      A
2  41   64      B
3  27   31      C
4  34   25      B
5  25   32      B
```

また，クリップボード（clipboard）に一時的にコピーしたデータをRへ入力するには，ファイル名を clipboard とし，

```
> x <- read.table("clipboard", header = TRUE)
```

とする。

■ read.csv() 関数

CSV 形式のファイルからデータを読み込む read.csv() 関数もある。sep="," は不要である。

CSV 形式の demo.csv ファイルからデータを読み込んでみる。

```
> x <- read.csv("demo.csv", header = TRUE)
> x
  pre post report
1  53   76      A
2  41   64      B
3  27   31      C
4  34   25      B
5  25   32      B
```

■ write.table() 関数

データフレームを外部ファイルへ出力するには，write.table() 関数を用いる。write.table() 関数の書式を以下に示す。

```
write.table(オブジェクト名,"ファイル名",quote=TF)
```

オブジェクト名　ファイルへ出力するデータが代入されているオブジェクト名である。
"ファイル名"　オブジェクトのデータを保存するファイル名である。引用符「"」でファ

イル名を挟む。

quote=TF quote=FALSE とすると，保存したファイル内で変数名や文字データが引用符で挟まれない。引用符で挟むときは quote=TRUE とするか，この引数を記入しない。quote は，何々を引用符で囲むの意味である。

たとえば，demo.csv に保存されている事後テストの得点 post から事前テストの得点 pre を引いて変化得点 henka とし，3つの変数を demoout.txt ファイルへ保存したいとしよう。

まず，データを読み込んでデータフレーム x へ代入する。

```
> x <- read.table("demo.csv", header = TRUE, sep = ",")
```

そして，post から pre の得点を引いて henka とする。ここで，x$post はデータフレーム x の中の変数 post を参照し，xpre は変数 pre を参照する。

```
> henka = x$post - x$pre          # post-pre を henka とする
```

3つの変数が揃ったので，cbind() 関数でオブジェクト x と henka を束ねて x2 へ代入する。

```
> x2 <- cbind(x, henka)           # x と henka を束ねる
> x2
  pre post report henka
1  53  76      A    23
2  41  64      B    23
3  27  31      C     4
4  34  25      B    -9
5  25  32      B     7
```

データフレーム x2 を write.table() 関数を用いて demoout.txt へ出力する。

```
> write.table(x2, "demoout.txt", quote = FALSE)
```

demoout.txt をメモ帳で開くと以下のようになっている。

```
pre post report henka
1 53 76     A 23
2 41 64     B 23
3 27 31     C 4
4 34 25     B -9
5 25 32     B 7
```

出力されたファイルの1列目に行番号があるが，次のように read.table() 関数を用いてそのまま正しく読み込むことができる。

```
> x3 <- read.table("demoout.txt", header = TRUE)
> x3
  pre post report henka
1  53   76      A    23
2  41   64      B    23
3  27   31      C     4
4  34   25      B    -9
5  25   32      B     7
```

■ **write.csv() 関数**

データフレームを外部ファイルへ CSV 形式で出力するには，write.csv() 関数を用いる。書式は write.table() 関数と同様である。以下では，データフレーム x3 を demoout.csv というファイルへ出力している。

```
> write.csv(x3, "demoout.csv", quote = FALSE)
```

demoout.csv へ出力された内容をメモ帳で開いた結果を以下に示す。

```
,pre,post,report,henka
1,53,76,A,23
2,41,64,B,23
3,27,31,C,4
4,34,25,B,-9
5,25,32,B,7
```

このファイル名は拡張子が csv となっているので，エクスプローラ上でファイル名をダブルクリックすれば，EXCEL が起動してデータを読み込む。

おしまいに ls() と入力してみると，

```
> ls()                    # オブジェクトをリストする
 [1] "A"              "abc"            "B"
 [4] "bunkatsu"       "C"              "cn"
 ‥‥‥
```

と表示される。ls() 関数は list objects（オブジェクトをリストする）の ls であり，ユーザが定義したオブジェクトや関数を画面にリストする。オブジェクトの一覧の中に，その先の作業に不要なオブジェクトがあれば，トラブルを避けるためにも，なるべくメモリ

上から削除しておく方がよい．不要なオブジェクトの削除には rm() 関数を使う．rm は remove objects（オブジェクトを削除する）の rm である．すべてのオブジェクトを消してもよければ，

```
> rm(list = ls())            # 全オブジェクトを削除する
```

とする．確かに

```
> ls()
character(0)
```

となり，すべてのオブジェクトが削除されたことがわかる．

3章

単回帰分析

〈特徴〉

　学習時間から期末テストの得点を予測したり，身長から体重を予測したりするときに利用する。予測に使う変数が1つなので単回帰分析と呼ばれる。

　心理・教育で単回帰分析が利用される機会は多くはないが，単回帰分析は予測式を作るデータ解析法の基本であり，しかも，単回帰分析の学習は重回帰分析や構造方程式モデリングを学ぶための準備ともなる。

〈注意点〉

　単回帰分析は量的変数を用いて量的変数の値を予測するが，ここで説明する方法は2変数の間に直線的な関係があることを前提とする。したがって，2変数の間に非線形の関係があるときは，非線形の回帰分析を利用する。

3.1 単回帰分析の定式化

表3.1に女性20名（18歳から20歳）の体重（kg）と身長（cm）を示す．普通，体重が増えても背が伸びるとは限らないが，背が伸びれば体重が増加するから，身長から体重を予測してみる．

図3.1に示す身長と体重の散布図を見ると，2変数の間に直線的な（線形という）関係を仮定できるから，個人iの身長x_iを用いて

$$\hat{y}_i = b_0 + b_1 x_i \tag{3.1}$$

として体重を予測しよう．$\hat{y}_i$は個人iの身長の予測値であり，この式をyの予測式あるいはyのxへの回帰式という．そして，b_0を切片あるいは定数，b_1を回帰係数と呼ぶ．

$\hat{y}_i$は個人iの体重の予測値であるが，身長x_iだけでは体重は決まらないので，予測値と実際の体重の値は一致しない．したがって，体重の測定値y_iを予測値$\hat{y}_i$と誤差e_iにより，

$$y_i = \hat{y}_i + e_i = \underbrace{b_0 + b_1 x_i}_{\hat{y}_i} + e_i \tag{3.2}$$

と分解できる．誤差e_iを予測の残差ともいう．

単回帰分析の目的は予測値$\hat{y}_i$を観測値y_iへできる限り近づける予測式を作ることにあるから，可能な限り誤差e_iを小さくしたい．そのため，一般には次式の誤差平方和Qを最小にする切片b_0と回帰係数b_1を微分法を用いて求める．これを最小2乗法という．nは標本の大きさ（人数）である．

表3.1 女性20名の体重と身長

個人 (i)	体重 (y_i)	身長 (x_i)	個人 (i)	体重 (y_i)	身長 (x_i)
1	53.0	158.5	11	56.0	153.0
2	55.0	158.5	12	53.0	164.0
3	61.0	161.0	13	55.0	165.0
4	54.5	155.0	14	49.0	164.5
5	63.0	166.0	15	57.0	162.0
6	46.0	152.0	16	54.0	156.0
7	52.5	153.0	17	46.5	153.0
8	56.0	159.0	18	54.0	160.0
9	62.0	163.5	19	52.0	156.5
10	47.5	154.5	20	42.0	155.0
			平均	53.45	158.50
			標準偏差	5.37	4.56

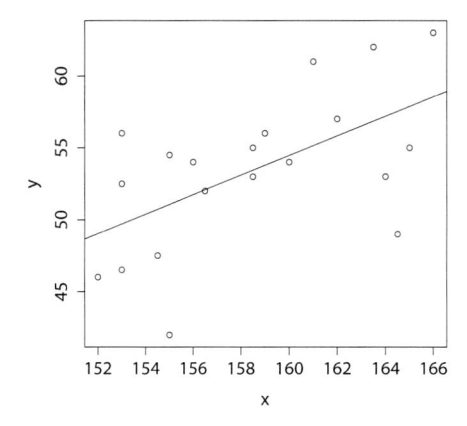

図3.1　身長と体重の散布図と予測式 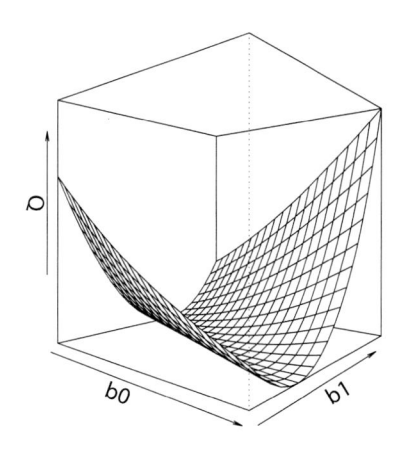　　　　図3.2　誤差平方和 Q のグラフ

$$Q = \sum_{i=1}^{n} e_i^2 = \sum_{i=1}^{n} (y_i - \hat{y}_i)^2 = \sum_{i=1}^{n} [y_i - (b_0 + b_1 x_i)]^2 \tag{3.3}$$

b_0 と b_1 へ適当な値を代入して誤差平方和 Q を求め，b_0 と b_1 の関数として誤差平方和 Q を図3.2に示した．誤差平方和 Q は正の値を取るので，最小値を与える b_0 と b_1 の組み合わせがあり，その2つの値が最小2乗法による切片と回帰係数の推定値である．

その最小2乗法による回帰係数と切片の推定値は

$$\hat{b}_0 = \bar{y} - \hat{b}_1 \bar{x} \tag{3.4}$$

$$\hat{b}_1 = \begin{cases} \dfrac{S(x,y)}{S^2(x)} \\ r(x,y) \dfrac{S(y)}{S(x)} \end{cases} \tag{3.5}$$

である．ここで，$S(x,y)$ は x と y の共分散，$S^2(x)$ は x の分散，$r(x,y)$ は x と y の相関係数，$S(y)$ は y の標準偏差，$\bar{y}$ と $\bar{x}$ はそれぞれ y と x の平均である．

練習1　式 (3.3) を b_0 と b_1 について微分しなさい．

式 (3.3) を展開すると

$$Q = nb_0^2 + 2b_o b_1 \sum_{i=1}^{n} x_i - 2b_0 \sum_{i=1}^{n} y_i - 2b_1 \sum_{i=1}^{n} y_i x_i + b_1^2 \sum_{i=1}^{n} x_i^2 \tag{3.6}$$

となるので

```
> Q <- expression(n*b0^2 + 2*b0*b1*sumx - 2*b0*sumy -
+                 2*b1*sumyx + b1^2*sumx2)
```

として関数Qを定義する。ここで，sumxは$\sum x_i$, sumyは$\sum y_i$, sumyxは$\sum y_i x_i$, sumx2は$\sum x_i^2$である。関数Qを定義できたので，D()関数を用いて以下のようにb0とb1について微分する。

```
> D(Q, "b0")                    # b0で微分
n * (2 * b0) + 2 * b1 * sumx - 2 * sumy
> D(Q, "b1")                    # b1で微分
2 * b0 * sumx - 2 * sumyx + 2 * b1 * sumx2
```

微分した結果を見やすいように表記すると以下の通りである。

$$b_0 についての微分 : 2nb_0 + 2b_1 \sum_{i=1}^{n} x_i - 2 \sum_{i=1}^{n} y_i \tag{3.7}$$

$$b_1 についての微分 : 2b_0 \sum_{i=1}^{n} x_i - 2 \sum_{i=1}^{n} y_i x_i + 2b_1 \sum_{i=1}^{n} x_i^2 \tag{3.8}$$

練習2 式 (3.7) と式 (3.8) を0と置いた連立方程式を立て，b_0とb_1について解きなさい。

b_0とb_1について連立方程式を解くことにより，式 (3.3) の誤差平方和Qを最小化する式 (3.4) と式 (3.5) を得る。

3.2　lm() 関数を用いた単回帰分析の実行

Rには回帰分析を行うための関数としてlm()がある。lmはlinear model（線形モデル）のlmである。lm()関数の書式と引数は以下の通りである。この関数を用いて身長から体重を予測してみる。

```
オブジェクト名 <- lm( 目的変数 ~ 説明変数 )
オブジェクト名 <- lm( 目的変数 ~ 説明変数 , data = データフレーム名 )
```

オブジェクト名　lm() 関数が返す計算結果を代入するオブジェクト名である。lm() 関数は多数の値を返してくるので，計算結果をオブジェクトへ一時的に保管するほうがよい。

目的変数　目的変数名を指定する。目的変数とは，体重のように他の変数から予測される変数で，従属変数とも呼ばれる。

説明変数 説明変数名を指定する。説明変数とは，身長のように他の変数を予測する変数で，独立変数とも呼ばれる。

`data=`**データフレーム名** 目的変数と説明変数がデータフレームへ代入されているときは，データフレーム名を指定する。目的変数と説明変数がそれぞれベクトルに代入されているときは，ベクトルの名前だけを指定すればよい。

それでは，体重と身長.txt に保存されたデータを読み込む。データファイルの先頭行に変数名を入れているので，read.table() 関数の引数として header = TRUE を入れる。

```
> 体重と身長 <- read.table("体重と身長.txt", header = TRUE)
> names(体重と身長)          # 変数名
[1] "体重" "身長"
```

2 変数の平均，標準偏差，相関係数を見ておく。

```
> mean(体重と身長)           # 平均
   体重     身長
  53.45  158.50
> sd(体重と身長)             # 標準偏差（不偏分散の正平方根）
    体重      身長
 5.365337 4.556661
> cor(体重と身長)            # 相関係数
          体重      身長
体重 1.0000000 0.5774873
身長 0.5774873 1.0000000
```

ここでは，本文の計算式を参照しやすいように体重を変数 y，身長を変数 x へ代入しておく。

```
> y <- 体重と身長$体重       # 体重と身長の中の体重を y とする
> x <- 体重と身長$身長       # 体重と身長の中の身長を x とする
```

体重をベクトル y へ，身長をベクトル x へ代入したので，lm() 関数の引数内では以下のように 2 つのベクトル名を指定すればよい。

```
> regr <- lm(y ~ x)   # 目的変数 ~ 説明変数
```

このままでは画面に何も結果が表示されないので，summary() 関数を用いて主要な統計量を画面へ出力する。

```
> summary(regr)

Call:
lm(formula = y ~ x)

Residuals:                                                      # (a)
    Min      1Q  Median      3Q     Max
 -9.070  -3.075   0.540   2.950   6.290

Coefficients:#      推定値     標準誤差      t値        p値
               Estimate  Std. Error  t value  Pr(>|t|)        # (b)
(Intercept)    -54.3260    35.9266   -1.512   0.14786
x                0.6800     0.2266    3.001   0.00767    **
---
Signif. codes:  0 '***' 0.001 '**' 0.01 '*' 0.05 '.' 0.1 ' ' 1

Residual standard error: 4.5 on 18 degrees of freedom
Multiple R-squared: 0.3335,    Adjusted R-squared: 0.2965   # (c)
F-statistic: 9.006 on 1 and 18 DF,  p-value: 0.007668       # (d)
```

(a) 欄は予測残差 (residual) の最小値 (Min)，第1四分位数 (1Q)，中央値 (Median)，第3四分位数 (3Q)，最大値 (Max) である．また，切片 b_0 と回帰係数 b_1 の推定値は (b) 欄に出力され，左から推定値 (Estimate)，推定値の標準誤差 (Std. Error, standard error)，検定統計量の t 値 (t value) とその p 値 (Pr(>|t|), 有意確率, Pr は probability の pr) である．p 値に応じて最右列に推定値の有意性を表す記号が付いている．Intercept が切片（定数）の推定値, x が回帰係数の推定値であるから，身長 x を用いた体重 y の予測式は

$$\hat{y}_i = -54.3 + 0.68 x_i \tag{3.9}$$

である．

回帰係数は説明変数に1単位分，ここでは身長に1cmの増分があるときに期待される目的変数の増分を表す．つまり，身長に1cmの増分があれば，体重の予測値に0.68kgの増分が期待される．回帰係数が0のときは，常に y の予測値は $\overline{b}_0 (=\overline{y})$ となるので，説明変数 x によって目的変数 y を予測できない．また，切片の値は目的変数の測定単位に応じて変わるので，この事例ではその大きさを評価することに意味はない．

練習3 身長と体重の散布図を描き，その中に予測直線を引きなさい．

散布図を描く関数は plot() 関数である．第1引数が横軸の値を与え，第2引数が縦軸

の値を与えるので，plot(x, y)として身長と体重の散布図を描く。そして，散布図に直線を追加するabline()関数を用いてabline(regr)として予測直線を散布図へ追加する。それが図3.1である。

```
> plot(x, y, cex.lab = 1.5, cex.axis = 1.5)    # xとyの散布図の描画
> #           ラベルのサイズを1.5倍，軸のメモリの数値のサイズ1.5倍
> abline(regr)                                 # 予測式の描画
>                        # abline(a = -54.33, b = 0.68) としてもよい
```

さて，身長158.5cmの女性（個人番号1と2）の体重の予測値は，

$$\hat{y}_i = -54.3 + 0.68 \times 158.5 = 53.48$$

である。この2名の実際の体重は53.0kgと55.0kgであるから誤差は小さいが，回帰分析ではデータ全体を用いて予測の精度を評価しなくてはいけない。そのため，目的変数の分散$S^2(y)$，予測値の分散$S^2(\hat{y})$，誤差分散$S^2(e)$に

$$S^2(y) = S^2(\hat{y}) + S^2(e) \tag{3.10}$$

という関係があるので，決定係数R^2（$0 \leq R^2 \leq 1$；説明率，重決定係数，寄与率ともいう）が，

$$R^2 = \frac{S^2(\hat{y})}{S^2(y)} = 1 - \frac{S^2(e)}{S^2(y)} \tag{3.11}$$

として定義される。決定係数は目的変数の実測値と予測値との相関係数，すなわち重相関係数R（$0 \leq R \leq 1$）の2乗に等しいので，(c)欄にMultiple R-squaredとして出力されている。Multiple Rが重相関係数，-squaredはそれが2乗されている（squared）ことを意味する。この事例ではR^2=0.3335となり，身長によって体重の分散の約33%を説明できる。予測式を実用的に使うためには0.5以上の決定係数が必要であると言われるので，身長によって体重をある程度は予測できても，身長だけで体重を正確に予測することは難しい。

練習4 測定値の分散$S^2(y)$が予測値の分散$S^2(\hat{y})$と残差の分散$S^2(e)$の和に一致することを数値を用いて確かめなさい。予測値は参照名をfitted.valuesとして，残差はresidualsとしてオブジェクトregrに保管されている。fittedは数式を当てはめた，valuesはその値，residualは残差の意味である。分散を求める関数はvar()である。

以下のように，$S^2(y) = S^2(\hat{y}) + S^2(e)$が成り立っている。

```
> var(y)              # 測定値の分散
[1] 28.78684
> var(regr$fitted.values) + var(regr$residuals)
[1] 28.7868          # 予測値の分散 + 残差の分散
```

練習5 残差の平均が0となること，また，体重の測定値の平均が予測値の平均と等しいことを確かめなさい．平均を求める関数はmean()である．

残差の平均は

```
> mean(regr$residuals)          # 誤差の平均
[1] 1.380406e-16                # 1.380406×10の-16乗（=0）
```

である．残差の平均が1.380406e-16と表示されているが，1.380406×10^{-16}のことであり，0と見なせる．残差の平均は数式上では0となるが，計算機の内部では桁落ちが原因となり，0と表示されないことがある．また，体重と体重の予測値の平均は

```
> mean(y)                       # 体重の平均
[1] 53.45
> mean(regr$fitted.values)      # 体重の予測値の平均
[1] 53.45
```

であり，一致している．

練習6 重相関係数の2乗が決定係数に等しいことを確かめなさい．相関を求める関数はcor()である．

以下の通り，2つの値は等しい．

```
> cor(y, regr$fitted.values)^2   # 重相関係数の2乗
[1] 0.3334915
> var(regr$fitted.values) / var(y) # 決定係数の定義式へ代入
[1] 0.3334915
```

3.3 単回帰分析における検定

■決定係数の検定

出力の (d) 欄にある F-statistic は，

　　帰無仮説：母集団の決定係数＝0
　　対立仮説：母集団の決定係数＞0

を検定するための F 統計量（statistic）である．この統計量は

$$F = \frac{\sum_{i=1}^{n}(\hat{y}_i - \bar{y})^2/1}{\sum_{i=1}^{n} e_i^2/(n-2)} = \frac{R^2/1}{(1-R^2)/(n-2)} \tag{3.12}$$

と定義される．F 値は帰無仮説が真のとき，分子の自由度が 1，分母の自由度が $n-2$ の F 分布に従う．n は標本の大きさであり，ここでは $n=20$ である．p-value が p 値であり，0.007668 とあるので，有意水準 0.01 で帰無仮説を棄却できる．つまり，身長によって体重を予測できない，とは言えない．しかし，決定係数が 0.5 以下であるから，予測式を実用的に使うことは難しい．このことは散布図からも見て取れる．

■回帰係数の検定

回帰係数 b_1 に関しても，

　　帰無仮説：母集団の回帰係数 ＝ 0
　　対立仮説：母集団の回帰係数 ≠ 0

を検定することができ，検定結果が (b) へ出力されている．検定統計量の t 値は

$$t = \frac{\hat{b}_1}{\sqrt{\frac{\sum_{i=1}^{n} e_i^2/(n-2)}{\sum_{i=1}^{n}(x_i - \bar{x})^2}}} = \frac{\hat{b}_1}{\sqrt{\frac{S^2(e)/(n-2)}{S^2(x)}}} \tag{3.13}$$

である．ここで，$S^2(e)$ は予測の誤差の分散，$S^2(x)$ は説明変数の分散である．帰無仮説が真のとき，t は自由度 $n-2$ の t 分布に従う．lm() 関数では t 値が t value，p 値が Pr(>|t|) として出力される．ここでは p 値が 0.01 未満であるから帰無仮説を棄却できる．なお，単回帰分析に限り決定係数と回帰係数の検定結果は一致するので，2 つの検定統計量の p 値が等しい．

■切片の検定

切片の有意性検定の結果も出力される．仮説は

帰無仮説：母集団の切片 = 0
対立仮説：母集団の切片 ≠ 0

であり，これを検定するための統計量は

$$t = \frac{\hat{b}_0}{\sqrt{\frac{S^2(e)}{n-2}\left(1 + \frac{\bar{x}^2}{S^2(x)}\right)}} \tag{3.14}$$

である．帰無仮説が真のとき，t 値は自由度 $n-2$ の t 分布に従う．この事例では p 値が0.05よりも大きいので，帰無仮説を棄却できないが，標本が小さいために検出力（power of test；検定力）不足となっていることが原因である．標本を大きくすれば切片も有意になる．

練習7 体重から身長を予測しなさい．

```
> 体重と身長 <- read.table(" 体重と身長 .txt", header = TRUE)
> summary(lm( 身長 ~ 体重 , data = 体重と身長 ))
Call:
lm(formula = 身長 ~ 体重 , data = 体重と身長 )
.....
Coefficients:
            Estimate  Std. Error  t value  Pr(>|t|)
(Intercept) 132.2856    8.7767    15.072   1.19e-11 ***
体重          0.4904    0.1634     3.001   0.00767 **
---
Signif. codes:  0 '***' 0.001 '**' 0.01 '*' 0.05 '.' 0.1 ' ' 1
```

単回帰分析では x から y の予測が有意であれば，y から x の予測も有意になり，前者が有意でなければ後者も有意にはならない．このため，x と y との間に因果関係があっても，本章の単回帰分析では統計的には因果の方向を特定できない．したがって，統計的な観点を離れて因果の方向性を推測する．ここでは身長から体重を予測するのが自然である．

3.4　身長の2乗を用いた体重の予測

BMI（Body Mass Index）は体重の測定単位を kg，身長の測定単位を m として，

$$\text{BMI} = \frac{\text{体重（kg）}}{\text{身長（m）}^2} \tag{3.15}$$

と定義される．成人の場合，BMI は肥満度を表す指数として利用され，日本肥満学会は標準値を22としている．これは身長の2乗によって適切な体重が決まることを示唆しているが，はたして身長の2乗の方が体重をうまく予測できるであろうか．

身長（m）の2乗を用いて体重を予測するが，身長の測定単位が cm となっているので，m へ変換してから2乗する．

```
> 体重と身長 <- read.table("体重と身長.txt", header = TRUE)
> y <- 体重と身長$体重      # 体重と身長の中の体重をyとする
> x <- 体重と身長$身長      # 体重と身長の中の身長をxとする
> x2 <- (x/100)^2    # 身長（m）の2乗
```

説明変数を用意できたので単回帰分析を行う．

```
> regr2 <- lm(y ~ x2)
> summary(regr2)

Call:
lm(formula = y ~ x2)

Residuals:
    Min      1Q  Median      3Q     Max
-9.0656 -3.1334  0.5672  2.9207  6.2494

Coefficients:
            Estimate Std. Error t value Pr(>|t|)
(Intercept)  -0.2208    17.9716  -0.012  0.99033
x2           21.3471     7.1368   2.991  0.00784 **
---
Signif. codes:  0 '***' 0.001 '**' 0.01 '*' 0.05 '.' 0.1 ' ' 1

Residual standard error: 4.505 on 18 degrees of freedom
Multiple R-squared: 0.332,    Adjusted R-squared: 0.2949
F-statistic: 8.947 on 1 and 18 DF,  p-value: 0.007835
```

決定係数が0.3320であるから，身長そのものを用いたときの0.3335と変わらず，BMIを用いても予測力が大きくはならなかった．これは，計算に用いた20名の女性の身長が1.52mから1.66mという狭い範囲にあり，この範囲では身長とその2乗がほぼ直線的な関係にあるためである．実際，身長とその2乗の相関は

```
> cor(x, x2)      # 身長（cm）と身長（m）の2乗の相関
[1] 0.9999362
> plot(x, x2)     # 本文では省略
```

と大きい．

4章

重回帰分析

〈特徴〉

　学習意欲と学習時間と学業成績を用いて実力テストの成績を予測したり，身長と体重と体型不満度を用いて減量希望量を予測したりする。予測に使う変数が複数なので重回帰分析と呼ばれる。

　心理・教育では質問紙調査の結果を分析するときに利用されることが多い。重回帰分析の学習はパス解析と構造方程式モデリングを理解するために必要である。

〈注意点〉

　目的変数は量的変数に限定されるが，説明変数は量的変数でもよいし，質的変数でもよい。また，量的変数と質的変数を一緒に説明変数として用いることもできる。

　重回帰分析では偏回帰係数の値にもとづいて分析結果を考察するが，偏回帰係数を相関係数のように解釈することはできない。

4.1 説明変数が2つの場合の定式化

建売住宅の1・2階の床面積（m^2）と販売価格（万円）を表4.1に示す。床面積が広ければ工事費と設備費が嵩むので，床面積が大きい住宅ほど販売価格が高くなるものと予想されるが，どうであろうか。また，単位面積当たりの販売価格は1階と2階では異なるのであろうか。ここでは，床面積を説明変数として販売価格を予測して2つの疑問を解く。

さて，1階の床面積をx_1，2階の床面積をx_2，販売価格をyとする。重回帰分析は

$$\hat{y}_i = b_0 + b_1 x_{i1} + b_2 x_{i2} \tag{4.1}$$

として住宅iの販売価格を予測する。ここで，x_{i1}とx_{i2}は住宅iの2つの説明変数の値，b_0は切片，b_1とb_2は偏回帰係数である。重回帰分析では，説明変数x_jに乗じる係数b_jを偏回帰係数と呼ぶ。偏回帰係数は，他の説明変数の値を一定としたとき，当該の説明変数の値が1単位分増加したときに期待される目的変数の増分である。これは相関係数とは異なる。

単回帰分析と同様に最小2乗法を用いて切片と偏回帰係数の値を求めることができ，その推定値は

$$\hat{b}_1 = \frac{S^2(x_2)S(x_1,y) - S(x_1,x_2)S(x_2,y)}{S^2(x_1)S^2(x_2) - S(x_1,x_2)^2} \tag{4.2}$$

$$\hat{b}_2 = \frac{-S(x_1,x_2)S(x_1,y) + S^2(x_1)S(x_2,y)}{S^2(x_1)S^2(x_2) - S(x_1,x_2)^2} \tag{4.3}$$

$$\hat{b}_0 = \bar{y} - \hat{b}_1 \bar{x}_1 - \hat{b}_2 \bar{x}_2 \tag{4.4}$$

である。ここで，$S^2(x_1)$と$S^2(x_2)$はx_1とx_2の分散，$S(x_1,x_2)$はx_1とx_2の共分散，$S(x_1,y)$はx_1とyの共分散，$S(x_2,y)$はx_2とyの共分散である。また，$\bar{y}$と$\bar{x}_1$と$\bar{x}_2$はそれぞれyとx_1とx_2の平均である。

4.2 lm() 関数を用いた重回帰分析の実行

単回帰分析と同様に`lm()`関数を用いて重回帰分析を実行する。関数の書式は以下の通りである。目的変数と説明変数がベクトルに代入されている場合にはデータフレーム名は不要である。

表4.1 住宅価格

番号 (i)	1階面積 (x_{i1})	2階面積 (x_{i2})	販売価格 (y_i)	番号 (i)	1階面積 (x_{i1})	2階面積 (x_{i2})	販売価格 (y_i)
1	52.50	39.00	1127	14	51.00	50.40	1188
2	57.00	51.00	1264	15	46.75	46.75	1080
3	55.50	49.50	1210	16	67.50	67.50	1425
4	82.50	65.00	1599	17	61.00	60.00	1329
5	86.00	77.00	1637	18	108.50	80.50	1830
6	85.00	75.00	1622	19	55.88	55.88	1302
7	58.00	57.00	1306	20	69.00	61.50	1419
8	92.00	80.50	1706	21	82.55	76.25	1566
9	82.00	71.00	1595	22	65.75	59.25	1400
10	67.50	59.50	1423	23	78.00	73.00	1526
11	100.50	66.50	1728	24	75.00	61.50	1464
12	82.50	65.00	1586	25	72.50	69.00	1553
13	75.00	68.00	1521	26	105.00	72.00	1771
				平均	73.63	63.75	1468.35
				標準偏差	16.78	10.79	200.70

```
オブジェクト名 <- lm( 目的変数 ~ 説明変数 )
オブジェクト名 <- lm( 目的変数 ~ 説明変数 , data = データフレーム名 )
```

説明変数　説明変数名を指定するが，重回帰分析では説明変数が2つ以上になるので，「+」記号で説明変数名をつなぐ。

それでは，最初に住宅販売価格.txtファイルに保存されているデータを読み込み，販売価格をy，1階の面積をx1，2階の面積をx2へ保管する。データフレームの中から変数を取り出すときは，データフレーム名と変数名を$記号で結び，データフレーム名$変数名と記述する。

```
> 住宅 <- read.table("住宅販売価格.txt", header = TRUE)
> names( 住宅 )              # 変数名
[1] "番号"       "在庫棟数"     "1階の面積" "2階の面積" "販売価格"
> y <-    住宅 $ 販売価格     # 単位は万円
> x1 <-   住宅 $ １階の面積   # 単位は平方メートル
> x2 <-   住宅 $ ２階の面積   # ここの１と２は全角文字
```

データを読み込めたので，3変数の相関係数を求める。

```
> cor(cbind(y, x1, x2))     # 販売価格と床面積の相関係数
          y         x1        x2
y  1.0000000 0.9773795 0.9110174
x1 0.9773795 1.0000000 0.8487701
x2 0.9110174 0.8487701 1.0000000
```

3変数の間に大きな相関があり，特に1階の面積x1と販売価格yの相関が0.977と大きい。

lm()関数へベクトルを渡して重回帰分析を実行し，結果を表示する。

```
> houseregr <- lm(y ~ x1 + x2)    # ~記号の後ろに説明変数を並べる
> summary(houseregr)

Call:
lm(formula = y ~ x1 + x2)

Residuals:
    Min      1Q  Median      3Q     Max
-61.442 -15.392  -5.341  16.837  66.104

Coefficients:#    (a)
            Estimate Std. Error t value Pr(>|t|)
(Intercept) 479.8316    37.0203  12.961 4.68e-12 ***   # b0
x1            8.7344     0.6837  12.776 6.27e-12 ***   # b1
x2            5.4177     1.0629   5.097 3.67e-05 ***   # b2
---
Signif. codes:  0 '***' 0.001 '**' 0.01 '*' 0.05 '.' 0.1 ' ' 1

Residual standard error: 30.32 on 23 degrees of freedom
Multiple R-squared: 0.979,     Adjusted R-squared: 0.9772   # (b)
F-statistic:   536 on 2 and 23 DF,  p-value: < 2.2e-16      # (c)
```

(a)欄のEstimateの下に切片と2つの偏回帰係数の推定値が出力される。それによれば，$\hat{b}_0 = 479.8316$，$\hat{b}_1 = 8.7344$，$\hat{b}_2 = 5.4177$であるから，販売価格の予測式は，

$$\hat{y}_i = 479.83 + 8.73 x_{i1} + 5.42 x_{i2} \tag{4.5}$$

である。この予測式は，1階の面積が1m²広くなると販売価格が8.73万円高くなり，2階の面積が1m²広くなると5.42万円高くなることを意味する。つまり，1階と2階を合わせた総床面積が同一でも，1階の床面積が広い住宅ほど高額になる。これは1階の床面積が広いほど基礎的な施行工事が増えるためであろうか。また，切片の値は床面積とは関

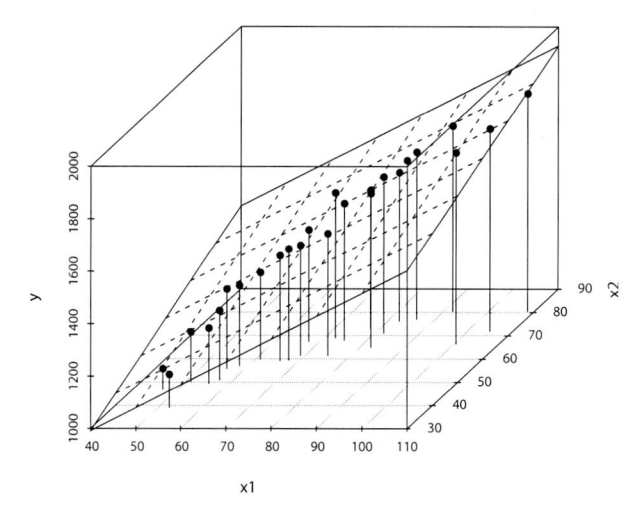

図 4.1 住宅価格の予測平面

係しない基本代金である。

　重回帰分析でも決定係数と重相関係数を用いて予測式の精度を評価する。各階の床面積と販売価格の相関が大きいので，大きな決定係数となることが予想されるが，(b) 欄にあるように決定係数 (Multiple R-squared) は0.98ときわめて大きい。この販売会社の場合，住宅の総床面積で販売価格がほぼ決まるようである。

　重回帰分析では同一の予測値を与える説明変数の値が無数にあるので，予測値は平面を作る。これを予測平面という。scatterplot3dパッケージ[*1]を使って予測平面を描画する。

```
> # 3次元グラフの描画（予測平面）
> #                             scatterplot3dの
> install.packages("scatterplot3d")   # インストールと
> library(scatterplot3d)              # 読み込み
> s3d <- scatterplot3d(cbind(x1, x2, y), type ="h", pch=16)
> s3d$plane3d(houseregr, lty.box ="solid")
```

予測平面を図4.1に示す。決定係数の大きさからも推測されるが，実際の住宅価格が予測平面の近くに位置することが見て取れよう。

練習1　Rに組み込まれているnlm()関数を用いて切片と回帰係数を求めよ。関数名のnlmはnon-linear minimization（非線形最小化）のnlmである。

　まず，データを読み込む。

[*1] Ligges, U. (2010). *scatterplot3d: 3D Scatter Plot*.

```
> 住宅 <- read.table(" 住宅販売価格 .txt", header = TRUE)
> y <-   住宅 $ 販売価格      # 単位は万円
> x1 <- 住宅 $１階の面積     # 単位は平方メートル
> x2 <- 住宅 $２階の面積     # ここの１と２は全角文字
```

nlm() 関数の書式は

```
nlm( 最小化する関数，未知数の初期値を代入したベクトル，データ )
```

であるから，次の mregQ() 関数を誤差平方和を求める関数とし，nlm() 関数によって切片と回帰係数を求める。

```
> # 誤差平方和を求める関数
> mregQ <- function(b, y, x1, x2){    # 誤差平方和 Q を求める関数
+   e <- y - (b[1] + b[2] * x1 + b[3] * x2)    # 誤差
+   return(sum(e^2))                            # 誤差平方和
+ }
> b <- matrix(c(400, 5, 5))      # 切片と回帰係数の初期値
> nlm(mregQ, b, y, x1, x2)       # nlm 関数を用いた最適化
$minimum                          # 最小値
[1] 21150.79

$estimate                         # 推定値
[1] 479.827341   8.734187   5.417997

$gradient                         # 勾配
[1] -2.423159e-05 -1.457826e-03 -1.241533e-03

$code                             # 最適化処理のコード番号
[1] 1

$iterations                       # 反復階数
[1] 25
```

$minimum（最小値）は最小化した誤差平方和の値，$estimate（推定値）は前から切片 b_0，偏回帰係数 b_1 と b_2 の推定値であり，lm() 関数で求めた推定値と計算の誤差範囲内で一致している。$gradient（勾配）は誤差平方和 Q を未知数について偏微分したときの微分係数である。微分係数がほぼ 0 であるから，$estimate が最小値を与えていることがわかる。数値計算が適切に終了した場合には $code（コード）が 1 である。$iterations（反復）の値は反復計算の回数である。

4.3 重回帰分析における検定

4.3.1 決定係数の検定

最初に決定係数（重相関係数）の有意性検定を行い，それが有意な場合に限り，個々の偏回帰係数の有意性検定を行う。決定係数に関する帰無仮説と対立仮説は

帰無仮説：母集団の決定係数 = 0
対立仮説：母集団の決定係数 > 0

であり，これを検定するための統計量は F 統計量である。ここでは一般性に配慮して説明変数の数を p とし，F 統計量の計算式を以下に示す。

$$F = \frac{\sum_{i=1}^{n}(\hat{y}_i - \bar{y})^2/p}{\sum_{i=1}^{n} e_i^2/(n-p-1)} = \frac{R^2/p}{(1-R^2)/(n-p-1)} \tag{4.6}$$

F 値は帰無仮説が真のとき，分子の自由度が p，分母の自由度が $n-p-1$ の F 分布に従う。n は標本の大きさである。この事例の場合，(c) 欄にある p-value が p 値であり，< 2.2e-16 は 2.2×10^{-16} 未満ということを意味するので高度に有意である。

4.3.2 偏回帰係数と切片の検定

偏回帰係数の有意性を検定するための帰無仮説と対立仮説は

帰無仮説：母集団の偏回帰係数 = 0
対立仮説：母集団の偏回帰係数 ≠ 0

であり，検定統計量は

$$t = \frac{b_j}{\sqrt{S_{jj}^{(-1)}} S(e)/\sqrt{n-p-1}} \tag{4.7}$$

である。ここで，$S_{jj}^{(-1)}$ は説明変数の分散共分散行列（S）の逆行列（S^{-1}）の j 番目の対角要素，$S(e)$ は誤差の標準偏差である。帰無仮説が真のとき，t 値は自由度 $n-p-1$ の t 分布に従う。決定係数が有意となってもすべての偏回帰係数が有意になるとは限らないので，個々の偏回帰係数について有意性を検定する。この事例では出力の (a) 欄の p 値か

らわかる通り，1階の床面積も2階の床面積も偏回帰係数が高度に有意である。

また，切片の有意性を検定するための帰無仮説と対立仮説は

　　帰無仮説：母集団の切片 = 0

　　対立仮説：母集団の切片 ≠ 0

であり，有意性検定を行う統計量は

$$t = \frac{b_0}{\sqrt{1 + \sum_{j=1}^{p} \sum_{k=1}^{p} \bar{x}_j \bar{x}_k S_{jk}^{(-1)}} S(e)/\sqrt{n-p-1}} \tag{4.8}$$

である。$\bar{x}_j$ は j 番目の説明変数 x_j の平均，$S_{jk}^{(-1)}$ は説明変数の分散共分散行列の逆行列の j, k 要素の値である。この事例の場合には切片の有意性検定の結果も高度に有意である。

4.4　多重共線性と分散拡大係数（VIF）

4.4.1　多重共線性

前章では，身長を説明変数として体重を予測しても，身長の2乗を説明変数としても有意な回帰係数を得た。それでは，身長と身長の2乗を用いて体重を重回帰予測したらどうなるであろうか。1つの説明変数だけを用いた単回帰分析よりも良い予測が可能であろうか。その計算結果を次に示す。

```
> 体重と身長 <- read.table("体重と身長.txt", header = TRUE)
> names(体重と身長)            # 変数名
[1] "体重" "身長"
> y <- 体重と身長$体重          # 体重と身長の中の体重をyとする
> x <- 体重と身長$身長          # 体重と身長の中の身長をxとする
> x1 <- x / 100                 # 身長の測定単位をmにする
> x2 <- x1^2                    # 身長の2乗
> regr2 <- lm(y ~ x1 + x2)
> summary(regr2)

Call:
lm(formula = y ~ x1 + x2)
.....
```

```
Coefficients:
            Estimate Std. Error t value Pr(>|t|)
(Intercept)   -963.6     1624.5  -0.593    0.561
x1            1213.3     2045.8   0.593    0.561
x2            -360.4      643.7  -0.560    0.583

Residual standard error: 4.589 on 17 degrees of freedom
Multiple R-squared: 0.3456,    Adjusted R-squared: 0.2686
F-statistic: 4.488 on 2 and 17 DF,  p-value: 0.02722
```

単回帰分析で得た決定係数は，身長を説明変数としたときが0.3335，身長の2乗を説明変数としたときが0.3320であった．それに対して2つの説明変数を用いたときの決定係数は0.3456であり，わずかに大きい．そして，決定係数も有意（p 値 =0.02722）である．これだけを見ると予測の精度がわずかに向上したようにも思える．

ところが，2つの偏回帰係数の p 値は有意水準の0.05よりも遥かに大きい．これは，2つの説明変数で体重を予測できるが，2つの変数を同時に用いたときの偏回帰係数の推定値を信頼できないということである．この原因は説明変数の多重共線性にある．多重共線性とは，説明変数の値を他の説明変数の値を用いて正確に予測できる状態，つまり，

$$x_{i2} = w_0 + w_1 x_{i1} \tag{4.9}$$

を満たす w_0 と w_1（いずれも0ではない）があることを意味する．実際に x_1（身長）から x_2（身長の2乗）を予測してみると

```
> summary(lm(x2 ~ x1))        # 身長から身長の2乗を予測する

Call:
lm(formula = x2 ~ x1)
.....

Coefficients:
             Estimate Std. Error t value Pr(>|t|)
(Intercept) -2.52306    0.01341  -188.1   <2e-16 ***
x1           3.17808    0.00846   375.7   <2e-16 ***
---
Signif. codes:  0 '***' 0.001 '**' 0.01 '*' 0.05 '.' 0.1 ' ' 1

Residual standard error: 0.00168 on 18 degrees of freedom
Multiple R-squared: 0.9999,    Adjusted R-squared: 0.9999
F-statistic: 1.411e+05 on 1 and 18 DF,  p-value: < 2.2e-16
```

となり，決定係数が0.9999ときわめて大きい。したがって，

$$x_2 = -2.52306 + 3.17808 x_1 \tag{4.10}$$

という関係があると言ってもよく，身長と身長の2乗を用いた重回帰分析では多重共線性が起きている。

■推定値の標準誤差

「母集団から一定の大きさの標本を抽出して重回帰分析を行い，偏回帰係数を求める」という架空の実験を繰り返したとする。このとき，推定値の標準偏差は標準誤差 (standard error) とよばれる。実際には無限回の実験を行う必要はなく，標準誤差を一度の実験で推測することができ，`lm()` 関数では `Std.Error` として出力される。身長と身長の2乗を用いて体重を用いたとき，$\hat{b}_1$の標準誤差が2045.8，$\hat{b}_2$の標準誤差が643.7ときわめて大きい。

標準誤差が大きいとき，標本で得た偏回帰係数の値が母集団の偏回帰係数と大きくずれてしまう可能性があるので推定値を信頼できない。また，標準誤差で偏回帰係数の推定値を除した値がt値であるから，有意という結果を得にくい。それとは逆に標準誤差が小さいときは，母集団の偏回帰係数の値に近い推定値が得られた可能性が高いので推定値を信頼できる。

練習2 身長と身長の2乗を用いて体重を予測するとき，身長の値のどれか1つを適当な値に変えて重回帰分析を実行しなさい。x1[番号] <- 数値, x2[番号] <- 数値としてx1とx2の中の任意の値を別の値に置き換えることができる。

1番の身長を1.57mへ変えてみると，以下のように偏回帰係数の推定値が大きく変わった。これより，多重共線性があるときは推定値が不安定になることがわかる。

```
> x1[1] <- 1.57          # 1番の身長を1.57mへ変える
> x2[1] <- 1.57**2        # 1番の身長の2乗も変える
> summary(lm(y ~ x1 + x2))

Call:
lm(formula = y ~ x1 + x2)
.....
Coefficients:                                    # 変更前の
            Estimate  Std. Error  t value  Pr(>|t|)   # 推定値
(Intercept)  -1079.9     1642.2    -0.658    0.52    # -963.6
x1            1359.9     2067.8     0.658    0.52    # 1213.3
x2            -406.5      650.5    -0.625    0.54    # -360.4
```

4.4.2 分散拡大係数 (VIF) とトレランス

標準誤差の2乗を標本分散 (sampling variance) といい，偏回帰係数 $\hat{b}_j$ の標本分散 $V(\hat{b}_j)$ は

$$V(\hat{b}_j) = \frac{U_e^2}{SS_j} \times \frac{1}{1 - R_j^2} \tag{4.11}$$

として計算することができる。ここで，U_e^2 はすべての説明変数を用いて目的変数を予測したときの誤差の不偏分散，SS_j は説明変数 x_j の平均からの偏差の2乗和である。R_j^2 は説明変数 x_j を他の説明変数から重回帰予測したときの決定係数である。したがって，多重共線性を原因として R_j^2 が大きくなれば，$1/(1-R_j^2)$ も大きくなるので標本分散が拡大し，標準誤差も大きくなる。そのため，$1/(1-R_j^2)$ に着目して多重共線性の有無を調べることができる。$1/(1-R_j^2)$ は分散拡大係数（VIF：variance inflation factor），VIFの逆数はトレランス（tolerance）と呼ばれる。

car パッケージ[2]と DAAG パッケージ[3]には VIF を計算する vif() 関数があるので，これを使って VIF を求めてみる。

まず car パッケージとデータを読み込む。

```
> library(car)              # car パッケージの読み込み
> 体重と身長 <- read.table("体重と身長.txt", header = TRUE)
> y <- 体重と身長$体重       # 体重と身長の中の体重をyとする
> x <- 体重と身長$身長       # 体重と身長の中の身長をxとする
> x1 <- x / 100              # 身長の測定単位をmにする
> x2 <- x1^2                 # 身長の2乗
```

vif() 関数の引数に重回帰分析の結果を保存したオブジェクトを指定するので，regr2 へ結果を代入する。

```
> regr2 <- lm(y ~ x1 + x2) # 身長とその2乗を用いた体重の予測
```

VIF は以下の通りである。

```
> vif(regr2)                # VIFの計算
     x1      x2
7841.75 7841.75
```

VIF には多重共線性の有無を断定するための明確な基準値はないが，4ないし10を基準

---

[2] Fox, J. (2009). *car: companion to Applied Regression.*
[3] Maindonald, J., & W. Braun, W. J. (2009). *DAAG: Data Analysis And Graphics data and functions.*

とすることが多い。したがって，身長とその2乗を用いた体重の予測では，明らかに多重共線性を疑うことができる。多重共線性が疑われたときは，原因となっている説明変数を除くか，1つの変数へ合成する。この事例の場合には，身長あるいは身長の2乗を用いて単回帰分析をすればよい。

練習3 住宅の販売価格を予測したデータを用い，説明変数の間に多重共線性があるかどうかを調べなさい。さらに，説明変数のどれか1つを適当な値に変え，販売価格を予測しなさい。

VIFを求めて検討する。

```
> library(car)                # car パッケージの読み込み
> 住宅 <- read.table("住宅販売価格.txt", header = TRUE)
> y <-   住宅＄販売価格        # 単位は万円
> x1 <- 住宅＄1階の面積        # 単位は平方メートル
> x2 <- 住宅＄2階の面積        # ここの1と2は全角文字
> houseregr <- lm(y ~ x1 + x2)  # 重回帰分析
> vif(houseregr)               # vif 関数の実行
      x1       x2
3.576676 3.576676
```

1階と2階の床面積の相関係数が0.849と大きいが，VIFは4未満であり，多重共線性があるとは言えない。この結果から，説明変数同士の相関が大きいというだけで多重共線性があると断定してはいけないことがわかる。

次に住宅1の1階の床面積を55.0へ変えて重回帰分析を実行してみる。以下の通り，多重共線性がないので，偏回帰係数の推定値に大きな変化はない。

```
> x1[1] <- 55.0               # 1階の床面積を55.0へ変える
> summary(lm(y ~ x1 + x2))    # 重回帰分析

Call:
lm(formula = y ~ x1 + x2)

.....
Coefficients:
             Estimate Std. Error t value  Pr(>|t|)
(Intercept) 465.6014    37.9300   12.275  1.40e-11 ***
x1            8.5622     0.6933   12.350  1.24e-11 ***
x2            5.8269     1.0702    5.445  1.56e-05 ***
```

```
---
Signif. codes:  0 '***' 0.001 '**' 0.01 '*' 0.05 '.' 0.1 ' ' 1

Residual standard error: 31.23 on 23 degrees of freedom
Multiple R-squared: 0.9777,     Adjusted R-squared: 0.9758
F-statistic: 504.6 on 2 and 23 DF,  p-value: < 2.2e-16
```

練習4 横軸を決定係数 $R^2 (0 \leq R^2 \leq 1)$，縦軸を VIF とする曲線を描きなさい。

```
> R2 <- seq(0.00, 0.99, 0.01)   # 0.00から0.99まで0.01刻みとする
> VIF <- 1/(1 - R2)             # 各R2に対応するVIFを求める
> plot(R2, VIF, type = "l", cex.lab = 1.5, cex.axis = 1.5)
> #    座標値を (R2,VIF) としてプロットし，点を線で結ぶ（lはエル）
> #    ラベルのサイズを1.5倍，軸のメモリの数値のサイズ1.5倍
```

図4.2から，$R^2 = 0.9 (\text{VIF} = 10)$ 前後から VIF が急激に大きくなることがわかる。

練習5 400個の正規乱数を発生させて20名×20変数のデータフレームを作り，1つの変数の値を残りの19個の変数から予測しなさい。正規乱数の発生には rnorm(n, mean = 0, sd = 1) 関数を使う。n は発生させる乱数の数，mean は乱数の平均，sd は標準偏差である。初期設定では平均が0，標準偏差が1であるから，mean と sd を指定しないときは標準正規乱数となる。

まず rnorm() 関数を用いて，400個の標準正規乱数を発生させる。

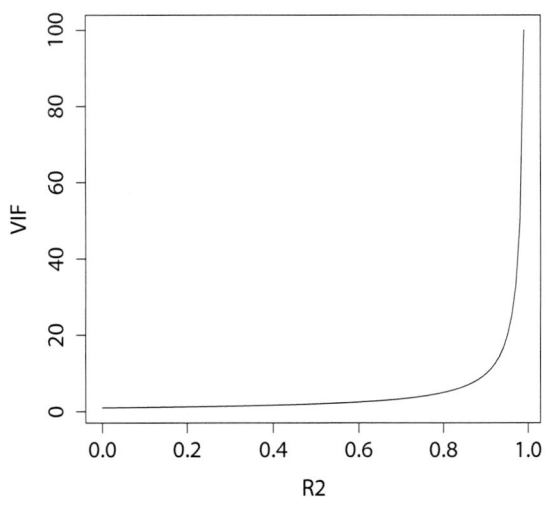

図4.2 決定係数と VIF の関係

```
> rdata <- data.frame(matrix(rnorm(400), ncol = 20))
>         # 400個の一様乱数を発生させて20名×20変数
>         # のデータフレームを作る
```

データを発生できたので，変数X1を他の変数から予測する。

```
> simregr <- lm(X1 ~ ., data=rdata)
>         # 先頭の変数 X1を目的変数，残りの全変数
>         # を説明変数として予測する
> summary(simregr)
.....

Residual standard error: NaN on 0 degrees of freedom
Multiple R-squared:     1,      Adjusted R-squared:   NaN  #(a)
F-statistic:   NaN on 19 and 0 DF,  p-value: NA

> plot(rdata$X1, simregr$fitted.values)   # 本文では図を省略
```

上記のように決定係数が1となり，完全に予測できている。このように標本の大きさを固定して説明変数の数を増やしていくと決定係数が大きくなり，$n-p-1$が0になったところで1になるので，説明変数の数を調整した自由度調整済み決定係数R^{*2}（この2は脚注の番号ではない）が提案されている。定義式は

$$R^{*2} = 1 - \frac{n-1}{n-p-1}(1-R^2) \tag{4.12}$$

である。このR^{*2}とR^2が大きく異なるときは（明確な基準はない），予測に無効な変数のあることが示唆される。

lm()関数では，(a)欄のAdjusted R-squaredが自由度調整済み決定係数R^{*2}である。この事例では，定義式の分母が$n-p-1=20-19-1=0$となるのでNaN（not a number, 非数）と表示される。Adjustedのadjustは調整するを意味する。

4.4.3 抑制変数

目的変数yは2つの説明変数と誤差により

$$y_i = b_1 x_{i1} + b_2 x_{i2} + e_i \tag{4.13}$$

と分解される。3つの変数が標準得点であるとして，説明変数x_1と目的変数yの相関係数$r(x_1, y)$を求めると，重回帰分析ではx_1とeの相関が0とされ，また，標準得点の分散

は 1 であるから

$$\begin{aligned}
r(x_1, y) &= \frac{S(x_1, y)}{S(x_1)S(y)} \\
&= S(x_1, b_1 x_1 + b_2 x_2 + e) \\
&= b_1 S^2(x_1) + b_2 S(x_1, x_2) + S(x_1, e_1) \\
&= b_1 + b_2 r(x_1, x_2)
\end{aligned} \tag{4.14}$$

となる。これより

$$b_1 = r(x_1, y) - b_2 r(x_1, x_2) \tag{4.15}$$

が成り立つ。したがって，説明変数 x_1 と目的変数 y の相関係数 $r(x_1,y)$ がたとえ正値であっても，$b_2 r(x_1, x_2)$ がそれ以上に大きな正値となれば，標準偏回帰係数 b_1 が負値となる。このとき変数 x_1 は抑制変数と呼ばれる。

練習6 抑制変数.txt に保存されている変数 y を目的変数，x1 と x2 を説明変数として重回帰分析を行い，x1 が抑制変数となっていることを確認しなさい。

以下に示す通り，説明変数 x1 と目的変数 y の相関係数は正値であるが，偏回帰係数は負値であるから，説明変数 x1 は抑制変数である。したがって，x2 の値を固定すれば，x1 の値が大きいほど y が小さいと言える。

```
> 抑制 <- read.table("抑制変数.txt", header = TRUE)
> cor(抑制)                                    # 相関行列
          y         x1        x2
y  1.0000000 0.1909234 0.5733520
x1 0.1909234 1.0000000 0.7175266
x2 0.5733520 0.7175266 1.0000000
> 予測結果 <- lm(y ~ x1 + x2, data = 抑制)     # 重回帰分析
> summary(予測結果)                            # 結果の要約

.....
Coefficients:
            Estimate Std. Error t value  Pr(>|t|)
(Intercept) 14.1585     7.9197   1.788   0.08026 .
x1          -0.4782     0.1665  -2.872   0.00611 **
x2           0.9121     0.1605   5.683   8.09e-07 ***
```

同じデータで VIF を求めてみると，以下の通り 2 変数の VIF は小さく，多重共線性の問題は起きていない。これからも，抑制変数の存在と体重共線性の有無は異なる現象であることを理解できよう。

```
> library(car)                          # car パッケージ
> vif( 予測結果 )                         # VIF
      x1       x2
2.061194 2.061194
```

4.5　説明変数が p 個の場合

説明変数が p 個のとき，予測式は

$$\hat{y}_i = b_0 + b_1 x_{i1} + b_2 x_{i2} + b_2 x_{i3} + \cdots + b_p x_{ip} \tag{4.16}$$

である。切片と偏回帰係数の読み取り方，そして各種の検定もこれまでと同様である。ここでは，大学生による授業評価の回答を使い，授業の総合的評価を説明する要因を探ってみる。目的変数と説明変数とした評価項目は以下の通りである。評価項目の例を括弧内に示す。各項目の回答は「5−よく当てはまる，4−少し当てはまる，3−どちらでもない，2−少し当てはまらない，1−まったく当てはまらない」で求めた。なお，評価の対象となった授業は10科目あり，1科目を3名が評価した。

- y：総合的評価（総合的に判断して，この授業を受講して良かったと思う）
- x_1：学習意欲（例：授業に意欲的に取り組んだ）
- x_2：学習の手がかり（例：授業によって今後の学習活動の手がかりを得ることができた）
- x_3：体系性（例：授業内容は体系的でよくまとまっていた）
- x_4：知的刺激（例：授業内容に知的な刺激を受けた）

データファイル授業評価30名.txt の1行目には変数名が記入されているので，header = TRUE を引数に入れてデータを読み込む。

```
> jugyou <- read.table(" 授業評価30名 .txt", header = TRUE)
> names(jugyou)          # 変数名
[1] " 番号 " "y"     "x1"    "x2"    "x3"    "x4"
```

データを jugyou というオブジェクトへ代入したので，lm() 関数の引数に data = jugyou を指定し，オブジェクト内の変数名を用いて目的変数 y と説明変数 x1，x2，x3，x4 を指定する。説明変数が複数なので「+」記号で変数名をつなぐ。

```
> jugyouregr <- lm(y ~ x1 + x2 + x3 + x4, data = jugyou)
>                       # データファイルに変数名が入っているので
>                       # x1 + x2 + x3 + x4とした
```

表 4.2 授業評価

番号	y	x_1	x_2	x_3	x_4	番号	y	x_1	x_2	x_3	x_4
1	2	8	7	8	10	16	1	7	3	11	4
2	5	10	13	10	15	17	5	10	11	14	10
3	4	10	5	10	10	18	1	9	9	6	9
4	3	9	8	8	9	19	1	4	5	7	7
5	3	9	8	6	8	20	1	10	7	6	9
6	4	10	10	8	10	21	3	7	7	8	9
7	3	10	10	12	10	22	5	7	9	10	10
8	1	3	6	6	6	23	4	9	9	9	13
9	2	11	8	9	7	24	3	9	8	9	9
10	2	7	5	8	8	25	2	6	6	10	9
11	2	7	7	10	8	26	1	7	9	6	5
12	1	8	8	9	10	27	3	10	7	8	10
13	4	10	10	9	11	28	3	10	9	6	9
14	2	9	9	9	8	29	5	11	9	10	11
15	2	9	5	10	10	30	2	10	8	8	9
						平均	2.7	8.5	7.8	8.7	9.1
						標準偏差	1.3	1.9	2.1	1.9	2.1

重回帰分析の結果を表示する。

```
> summary(jugyouregr)

Call:
lm(formula = y ~ x1 + x2 + x3 + x4, data = jugyou)

.....
Coefficients: # (a)
            Estimate Std. Error t value Pr(>|t|)
(Intercept) -3.35693    1.00000   -3.357  0.00252 **  # 切片
x1           0.05713    0.10525    0.543  0.59207     # 学習意欲
x2           0.15577    0.10343    1.506  0.14458     # 手がかり
x3           0.21631    0.09078    2.383  0.02511 *   # 体系性
x4           0.26826    0.10359    2.590  0.01579 *   # 知的刺激
---
Signif. codes:  0 '***' 0.001 '**' 0.01 '*' 0.05 '.' 0.1 ' ' 1

Residual standard error: 0.887 on 25 degrees of freedom
Multiple R-squared: 0.6265,    Adjusted R-squared: 0.5668  # (b)
F-statistic: 10.48 on 4 and 25 DF,  p-value: 3.976e-05
```

(b) 欄の通り決定係数は0.63と比較的大きく，有意水準0.01で有意である。そして，(a) 欄の Pr(>|t|) の通り体系性x3と知的刺激x4の偏回帰係数が有意である。したがっ

て，授業内容が体系的にまとまっていて，受講生へ知的な刺激を与える充実した授業が総合的に高い評価を受けていると言える。

おしまいにVIFで多重共線性の有無を確認しておく。

```
> vif(jugyouregr)
      x1       x2       x3       x4
1.513131 1.715350 1.117310 1.782432
```

上記の通り，VIFは小さく多重共線性の問題はない。

■標準偏回帰係数

説明変数の分散が異なるとき，偏回帰係数の値をそのまま比較しても意味がないので，標準偏回帰係数の値を比較する。標準偏回帰係数とは，測定値をすべて標準得点へ変換してから求めた偏回帰係数である。標準偏回帰係数を求めるには，素点をscale()関数を用いて標準化し，標準得点だけを取り出してデータフレームを作り，重回帰分析を実行すればよい。Rではこの方法がもっとも手軽であろう。関数名のscaleは，測定値を縮小したり拡大するという意味である。

それでは，オブジェクトに代入されている素データを標準化し，zjugyouへ代入する。

```
> zjugyou <- data.frame(scale(jugyou))   # scale()関数
```

後の処理はこれまでと同様である。結果を以下に示す。

```
> zjugyouregr <- lm(y ~ x1 + x2 + x3 + x4, data = zjugyou)
> summary(zjugyouregr)

Call:
lm(formula = y ~ x1 + x2 + x3 + x4, data = zjugyou)

.....
Coefficients:    # 標準得点を用いたので標準偏回帰係数である
              Estimate Std. Error   t value  Pr(>|t|)
(Intercept) -6.981e-17  1.202e-01 -5.81e-16   1.0000   # 切片
x1           8.161e-02  1.503e-01    0.543   0.5921   # 学習意欲
x2           2.411e-01  1.601e-01    1.506   0.1446   # 手がかり
x3           3.078e-01  1.292e-01    2.383   0.0251 * # 体系性
x4           4.226e-01  1.632e-01    2.590   0.0158 * # 知的刺激
```

知的刺激x4の標準偏回帰係数が0.42（4.226e-01は4.226×10^{-01}のこと）ともっとも大きく，次が体系性x3の0.31である。学習の手がかりx2も0.24とやや大きいが，標本が

小さい（30名）ために検出力が小さく，有意となっていない。検出力（検定力，power of test）とは，誤っている帰無仮説を棄却できる確率であり，標本の大きさの関数でもある。したがって，標本を大きくすれば学習の手がかり x2 も有意となる可能性が高い。

なお，切片の推定値が -6.981e-17（=0）となっているが，標準得点を用いたときの切片は必ず 0 である。

4.6　変数選択

予測に寄与する説明変数を自動的に選択することができる。これを変数選択と呼ぶ。主な方法は以下の通りである。

(1) **変数増加法**　予測に有効な説明変数を 1 つずつ追加していく。
(2) **変数減少法**　すべての説明変数を用いて予測を行い，予測に寄与しない説明変数を 1 つずつ削除していく。
(3) **ステップワイズ法（変数増減法）**　変数増加法と変数減少法を組み合わせた方法であり，予測に有効な変数を取り入れ，無効な変数を削除することを繰り返し，最適な組み合わせを探る。

step() 関数と MASS パッケージの stepAIC() 関数は AIC（赤池情報量規準，Akaike's Information Criterion）を最適化する説明変数の組み合わせを探索する。step() の step は段階的なを意味する stepwise の step である。また，AIC は説明変数の数を考慮した上でモデルとデータとの適合性を評価する指標であり，小さいほどより良いモデルとされる。2 つの関数とも変数増加法，変数減少法，ステップワイズ法を利用でき，lm() 関数と組み合わせて使う。

ここでは stepAIC() 関数の変数増加法を利用してみる。変数増加法を指定するときの書式を以下に示す。stepAIC() 関数が返してくる計算結果をオブジェクトへ代入しておくと便利である。

```
stepAIC(定数のみを用いた分析結果を保存したオブジェクト名,
        direction = "forward",
        scope = list(upper = ~ 説明変数名の並び))
```

定数のみを用いた分析結果を保存したオブジェクト名　lm() 関数で定数項だけを指定して目的変数を予測し（初期モデル），関数が返してきた結果を代入したオブジェクト名である。lm() 関数で定数項だけを指定するには説明変数名を 1 とし，

　lm(目的変数名 ~ 1, data = データフレーム名)

とする。

direction = "forward" 変数増加法を指示する。

scope = list(upper = ~説明変数名の並び) 説明変数名の並びには変数選択に用いる説明変数を「+」記号でつないで並べる。

それでは，MASSパッケージを読み込み，stepAIC()関数を実行する。ここでは，最終的な変数選択の結果を画面に表示したいので，変数選択の結果をregselectionAICに保存する。

```
> library(MASS)
> jugyou <- read.table("授業評価30名.txt", header = TRUE)
> regselection <- lm(y ~ 1, data = jugyou)        # 初期モデル
> regselectionAIC <- stepAIC(regselection, direction = "forward",
+       scope = list(upper = ~ x1 + x2 + x3 + x4))
Start:  AIC=18.88                                 # (a)
y ~ 1

       Df Sum of Sq      RSS     AIC              # (b)
+ x4    1    25.738   26.928   0.759
+ x2    1    17.758   34.909   8.546
+ x1    1    12.969   39.697  12.403
+ x3    1    12.604   40.062  12.677
<none>               52.667  18.884

Step:  AIC=0.76                                   # (c)
y ~ x4

       Df Sum of Sq      RSS     AIC              # (d)
+ x3    1    4.5911  22.3373  -2.8482
+ x2    1    2.2013  24.7270   0.2009
<none>               26.9283   0.7595
+ x1    1    1.3938  25.5346   1.1651

Step:  AIC=-2.85                                  # (e)
y ~ x4 + x3

       Df Sum of Sq      RSS     AIC              # (f)
+ x2    1    2.4354  19.9019  -4.3115
<none>               22.3373  -2.8482
+ x1    1    0.8826  21.4547  -2.0576
```

```
Step:  AIC=-4.31
y ~ x4 + x3 + x2

        Df  Sum of Sq    RSS      AIC    # (g)
<none>        19.9019  -4.3115
+ x1     1    0.2318   19.6700  -2.6630
```

(a) 欄は切片のみを用いた初期モデルの AIC を示す．(b) 欄は説明変数を個別に利用したときの AIC であり，x4 が AIC を最小化するので，(c) 欄に示されている通り x4 が投入される．(d) 欄は x4 と組み合わせて他の説明変数を用いたときの AIC であり，x3 と x2 はいずれも AIC を小さくするが，x3 の方が AIC をより小さくするので x3 が選択される．そのときの AIC が (e) 欄の値である．さらに，(f) 欄にある通り x2 を追加すると AIC がさらに小さくなる．しかし，(g) 欄に示されている通り x1 を加えると AIC が大きくなるので，x4, x3, x2 を選択したところで変数選択が終了している．

以上のように変数増加法を用いて変数選択を行った結果，x2 の偏回帰係数は有意ではないが，AIC を用いた適合性の観点からは目的変数の予測に寄与する変数であると判定されている．

それでは，最終的な重回帰分析の結果を summary() 関数を用いて要約する．

```
> summary(regselectionAIC)   # 変数選択を行った最終結果

Call:
lm(formula = y ~ x4 + x3 + x2, data = jugyou)

.....
Coefficients:   # (a) 推定値，標準誤差，検定統計量 (t 値)，p 値
            Estimate  Std. Error  t value  Pr(>|t|)
(Intercept) -3.19375    0.94071   -3.395   0.00221 **   # 切片
x4           0.28278    0.09871    2.865   0.00815 **   # 知的刺激
x3           0.22284    0.08875    2.511   0.01860 *    # 体系性
x2           0.17309    0.09704    1.784   0.08615 .    # 手がかり
---
Signif. codes:  0 '***' 0.001 '**' 0.01 '*' 0.05 '.' 0.1 ' ' 1

Residual standard error: 0.8749 on 26 degrees of freedom
Multiple R-squared: 0.6221,    Adjusted R-squared: 0.5785
F-statistic: 14.27 on 3 and 26 DF,  p-value: 1.080e-05
```

変数選択を行う際に留意しておくべき点がある．1 つは母集団に多重共線性があるとき，標本が母集団を適切に代表しているなら変数選択の結果が標本間で大きく異なること

はないので，変数選択の結果が妥当なものとなるという点である．もう1つは，母集団に多重共線性がないにもかかわらず，標本で多重共線性が起きている場合には，変数選択の結果が標本ごとに大きく異なる可能性があるので，変数選択の結果が適切とは限らないという点である．

　したがって，収集したデータに多重共線性が見られたとき，それが母集団にもとづくものなのか，標本にもとづくものかを見極めた上で変数選択を行うことが望ましい．もしその見きわめが難しい場合には，不適当な説明変数をあらかじめ削除するか，他の変数と合成し，標本のデータで多重共線性がないようにしてから変数選択を行うべきである．

練習7　変数減少法により総合評価を予測する説明変数の最適な組み合わせを探索しなさい．変数減少法を利用する場合には，初期モデルとしてすべての説明変数を指定し，stepAIC() 関数の引数として direction = "backward" を記入する．

```
> jugyou <- read.table("授業評価30名.txt", header = TRUE)
> jugyouregr <- lm(y ~ x1 + x2 + x3 + x4, data = jugyou)
> jugyouregAIC <- stepAIC(jugyouregr, direction = "backward")
Start:  AIC=-2.66                    # 全変数を用いたときの
y ~ x1 + x2 + x3 + x4                # AIC
.....
> summary(jugyouregAIC)              # 最終的な結果を表示する
.....

Coefficients:   # (a) 推定値，標準誤差，検定統計量（t値），p値
            Estimate Std. Error t value Pr(>|t|)
(Intercept) -3.19375    0.94071  -3.395  0.00221 **   # 切片
x2           0.17309    0.09704   1.784  0.08615 .    # 手がかり
x3           0.22284    0.08875   2.511  0.01860 *    # 体系性
x4           0.28278    0.09871   2.865  0.00815 **   # 知的刺激
---
```

変数選択の結果は変数増加法と同一の結果となった．

5章

一般化線形モデル

〈特徴〉

　食行動の特徴から回答者が健常か拒食かを推測したり，薬物の投与量や治療期間の長さから改善率などを予測する。重回帰分析のように，予測の誤差に正規性と等分散性を仮定しなくてもよい。

　心理・教育では，多数の説明変数を用いて合格・不合格あるいは成功・失敗のような2値的目的変数を予測するときに利用することが多いが，クロス集計表の分析にも利用できる。

〈注意点〉

　一般化線形モデル（generalized linear model）は一般線形モデル（general linear model）を一般化したモデルであり，モデルの名称は似ているが，2つは異なるモデルである。

　一般化線形モデルは通常の重回帰モデル，ロジスティック回帰モデル，ポアソン回帰モデル，対数線形モデルなどを統一的に表現することができる。

5.1 目的変数と誤差の分布

量的な説明変数 x と 2 値的な目的変数 y の散布図を図5.1に示す。2つの変数の積率相関は0.81と大きく，予測式は

$$\hat{y}_i = -0.416 + 0.074 x_i \tag{5.1}$$

である。y は 0 と 1 しか取らないので，たとえば，x を10に固定したとき $\hat{y}$=0.324であるから，誤差 ($y-\hat{y}$) は -0.324 と 0.676 の 2 通りしかなく，正規分布には従わない。しかも，$x < 5.62$ のときは $\hat{y} < 0$ となり，$x > 19.14$ のときは $\hat{y} > 1$ となるので，予測値が y の取り得る範囲を超えてしまう。いずれの点からも，通常の単回帰分析を適用できないことがわかる。

また，図5.2に示す 2 変数の相関係数は0.706であり，予測式は

$$\hat{y}_i = -0.167 + 1.038 x_i \tag{5.2}$$

である。決定係数が0.50と大きいものの，散布図から見て取れるように，説明変数の値が大きくなるにつれて目的変数の分散が大きくので，単回帰分析が仮定している誤差の等分散性仮説を満たしていない。

ここでは通常の線形回帰分析を適用できない 2 つの事例を示したが，一般化線形モデル[*1]は指数分布族と呼ばれる理論分布にもとづき，このような事例でも妥当な予測式を作成することができる。

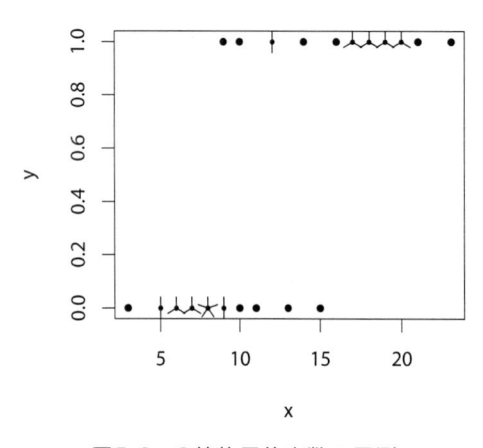

図5.1 2値的目的変数の予測

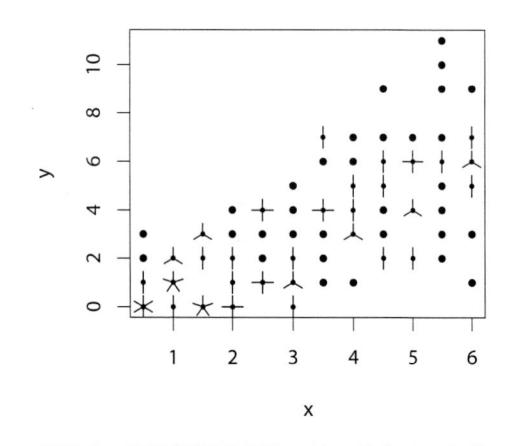

図5.2 分散が説明変数の値に依存する目的変数の予測

[*1] Fox, J. (2008). *Applied Regression Analysis and Generalized Linear Models*, *Second Edition*. Sage Publications.

5.2 一般化線形モデルと指数分布族

5.2.1 指数分布族とは

　ここでの分布とは，分布の形を数式で表現できる理論分布のことであり，説明変数の値（後述の線形予測子）を固定したときに目的変数が従う分布として利用される。その代表的な理論分布として，変数が連続的に変化する正規分布やガンマ分布，変数が離散的に変化するベルヌイ分布，2項分布，ポアソン分布，負の2項分布などがある。一般化線形モデルを利用するためには，こうした分布を統一的に表現する指数分布族とそれを規定する特徴について知る必要がある。ここでは正規分布と2項分布を通して指数分布族について学ぶ。

■正規分布

　連続変数の分布の形を表す関数を確率密度関数と呼び，正規分布の確率密度関数は

$$f(y|\mu, \sigma^2) = \frac{1}{\sqrt{2\pi\sigma^2}} \exp\left[-\frac{1}{2}\frac{(y-\mu)^2}{\sigma^2}\right] \tag{5.3}$$

と定義される。ここでは，平均 μ，分散 σ^2 の正規分布の場合，確率変数 y の確率密度がいくらになるかということを示すためにかっこ内で「|（パイプ，縦棒）」記号を使い，$f(y|\mu, \sigma^2)$ と表記している。$\exp(x)$ は指数関数 e^x（e はネピア数）である。

練習1　平均 μ が50，分散 σ^2 が100（標準偏差が10）の正規分布を描きなさい。
　式（5.3）を利用し，

```
> y <- seq(0, 100, 1)              # 0から100まで1点刻みの値
> density <- 1/(sqrt(2*pi)*10) * exp(-(y-50)^2/(2*10^2))
> plot(y, density, type = "l", cex.lab = 1.5, cex.axis = 1.5)
>                                  # 確率密度を線で結ぶ
```

として正規分布の確率密度（density）を計算してもよいが，dnorm()関数を用いて正規分布の確率密度を計算することができる。

```
> y <- seq(0, 100, 1)              # 0から100まで1点刻みの値
> density <- dnorm(y, mean = 50, sd = 10) # yの確率密度
> plot(y, density, type = "l", cex.lab = 1.5, cex.axis = 1.5)
>                                  # 確率密度を線で結ぶ
```

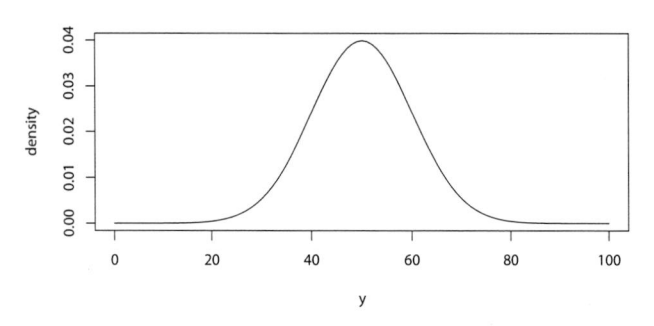

図5.3 平均50，標準偏差10の正規分布

図5.3のようになり，見慣れた左右対称の分布をしていることがわかる。

ここで，$x = \exp[\log_e(x)]$ という関係を用いて式（5.3）の右辺を書き換えると，

$$f(y|\mu, \sigma^2) = \exp\left[\frac{y\mu - \frac{\mu^2}{2}}{\sigma^2} - \frac{1}{2}\left(\frac{y^2}{\sigma^2} + \log_e(2\pi\sigma^2)\right)\right] \tag{5.4}$$

となる。

一方，分布の位置や形を決める値を母数（パラメータ；parameter）と呼ぶが，確率変数 y の分布の位置を決める母数を θ，散らばりの大きさを決める母数を ϕ として y の確率密度関数を

$$f(y|\theta, \phi) = \exp\left[\frac{y\theta - b(\theta)}{a(\phi)} + c(y, \phi)\right] \tag{5.5}$$

という形で表現できる分布がある。ここで，$a(\phi)$ は ϕ の関数，$b(\theta)$ は θ の関数，$c(y, \phi)$ は y と ϕ の関数である。このような形で y の確率密度もしくは確率を表現できる分布の集まりを指数分布族という。指数分布族では，分布の位置を定める θ を正準母数（標準母数），ϕ を散らばり母数（局外母数），$b(\theta)$ を正規化定数という。

先の式（5.4）と式（5.5）とを対応させると，指数分布族の母数と正規分布の平均 μ，分散 σ^2，平均と分散の関数が

$$\theta = \mu \tag{5.6}$$
$$a(\phi) = \sigma^2 \tag{5.7}$$
$$b(\theta) = \frac{\mu^2}{2} = \frac{\theta^2}{2} \quad (\theta = \mu であるから) \tag{5.8}$$
$$c(y, \phi) = -\frac{1}{2}\left(\frac{y^2}{\sigma^2} + \log_e(2\pi\sigma^2)\right) \tag{5.9}$$

という対応関係にあることがわかる。したがって，正規分布は指数分布族に属する。確か

に，正規分布では分布の位置を平均 μ が決め，散らばりを分散 σ^2 が決めている。

指数分布族の平均（期待値）は $b(\theta)$ の θ についての1次微分 $b'(\theta)$ であるから，正規分布の場合，$b(\theta) = \theta^2/2$ を θ について微分し，$b'(\theta) = \theta = \mu$ を得る（p.53 表2.3）。また，分散は $a(\phi)$ と $b(\theta)$ の θ についての2次微分 $b''(\theta)$（分散関数という）の積であるから，$a(\phi) b''(\theta) = a(\phi) \times 1 = \sigma^2$ である。当然ながら，これは式（5.3）で示した正規分布の平均と分散に一致している。

■2項分布

確率 p で成功する試行を独立して n 回行い，成功比率を y (0～1) とする。このとき成功回数 ny は試行数 n，成功確率 p の2項分布に従い，成功比率 y を得る確率は

$$f(y|n,p) = \binom{n}{ny} p^{ny}(1-p)^{n-ny} \tag{5.10}$$

である。ここで，$\binom{n}{ny} = n!/[(ny)!(n-ny)!]$ は n 回の試行で ny 回成功する組み合わせの数を表す。$n!$ は n の階乗を表し，$n! = n \times (n-1) \times (n-2) \times \cdots \times 1$ である。ただし，$0! = 1$ とする。たとえば，サイコロを10回（n）振ったとき，1（イチ）の目が出る比率（y）は，試行数10（n），成功確率1/6（p）の2項分布に従う。

練習2 サイコロを10回（n）振ったとき，1の目が出る比率（y）の確率を求めなさい。

Rには各種の確率分布を求める関数が用意されており，2項分布の確率を求める関数はdbinom()である。dbinomのdはdensityのd，binomはbinomial distributionのbinomである。この関数はdbinom(x, size, prob)のxに成功回数，sizeに試行数，probに

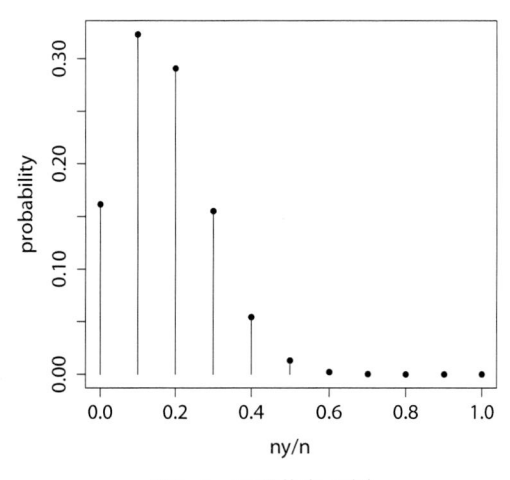

図5.4 2項分布の例

成功確率を与えると，成功回数 x を得る確率を返す．

```
> # 試行数 n, 成功確率 p の 2 項分布
> n <- 10                                       # 試行数
> p <- 1/6                                      # 成功確率
> ny <- 0:10                                    # 成功回数
> probability <- dbinom(ny, size = n, prob = p) # 確率を計算
> round(cbind(y = ny/n, ny, probability), 10)   # 比率と確率
         y ny   probability   # 左から, 1が出る比率, 回数, 確率
 [1,]  0.0  0  0.1615055829
 [2,]  0.1  1  0.3230111658
 [3,]  0.2  2  0.2907100492
 [4,]  0.3  3  0.1550453596
 [5,]  0.4  4  0.0542658759
 [6,]  0.5  5  0.0130238102
 [7,]  0.6  6  0.0021706350
 [8,]  0.7  7  0.0002480726
 [9,]  0.8  8  0.0000186054
[10,]  0.9  9  0.0000008269
[11,]  1.0 10  0.0000000165
> plot(ny/n, probability, type ="h",
       cex.lab = 1.5, cex.axis = 1.5)           # 確率を描画
> points(ny/n, probability, pch=16)             # 点を打つ
```

式 (5.10) の 2 項分布を書き換えると

$$f(y|n,p) = \exp\left[\frac{y\log_e\left(\frac{p}{1-p}\right) - [-\log_e(1-p)]}{1/n} + \log_e\binom{n}{ny}\right] \tag{5.11}$$

となる．この式 (5.11) と式 (5.5) とを対応させると，

$$\theta = \log_e\left(\frac{p}{1-p}\right) \tag{5.12}$$

$$a(\phi) = 1/n \tag{5.13}$$

$$b(\theta) = \log_e[1 + \exp(\theta)] \quad \left(p = \frac{\exp(\theta)}{1+\exp(\theta)} \text{であるから}\right) \tag{5.14}$$

$$c(y,\phi) = \log_e\binom{n}{ny} \tag{5.15}$$

という関係にあるので，2 項分布は指数分布族に属する．したがって，成功比率 y の平均は $b(\theta)$ を θ について微分した $b'(\theta) = e^\theta/(1+e^\theta) = p$，分散は $a(\phi)$ に $b(\theta)$ の θ に

ついての2次微分を乗じた $a(\phi)b''(\theta) = 1/n\ [e^\theta/(1+e^\theta)]\ [1-e^\theta/(1+e^\theta)] = p(1-p)/n$ である。

5.2.2 線形予測子と正準連結関数

予測値を定める準備とし，個人 i の p 個の説明変数の値 x_{ij} ($j=1,2,\cdots,p$) と重み（以下，偏回帰係数という）b_j ($j=1,2,\cdots,p$) と切片 b_0 を用いて

$$\eta_i = b_0 + b_1 x_{ij} + b_2 x_{i2} + \cdots + b_p x_{ip} = b_0 + \sum_{j=1}^{p} b_j x_{ij} \tag{5.16}$$

を定義する。この η_i を線形予測子という。一般化線形モデルは線形予測子 η_i が変数 y_i の正準母数 θ_i と一致するものとみなす。そして，θ_i を所与としたときの y_i の平均 $b'(\theta)$ を目的変数の予測値とする。つまり，

$$\boxed{\text{予測値} = y_i \text{の平均}\ b'(\theta_i)} \Longleftrightarrow \boxed{\text{正準母数}\ \theta_i = \text{線形予測子}\ \eta_i}$$

という関係づけを行い，説明変数から目的変数の予測値を与える。このため，θ_i と平均 $b'(\theta)$ とを結びつける連結関数（⇔）が必要となるので，通常は平均 $b'(\theta)$ を正準母数 θ_i へ変換する関数を連結関数として使う。これを正準連結関数（標準連結関数）という。

■正規分布の正準連結関数

正規分布の場合，式では個人を表す添字 i を省略したが，式（5.6）に示した通り，y_i の平均 η_i は正準母数 θ_i に等しいので，

$$\theta_i = g(\mu_i) = \mu_i = \eta_i = b_0 + \sum_{j=1}^{p} b_j x_{ij} \tag{5.17}$$

が成り立ち，正準連結関数 $g(\mu_i)$ は恒等変換（μ_i を変換せずにそのまま使う）である。

このモデルは通常の重回帰分析モデルに等しく，これにより，一般化線形モデルの下位モデルとして重回帰分析モデルを表現できることがわかる。

■2項分布の正準連結関数

2項分布の場合，成功比率 y の平均が成功確率 p に等しく，式（5.12）で見た通り $\theta = \log_e [p/(1-p)]$ であるから，$\log_e [p_i/(1-p_i)]$ が正準連結関数である。ここで，i は個人を表す添字である。したがって，正準母数 θ_i と線形予測子 μ_i との関係，また，予測値（成功比率 p_i）と線形予測子 μ_i との関係は

$$\theta_i = g(p_i) = \log_e\left(\frac{p_i}{1-p_i}\right) = \eta_i = b_0 + \sum_{j=1}^{p} b_j x_{ij} \tag{5.18}$$

となる。なお，$\log_e[p_i/(1-p_i)]$ という形で表現できる関数をロジット関数という。

5.3　glm() 関数

5.3.1　glm() 関数の書式

一般化線形モデルの実行には glm() 関数を利用する。glm とは一般化線形モデルを意味する generalized linear model の glm である。glm() 関数は多数の引数を取ることができるが，基本的な書式は以下の通りである。

```
glm( 目的変数 ~ 説明変数 ,
     family = 誤差分布名 ( link = 連結関数名 ),
     data = オブジェクト名 )
glm( 目的変数 ~ 説明変数 , family = 誤差分布名 ,
     data = オブジェクト名 )
```

目的変数　目的変数名である。

説明変数　説明変数名である。説明変数の指定方法は lm() 関数と同様であり，説明変数が複数のときは「+」記号を用いて説明変数名を繋ぐ。

family = 誤差分布名　線形予測子 η_i の値を固定したときの誤差分布，換言すれば η_i の値を固定したときの y_i の分布形を指定する。glm() 関数で指定できる主要な誤差分布名と family = 誤差分布名へ記入する引数，y_i の分布の範囲，正準連結関数を表5.1に示す。式が煩雑になるので表中の式では標本を表す添え字 i を省略している。

誤差が正規分布に従うときは正規分布（gaussian），2項分布に従うときは2項分布（binomial），誤差の歪みが正の方向へ大きいときはポアソン分布（poisson），誤差の分布が正の方向へ歪み，予測値と誤差の標準偏差の比が一定のときはガンマ分布（Gamma）が適している。先験的に分布形を決めるのではなく，複数の分布形をデータへ当てはめ，データとモデルの適合性の観点から分布形を選択することもできる。なお，gaussian はガウス分布（正規分布）を意味する gaussian，binomial は2項のを意味する binomial，poisson はポアソン（Poisson）の poisson，Gamma はガンマ（Γ）の gamma である。

分布の左側が切断されているときは負の2項分布を適用することができるが，glm() 関数では負の2項分布を指定できないので，MASS パッケージの glm.nb() 関

表5.1 主要な分布の正準連結関数

誤差の分布形 (y の分布形)	family = 誤差分布名	y の確率密度・確率	y の範囲	正準連結関数名
正規分布	gaussian	$\frac{1}{\sqrt{2\pi\sigma^2}}\exp\left[-\frac{1}{2}\frac{(y-\mu)^2}{\sigma^2}\right]$	$(-\infty, +\infty)$	identity
2項分布	binomial	$\binom{n}{ny}p^{ny}(1-p)^{n-ny}$	$\frac{0,1,\cdots,n}{n}$	logit
ポアソン分布	poisson	$\frac{\mu^y e^{-\mu}}{y!}$	$0,1,2,\cdots$	log
ガンマ分布	Gamma	$\frac{1}{\Gamma(\alpha)}\left(\frac{1}{\beta}\right)^\alpha \exp\left(-\frac{y}{\beta}\right) y^{\alpha-1}$	$(0,\infty)$	inverse
逆ガウス分布	inverse.gaussian	$\sqrt{\frac{\lambda}{2\pi y^3}}\exp\left[-\frac{\lambda(y-\mu)^2}{2y\mu^2}\right]$	$(0,\infty)$	1/mu^2
負の2項分布	glm.nb() 関数	$\binom{r+y-1}{y}p^r(1-p)^y$	$0,1,2,\cdots$	log

(注) $\Gamma(\alpha)$ はガンマ関数である。

表5.2 各誤差分布名で指定可能な連結関数名

誤差分布名	identity	inverse	log	logit	probit	cloglog	cauchit	sqrt	1/mu^2
gaussian	○	○	○						
binomial			○	○	○	○	○		
poisson	○		○					○	
Gamma	○	○	○						
inverse.gaussian	○	○	○						○
quasi	○	○	○	○		○	○	○	○
quasibinomial				○	○	○	○		
quasipoisson	○		○					○	

数を利用する。また，後述の過剰分散と呼ばれる現象が生じたときに負の2項分布を利用することもある。glm.nb() の nb は negative binomial distribution（負の2項分布）の nb である。

(link = 連結関数名) 連結関数名を指定する。それぞれの誤差分布名で指定できる連結関数名を表5.2に示す（○印）。たとえば，family へ binomial（2項分布）を指定したときは，log, logit, probit, cloglog, cauchit を利用することができる。他の誤差分布も複数の連結関数を利用できるので，モデルの適合性が悪いときは連結関数を変えてみるのもよい。

連結関数名とその変換式を表5.3に示す。表中の連結関数（$\eta = g(\mu)$）は y_i の分布の平均 μ_i を線形予測子 η_i へ変換するための関数，逆連結関数（$\mu = g^{-1}(\eta)$）は線形予測子 η_i を分布の平均 μ_i へ変換するための関数である。表中の式では標本を表す添え字 i を省略している。

なお，正準連結関数を利用する場合には正準連結関数が初期設定されているので，(link = 連結関数名) によって連結関数名を明示的に指定しなくてもよい。

data = オブジェクト名 目的変数と説明変数が代入されているオブジェクト名である。変数がベクトルに代入されているときは不要である。

表5.3 連結関数名とその式

連結関数名	連結関数 ($\eta = g(\mu)$)	逆連結関数 ($\mu = g^{-1}(\eta)$)
identity	μ	η
inverse	$\frac{1}{\mu}$	$\frac{1}{\eta}$
log	$\log_e(\mu)$	$\exp(\eta)$
logit	$\log_e\left(\frac{\mu}{1-\mu}\right)$	$\frac{\exp(\eta)}{1+\exp(\eta)}$
probit	$\Phi^{-1}(\mu)$	$\Phi(\eta)$
cloglog	$\log_e[-\log_e(1-\mu)]$	$1 - \exp[-\exp(\eta)]$
cauchit	$\Psi^{-1}(\mu)$	$\Psi(\eta)$
sqrt	$\sqrt{\mu}$	η^2
1/mu^2	$\frac{1}{\mu^2}$	$\frac{1}{\sqrt{\eta}}$

(注1) $\Phi()$ は標準正規分布の累積分布関数，$\Phi()^{-1}$ はその逆関数である．
(注2) $\Psi()$ はコーシー分布の累積分布関数，$\Psi()^{-1}$ はその逆関数である．

5.3.2 母数の推定方法——最尤推定法

最尤(さいゆう)推定法は説明変数と目的変数の測定値を所与として偏回帰係数を未知数とする次式を立てる．これを尤度(ゆうど)という．

$$\begin{aligned} L &= \prod_{i=1}^{n} f(y_i|\theta_i, \phi) \\ &= \exp\left[\sum_{i=1}^{n} \frac{y_i\theta_i - b(\theta_i)}{a_i(\phi)} + c(y_i, \phi)\right] \end{aligned} \quad (5.19)$$

そして，尤度の対数（対数尤度という）を最大化する偏回帰係数の値を求める．これは，手元にある測定値が得られる蓋然性が最大となる偏回帰係数の値を推定値とする，という論理にもとづく．

■疑似尤度法

2項分布とポアソン分布では y_i の分散が平均（期待値）の関数となっているので，線形予測子の値が等しい標本は y_i が同一の分布に従うと仮定することになる．しかし，線形予測子の値が同一であっても，説明変数では説明できない要因によって目的変数の値が変化するので，分散が理論値以上に大きくなることがある．これを過剰分散（overdispersion）と呼ぶ．そのため，散らばり母数（dispersion parameter）を推定して偏回帰係数の標準誤差を調整する疑似（quasi）尤度法が提案されている．表5.2の quasibinomial と quasipoisson は疑似尤度法を利用するための誤差分布名である．glm() 関数では散らばり母数の推定値が Dispersion parameter（$\hat{\phi}$）として出力され，

$\hat{\phi}$ が1よりも大きいときに過剰分散，逆に1よりも小さいときに過小分散が疑われる。ただし，過剰分散と過小分散であることを断定する基準値はない。

疑似尤度法は最尤推定法で推定した標準誤差に $\sqrt{\hat{\phi}}$ を乗じた値を標準誤差の推定値とするが，偏回帰係数の推定値は変わらない。また，疑似尤度法は最尤推定法ではないから，情報量基準を利用してモデルの適合性を比較することはできない。

5.4 正規分布の場合——重回帰モデル

重回帰分析で利用した住宅価格のデータへ一般化線形モデルを当てはめる。データを住宅へ代入してから，yへ販売価格，x1へ1階の面積，x2へ2階の面積を代入する。

```
> 住宅 <- read.table("住宅販売価格.txt", header = TRUE)
> names(住宅)              # 変数名
[1] "番号"      "在庫棟数"   "1階の面積" "2階の面積" "販売価格"
> y <-   住宅$販売価格       # 単位は万円
> x1 <-  住宅$1階の面積      # 単位は平方メートル
> x2 <-  住宅$2階の面積      # ここの1と2は全角文字
>                            # y_i に正規分布を仮定
```

目的変数と説明変数はベクトルに代入されているので，引数のdataは不要である。ここでは，誤差分布としてgaussian（正規分布）を指定する。

```
> houseglmr <- glm(y ~ x1 + x2, family = gaussian)
```

結果をhouseglmrに代入したので，summary()関数を用いて主要な結果を画面へ表示する。

```
> summary(houseglmr)

Call:
glm(formula = y ~ x1 + x2, family = gaussian)

Deviance Residuals:
    Min       1Q   Median       3Q      Max
-61.442  -15.392   -5.341   16.837   66.104


Coefficients:  #推定値    標準誤差    t値    p値 (a)
             Estimate Std. Error t value  Pr(>|t|)
(Intercept) 479.8316    37.0203  12.961  4.68e-12 ***
x1            8.7344     0.6837  12.776  6.27e-12 ***
```

```
x2              5.4177      1.0629     5.097   3.67e-05 ***
---
Signif. codes:   0 '***' 0.001 '**' 0.01 '*' 0.05 '.' 0.1 ' ' 1
```

(a) 欄から，y_i に正規分布を仮定した場合には最尤推定法と最小2乗法が同一の推定値，標準誤差，検定統計量（t 値），p 値を与えることを確認できる。

一般化線形モデルの目的は予測にあるから，予測の残差とモデルの適合性が問題となり，以下の出力から適合性を検討する。

```
                                                        # (b)
(Dispersion parameter for gaussian family taken to be 919.5995)

    Null deviance: 1007028  on 25  degrees of freedom   # (c)
Residual deviance:   21151  on 23  degrees of freedom   # (d)
AIC: 256.02

Number of Fisher Scoring iterations: 2
```

(b) 欄は残差分散の推定値である。また，(c) 欄と (d) 欄はデータとモデルの適合性の良さを表すデビアンス（deviance, 逸脱度）と呼ばれる統計量である。正規分布を仮定した場合，(c) 欄の Null deviance は定数項 b_0 のみを推定したモデルの残差平方和（＝目的変数の平方和），(d) 欄の Residual deviance は定数項 b_0 と2つの説明変数の偏回帰係数 b_1 と b_2 を推定したモデルの残差平方和である。Residual は残差を意味する residual である。ここで，

　帰無仮説：2つの説明変数により適合度は改善されない
　対立仮説：2つの説明変数により適合度は改善される

という仮説を立てると，帰無仮説が真のとき，

$$F = \frac{(\text{Null Deviance} - \text{Residual deviance})/\text{自由度の差}}{\hat{\sigma}^2} \tag{5.20}$$

は分子の自由度 df_1 が2つのモデルの自由度の差（ここでは25−23=2），分母の自由度 df_2 が $n-p-1$（ここでは26−2−1=23）の F 分布に従う。分母の $\hat{\sigma}^2$ は残差分散の推定値であり，(b) 欄で Dispersion parameter の値（919.5995）として出力されている。この事例では $F=536.03$，$df_1=2$，$df_2=23$，$p<0.01$ であり，高度に有意である。したがって，2つの説明変数を用いることにより，モデルの適合性が改善されたと言える。しかも，(a) に出力された p 値（Pr(>|t|)）を見ると2つの偏回帰係数は高度に有意であるから，

2つの説明変数がモデルの改善に有効であると言える。

重回帰分析の決定係数は，

$$R^2 = 1 - \frac{\text{Residual deviance}}{\text{Null Deviance}} \tag{5.21}$$

として求めることができ，$R^2 = 0.979$である。

5.5　2項分布の場合——ロジスティック回帰モデル

表5.4に2つのカテゴリ（0：健常群，1：拒食群）をもつ目的変数と5つの量的説明変数の値を示す。説明変数の内容は以下の通りである。

(1) 制限（x_1）　食事の自己制限をしたり，ダイエット食を食べているかなどを問う。高得点ほど摂食制限をしている。
(2) 恐怖（x_2）　身体に脂肪が付き過ぎていると思うか，痩せることを強く考えるかなどを問う。高得点ほど肥満に対する恐怖心が強い。
(3) 嘔吐（x_3）　食後に吐いたり，吐いてみたいと思うかなどを問う。高得点ほど自己誘発嘔吐傾向が強い。
(4) 圧力（x_4）　食事を取るようにとの圧力を感じたり，痩せすぎていると思われているかなどを問う。高得点ほどそうした社会的圧力を感じている。
(5) 食事（x_5）　周りの人と一緒に食事を取るのが好きか，食事をすることが楽しいかなどを問う。高得点ほど食事が楽しいと感じている。

ここでは，5つの説明変数を用いて目的変数を予測してみる。目的変数は健常群の回答者を0点，拒食群の回答者を1点とする2値的な変数であるから，回答者が拒食群に属する確率を予測したとき，誤差は試行数1の2項分布（ベルヌイ分布）に従う。したがって，通常の重回帰分析を利用することはできないので，誤差に2項分布を仮定して拒食群に属する確率 p_i を予測する。2項分布の正準連結関数はロジット関数であるから，確率 p_i と線形予測子 η_i との関係は以下の通りである。

$$\log_e\left(\frac{p_i}{1-p_i}\right) = \eta_i = b_0 + \sum_{j=1}^{p} b_j x_{ij} \tag{5.22}$$

このモデルは表5.1の2項分布において $n=1$ と置いたモデルであり，ロジスティック回帰モデル，多重ロジスティックモデルともいう。また，ロジスティック回帰モデルでは線形予測子をロジット，$p_i/(1-p_i)$ をオッズ，その対数を対数オッズという。

表5.4 食行動質問紙尺度の得点

目的変数 (y)	説明変数 制限 (x_1)	恐怖 (x_2)	嘔吐 (x_3)	圧力 (x_4)	食事 (x_5)	目的変数 (y)	説明変数 制限 (x_1)	恐怖 (x_2)	嘔吐 (x_3)	圧力 (x_4)	食事 (x_5)
0	13	18	11	8	16	1	15	18	16	16	16
0	12	16	7	5	19	1	7	12	15	19	15
0	9	4	8	9	20	1	16	18	11	17	7
0	5	12	6	7	15	1	4	9	11	21	14
0	6	13	3	6	18	1	7	12	9	18	13
0	5	12	9	10	15	1	14	19	15	17	12
0	8	9	5	5	15	1	13	10	11	20	3
0	9	6	7	8	21	1	9	12	7	9	13
0	13	18	7	13	13	1	8	4	1	18	22
0	8	6	8	9	12	1	11	8	0	23	11
0	6	9	6	6	8	1	13	15	20	12	14
0	8	9	6	6	17	1	12	18	16	10	8
0	6	17	6	7	19	1	15	8	7	20	19
0	8	12	6	3	17	1	3	3	5	14	17
0	7	9	6	11	19	1	11	14	6	18	14
0	11	13	5	8	19	1	15	12	10	12	18
0	7	19	11	7	16	1	13	18	12	20	11
0	8	10	6	15	17	1	13	12	4	19	10
0	6	11	6	8	20	1	8	16	9	17	13
0	8	14	7	8	18	1	15	17	13	19	11
平均	8.2	11.8	6.8	8.0	16.7	平均	11.1	12.8	9.9	16.9	13.1
標準偏差	2.4	4.3	1.9	2.8	3.1	標準偏差	3.9	4.7	5.2	3.7	4.3

(注) 目的変数：0 ＝健常群，1 ＝拒食群

練習3 ロジット（線形予測子）の関数として確率を図示しなさい。

式（5.22）を p_i について書き換えると

$$p_i = \frac{\exp\left(b_0 + \sum_{j=1}^{p} b_j x_{ij}\right)}{1 + \exp\left(b_0 + \sum_{j=1}^{p} b_j x_{ij}\right)} \tag{5.23}$$

であるから，図5.5に示す S 字形に近い曲線となる。これをロジスティック曲線という。

```
> # ロジスティック曲線
> logit <- seq(-6, 6, by = 0.1)       # ロジット
> p <- exp(logit)/(1 + exp(logit))    # 確率
> plot(logit, p, type = "l", cex.lab = 1.5, cex.axis = 1.5)
>                                      # ロジスティック曲線
```

それでは，拒食.txt からデータを読み込み，kyoshoku へ代入する。そして，glm()

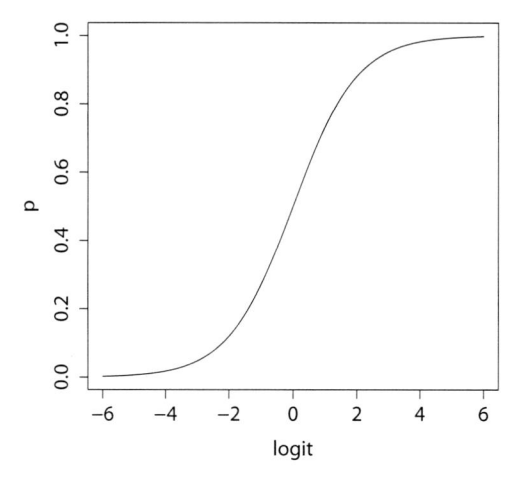

図5.5　ロジスティック曲線

関数の引数として family = binomial を指定して目的変数を予測する。データフレームに代入されているデータを使うので，data = kyoshoku を引数とする。予測の結果を以下に示す。

```
> # 一般化線形モデルによる拒食群・健常群の予測
> kyoshoku <- read.table("拒食.txt", header = TRUE)
> names(kyoshoku)      # 変数名
[1] "y"   "no"  "x1"  "x2"  "x3"  "x4"  "x5"
> kglmr <- glm(y ~ x1 + x2 + x3 + x4 + x5,
+                 family = binomial, data = kyoshoku)
> summary(kglmr)

Call:
glm(formula = y ~ x1 + x2 + x3 + x4 + x5, family = binomial,
    data = kyoshoku)

Deviance Residuals:
     Min        1Q    Median        3Q       Max
-1.509945 -0.087485 -0.006737  0.095762  2.246633

Coefficients:   # (a) 推定値，標準誤差，検定統計量 (t値)，p値
            Estimate Std. Error z value Pr(>|z|)
(Intercept)  -6.2269     6.2518  -0.996   0.3192    # 切片
x1            0.2411     0.3270   0.737   0.4610    # b1 制限
x2           -0.3239     0.2565  -1.263   0.2067    # b2 恐怖
x3            0.4048     0.3452   1.173   0.2409    # b3 嘔吐
x4            0.7339     0.2907   2.525   0.0116 *  # b4 圧力
x5           -0.3027     0.2973  -1.018   0.3087    # b5 食事
```

```
---
Signif. codes:  0 '***' 0.001 '**' 0.01 '*' 0.05 '.' 0.1 ' ' 1
```

(a)欄のp値を見ると，説明変数x4の社会的圧力のみが有意（$p<0.05$）である．次にモデルの適合度を見る．

```
(Dispersion parameter for binomial family taken to be 1)

    Null deviance: 55.452  on 39  degrees of freedom  # (b)
Residual deviance: 12.990  on 34  degrees of freedom  # (c)
AIC: 24.99
```

2項分布の場合，デビアンスはデータ自身を用いた対数尤度l_fと，切片と説明変数あるいは一方を推定したモデルの対数尤度l_pにより，

$$\text{デビアンス} = -2(l_p - l_f) \tag{5.24}$$

として定義される．この値が小さいほどモデルとデータとの適合性は高い．(b)欄のNull devianceは定数項b_0のみを推定したモデルのデビアンス，(c)欄のResidual devianceは切片b_0と5つの説明変数の偏回帰係数$b_1, \cdots, b_5$を推定したモデルのデビアンスであり，

$$2\sum_{i=1}^{N}\left[n_i y_i \log_e\left(\frac{y_i}{\hat{p}_i}\right) + n_i(1-y_i)\log_e\left(\frac{1-y_i}{1-\hat{p}_i}\right)\right] \tag{5.25}$$

と定義される．ただし，$0 \times \log(0) = 0$とする．

n_iは標本群iの大きさであるが，この事例のように個体単位のデータの場合には$n_i = 1$である．したがって，標本群の数Nは回答者の総数（40）に等しい．また，y_iは標本群iの成功比率であり，個体単位のデータの場合には$y_i = 0$あるいは1である．$\hat{p}_i$は成功確率の推定値であり，定数項b_0のみを推定したモデルでは標本全体の成功比率，つまり，この事例では拒食群が占める人数の割合である．

さて，ここで

帰無仮説：5つの説明変数により適合度は改善されない
対立仮説：5つの説明変数により適合度は改善される

という仮説を立てる．帰無仮説は5つの偏回帰係数が全て0である，対立仮説は少なくとも1つ以上の偏回帰係数は0ではない，と言い換えることができる．帰無仮説が真のとき，

$$\chi^2 = \text{Null deviance} - \text{Residual deviance} \tag{5.26}$$

は自由度が2つのモデルの自由度の差（ここでは39-34=5）のχ^2分布に従う．このχ^2値

は尤度比検定統計量と呼ばれ，$\chi^2 = 42.462$，$df = 5$，$p < 0.01$となり，有意である。したがって，5つの説明変数を用いることにより，モデルの適合性が改善されたと言える。ただし，これはすべての説明変数がモデルの改善に有効ということを意味するものではない。実際，(a) 欄に出力された偏回帰係数の有意性検定の結果で見たように，説明変数x4の社会的圧力のみが有意であった。

以上の分析結果から予測に有効な説明変数のあることがわかったので，MASS パッケージのstepAIC() 関数を用いて変数選択（ここでは変数減少法）を行ってみる。AIC が小さいほど良いモデルとされる。stepAIC() 関数の引数にはglm() から返ってきたオブジェクトを入れる。最終的な結果を要約するためにstepAIC() の結果を stepkglmr へ代入しておく。

```
> library(MASS)
> kglmr <- glm(y ~ x1 + x2 + x3 + x4 + x5,
+               family = binomial, data = kyoshoku)
> stepkglmr <- stepAIC(kglmr)
Start: AIC=24.99
y ~ x1 + x2 + x3 + x4 + x5

        Df   Deviance      AIC
- x1     1     13.622   23.622    # x1を除くとAICが小さくなる
- x5     1     14.183   24.183    # x5を除くとAICが小さくなる
<none>         12.990   24.990    # 全説明変数を用いたときのAIC
- x2     1     15.008   25.008    # x2を除くとAICが大きくなる
- x3     1     15.283   25.283    # x3を除くとAICが大きくなる
- x4     1     36.655   46.655    # x4を除くとAICが大きくなる

Step: AIC=23.62
y ~ x2 + x3 + x4 + x5              # x1が除かれた

        Df   Deviance      AIC
- x5     1     14.391   22.391
- x2     1     15.009   23.009
<none>         13.622   23.622
- x3     1     17.350   25.350
- x4     1     42.084   50.084
Step: AIC=22.39
y ~ x2 + x3 + x4

        Df   Deviance      AIC
- x2     1     15.273   21.273
<none>         14.391   22.391
```

```
- x3        1    19.829   25.829
- x4        1    48.526   54.526

Step:  AIC=21.27                    # どちらを除いてもAICが大きくなるので，
y ~ x3 + x4                         # 最終的にx3とx4が残った

           Df   Deviance    AIC
<none>           15.273   21.273
- x3        1    20.280   24.280
- x4        1    49.282   53.282
```

最終的にx3自己誘発嘔吐とx4社会的圧力が最終的に選択された。2変数の偏回帰係数とモデルの適合度を以下に要約する。

```
> summary(stepkglmr)

Call:
glm(formula = y ~ x3 + x4, family = binomial, data = kyoshoku)

Deviance Residuals:
    Min        1Q      Median        3Q        Max
-1.708275  -0.230598  -0.002345   0.148147   2.323026

Coefficients:# (a) 推定値，標準誤差，検定統計量（t値），p値
            Estimate  Std. Error  z value  Pr(>|z|)
(Intercept) -11.6571    4.2080   -2.770   0.00560 **   # 切片b0
x3            0.3875    0.2307    1.679   0.09306 .    # b3
x4            0.7018    0.2398    2.927   0.00342 **   # b4
---
Signif. codes:  0 '***' 0.001 '**' 0.01 '*' 0.05 '.' 0.1 ' ' 1

(Dispersion parameter for binomial family taken to be 1)

    Null deviance: 55.452  on 39  degrees of freedom
Residual deviance: 15.273  on 37  degrees of freedom
AIC: 21.273
```

偏回帰係数は2つとも正であるから，自己誘発嘔吐と食事の社会的圧力の得点が大きい回答者ほど拒食症である確率が大きいと言える。x3の偏回帰係数は$p<0.10$であるが，標本を大きくして検定力を大きくすれば5％水準で有意になる可能性が高い。

さて，式（5.22）を確率p_iについて書き換えると，

$$p_i = \frac{\exp(b_0 + b_1 x_{i1} + b_2 x_{i2} + \cdots + b_p x_{ip})}{1 + \exp(b_0 + b_1 x_{i1} + b_2 x_{i2} + \cdots + b_p x_{ip})} \tag{5.27}$$

となるので，この事例では，

$$p_i = \frac{\exp(-11.66 + 0.39 x_{i3} + 0.70 x_{i4})}{1 + \exp(-11.66 + 0.39 x_{i3} + 0.70 x_{i4})} \tag{5.28}$$

である．図5.6にロジスティック曲線，ロジットと目的変数の散布図を示す．図中の最下段にある丸印は健常群の20名，最上段にある丸印は拒食群の20名である．

　図5.6の散布図からわかるように，健常群はロジットが小さく，拒食群は大きい傾向にあるが，2群間でロジットが完全には2分されてはいない．したがって，ロジットもしくは確率 p_i の大きさに着目して回答者を2群へ判別すると誤判別が生じる．しかも，2群に判別する基準値は判別の目的に応じて異なる．たとえば，拒食群の回答者を拒食群に属すると正しく判別したいときは基準値を小さくし，健常群の回答者を健常群に属すると正しく判別したいときは基準値を大きくする．拒食群の回答者が正しく拒食群と判別される割合を敏感度（感度），健常群の回答者が正しく健常群と判別される割合を特異度（特異性）というが，たとえば基準値（ロジット）を−2.63とすれば敏感度は100であるが，特異度は60である．また，基準値を1.20とすれば特異度は100になるが，敏感度は85となる．

練習4　40名のロジット（線形予測子）と確率を求めなさい．

　glm()関数で2項分布を仮定した場合，ロジット（線形予測子）は参照名を linear.predictors，確率は fitted.values としてオブジェクトへ代入される．したがって，計

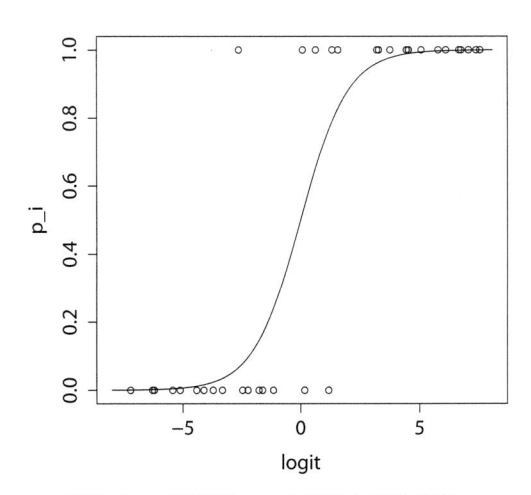

図5.6　ロジスティック曲線と目的変数

算結果を代入したstepkglmrから$記号を用いて以下のようにロジットと確率を取り出す。参照名にあるlinearは線形，predictorは予測するもの，fittedは近似された，valueは値を意味する。

```
> stepkglmr$linear.predictors    # 線形予測子 = ロジット
        1          2          3          4          5
-1.7802122 -5.4355963 -2.2410066 -4.4195823 -6.2839113
.....
> stepkglmr$fitted.values        # 確率
         1          2          3          4          5
0.144276929 0.004339720 0.096128041 0.011896040 0.001862612
         6          7          8          9         10
.....
> plot(stepkglmr$linear.predictors, stepkglmr$fitted.values) # 省略
```

ここでは確率の予測値に着目して正判別率を求めておく。まず，健常群の個人 $i^{(1)}$ と拒食群の個人 $i^{(2)}$ で対を作り，拒食群である確率を比較する。そして，

$p_i^{(1)} < p_i^{(2)}$ のとき，一致（concordant）
$p_i^{(1)} \geq p_i^{(2)}$ のとき，不一致（discordant）

とし，一致である対の数を n_c，不一致である対の数を n_d，対の総数を t（健常群の個人数×拒食群の個人数）とする。この計算事例では，$n_c=389$，$n_d=11$，$t=400$ であり，これを用いて次の統計量が定義される[*2]。N は標本の大きさ（この事例では $N=40$）である。

$$c = \frac{n_c + 0.5(t - n_c - n_d)}{t} = 0.973 \tag{5.29}$$

$$ソマーズの\ D = \frac{n_c - n_d}{t} = 0.945 \tag{5.30}$$

$$グッドマン・クラスカルのガンマ = \frac{n_c - n_d}{n_c + n_d} = 0.945 \tag{5.31}$$

$$ケンドールのタウ = \frac{n_c - n_d}{0.5N(N-1)} = 0.485 \tag{5.32}$$

すべての対が一致したとき，c とソマーズの D とグッドマン・クラスカルのガンマは1，ケンドールのタウは0.513である。したがって，この事例の正判別率は高い。

また，重回帰分析の決定係数に相当する統計量として

$$R^2 = 1 - \frac{\text{Residual deviance}}{\text{Null Deviance}} \tag{5.33}$$

[*2] SAS Institute Inc. (2008). *SAS/STAT ® 9.2 User's Guide*. Cary, NC: SAS Institute Inc.

を利用することがある。この事例では $R^2 = 0.725$ である。

■二硫化炭素ガスの曝露量とカブトムシの死亡率——用量反応モデル

二硫化炭素ガスを5時間曝露させた後に死亡したカブトムシ（害虫として扱われている）の数を表5.5，各被検体群の死亡率を図5.7に示す[*3]。誤差に2項分布を仮定した上で，二硫化炭素ガスの曝露量（単位は $\log_{10}(CS_2 mgl^{-1})$）から被検体群 i（$i=1, 2, \cdots, 8$）の死亡率（y_i/n_i）を予測してみる。

まず，説明変数の値をx，被検体の数をn，死亡した被検体の数をyへ代入する。

```
> x <- c(1.6907,1.7242,1.7552,1.7842,1.8113,1.8369,1.8610,1.8839)
> n <- c(59,60,62,56,63,59,62,60)
> y <- c( 6,13,18,28,52,53,61,60)
>                 # yとn-yを横に並べたベクトルを目的変数とする
> plot(x, y/n, xlim=c(1.65, 1.9), ylim=c(0, 1),
+      cex.lab = 2.0, cex.axis = 1.5)         # 曝露量と死亡率
```

ここでは説明変数の値ごとに被検体をグルーピングしているので，目的変数をcbind(y, n - y)として，y（死亡数）とn - y（生存数）を横に並べる。そして，family = binomialとして標準連結関数を適用する。

```
> beetlebr <- glm(cbind(y, n - y) ~ x, family = binomial)
```

結果をbeetlebrへ代入したので，summary()関数を用いて主要な統計量を画面へ表示する。

表5.5　カブトムシの死亡数の分布

被検体群 (i)	二硫化炭素ガスの曝露量 (x)	カブトムシの数 (n_i)	死亡数 (y_i)
1	1.6907	59	6
2	1.7242	60	13
3	1.7552	62	18
4	1.7842	56	28
5	1.8113	63	52
6	1.8369	59	53
7	1.8610	62	61
8	1.8839	60	60

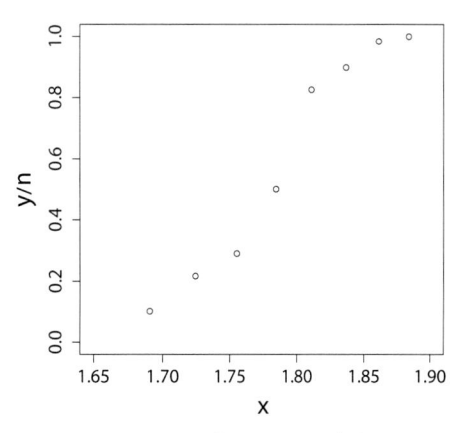

図5.7　カブトムシの死亡率

[*3] Bliss, C. I. (1935). The calculation of the dosage-mortality curve. *Annals of Applied Biology*, 22, 134-167.

```
> summary(beetlebr)

Call:
glm(formula = cbind(y, n - y) ~ x, family = binomial)

Deviance Residuals:
    Min       1Q   Median       3Q      Max
-1.5941  -0.3944   0.8329   1.2592   1.5940

Coefficients:   # (a) 推定値, 標準誤差, 検定統計量 (t 値), p 値
            Estimate Std. Error z value Pr(>|z|)
(Intercept)  -60.717      5.181  -11.72   <2e-16 ***   # 切片
x             34.270      2.912   11.77   <2e-16 ***   # b1
---
Signif. codes:  0 '***' 0.001 '**' 0.01 '*' 0.05 '.' 0.1 ' ' 1

(Dispersion parameter for binomial family taken to be 1)

    Null deviance: 284.202  on 7  degrees of freedom  # (b)
Residual deviance:  11.232  on 6  degrees of freedom  # (c)
AIC: 41.43
```

(a) 欄からわかる通り偏回帰係数は高度に有意である。しかし，説明変数の値が8パターンと少ないにもかかわらず（自由度は6），(c) 欄に出力された Residual deviance は11.232と大きく（$p = 0.081$），モデルの適合性はやや低い。本例の場合，説明変数の値が大きい被検体群では死亡率が1.0に近く，特に第8被検体群（$x=1.8839$群）は1.0である。このように，極値もしくは極値に近い値を取る被検体群がある場合には，連結関数とし相補比率の重複対数変換（$\log_e[-\log_e(1-p)]$，連結関数名は cloglog）を利用するのがよいとされる。そこで，この連結関数を用いて改めて予測してみる。誤差分布を family = binomial(link = cloglog) とし，相補比率の重複対数変換を指定する。結果を以下に示す。

```
> beetlebrclog <- glm(cbind(y, n-y) ~ x,
+              family = binomial(link = cloglog))
                        # cloglog を連結関数とする
> summary(beetlebrclog)

Call:
glm(formula = cbind(y, n - y) ~ x, family = binomial(link = cloglog))
```

```
Deviance Residuals:
    Min       1Q   Median       3Q      Max
-0.80329  -0.55135  0.03089  0.38315  1.28883

Coefficients:  # (a) 推定値，標準誤差，検定統計量 (t値)，p値
            Estimate Std. Error z value Pr(>|z|)
(Intercept)  -39.572      3.240  -12.21   <2e-16***   # 切片
x             22.041      1.799   12.25   <2e-16***   # b1
---
Signif. codes:  0 '***' 0.001 '**' 0.01 '*' 0.05 '.' 0.1 ' ' 1

(Dispersion parameter for binomial family taken to be 1)

    Null deviance: 284.2024  on 7  degrees of freedom   # (b)
Residual deviance:   3.4464  on 6  degrees of freedom   # (c)
AIC: 33.644
```

(c) 欄に出力された Residual deviance が3.4464と小さく，適合性が改善されたことがわかる。

glm() 関数は参照名を fitted.values として死亡率の予測値を出力しているので，fitted.values に被検体の数 n を掛けて死亡数の予測値を見ておく。

```
> round(n * beetlebrclog$fitted.values, 3)   # 死亡数の予測値
     1      2      3      4      5      6      7      8
 5.589 11.281 20.954 30.369 47.776 54.143 61.113 59.947
```

死亡率が小さい被検体群と大きい被検体群でも，適切に死亡数を予測できていることがわかる。

練習5 ロジット変換と相補比率の重複対数変換における線形予測子 η_i と確率 p_i の関係を図示しなさい。

```
> eta <- seq(-5, 5, 0.1)              # 線形予測子 eta
> plogit <- exp(eta)/(1 + exp(eta))   # logit の逆関数
> pcloglog <- 1 - exp(-exp(eta))      # cloglog の逆関数
> plot(eta, plogit, xlim = c(-5, 5), ylim = c(0, 1), type ="l",
+      xlab = "eta", ylab = "Probability",
+      cex.lab = 1.5, cex.axis = 1.5)
> par(new = TRUE)
> plot(eta, pcloglog, xlim = c(-5, 5), ylim = c(0, 1),
+      type ="l", xlab="", ylab="",
+      cex.lab = 1.5, cex.axis = 1.5)
> text(locator(2), c("exp(eta)/[1+exp(eta)]",
+                    "1-exp[-exp(eta)]"), cex = 1.5)
> #  相補比率の重複対数変換の逆関数とロジット変換の逆関数
```

図5.8から，ロジット変換よりも相補比率の重複対数変換は極値をうまく予測できることがわかる。

練習6 カブトムシの50%致死量（median lethal dose;LD(50)）を求めなさい。50%致死量とはカブトムシの50%が死亡する二硫化炭素ガスの曝露量である。

死亡率（p）と線形予測式との関係は

$$\log_e \left(\frac{p}{1-p} \right) = -39.572 + 22.041x \tag{5.34}$$

であるから，$\log_e[0.5/(1-0.5)]=0=-39.572+22.041x$ を解いて $x = 1.795$，したがって，$10^{1.795}=62.37$である。

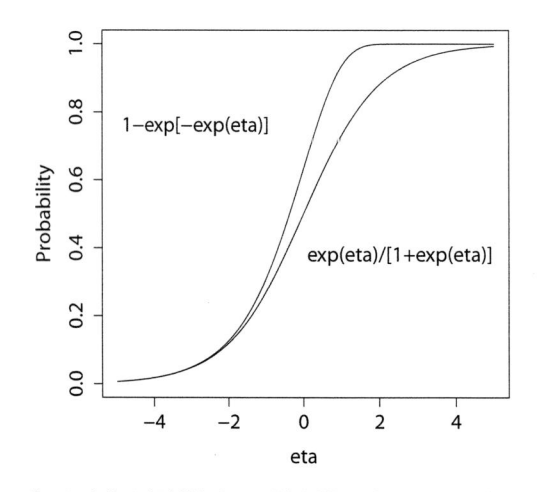

図5.8 ロジット変換と相補比率の重複対数変換における線形予測子と確率

5.6 ポアソン分布の場合

5.6.1 ポアソン回帰モデル

ポアソン分布の確率関数は

$$f(y|\mu) = \frac{\mu^y e^{-\mu}}{y!} \tag{5.35}$$

と定義される。y は 0, 1, 2, 3, …と離散的な値を取り, y の平均と分散は μ である。図 5.9に平均値を0.5, 1.0, 2.0, 4.0としたポアソン分布を示す。平均値が大きくなるにつれて左右対称の分布へ近づいていく様子が見て取れる。

2項分布において平均 np を一定としたまま n を大きくしていくとポアソン分布が導かれる。そのため, ポアソン分布は希な事象の発生件数の分布に適合する。たとえば, 単純作業を続けたときの一定時間内に生じるエラー数, サッカーの1試合あたりの得点数, 読

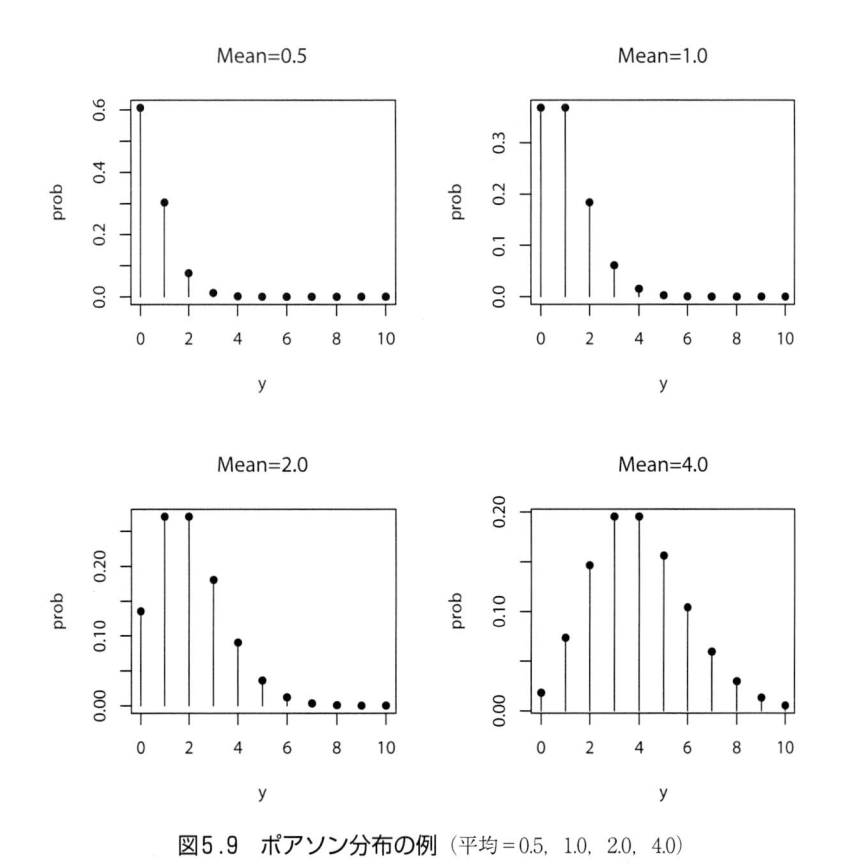

図5.9　ポアソン分布の例 (平均 = 0.5, 1.0, 2.0, 4.0)

書を行うときの1ページあたりの誤読数，1日の犯罪発生件数などがポアソン分布に適合すると言われる．

練習7 ある地方都市で1年間（365日）に報告された自転車盗の発生件数を1日単位で集計したところ，表5.6を得た．この分布にポアソン分布を当てはめなさい．なお，1年間の総発生件数は699件である．

1年間の総発生件数が699であるから，1日あたりの発生件数（平均）は1.915である．したがって，$\mu=1.915$として式（5.35）によって確率を求め，365を乗じた値が期待度数である．

```
> # 自転車盗の発生件数
> mu <- 699/365                              # 平均
> y  <- 0:8                                  # 1日の発生件数
> probability <- dpois(x = y, lambda = mu)   # 確率
> rbind(y, round(probability * 365, 2))      # 期待度数
      [,1]   [,2]  [,3]  [,4]  [,5]  [,6] [,7] [,8] [,9]
y     0.00   1.00  2.00  3.00  4.00  5.00 6.00 7.00 8.00
     53.78 102.98 98.61 62.95 30.14 11.54 3.68 1.01 0.24
```

$y=3$のときの期待度数（62.95）が実際の度数（77）とややずれているが，全体としてポアン分布に適合しているように思われる．

なお，2項分布を当てはめるときは試行数（n）を365，npが2項分布の平均（μ）であるから成功確率（自転車盗発生確率）（p）を1.915/365とする．

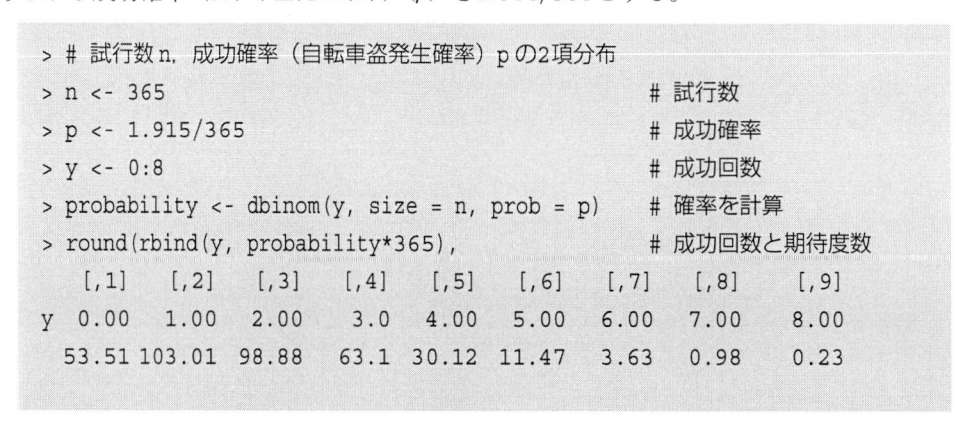

```
> # 試行数n, 成功確率（自転車盗発生確率）pの2項分布
> n <- 365                                      # 試行数
> p <- 1.915/365                                # 成功確率
> y <- 0:8                                      # 成功回数
> probability <- dbinom(y, size = n, prob = p)  # 確率を計算
> round(rbind(y, probability*365),              # 成功回数と期待度数
      [,1]   [,2]  [,3]  [,4]  [,5]  [,6] [,7] [,8] [,9]
y     0.00   1.00  2.00  3.0   4.00  5.00 6.00 7.00 8.00
     53.51 103.01 98.88 63.1  30.12 11.47 3.63 0.98 0.23
```

表5.6　1日の自転車盗の発生件数

1日の発生件数 (y)	0	1	2	3	4	5	6	7	8	合計
度数	50	106	92	77	28	8	2	2	0	365

練習8 ポアソン分布を指数分布族として表現し，分散を求めなさい．

$\mu^y = \exp[y \log_e(\mu)]$ という関係に注意して式（5.35）を書き換えると，

$$f(y|\mu) = \exp\left[\frac{y\log_e(\mu) - \mu}{1} - \log_e(y!)\right] \tag{5.36}$$

となる．$\theta = \log_e(\mu)$ であるから，$b(\theta) = \mu = e^\theta$，$a(\phi) = 1$，$c(y, \phi) = -\log_e(y!)$ となり，e^θ の θ についての微分は e^θ であるから（p.53表2.3），平均は $b'(\theta) = e^\theta = \mu$，そして，分散は $a(\phi) b''(\theta) = \mu$ である．このように，ポアソン分布は平均と分散が等しい．なお，正準連結関数は対数（$\theta = \log_e(\mu)$）である．

表5.7に米国ミネソタ州のセントポール（St Paul）とテキサス州のフォートワース（Fort Worth）に居住する女性の非黒色腫皮膚ガンの年齢別罹患者数を示す[*4]．フォートワースでは年齢75-84のデータが欠損している．都市の0はセントポール，1はフォートワースである．罹患者数からわかるように，各年齢とも非黒色腫皮膚ガンの罹患者数は少なく，とくに低年齢での罹患はまれである．

また，図5.10に年齢別の罹患率（%）を示す．明らかに加齢に伴って罹患率が上昇し，それと同時に両都市の罹患率の差が広がっている．フォートワースはセントポールよりも日光曝露量が多いと推測されるが，それが非黒色腫皮膚ガンの発症率の差となって現れているのかもしれない．ここでは，誤差分布としてポアソン分布を仮定し，都市 x_1 と年齢

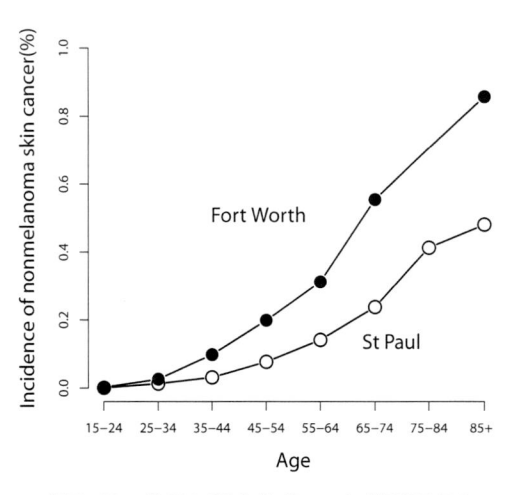

図5.10 非黒色腫皮膚ガンの年齢別罹患率

[*4] Hand, D., Daly, F., Lunn, A. D., McConway, K. J., & Ostrowski, E. (1994). *A Handbook of Small Data Sets*. London: Chapman and Hall.

表5.7 非黒色腫皮膚ガンの年齢別罹患者数

群番号 i	罹患者数 (y_i)	都市 (x_{i1})	年齢 (x_2)	人口 (n_i)
1	1	0	15-24	172675
2	16	0	25-34	123065
3	30	0	35-44	96216
4	71	0	45-54	92051
5	102	0	55-64	72159
6	130	0	65-74	54722
7	133	0	75-84	32185
8	40	0	85+	8328
9	4	1	15-24	181343
10	38	1	25-34	146207
11	119	1	35-44	121374
12	221	1	45-54	111353
13	259	1	55-64	83004
14	310	1	65-74	55932
–	NA	1	75-84	NA
15	65	1	85+	7583

（注）都市：0=St Paul，1=Fort Worth

x_2を説明変数として各年齢の罹患者数yを予測する。ポアソン分布を用いた一般化線形モデルはポアソン回帰モデルとも呼ばれる。

まず，皮膚ガン.txtに保存されているデータを読み込み，皮膚ガンへ代入する。年齢は文字列変数である。

```
> 皮膚ガン <- read.table("皮膚ガン.txt", header = TRUE)
> 皮膚ガン
   罹患者数 都市   年齢    人口
1         1    0  15-24  172675
2        16    0  25-34  123065
3        30    0  35-44   96216
4        71    0  45-54   92051
5       102    0  55-64   72159
6       130    0  65-74   54722
7       133    0  75-84   32185
8        40    0  85+83      28
9         4    1  15-24  181343
10       38    1  25-34  146207
11      119    1  35-44  121374
12      221    1  45-54  111353
13      259    1  55-64   83004
14      310    1  65-74   55932
15       65    1  85+      7583
```

ここで，正準連結関数である自然対数を使い，年齢ごとに罹患率と線形予測子との関係
を

$$\begin{aligned}\log_e\left(\frac{y_i}{n_i}\right) &= b_0 + b_1 x_{ij} + b_2 x_{i2} \\ \leftrightarrow \quad \log_e(y_i) &= \log_e(n_i) + b_0 + b_1 x_{ij} + b_2 x_{i2}\end{aligned} \qquad (5.37)$$

と表記すると，人口 n_i の対数 $\log_e(n_i)$ が線形予測子を補正しているので，$\log_e(n_i)$ は補正値（オフセット，offset）と呼ばれる。ポアソン分布を仮定するとき，補正値を offset = 補正値として指定するので，人口の自然対数を logp へ代入しておく。

```
> logp <- log( 皮膚ガン $ 人口 )   # offset で指定する補正値
```

補正値を準備できたので，glm() へ必要な引数を記入し，偏回帰係数を推定する。

```
> cancerpr <- glm( 罹患者数 ~ 都市 + 年齢,
+           family = poisson, offset = logp,
+           data = 皮膚ガン )
```

結果を要約する。

```
> summary(cancerpr)

Call:
glm(formula = 罹患者数 ~ 都市 + 年齢,
    family = poisson, data = 皮膚ガン,
    offset = logp)
.....
Coefficients:    # (a) 推定値, 標準誤差, 検定統計量 (t 値), p 値
             Estimate  Std. Error  z value  Pr(>|z|)
(Intercept) -11.69207    0.44922  -26.028   < 2e-16 ***
都市          0.85269    0.05962   14.302   < 2e-16 ***
年齢25-34     2.62899    0.46746    5.624  1.87e-08 ***
年齢35-44     3.84558    0.45466    8.458   < 2e-16 ***
年齢45-54     4.59381    0.45103   10.185   < 2e-16 ***
年齢55-64     5.08638    0.45030   11.296   < 2e-16 ***
年齢65-74     5.64569    0.44975   12.553   < 2e-16 ***
年齢75-84     6.20317    0.45751   13.558   < 2e-16 ***
年齢85+       6.17568    0.45774   13.492   < 2e-16 ***
---
Signif. codes:  0 '***' 0.001 '**' 0.01 '*' 0.05 '.' 0.1 ' ' 1
```

都市と年齢は名義尺度をなす変数であり，本来，名義尺度をなす変数ではカテゴリ数と等しい数のダミー変数を作成して説明変数とする．ダミー変数とは，当該のカテゴリを取るケースは1点，それ以外のカテゴリを取るケースは0点とする2値的変数である．

しかし，都市x1ではセントポールを0，フォートワースを1へコード化したので，セントポールに対応させたダミー変数の偏回帰係数を先験的に0とした上で，フォートワースに対応させたダミー変数の偏回帰係数が (a) 欄において都市の偏回帰係数として出力されている．その偏回帰係数の推定値は0.853であるから，フォートワースの罹患率がセントポールの罹患率よりも大きいことが推測される．実際，都市の偏回帰係数は有意であり（Pr(>|z|) の欄がp値），年齢を調整しても両都市の罹患率が有意に異なることがわかる．また，このモデルの場合には偏回帰係数の指数 exp(0.853)＝2.35はオッズ比，相対リスク，率比（rate ratio）などと呼ばれ，ここではセントポールを基準としたときに，フォートワースのリスクが2.35倍に達することを示唆している．

また，年齢では8つのダミー変数が関数の内部で自動的に作成され，年齢15-24に対応させたダミー変数の偏回帰係数があらかじめ0へ固定されている．したがって，他のカテゴリに対応するダミー変数の偏回帰係数が年齢15-24を基準としたときの偏回帰係数として出力される．その推定値は年齢85+を除き，加齢に従って大きくなっているので，両都市間の違いを考慮しても，加齢に伴って非黒色腫皮膚ガンの罹患率が増加する傾向にあることがわかる．各年齢の Pr(>|z|) は偏回帰係数を0とする帰無仮説を検定したときのp値であるから，各年齢と基準群とされた年齢15-24の偏回帰係数が等しいという帰無仮説を検定したときのp値とも言える．

練習9 年齢15-24を基準として年齢45-54のリスクを求めなさい．

```
> exp(4.594)
[1] 98.8892
```

であるから，年齢45-54でリスクが98.9倍に達する．

モデルの適合度を見ておく．

```
(Dispersion parameter for poisson family taken to be 1)

    Null deviance: 2327.2912  on 14  degrees of freedom   # (b)
Residual deviance:    5.2089  on  6  degrees of freedom   # (c)
AIC: 110.19
```

(b) 欄の Null deviance は定数項b_0のみを推定したモデルのデビアンス，(c) 欄の Residual deviance は切片と2つの説明変数（ダミー変数の数は8）の偏回帰係数を推定したモデルのデビアンスであり，

$$2\sum_{i=1}^{N}\left[y_i\log_e\left(\frac{y_i}{\hat{\mu}_i}\right)-(y_i-\hat{\mu}_i)\right] \tag{5.38}$$

と定義される．μ_iは標本群iにおける目的変数y_iの予測値であるが，定数項b_0のみを推定したモデルでは，$\hat{\mu}_i = n_i\sum_{i=1}^{N}y_i/\sum_{i=1}^{N}n_i$とする．$n_i$は標本群$i$の大きさである．ここで

帰無仮説：2つの説明変数により適合度は改善されない

対立仮説：2つの説明変数により適合度は改善される

という仮説を立てると，帰無仮説が真のとき，

χ^2= Null deviance - Residual deviance (5.39)

は2つのモデルの自由度の差（ここでは14-6=8）を自由度とするχ^2分布に従う．この計算事例ではχ^2= 2322.082，df = 8，$p < 0.01$となり，高度に有意である．したがって，2つの説明変数によってモデルの適合性が改善されたと言える．しかも，Residual devianceの値から，χ^2= 5.2089，df = 6，$p > 0.05$となり，ポアソン分布を用いた予測式がデータによく適合していることがわかる．

glm()関数は線形予測子に補正値を加えた値をlinear.predictorsとして返し，各年齢における罹患者数の予測値をfitted.valuesとして返す．モデルが適合していたので，罹患者数の観測値と予測値を見ておく．

```
> round(cbind( 観測値 = 皮膚ガン $ 罹患者数,      # 観測値と予測値
+              予測値 = cancerpr$fitted.values), 3)
    観測値    予測値
1        1     1.444
2       16    14.259
3       30    37.632
4       71    76.084
5      102    97.606
6      130   129.494
7      133   133.000
8       40    33.481
9        4     3.556
10      38    39.741
11     119   111.368
12     221   215.916
13     259   263.394
14     310   310.506
15      65    71.519
```

観測値と予測値とを見比べると，適合性の高いことがわかる．

練習10 都市と年齢のダミー変数を作り，非黒色腫皮膚ガンの罹患率を予測しなさい．

都市と年齢のダミー変数を表5.8に示す．表中のすべてのダミー変数を説明変数として指定した計算結果を以下に示す．フォートワースに対応するFortと年齢85+に対応するA85pの偏回帰係数が先験的に0へ固定されたため，(a)欄と(b)欄にある通り，2つのダミー変数の偏回帰係数がNAとなっている．先の分析とは0へ固定するダミー変数が異なるだけなので，当然ながら，ダミー変数間に見られる偏回帰係数の差は先の分析の場合と一致する．ただし，0へ固定したダミー変数が異なるので，切片の値はそれに応じて調整される．

また，モデルとデータの適合性は先の分析結果と変わらない．

```
> 皮膚ガンダミー <- read.table("皮膚ガンダミー変数.txt",
+                              header = TRUE)
> 皮膚ガンダミー
   St Fort A15 A25 A35 A45 A55 A65 A75 A85 罹患者数    人口
1   1   0   1   0   0   0   0   0   0   0        1  172675
2   1   0   0   1   0   0   0   0   0   0       16  123065
.....
15  0   1   0   0   0   0   0   0   0   1       65    7583
> logp <- log(皮膚ガンダミー$人口)   # offsetで指定する補正値
> cancerprdummy <- glm(罹患者数 ~ St + Fort +
+         A15 + A25 + A35 + A45 + A55 + A65 + A75 + A85,
```

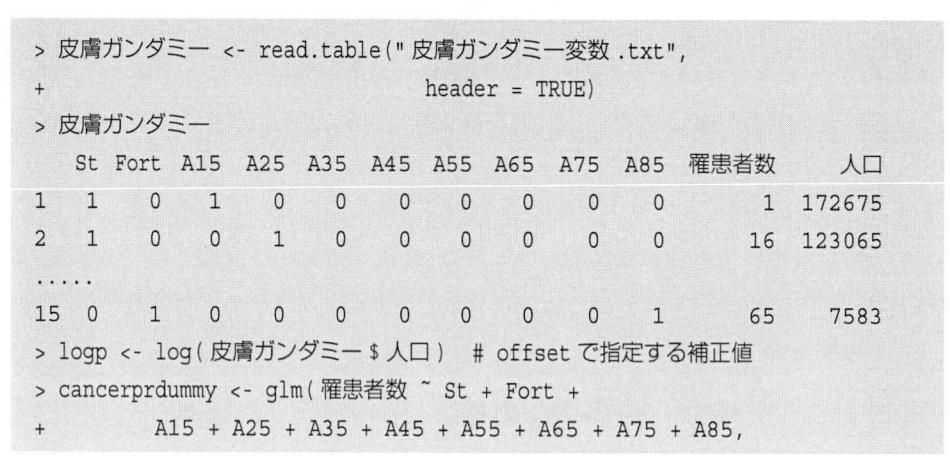

表5.8 ダミー変数を用いた非黒色腫皮膚ガンの罹患率の予測

都市		年齢								罹患者数	人口
St	Fort	A15	A25	A35	A45	A55	A65	A75	A85		
1	0	1	0	0	0	0	0	0	0	1	172675
1	0	0	1	0	0	0	0	0	0	16	123065
1	0	0	0	1	0	0	0	0	0	30	96216
1	0	0	0	0	1	0	0	0	0	71	92051
1	0	0	0	0	0	1	0	0	0	102	72159
1	0	0	0	0	0	0	1	0	0	130	54722
1	0	0	0	0	0	0	0	1	0	133	32185
1	0	0	0	0	0	0	0	0	1	40	8328
0	1	1	0	0	0	0	0	0	0	4	181343
0	1	0	1	0	0	0	0	0	0	38	146207
0	1	0	0	1	0	0	0	0	0	119	121374
0	1	0	0	0	1	0	0	0	0	221	111353
0	1	0	0	0	0	1	0	0	0	259	83004
0	1	0	0	0	0	0	1	0	0	310	55932
0	1	0	0	0	0	0	0	0	1	65	7583

```
+           family = poisson, offset = logp,
+           data = 皮膚ガンダミー )
> summary(cancerprdummy)

Call:
glm(formula = 罹患者数 ~ St + Fort + A15 + A25 + A35 + A45 +
    A55 + A65 + A75 + A85, family = poisson, data = 皮膚ガンダミー,
    offset = logp)
.....

Coefficients: (2 not defined because of singularities)
             Estimate Std. Error  z value Pr(>|z|)
(Intercept) -4.66370    0.09942  -46.907  < 2e-16 ***
St          -0.85269    0.05962  -14.302  < 2e-16 ***
Fort              NA         NA       NA       NA
A15         -6.17568    0.45774  -13.492  < 2e-16 ***
A25         -3.54669    0.16749  -21.175  < 2e-16 ***
A35         -2.33009    0.12748  -18.278  < 2e-16 ***
A45         -1.58187    0.11384  -13.895  < 2e-16 ***
A55         -1.08929    0.11092   -9.821  < 2e-16 ***
A65         -0.52999    0.10862   -4.879  1.07e-06 ***
A75          0.02749    0.13672    0.201     0.84
A85               NA         NA       NA       NA
---
Signif. codes:  0 '***' 0.001 '**' 0.01 '*' 0.05 '.' 0.1 ' ' 1

(Dispersion parameter for poisson family taken to be 1)

    Null deviance: 2327.2912  on 14  degrees of freedom
Residual deviance:    5.2089  on  6  degrees of freedom
AIC: 110.19
```

5.6.2 対数線形モデル

　表5.9は大学生の所属学部と学園祭に対する関心度の関係を調べるために作成した2次元クロス集計表である．また，表5.10は2つのクリニックの胎児検診の多少と新生児の生死との関係を調べるために作成した3次元クロス集計表である[*5]。

　表5.9については分布の一様性を帰無仮説とする χ^2 検定を適用することが多いが，2つの表とも対数線形モデルを用いて変数間の関係を分析することができる．Rには対数線形

表5.9　学園祭に対する関心度

学部	関心度 なし	多少あり	あり	合計
教育学部	25	20	18	16
工学部	10	15	38	63
農学部	15	20	32	67
国際学部	23	22	12	57
合計	73	77	100	250

表5.10　新生児の死亡率

クリニック	胎児検診	生死 死亡	生存	死亡率
A	少ない	3	176	1.70%
	多い	4	293	1.37%
B	少ない	17	197	8.63%
	多い	2	23	8.70%

モデルを実行する`loglin()`関数，さらにそれを利用する`loglm()`関数がMASSパッケージで提供されているが，ここでは`glm()`関数を用いて対数線形モデルを実行してみる。

■学園祭に対する関心度

　度数へ12個のセルの度数を代入する。また，学部へ学部名，関心へ回答選択肢を代入して`expand.grid()`へ渡し，学部と回答選択肢の組み合わせを作り，データフレーム形式のセルとする。さらに，セルと度数を横に束ねて学園祭へ代入する。関数名にあるexpandの意味は拡張する，gridの意味は格子である。

```
> 度数 <- c(25, 10, 15, 23, 20, 15, 20, 22,18, 38, 32, 12)
> 学部 <- c("教育学部","工学部","農学部","国際学部")
> 関心 <- c("なし","多少ある","ある")
> セル <- expand.grid(学部 = 学部, 関心 = 関心)
> 学園祭 <- cbind(セル, 度数)                         # 一覧
```

　2次元クロス集計表では2変数（ここでは学部と関心）の交互作用の有無に関心があり，その交互作用と主効果が飽和モデルを構成する。したがって，主効果のみを仮定したモデルの適合度を調べることにより，交互作用の有無を検定することできる。独立モデルを当てはめた結果を以下に示す。

---

*5　Bishop, Y. M. M., Fienberg, S. E., & Holland, P. W. (1975). *Discrete Multivariate Analysis: Theory and Practice*. MA: MIT Press.，松田紀之 (1988). 質的情報の多変量解析　朝倉書店

```
> 独立モデル <- glm( 度数 ~ 学部 + 関心,          # 独立モデル
+                   family = poisson, data = 学園祭 )
> summary( 独立モデル )

Call:
glm(formula = 度数 ~ 学部 + 関心, family = poisson, data = 学園祭)

Deviance Residuals:
      Min        1Q    Median        3Q       Max
-2.489077  -1.185418  -0.003058  1.129808  2.369895

Coefficients:
                Estimate  Std. Error  z value  Pr(>|z|)
(Intercept)    2.912e+00   1.599e-01   18.211    <2e-16 ***
学部工学部      2.860e-11   1.782e-01  1.61e-10    1.0000
学部農学部      6.156e-02   1.755e-01    0.351    0.7258
学部国際学部   -1.001e-01   1.828e-01   -0.547    0.5840
関心多少ある    5.335e-02   1.634e-01    0.327    0.7440
関心ある        3.147e-01   1.539e-01    2.044    0.0409 *
---
Signif. codes:  0 '***' 0.001 '**' 0.01 '*' 0.05 '.' 0.1 ' ' 1

(Dispersion parameter for poisson family taken to be 1)

    Null deviance: 33.053  on 11  degrees of freedom
Residual deviance: 27.267  on  6  degrees of freedom
AIC: 97.066
```

　Null devianceは各セルの平均度数のみを推定したモデルのデビアンス，Residual devianceは主効果のみを仮定したモデルのデビアンスである。2つのデビアンスの差分は5.786（$df=5$, $p>0.05$）であるから，主効果のみでは適合度は有意に改善しないことがわかる。また，独立モデルのデビアンス（27.276, $df=6$, $p<0.01$）は学部と関心の交互作用の効果に相当するので，交互作用が有意である。したがって，学部によって学園祭への関心の強さは異なると言える。なお，初期設定により，偏回帰係数はダミー（インジケーター）コーディングと呼ばれる方法にもとづいて推定されている。

　交互作用が有意であり，行数と列数が2を超えるので，度数の残差によって学部の特徴を見ておく。度数の残差はresid()関数（residuals()関数の短縮形）へglm()関数が返してきたオブジェクトを渡すことによって得られる。複数の残差を定義することができるが，resid()関数の引数としてtype = "response"を指定すると観測度数から独立モ

デルの推定値を減じた残差が返ってくる。ここでは，残差を見やすくために xtabs() 関数を使用した。xtabs() 関数の引数は，「~」記号の前がセルに入れたい変数名（ベクトル名），つまり，ここでは残差を代入したベクトル名である。また，「~」記号の後が行と列とする説明変数名（ベクトル名）であり，変数名の間に「+」記号を入れる。

```
> xtabs(resid(独立モデル, type = "response") ~
+           学園祭$学部 + 学園祭$関心 )
          学園祭$関心
学園祭$学部      なし    多少ある       ある
    教育学部     6.604     0.596    -7.200
    工学部     -8.396    -4.404    12.800
    農学部     -4.564    -0.636     5.200
    国際学部    6.356     4.444   -10.800
```

残差によれば，教育学部と国際学部は他学部と比べて学園祭に関心が低く，工学部と農学部は関心が高いようである。

次に，デビアンス残差を示す。デビアンス残差とは，各セルに定義され，その 2 乗和が式 (5.38) の Residual deviance を構成する残差である。ただし，その符号を $y_i - \hat{\mu}_i$ の符号に合わせる。この残差は resid 関数の引数で type = "deviance" と指定することで得られる（初期設定でもある）。

```
> xtabs(resid(独立モデル, type = "deviance") ~
+           学園祭$学部 + 学園祭$関心 )
          学園祭$関心
学園祭$学部       なし      多少ある          ある
    教育学部   1.4591534    0.1346170   -1.5122829
    工学部   -2.1450028   -1.0416953    2.3698955
    農学部   -1.0764626   -0.1407338    0.9743598
    国際学部   1.4718844    1.0200265   -2.4890775
```

セルの残差は相互に相関をもつことに注意した上で，±2 を超える残差に注目する。工学部は他学部と比べて学園祭の関心が強く，国際学部は弱い。教育学部は国際学部ほどではないが，やや関心が低い。農学部はどちらかと言えば関心が強いが，他学部ほどの明確な特徴は見られない。

なお，ピアソン残差を得るには type = "pearson" と指定する。ピアソン残差の定義は

$$\frac{y_i - \hat{y}_i}{\sqrt{\hat{y}_i}} \tag{5.40}$$

である。ここで，y_i と $\hat{y}_i$ は i 番目のセルの観測度数と帰無仮説「学部と関心の交互作用は

ない」の下で得られた期待度数である。引数に入れたpearsonとは人名のPearsonである。

```
> xtabs(resid(独立モデル, type = "pearson") ~
+         学園祭$学部 + 学園祭$関心)
            学園祭$関心
学園祭$学部        なし      多少ある         ある
    教育学部    1.5397328    0.1353009   -1.4342743
    工学部     -1.9575404   -0.9997736    2.5498210
    農学部     -1.0318506   -0.1400053    1.0044676
    国際学部    1.5579555    1.0606235   -2.2618111
```

他にも残差は定義されているが，基本的にはデビアンス残差を参考にして考察すればよい。

■新生児の死亡率

胎児診断.txtからデータを読み込み，新生児へ保管する。ファイルの先頭にはクリニック名がクリニック，胎児診断の多少が胎児診断，新生児の生死が生死，観測度数が度数として記入されている。

```
> # 胎児診断の対数線形モデル
> 新生児 <- read.table("胎児診断.txt", header = TRUE)
> names(新生児)   # 変数名
[1] "クリニック"  "胎児診断"    "生死"        "度数"
```

3次元のクロス集計表であるから最初に飽和モデルを当てはめ，有意ではない交互作用を削除していく。交互作用は変数名の間に「:」記号を挟むことで指定される。たとえば，クリニック:胎児診断としてクリニックと胎児診断の交互作用を指定する。交互作用を「*」記号を用いて指定する場合には，指定した交互作用よりも低次の交互作用と主効果を含むことになる。したがって，当てはめるモデルによって「:」記号と「*」記号を使い分けるとよい。ここでは「:」記号を用いる。

```
> 新生児の生死M1 <- glm(度数 ~ クリニック + 胎児診断 + 生死 +
+       クリニック:胎児診断 + クリニック:生死 + 胎児診断:生死 +
+       クリニック:胎児診断:生死,
+       family = poisson, data = 新生児)
```

結果を以下に要約する。偏回帰係数の推定値はダミーコーディングにもとづいている。

```
> summary(新生児の生死 M1)

Call:
glm(formula = 度数 ~ クリニック + 胎児診断 + 生死 + クリニック:胎児診断 +
    クリニック:生死 + 胎児診断:生死 + クリニック:胎児診断:生死,
    family = poisson, data = 新生児)

Deviance Residuals:
[1] 0 0 0 0 0 0 0 0

Coefficients:
                              Estimate Std. Error z value Pr(>|z|)
(Intercept)                     1.0986     0.5774   1.903  0.05706 .
クリニック B                     1.7346     0.6262   2.770  0.00561 **
胎児診断多                       0.2877     0.7638   0.377  0.70642
生死生                           4.0719     0.5823   6.993 2.68e-12 ***
クリニック B:胎児診断多         -2.4277     1.0687  -2.272  0.02311 *
クリニック B:生死生             -1.6219     0.6348  -2.555  0.01061 *
胎児診断多:生死生                0.2220     0.7697   0.288  0.77301
クリニック B:胎児診断多:生死生  -0.2296     1.0954  -0.210  0.83393
---
Signif. codes:  0 '***' 0.001 '**' 0.01 '*' 0.05 '.' 0.1 ' ' 1

(Dispersion parameter for poisson family taken to be 1)

    Null deviance: 1.0664e+03  on 7  degrees of freedom
Residual deviance: 4.9738e-14  on 0  degrees of freedom
AIC: 56.183
```

飽和モデルであるから Residual deviance は 0 である．偏回帰係数の有意性検定の結果によれば，クリニックと胎児診断と生死の交互作用，胎児診断と生死の交互作用が有意ではないから，次に，この 2 つの交互作用を除いたモデルを当てはめる．

```
> # 部分モデル
> 新生児の生死 M2 <- glm(度数 ~ クリニック + 胎児診断 + 生死 +
+     クリニック:胎児診断 + クリニック:生死,
+     family = poisson, data = 新生児)
> summary(新生児の生死 M2)
```

```
Call:
glm(formula = 度数 ~ クリニック + 胎児診断 + 生死 + クリニック:胎児診断 +
    クリニック:生死, family = poisson, data = 新生児)
Deviance Residuals:
        1           2           3           4           5
 0.2216100  -0.1784756  -0.0030436   0.0088945  -0.0276932
        6           7           8
 0.0214872   0.0008943  -0.0026169

Coefficients:
                     Estimate  Std. Error  z value  Pr(>|z|)
(Intercept)           0.96788     0.38255    2.530   0.0114 *
クリニックB           1.86607     0.44661    4.178  2.94e-05 ***
胎児診断多            0.50635     0.09462    5.351  8.74e-08 ***
生死生                4.20469     0.38077   11.042   < 2e-16 ***
クリニックB:胎児診断多 -2.65345    0.23157  -11.458   < 2e-16 ***
クリニックB:生死生    -1.75550     0.44963   -3.904  9.45e-05 ***
---
Signif. codes:  0 '***' 0.001 '**' 0.01 '*' 0.05 '.' 0.1 ' ' 1

(Dispersion parameter for poisson family taken to be 1)

    Null deviance: 1066.42776  on 7  degrees of freedom
Residual deviance:    0.08229  on 2  degrees of freedom
AIC: 52.265
```

Residual devianceは有意ではないから，モデルはデータに適合している．しかも，すべての偏回帰係数が有意であるから，削除すべき交互作用はない．情報量基準AICも飽和モデルよりも小さいので，このモデルを採択できる．

説明変数はすべて2水準なので，交互作用の回帰係数の値から，クリニックBは胎児診断と生がクリニックAよりも少ないと言える．

練習11 交互作用が有意となったクリニックと胎児診断，クリニックと生死のクロス集計表をxtabs()関数を用いて作成しなさい．

```
> # クリニックと胎児診断のクロス集計表を作る
> xtabs( 新生児 $ 度数 ~ 新生児 $ クリニック + 新生児 $ 胎児診断 )
              新生児 $ 胎児診断
新生児 $ クリニック   少   多
             A 179 297
             B 214  25
```

クリニックBはクリニックAよりも胎児診断の回数が少ない。

```
> # クリニックと生死のクロス集計表を作る
> xtabs( 新生児 $ 度数 ~ 新生児 $ クリニック + 新生児 $ 生死 )
              新生児 $ 生死
新生児 $ クリニック   死   生
             A   7 469
             B  19 220
```

胎児診断と生死の交互作用は有意ではないから、胎児診断の多少とは関係なく、クリニックBはクリニックAよりも新生児の死亡率が有意に大きい。

練習12 採択したモデルにもとづく度数の予測値とそのデビアンス残差を求めなさい。

予測値は参照名を fitted.values として出力される。以下の通り、デビアンス残差は小さい。

```
> cbind( 新生児 , 予測値 = round( 新生児の生死 M2$fitted.values, 3),
+        デビアンス残差 = round(resid( 新生児の生死 M2), 3))
  クリニック  胎児診断  生死  度数    予測値  デビアンス残差
1     A        少       死     3    2.632      0.222
2     A        多       死     4    4.368     -0.178
3     B        少       死    17   17.013     -0.003
4     B        多       死     2    1.987      0.009
5     A        少       生   176  176.368     -0.028
6     A        多       生   293  292.632      0.021
7     B        少       生   197  196.987      0.001
8     B        多       生    23   23.013     -0.003
```

練習13 飽和モデルの推定結果を代入したオブジェクトを car パッケージの Anova() 関数へ渡し、主効果と交互作用の偏尤度比検定 (partial-likelihood-ratio test) χ^2 統計量を求めなさい。Anova() 関数の初期設定は Type II デビアンスであるから、当該の効果とそれを含む高次の交互作用を除くモデルを M0、M0に当該の効果のみを追加したモデルを M1 としたとき、M0から M1 のデビアンスを減じた値が偏尤度比検定 χ^2 統計量である。

以下の通り，クリニックと胎児診断と生死の交互作用，胎児診断と生死の交互作用が有意ではない。

```
> library(car)                # car パッケージの読み込み
> Anova(新生児の生死 M1)       # 分散分析表
Anova Table (Type II tests)

Response: 度数
                        LR Chisq  Df   Pr(>Chisq)
クリニック                  80.06   1   < 2.2e-16 ***
胎児診断                    7.06   1   0.0078737 **
生死                      767.82   1   < 2.2e-16 ***
クリニック:胎児診断        188.08   1   < 2.2e-16 ***
クリニック:生死            12.17   1   0.0004848 ***
胎児診断:生死               0.04   1   0.8433826
クリニック:胎児診断:生死    0.04   1   0.8352443
---
Signif. codes:  0 '***' 0.001 '**' 0.01 '*' 0.05 '.' 0.1 ' ' 1
```

練習14 飽和モデルの推定結果を代入したオブジェクトを MASS パッケージの stepAIC() 関数へ渡し，変数減少法を用いて変数選択を実行しなさい。

以下の通り，クリニックと胎児診断と生死の交互作用，胎児診断と生死の交互作用が削除された。

```
> library(MASS)                          # MASS パッケージの読み込み
> 変数選択の結果 <- stepAIC(新生児の生死 M1)  # 変数減少法
Start:  AIC=56.18
度数 ~ クリニック + 胎児診断 + 生死 +
    クリニック:胎児診断 + クリニック:生死 +
    胎児診断:生死 + クリニック:胎児診断:生死

                           Df  Deviance    AIC
- クリニック:胎児診断:生死   1  0.043256  54.226
<none>                         0.000000  56.183
......

Step:  AIC=52.26
度数 ~ クリニック + 胎児診断 + 生死 +           # 有意な主効果
    クリニック:胎児診断 + クリニック:生死  # 有意な交互作用
```

```
                    Df  Deviance      AIC
<none>                     0.082   52.265
- クリニック:生死    1    17.828   68.011   # 削除されない効果
- クリニック:胎児診断 1   193.736  243.919   # 削除されない効果
> summary(変数選択の結果)
.....

Coefficients:
                    Estimate  Std. Error  z value  Pr(>|z|)
(Intercept)          0.96788    0.38255    2.530    0.0114 *
クリニックB          1.86607    0.44661    4.178    2.94e-05 ***
胎児診断多           0.50635    0.09462    5.351    8.74e-08 ***
生死生               4.20469    0.38077   11.042    < 2e-16 ***
クリニックB:胎児診断多 -2.65345  0.23157  -11.458    < 2e-16 ***
クリニックB:生死生   -1.75550    0.44963   -3.904    9.45e-05 ***
---
.....
```

6章

分類法

〈特徴〉

　確かな基準によって分類されている標本を用いて分類規則を定めたり，群の特徴を比較検討したいことがある。このようなときに判別分析を利用する。また，確たる分類基準がないとき，クラスター分析は標本の類似性に着目して標本を探索的に分類する。本章では分類法として判別分析とクラスター分析を学ぶ。

　心理・教育では，高校生の個性から適性学部を予測したり，職業適性を推測するとき，また，何らかの簡易的なスクリーニング検査を作成するときや個人識別を行うときに判別分析を利用する。一方，クラスター分析は質問紙尺度の回答の類似性に着目して，個人を探索的に分類するときに利用することが多い。

〈注意点〉

　観測変数の確率密度の大きさにもとづいて機械的に標本を分類する2次・線形判別分析と，各群の特徴を記述した上で標本を分類する正準判別分析がある。目的に応じて2つの方法を使い分ける。クラスター分析には階層的な方法と非階層的な方法があり，大きな標本の分類には非階層的な方法が適している。

6.1　2次判別分析

表6.1は食行動調査票に対する46名の得点である。回答者は授業時に回答を求めた健常群（G1）の20名，診療機関で回答を求めた拒食群（G2）と過食群（G3）のそれぞれ10名である。健常群の20名は授業時に回答を求めたので健常群，他の20名は特徴的な摂食障害が見られると診断されたので拒食群と過食群とした。第4群は所属群が不明の6名である。尺度得点の意味は以下の通りである。

(1) 制限（x_1）高得点ほど摂食制限をしている。
(2) 恐怖（x_2）高得点ほど肥満に対する恐怖心が強い。
(3) 嘔吐（x_3）高得点ほど自己誘発嘔吐傾向が強い。
(4) 圧力（x_4）高得点ほど周囲から食事を取るようにという社会的圧力を感じている。
(5) 食事（x_5）高得点ほど食事が楽しいと感じている。

ここでは，所属群が不明である6名の回答者を5つの尺度得点にもとづいて健常群，拒食群，過食群へ分類する2次判別分析を取り上げる。最初に1変数を用いた方法，次に複数の変数を用いた方法を見ていく。

6.1.1　1変数の場合

表6.2に尺度得点の群別平均値と標準偏差を示す。また，各群の母集団で尺度得点が正規分布に従うと仮定して制限尺度x_1の平均と標準偏差を用いて正規分布の確率密度を描き，図6.1に示した。尺度得点の最小値は0点であるから厳密には正規分布に従うとは言えないが，確率密度を用いる2次判別分布は測定変数が正規分布に従うと仮定する。

正規分布の確率密度は

$$f(x|\mu,\sigma^2) = \frac{1}{\sqrt{2\pi\sigma^2}} \exp\left[-\frac{1}{2}\frac{(x-\mu)^2}{\sigma^2}\right] \tag{6.1}$$

と定義される。ここで，μは平均，σ^2は分散，$\exp(x)$は指数関数e^x（eはネピア数）である。正規分布は連続分布なので，縦軸の値$f(x|\mu,\sigma^2)$は変数xがある値を取る確率ではないから，確率密度と呼ばれるが，ある値の取りやすさを表す量と考えてよい。

図中のG1は健常群，G2は拒食群，G3は過食群の平均と標準偏差にもとづく正規分布である。また，U1，U2，U3は不明群の3名の制限尺度x_1の得点（7, 11, 15）の位置から真上に延ばした線分である。この線分と正規分布を表す曲線が交わるところの高さが確率密度である。確率密度を具体的に計算すると，個人U1の制限尺度の得点は7点であるから，健常群G1に所属すると仮定したとき，

表6.1 判別分析用素データ

外的基準回答者群	群内番号	制限 (x_1)	恐怖 (x_2)	嘔吐 (x_3)	圧力 (x_4)	食事 (x_5)
健常群 (G1)	1	2	4	4	5	11
	2	0	7	0	3	17
	3	12	15	2	0	20
	4	11	16	1	6	13
	5	5	2	7	0	14
	6	15	19	9	12	13
	7	13	12	1	8	12
	8	0	0	5	12	20
	9	0	5	2	7	15
	10	2	19	1	8	12
	11	6	2	1	4	16
	12	16	10	1	5	16
	13	17	16	6	3	13
	14	4	1	1	0	16
	15	3	7	7	7	18
	16	8	23	15	0	19
	17	9	15	2	1	14
	18	6	9	8	3	16
	19	2	12	2	1	17
	20	5	10	3	0	17
拒食群 (G2)	1	3	1	5	20	16
	2	20	9	3	15	10
	3	7	5	8	7	16
	4	2	2	1	18	17
	5	23	11	17	15	10
	6	5	4	6	20	16
	7	23	21	17	13	12
	8	27	21	23	19	3
	9	6	13	14	14	14
	10	18	25	40	9	11
過食群 (G3)	1	33	23	32	9	15
	2	9	16	20	15	17
	3	16	19	18	5	11
	4	16	19	6	2	9
	5	17	15	25	5	16
	6	5	25	24	0	12
	7	11	12	12	7	14
	8	3	6	8	0	19
	9	16	22	36	13	10
	10	23	13	19	6	7
不明群	U1	7	19	17	2	19
	U2	11	14	3	1	15
	U3	15	20	17	6	10
	U4	6	4	9	5	15
	U5	22	10	15	18	11
	U6	14	18	7	3	8

```
> # 個人 U1  尺度得点は7点
> dnorm( 7, mean = 6.80, sd = 5.54)   # 確率密度 f(x1|mu_1, s^2_1)
[1] 0.07196433
```

表6.2 群別平均値と標準偏差

群	制限 (x_1)	恐怖 (x_2)	嘔吐 (x_3)	圧力 (x_4)	食事 (x_5)
健常群	6.80(5.54)	10.20(6.69)	3.90(3.78)	4.25(3.86)	15.45(2.67)
拒食群	13.40(9.65)	11.20(8.63)	13.40(11.75)	15.00(4.47)	12.50(4.23)
過食群	14.90(8.76)	17.00(5.77)	20.00(9.72)	6.20(5.05)	13.00(3.83)

図6.1 制限得点の確率密度

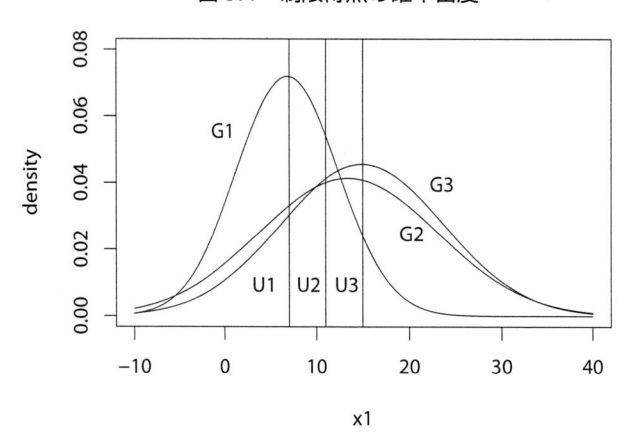

である。dnorm() 関数は正規分布の確率密度を返す関数で，引数の mean に平均，sd に標準偏差を指定する。関数名にある d は density（密度）の d，norm は normal distribution（正規分布）の norm である。

同様に個人 U1 が拒食群 G2 あるいは過食群 G3 に所属すると仮定した場合の7点の確率密度は，

```
> dnorm( 7, mean =13.40, sd = 9.65)   # 確率密度 f(x1|mu_2, s^2_2)
[1] 0.03317954
> dnorm( 7, mean =14.90, sd = 8.76)   # 確率密度 f(x1|mu_3, s^2_3)
[1] 0.03032509
```

である。dnorm() 関数で求めた数値もしくは図6.1からわかる通り，不明群の個人 U1 の確率密度は健常群 G1 の平均と標準偏差を用いた場合がもっとも大きい。言い換えれば，制限尺度で7点を取る可能性がもっとも大きいのは健常群 G1 に属する個人である。2次判別分析はこのように確率密度の大きさに着目して，最大の確率密度を与える群へ個人を分類する。これがこの2次判別分析の分類規則である。

練習1 不明群の個人 U2 と U3 を分類しなさい。
2名が3群のいずれかに属すると仮定して確率密度を求めると

```
> # 個人U2　尺度得点は11点
> dnorm(11, mean = 6.80, sd = 5.54)   # 確率密度 f(x1|mu_1, s^2_1)
[1] 0.05402502
> dnorm(11, mean =13.40, sd = 9.65)   # 確率密度 f(x1|mu_2, s^2_2)
[1] 0.04008218
> dnorm(11, mean =14.90, sd = 8.76)   # 確率密度 f(x1|mu_3, s^2_3)
[1] 0.04124446
> # 個人U3　尺度得点は15点
> dnorm(15, mean = 6.80, sd = 5.54)   # 確率密度 f(x1|mu_1, s^2_1)
[1] 0.02408065
> dnorm(15, mean =13.40, sd = 9.65)   # 確率密度 f(x1|mu_2, s^2_2)
[1] 0.04077681
> dnorm(15, mean =14.90, sd = 8.76)   # 確率密度 f(x1|mu_3, s^2_3)
[1] 0.04553839
```

となる。したがって，個人U2を健常群G1，個人U3を過食群G3へ分類する。

ところで，図6.1に示した通り，拒食群G2と過食群G3の正規分布は非常に近い位置に分布する。しかも，制限尺度の得点が0点から30点の範囲では拒食群の確率密度が3群の中で最大値を取ることはない。したがって，制限尺度の得点だけを用いたのでは，拒食群へ分類される個人はいない。しかし，実際には拒食群に属する個人がいるので，制限尺度1つのみで個人を分類すると，多数の誤判別を生じる。

練習2　制限尺度の得点のみを用いて46名を分類しなさい。46名の得点は食行動.txtファイルに保存されている。

以下の通りである。スクリプトの中で用いたwhich.max()関数は，最大値をもつ要素の番号を返す。個人が分類された群番号がpredに入る。

```
> 得点 <- read.table("食行動.txt", header = TRUE)   # データ入力
> names(得点)
[1] "群"　　"番号" "制限" "恐怖" "嘔吐" "圧力" "食事"
> mu  <- c( 6.80, 13.40, 14.90)   # 3群の平均
> sig <- c( 5.54,  9.65,  8.76)   # 3群の標準偏差
> n <- dim(得点)[1]               # 標本の大きさ（人数）
> dens <- sapply(1:n, function(i) dnorm(得点[i, 3],
+               mean = mu, sd = sig))
>                                 # 3群の確率密度
> pred <- apply(dens, 2, which.max)   # 最大の確率密度を与える群番号
> cbind(pred, 得点)    # 分類された群と真の所属群を表示する
```

	pred	群	番号	制限	恐怖	嘔吐	圧力	食事
1	1	G1	1	2	4	4	5	11
2	1	G1	2	0	7	0	3	17
3	1	G1	3	12	15	2	0	20
.....								
21	1	G2	1	3	1	5	20	16
22	3	G2	2	20	9	3	15	10
23	1	G2	3	7	5	8	7	16
.....								
31	3	G3	1	33	23	32	9	15
32	1	G3	2	9	16	20	15	17
33	3	G3	3	16	19	18	5	11
.....								
41	1	<NA>	U1	7	19	17	2	19
42	1	<NA>	U2	11	14	3	1	15
43	3	<NA>	U3	15	20	17	6	10
44	1	<NA>	U4	6	4	9	5	15
45	3	<NA>	U5	22	10	15	18	11
46	3	<NA>	U6	14	18	7	3	8

このスクリプトの中にある

```
> dens <- sapply(1:n, function(i) dnorm(得点[i, 3],
+                 mean = mu, sd = sig))
>                                      # 3群の確率密度
> pred <- apply(dens, 2, which.max)    # 最大の確率密度を与える群番号
```

は，for() 文を用いて

```
> pred <- numeric(n)                   # 分類群の番号を代入する変数
> for(i in 1:n){                       # 個人 i
+   dens <- dnorm(得点[i, 3], mean = mu, sd = sig)
+                                      # 3群の確率密度
+   pred[i] <- which.max(dens)         # 最大の確率密度を与える群番号
+ }
```

としてもよい．

6.1.2　2変数以上の場合

分類に用いる説明変数が2つ以上の場合には，変数が群ごとに多変量正規分布に従うこ

とを仮定するが，最大の確率密度を与える群へ個人を分類するという判別規則は，1変数の場合と変わらない。個人の説明変数の値を代入したベクトルをxとしたとき，多変量正規分布の確率密度は，第k群の変数の平均値を要素とするベクトルμ_kと分散共分散行列Σ_kにもとづき，

$$f_k(\boldsymbol{x}|\boldsymbol{\mu}_k, \boldsymbol{\Sigma}_k) = \frac{1}{(2\pi)^{p/2}|\boldsymbol{\Sigma}_k|^{1/2}} \exp\left[-\frac{1}{2}(\boldsymbol{x}-\boldsymbol{\mu}_k)'\boldsymbol{\Sigma}_k^{-1}(\boldsymbol{x}-\boldsymbol{\mu}_k)\right] \quad (6.2)$$

と定義される。ここで，pは判別に用いる説明変数の数，$|\Sigma_k|$は分散共分散行列Σ_kの行列式，Σ_k^{-1}はΣ_kの逆行列である。

3変数以上のときは確率密度を図示することはできないが，2変数（$p=2$）の場合には確率密度の値を描画できる。ここではmnormtパッケージ[1]のdmnorm()関数を用いて2変数の確率密度を求め，2次元正規分布を描画してみる。dmnorm()関数の引数は，「確率密度を求める2変数の値を要素とするベクトルを横に束ねて作成した行列，平均を要素とするベクトル，分散共分散行列」である。例えば，健常群G1の制限尺度x_1と恐怖尺度x_2の2次元正規分布を描画する手順は以下の通りである。outer(x1, x2, fx)関数は，x1とx2の要素を対にして，それに自前のfx()関数を適用する。また，最終行で用いたpersp()関数は平面上へ3次元プロットを描く関数である。関数名のperspはperspective plots（透視図）のperspである。

```
> install.packages("mnormt")  # パッケージのインストール
> library(mnormt)              # パッケージの読み込み
> x1 <- seq(-10, 30, 0.5)     # 制限尺度 x1 描画する範囲
> x2 <- seq(-10, 30, 0.5)     # 恐怖尺度 x2 描画する範囲
> mu <- c(6.80, 10.20)         # 平均値を要素とするベクトル
> sig <- matrix(c(30.69, 20.09,
+                 20.09, 44.69), ncol = 2)  # 分散共分散行列
> fx <- function(x1, x2) {                   # 関数 fx の定義
+   dmnorm(cbind(x1, x2), mu, sig)           # dmnorm()関数
+ }
> density <- outer(x1, x2, fx)  # x1とx2の組み合わせにfxを適用
> persp(x1, x2, density, theta = 30, expand = 0.3, phi = 20)
```

persp()関数で描画した制限尺度x_1と恐怖尺度x_2の2次元正規分布を図6.2に示す。制限尺度と恐怖尺度の相関係数が0.54であるから，同じ値の確率密度を曲線で結んだ確率等高線を真上から見ると楕円形となるが（図示してない），無相関の場合には平均値を中心

---

[1] Genz, A., & Azzalini, A. (2009). *mnormt: The multivariate normal and t distributions.*

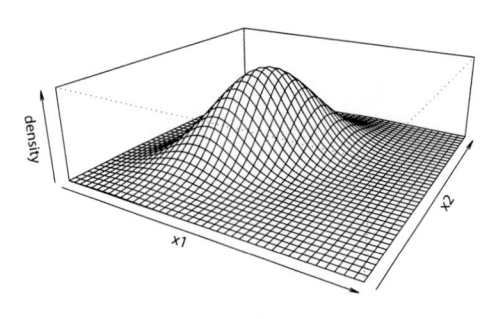

図6.2 健常群の制限尺度と恐怖尺度の2次元正規分布

とする円形となる。persp() 関数の引数 theta, expand, phi の値を変えて3次元プロットを何度か描画することで、等高線の形をイメージすることができる。

図6.2において、x_1 と x_2 の値を与えたときの高さが確率密度であり、2変数の平均が最大の確率密度、つまり、分布を山にたとえたときの頂上となる。したがって、各群を代表する典型的な得点（平均）に近い値を取る個人ほど、その群に所属する可能性が高い。

練習3 過食群の制限尺度 x_1 と恐怖尺度 x_2 の平均と分散共分散行列を用いて2次元正規分布を描きなさい。

まず、群別に2変数の分散共分散を by() 関数を利用して求める。

```
> 得点 <- read.table("食行動.txt", header = TRUE)   # データ入力
> by(得点, 得点$群, function(x) var(x[,3:4]))      # 群別分散共分散
得点$群: G1
          制限      恐怖
制限  30.69474  20.09474
恐怖  20.09474  44.69474
------------------------------------------------------------
得点$群: G2
          制限      恐怖
制限  93.15556  63.57778
恐怖  63.57778  74.40000
------------------------------------------------------------
得点$群: G3
          制限      恐怖
制限  76.76667  17.66667
恐怖  17.66667  33.33333
```

G3が過食群であるから、以下によって2次元正規分布を描画する。健常群と比較しやすいように x1 と x2 の取り得る範囲を同一とした。

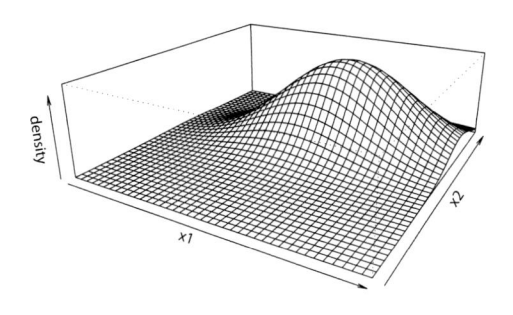

図 6.3　過食群の制限尺度と恐怖尺度の 2 次元正規分布

```
> # 過食群
> library(mnormt)              # パッケージの読み込み
> x1 <- seq(-10, 30, 1.0)      # 制限尺度 x1 描画する範囲
> x2 <- seq(-10, 30, 1.0)      # 恐怖尺度 x2 描画する範囲
> mu <- c(14.9, 17.0)          # 平均値を要素とするベクトル
> sig <- matrix(c(76.77, 17.67,
+                 17.67, 33.33), ncol = 2) # 分散共分散行列
> fx <- function(x1, x2) {                 # 関数 fx の定義
+   dmnorm(cbind(x1, x2), mu, sig)         # dmnorm() 関数
+ }
> density <- outer(x1, x2, fx)  # x1とx2の組み合わせに fx を適用
> persp(x1, x2, density, theta = 30, expand = 0.3, phi = 20)
```

persp() 関数で描画した 2 次元正規分布を図 6.3 に示す。確率密度の値から，健常群と比べて 2 つの尺度の得点が大きい個人ほど，つまり，摂食制限と肥満恐怖傾向の強い個人ほど過食群に属する可能性が高いことが予想される。

6.1.3　qda() 関数による2次判別分析

MASS パッケージによって提供される qda() 関数は 2 次判別分析を実行する。関数名の qda は 2 次判別分析を意味する quadratic discrimination analysis の qda である。qda() 関数の基本的書式を以下に示す。

基本情報 <- qda(所属群 ~ 説明変数, data = オブジェクト名)

基本情報　qda() 関数が返した結果を代入するためのオブジェクトである。後述の predict() 関数を用いて個人を分類するとき，この基本情報を利用する。

所属群　個人の真の所属群を要素とするベクトルである。

説明変数　説明変数名である。説明変数の指定方法は lm() 関数と同様であり，説明変数

が複数のときは「+」記号を用いて説明変数名を繋ぐ。

data = オブジェクト名 群と説明変数が代入されているオブジェクト名である。群と説明変数がベクトルに代入されているときは不要である。

qda() 関数は2次判別分析に必要な情報を集約するが，個人を分類する機能はないので，predict() 関数を用いて個人を分類する。predict() 関数の書式は次の通りである。

```
判別結果 <- predict( 基本情報 , 新データ , prior = 事前確率 )
```

判別結果 predict() 関数が返した結果を代入するためのオブジェクトである。class を参照名として個人の所属群，posterior を参照名として各群に属する事後確率（posterior probability）が代入される。個人が群 k に属する事後確率 $P(k|x)$ は，説明変数の得点 x を与えたとき

$$P(k|\boldsymbol{x}) = \frac{p_k f_k(\boldsymbol{x}|\boldsymbol{\mu}_k, \boldsymbol{\Sigma}_k)}{\sum_{k=1}^{G} p_k f_k(\boldsymbol{x}|\boldsymbol{\mu}_k, \boldsymbol{\Sigma}_k)} \tag{6.3}$$

と定義される。ここで，G は群の総数，$f_k(x|\mu_k, \Sigma_k)$ は第 k 群の平均ベクトルと分散共分散行列にもとづく確率密度（式 (6.2)），p_k は個人が群 k に属する事前確率である。母集団において第 k 群の占める割合を事前確率として与えてもよいが，通常は $1/G$ とすればよい。最大の事後確率を与える群へ個人が分類され，その名前が class へ代入される。

基本情報 前述の qda() 関数が返した値を代入したオブジェクト名である。

新データ 判別対象の個人の得点を代入したオブジェクト名である。基本情報を作成するために利用した個人のみを判別するときは不要な引数である。したがって，所属群が不明の個人を含めて判別する場合に新データを指定する。

prior = 事前確率 個人が各群に所属する事前確率 p_k（prior probability）をベクトルの要素として事前確率へ与える。基本情報を作成する際に用いた標本の群別人数比を用いる場合には，prior = 事前確率を指定する必要はない。

■5変数を用いた判別分析

食行動 .txt ファイルに保存されている5つの説明変数（制限，恐怖，嘔吐，圧力，食事）を用いて2次判別分析を行う。まず，MASS パッケージとデータを読み込む。

```
> library(MASS)          # パッケージの読み込み
> 得点 <- read.table("食行動 .txt", header = TRUE) # データ入力
> names( 得点 )
[1] "群"    "番号" "制限" " 恐怖 " " 嘔吐 " " 圧力 " " 食事 "
```

データを入力できたので，qda()関数を用いて2次判別分析を行い，基本的な情報を判別2の5へ代入する。

```
> 判別2の5 <- qda( 群 ~ 制限 + 恐怖 + 嘔吐 + 圧力 + 食事,
+                  data = 得点 )  # 5変数を用いた2次判別分析
> 判別2の5
Call:
qda( 群 ~ 制限 + 恐怖 + 嘔吐 + 圧力 + 食事, data = 得点 )

Prior probabilities of groups:    # (a)
  G1   G2   G3
0.50 0.25 0.25

Group means:                       # (b)
     制限   恐怖   嘔吐   圧力   食事
G1   6.8   10.2   3.9   4.25  15.45
G2  13.4   11.2  13.4  15.00  12.50
G3  14.9   17.0  20.0   6.20  13.00
```

(a)欄は群別の人数の割合，つまり，事前確率である。また，(b)欄は説明変数の群別平均値である。

次に，predic()関数を用いて46名の所属群を判別し，返り値を判別2の5の結果へ代入する。母集団においては健常群の割合が相当に大きいが，正確な割合が不明なので，ここでは事前分布として等確率（1/3）としておく。

```
> 判別2の5の結果 <- predict( 判別2の5, 得点, prior = c(1/3, 1/3, 1/3))
```

事後確率は以下の通りである。ここでは小数点以下4桁まで表示した。

```
> round( 判別2の5の結果 $posterior,4)                  # 事後確率
       G1      G2      G3    # 真の所属群
1  0.9656  0.0000  0.0344    # 健常群  G1
2  0.9445  0.0000  0.0554
3  0.9861  0.0000  0.0139
4  0.9901  0.0000  0.0099
5  0.9521  0.0000  0.0478
．．．．．
21 0.0004  0.9996  0.0000    # 拒食群  G2
22 0.0019  0.9973  0.0008
23 0.7895  0.1178  0.0927    # G1へ属する事後確率が大きい
24 0.0012  0.9988  0.0000
```

```
25 0.0000 0.9214 0.0786
.....
31 0.0000 0.0000 1.0000   # 過食群　G3
32 0.0001 0.6047 0.3952   # G2へ属する事後確率が大きい
33 0.0001 0.0193 0.9806
34 0.3701 0.0000 0.6299
35 0.0000 0.0436 0.9564
.....
41 0.0847 0.0062 0.9091   # 不明群の6名
42 0.9551 0.0000 0.0449
43 0.0003 0.0037 0.9960
44 0.8755 0.0115 0.1130
45 0.0000 0.9736 0.0264
46 0.1356 0.0000 0.8644
```

46名が2次判別分析によって分類された群の名前を以下に示す。

```
> 判別2の5の結果 $class
 [1] G1 G1 G1 G1 G1 G1 G1 G2 G1 G1 G1 G1 G1 G1 G1 G1 G1 G1 G1
[20] G1 G2 G2 G1 G2 G2 G2 G2 G2 G2 G2 G2 G3 G2 G3 G3 G3 G3 G1
[39] G2 G3 G3 G1 G3 G1 G2 G3
Levels: G1 G2 G3
```

次に，真の所属群がわかっている40名を用いて正判別率を求める。真の所属群と判別結果との分割表は

```
> # 真の所属群と判別された群との分割表
> table(得点 $ 群 [1:40]，判別2の5の結果 $class[1:40])

    G1 G2 G3
 G1 19  1  0   # 健常群の1名が拒食群へ分類された
 G2  1  9  0   # 拒食群の1名が健常群へ分類された
 G3  1  2  7   # 過食群の1名が健常群へ，2名が拒食群へ分類された
```

である。分割表の行（縦）が真の所属群，列（横）が判別結果であるから，正しく判別された割合は健常群G1が95%，拒食群G2が90%，過食群が70%，したがって，全体の非加重正判別率は85%（誤判別率は15%）である。予測に用いた正規分布がこの40名の平均と分散共分散行列にもとづくものなので，正判別率は高くなるが，この点を考慮しても比較的よい判別結果と言える。しかし，実際の研究場面では，分類規則を定めたデータとは別の検証データを用意して正判別率もしくは誤判別率を検討すべきである。この手続きは交差妥当化法（クロスバリデーション，クロス確認）と呼ばれる。

練習4 簡易版食行動調査票の得点を食行動訓練.txt ファイルと食行動検証.txt ファイルに保存した。食行動訓練.txt ファイルのデータを用いて2次判別分析を行い，食行動検証.txt ファイルのデータへ交差妥当化法を適用して正判別率を求めなさい。

まず，食行動訓練.txt ファイルのデータを用いて2次判別分析を行う。

```
> library(MASS)          # パッケージの読み込み
> 訓練 <- read.table("食行動訓練.txt", header = TRUE)  # データ入力
> names(訓練)
[1] "制限" "恐怖" "嘔吐" "圧力" "食事" "群"
> 訓練判別 <- qda(群 ~ 制限 + 恐怖 + 嘔吐 + 圧力 + 食事,
+                  data = 訓練)  # 5変数を用いた2次判別分析
> 訓練の判別結果 <- predict(訓練判別, prior = c(1/3, 1/3, 1/3))
> # 訓練データにおける真の所属群と判別群との分割表
> table(訓練$群, 訓練の判別結果$class)

      G1   G2   G3
  G1  219   12   19    # G1 健常群
  G2    0   13    2    # G2 拒食群
  G3    3    1   11    # G3 過食群
```

簡易版の調査票であるが，比較的正判別率は大きい。次に検証データの正判別率を求める。

```
> 検証 <- read.table("食行動検証.txt", header = TRUE)  # データ入力
> names(検証)
[1] "制限" "恐怖" "嘔吐" "圧力" "食事" "群"
> 検証の判別結果 <- predict(訓練判別, 検証, prior = c(1/3, 1/3, 1/3))
> # 検証データにおける真の所属群と判別群との分割表
> table(検証$群, 検証の判別結果$class)

      G1   G2   G3
  G1  227   10   13    # G1 健常群
  G2    3    9    3    # G2 拒食群
  G3    2    4    9    # G3 過食群
```

訓練データの群別平均と分散共分散行列を用いて検証データの個人を分類したため，正判別率が低下した。それでも正判別率は健常群が91%，拒食群と過食群が60%である。

なお，qda() 関数と後述の lda() 関数では引数に CV = TRUE を指定することにより，leave-one-out 交差妥当化法 (LOOCV) を適用することができる。この方法は，1つの標本を除いて判別規則を定め，その規則をあらかじめ除いておいた標本へ適用して分類する，ということを全標本に対して行う交差妥当化法である。

練習5 dmnorm() 関数を用いて46名の得点の確率密度を計算し，2次判別分析を行うスクリプトを組んでみなさい．

以下の nijidis() 関数を組んでみた．

```
> # dmnorm() 関数を用いた2次判別分析
> library(mnormt)                        # パッケージの読み込み
> nijidis <- function(x, gun) {
+   nall <- dim(x)[1]                    # 標本の大きさ
+   p <- dim(x)[2]                       # 説明変数の数
+   G <- length(table(gun))              # 群の数
+   Gnames <- names(table(gun))          # 群の名前
+   prior <- rep(rep(1/G, G), each = nall)  # 事前確率
+   muk <- by(x, gun, function(x) mean(x))   # 群別平均
+   sigk <- by(x, gun, function(x) cov(x))   # 群別分散共分散
+   dens <- sapply(1:G, function(j)
+                  dmnorm(as.matrix(x), muk[[j]],
+                  sigk[[j]]))           # 確率密度
+   post <- dens*prior/rowSums(dens*prior)  # 事後確率
+   class <- Gnames[apply(post, 1, which.max)]  # 最大事後確率
+   return(cbind(class, round(post, 4), x, 真の群 = gun))
+                                        # 分類された群と真の所属群を表示する
+ }
> 得点 <- read.table("食行動.txt", header = TRUE) # データ入力
> names(得点)
[1] "群"   "番号" "制限" "恐怖" "嘔吐" "圧力" "食事"
> 二次判別の結果 <- nijidis(得点[ ,3:7], 得点[ ,1])
> 二次判別の結果
   class      1      2      3  制限 恐怖 嘔吐 圧力 食事 真の群
1     G1 0.9656 0.0000 0.0344     2    4    4    5   11     G1
2     G1 0.9445 0.0000 0.0554     0    7    0    3   17     G1
.....
41    G3 0.0847 0.0062 0.9091     7   19   17    2   19   <NA>
42    G1 0.9551 0.0000 0.0449    11   14    3    1   15   <NA>
43    G3 0.0003 0.0037 0.9960    15   20   17    6   10   <NA>
44    G1 0.8755 0.0115 0.1130     6    4    9    5   15   <NA>
45    G2 0.0000 0.9736 0.0264    22   10   15   18   11   <NA>
46    G3 0.1356 0.0000 0.8644    14   18    7    3    8   <NA>
> table(得点$群, 二次判別の結果$class) # 真の所属群と分類群

       G1  G2  G3
   G1  19   1   0    # 健常群の1名が拒食群へ分類された
   G2   1   9   0    # 拒食群の1名が健常群へ分類された
   G3   1   2   7    # 過食群の1名が健常群へ，2名が拒食群へ分類された
```

6.2 線形判別分析

これまで各群の母分散共分散行列が異なるものとして2次判別分析を行ってきたが，全群の母分散共分散行列に等質性（群間で分散と共分散が等しいこと），つまり

$$\Sigma_1 = \Sigma_2 = \cdots = \Sigma_G = \Sigma \tag{6.4}$$

を仮定して判別分析を行うこともできる．これを線形判別分析という．このとき，次式によって個人の確率密度が定義される．Σが等質性を仮定したときの母分散共分散行列である．

$$f_k(\boldsymbol{x}|\boldsymbol{\mu}_k, \boldsymbol{\Sigma}) = \frac{1}{(2\pi)^{p/2}|\boldsymbol{\Sigma}|^{1/2}} \exp\left[-\frac{1}{2}(\boldsymbol{x} - \boldsymbol{\mu}_k)'\boldsymbol{\Sigma}^{-1}(\boldsymbol{x} - \boldsymbol{\mu}_k)\right] \tag{6.5}$$

練習6 線形判別分析により46名を分類しなさい．

3群の群内平方和を自由度 (n-G) で除した値を母分散共分散行列 Σ の推定値とすることができるので，以下のように，先のスクリプトの一部を変更すればよい．関数名を senkeidis() とした．ssk が群内平方和，commonsig が等質性を仮定したときの母分散共分散行列の推定値である．

```
> # dmnorm()関数を用いた線形判別分析
> library(mnormt)                        # パッケージの読み込み
> senkeidis <- function(x, gun) {
+   nall <- dim(x)[1]                    # 標本の大きさ
+   p <- dim(x)[2]                       # 説明変数の数
+   G <- length(table(gun))              # 群の数
+   Gnames <- names(table(gun))          # 群の名前
+   n <- sum(table(gun))                 # 所属群が既知の人数
+   prior <- rep(rep(1/G, G), each = nall)   # 事前確率
+   muk <- by(x, gun, function(x) mean(x))   # 群別平均
+   ssk <- by(x, gun, function(x) cov(x)*(nrow(x) - 1))
+                                        # 群内平方和
+   commonsig <- matrix(rowSums(mapply("+", ssk)), p)/
+                       (n - G)
+                                        # 共通分散共分散
+   dens <- sapply(1:G, function(j)
+            dmnorm(as.matrix(x), muk[[j]],
+            commonsig))                 # 確率密度
```

```
+     post <- dens*prior/rowSums(dens*prior)  # 事後確率
+     class <- Gnames[apply(post, 1, which.max)]  # 最大事後確率
+     return(cbind(class, round(post, 4), x, 真の群 = gun))
+                            # 分類された群と真の所属群を表示する
+ }
> 得点 <- read.table("食行動.txt", header = TRUE) # データ入力
> names(得点)
[1] "群"   "番号" "制限" "恐怖" "嘔吐" "圧力" "食事"
> 線形判別の結果 <- senkeidis(得点[ ,3:7], 得点[ ,1])
> 線形判別の結果
   class      1      2      3 制限 恐怖 嘔吐 圧力 食事 真の群
1     G1 0.7419 0.0740 0.1841    2    4    4    5   11     G1
2     G1 0.9673 0.0038 0.0289    0    7    0    3   17     G1
.....
41    G3 0.4713 0.0045 0.5242    7   19   17    2   19   <NA>
42    G1 0.9438 0.0020 0.0542   11   14    3    1   15   <NA>
43    G3 0.1862 0.0778 0.7360   15   20   17    6   10   <NA>
44    G1 0.5017 0.0831 0.4153    6    4    9    5   15   <NA>
45    G2 0.0011 0.9809 0.0180   22   10   15   18   11   <NA>
46    G1 0.7672 0.0184 0.2144   14   18    7    3    8   <NA>
> table(得点$群, 線形判別の結果$class) # 真の所属群と分類群

     G1 G2 G3
  G1  18  2  0   # 健常群の2名が拒食群へ分類された
  G2   1  8  1   # 拒食群の1名が健常群へ，1名が拒食群へ分類された
  G3   2  1  7   # 過食群の2名が健常群へ，1名が拒食群へ分類された
```

等質性を仮定したことにより，正判別率が80%へ低下したが，常に線形判別分析の方が正判別率が小さいとは限らない。

6.3　正準判別分析

2次判別分析は個人を機械的に分類しただけで，説明変数に見られる各群の特徴を知ることができない。これに対し，正準判別分析（canonical discriminant analysis）は各群の母分散共分散に等質性を仮定して説明変数の合成変数を作ることにより，各群の特徴を考察した上で判別分析を行うことができる。

6.3.1 正準判別分析の定式化

p個の説明変数を用いた合成得点を次式によって定義する．これを正準判別関数，そして，その値を正準判別得点という．

$$\begin{aligned} y_i^{(g)} &= \sum_{j=1}^p v_j x_{ij}^{(g)} \\ &= v_1 x_{i1}^{(g)} + v_2 x_{i2}^{(g)} + \cdots + v_p x_{ip}^{(g)} \end{aligned} \tag{6.6}$$

ここで，v_jは全群で共通して説明変数jに乗じる重み，$x_{ij}^{(g)}$は群gにおける個人iの説明変数jの値，$y_i^{(g)}$は群gにおける個人iの正準判別得点である．

仮に重みv_jが得られたとし，合成得点の全平方和SS_{T_y}を以下のように群間平方和SS_{B_y}と群内平方和SS_{W_y}に分解する．$n^{(g)}$はg群の人数，$\bar{y}$は全平均，$\bar{y}^{(g)}$は群gの群平均である．

$$\begin{aligned} SS_{T_y} &= \sum_{g=1}^G \sum_{i=1}^{n^{(g)}} \left(y_i^{(g)} - \bar{y} \right)^2 \\ &= \sum_{g=1}^G \sum_{i=1}^{n^{(g)}} \left[\left(\bar{y}^{(g)} - \bar{y} \right) + \left(y_i^{(g)} - \bar{y}^{(g)} \right) \right]^2 \\ &= \underbrace{\sum_{g=1}^G n^{(g)} \left(\bar{y}^{(g)} - \bar{y} \right)^2}_{SS_{B_y}} + \underbrace{\sum_{g=1}^G \sum_{i=1}^{n^{(g)}} \left(y_i^{(g)} - \bar{y}^{(g)} \right)^2}_{SS_{W_y}} \end{aligned} \tag{6.7}$$

群間平方和SS_{B_y}は群平均$\bar{y}^{(g)}$から全平均$\bar{y}$を引いて2乗しているので，群平均の違いを表す．また，群内平方和SS_{W_y}は群ごとに個人の得点から群平均$\bar{y}^{(g)}$を引いて2乗しているので，群内における個人差の大きさ，言い換えれば，所属群の違いでは説明できない個人差の大きさを表す．

正準判別分析は群間の違いをもっとも強く表現する正準判別関数を作る．その関数の重みを求める方法は2つあり，1つは相関比ηの2乗SS_{B_y}/SS_{T_y}の最大化，もう1つは群間平方和と群内平方和の比SS_{B_y}/SS_{W_y}の最大化を基準とする方法である．2つの基準は結果的に同一の重みを与えるが，後者に従って重みを求めるには，以下の固有方程式を解く．

$$\boldsymbol{Bv} = \lambda \boldsymbol{Wv} \tag{6.8}$$

ここで，$\boldsymbol{v}$は未知数である重みを要素とする固有ベクトル，$\boldsymbol{B}$は説明変数の群間平方和を代入した行列，$\boldsymbol{W}$は説明変数の群内平方和を代入した行列，λは固有値である．固有ベ

クトルは合成得点 $y_i^{(g)}$ の群内平方和 SS_{Wy} が $n-G$ となるように調整されることが多い。v の要素は正準判別関数を作るための重みなので，正準判別係数，あるいは単に正準係数（canonical coefficient）と呼ばれる。固有値 λ にもとづいて $\sqrt{\lambda/(1+\lambda)}$ と定義される値は正準相関（canonical correlation）係数と呼ばれる。この値が大きいほど，よりよく標本を判別できることを示す。なお，$W^{-1}B$ は対称行列ではないから，eigen() 関数を用いて目的の正準判別係数ベクトル v を求めることはできない。

6.3.2 lda() 関数を用いた正準判別分析

MASS パッケージの lda() 関数の lda は linear discriminant analysis（線形判別分析）の頭文字を取った lda であるが，基準群が 2 つの場合に限り線形判別分析を実行し，3 群以上へ個人を分類するときは正準判別分析を実行する。lda() 関数の基本的書式は以下のように qda() 関数と同様である。

```
基本情報 <- lda( 所属群 ~ 説明変数 , data = オブジェクト名 )
```

基本情報 lda() 関数が返した結果を代入するためのオブジェクトである。predict() 関数を用いて個人を分類する場合，この基本情報を利用する。
所属群 個人の真の所属群を要素とするベクトルである。
説明変数 説明変数名である。
data = オブジェクト名 群と説明変数が代入されているオブジェクト名である。群と説明変数がベクトルに代入されているときは不要である。

　lda() 関数は個人を判別する機能はないので，predict() 関数を用いて個人を判別する。predict() 関数の書式は以下の通りである。引数の意味は前述した通りである。

```
判別結果 <- predict( 基本情報 , 新データ , prior = 事前確率 )
```

■ 3 群の正準判別分析

　食行動 .txt ファイルに保存されている 5 つの説明変数（制限，恐怖，嘔吐，圧力，食事）を用いて正準判別関数を求め，3 群の特徴を探ってみる。まず，MASS パッケージとデータを読み込む。

```
> library(MASS)          # パッケージの読み込み
> 得点 <- read.table(" 食行動 .txt", header = TRUE)
> names( 得点 )
[1] " 群 "     " 番号 " " 制限 " " 恐怖 " " 嘔吐 " " 圧力 " " 食事 "
```

次に，lda()関数を用いて正準判別関数を求め，関数が返したオブジェクトを係数へ代入する。

```
> # 正準判別関数を求める
> 係数 <- lda( 群 ~ 制限 + 恐怖 + 嘔吐 + 圧力 + 食事, data = 得点 )
> 係数
Call:
lda( 群 ~ 制限 + 恐怖 + 嘔吐 + 圧力 + 食事, data = 得点 )

Prior probabilities of groups:         # (a) 事前分布
   G1   G2   G3
0.50 0.25 0.25
Group means:                           # (b) 群別平均
      制限  恐怖  嘔吐   圧力   食事
G1   6.8  10.2   3.9   4.25  15.45
G2  13.4  11.2  13.4  15.00  12.50
G3  14.9  17.0  20.0   6.20  13.00

Coefficients of linear discriminants:  # (c) 判別係数
              LD1          LD2
制限   0.01993058   0.006926611        # 摂食制限
恐怖  -0.05228335  -0.009591650        # 肥満恐怖
嘔吐   0.07866183   0.106949509        # 自己誘発嘔吐
圧力   0.17003685  -0.133385303        # 社会的圧力
食事  -0.05442578  -0.001080812        # 食事の楽しみ


Proportion of trace:                   # (d)
  LD1   LD2
0.738 0.262
```

(a)欄は各群に属する個人の人数比で事前確率と呼ばれる。(b)欄は説明変数の群別平均値である。3群の間で平均値を比べると，制限は健常群とそれ以外を判別できるが，拒食群と過食群の違いを判別できないことがわかる。しかし，恐怖は拒食群とそれ以外を判別できるので，制限と恐怖を合わせて用いることにより，個々の説明変数を個別に用いるよりも正判別率が大きくなるものと推測される。

(c)欄が正準判別関数を作る判別係数である。判別係数が2列になって表示されているが，LD1の下の数値は正準相関係数が最大となる関数を作る判別係数である。このときの関数は第1正準判別関数と呼ばれる。圧力と嘔吐が正の大きな重み，恐怖と食事が負の大きな重みであるから，たとえば，食事の制限，肥満に対する恐怖心，友人との食事の楽しみ，家族や友人から食事を取るようにと思われていると感じる程度が同一のとき，嘔吐傾

向の強い個人ほど，第1正準判別得点が大きくなる。

また，LD2は第1正準判別関数とは無相関という条件の下で正準相関係数を最大となる関数を作るための重みである。このときの関数は第2正準判別関数と呼ばれる。判別係数は嘔吐が正の大きな値，圧力が負の大きな値であるから，たとえば，制限，恐怖，嘔吐，食事の尺度得点が同一のとき，圧力の尺度得点が小さい個人ほど，第2正準判別得点が大きくなる。

正準判別関数は，群数と説明変数の数 −1 の小さい方の数（=min($G, p-1$)）だけ合成することができる。

(d) 欄の Proportion of trace（トレースの割合；寄与率とも呼ばれる）とは，式 (6.8) の固有値 λ_j にもとづいて

$$\text{Proportion of trace} = \frac{\lambda_j}{\sum_{j=1}^{n_l} \lambda_j} \tag{6.9}$$

と定義される。n_l は合成された正準判別関数の数である。

さて，次に判別得点で見られる3群の特徴を探るために，predict() 関数を用いて個人の正準判別得点を求め，判別得点へ代入する。なお，ここでは事前確率を 1/ 群数としたが，個人の分類結果は指定する事前確率の値によって異なる。

```
> 判別得点 <- predict(係数, 得点, prior = c(1/3, 1/3, 1/3))
>                                    # 46名を分類する
> 判別得点                            # 分類結果を表示する
$class                                                    # (a)
 [1] G1 G1 G1 G1 G1 G2 G1 G2 G1 G1 G1 G1 G1 G1 G1 G1 G1 G1
[19] G1 G1 G2 G2 G1 G2 G2 G2 G2 G2 G2 G3 G3 G2 G3 G1 G3 G3
[37] G3 G1 G3 G3 G3 G1 G3 G1 G2 G1
Levels: G1 G2 G3

$posterior                                                # (b)
           G1          G2          G3
1   0.7419242250 0.0739708828 0.184104892
2   0.9673035516 0.0037903435 0.028906105
3   0.9750023885 0.0004273519 0.024570260
4   0.9377844980 0.0196374568 0.042578045
5   0.6937381007 0.0083541754 0.297907724
 .....
41  0.4712590943 0.0045109577 0.524229948
42  0.9438221659 0.0019768503 0.054200984
43  0.1862280932 0.0778022915 0.735969615
```

```
44  0.5016504751  0.0830789421  0.415270583
45  0.0011234127  0.9809211603  0.017955427
46  0.7671994734  0.0183981510  0.214402376

$x                                              # (c)
         LD1          LD2
1   -0.8446813  -0.41723284
2   -2.0226682  -0.62737331
3   -2.7178322  -0.01017468
4   -1.4675064  -0.92638859
5   -1.4577990   0.60726290
.....
41  -1.4521917   1.25537850
42  -2.1646519  -0.02854138
43  -0.1750509   0.77738583
44  -0.5893530   0.14089790
45   2.3159894  -0.89381487
46  -1.2782921   0.12246496
```

(a) 欄は正準判別分析によって46名を分類した結果である。(b) 欄は個人がそれぞれ3群に属する事後確率である。(c) 欄は個人の正準判別得点である。(b) 欄の事後確率は，この正準判別得点を用いた線形判別分析にもとづいて定義される。

判別得点 $x に正準判別得点が代入されているので，by() 関数を用いて群別に正準判別得点の平均を求める。自動的に不明群の6名は計算から除かれる。

```
> by( 判別得点 $x, 得点 $ 群, mean)         # 群ごとに平均を求める
INDICES: G1
       LD1          LD2
-1.4507598  -0.3589189
-----------------------------------------------------------
INDICES: G2
       LD1          LD2
1.3642383   -0.7374782
-----------------------------------------------------------
INDICES: G3
       LD1          LD2
0.08652156  1.09639715
```

第1正準判別得点の平均値より，拒食群（G2）は肥満に対する恐怖がなく，友人と一緒に食事を取っても楽しくないと思う傾向が強い。しかも，家族や友人から食事を取るようにと思われていると感じている。健常群（G1）は拒食群（G2）とは逆の傾向が見られ

る。また，第2正準判別得点の平均値より，過食群（G3）は周囲から食事を取るようにと思われているとは感じていないが，強い嘔吐傾向が見られる。拒食群（G2）は過食群（G3）とは逆の傾向が強く見られる。

plot()関数を用いて判別得点の散布図を作成し，図6.4に示す。

```
> par(cex = 1.5)    # 文字の大きさを標準の1.5倍にする
> plot(判別得点 $x, pch = as.integer(得点 $ 群),
+                    col = as.integer(得点 $ 群))
> # ○（黒）= 健常群
> # △（赤）= 拒食群
> # ＋（緑）= 過食群
```

図6.4の散布図から，3群が比較的よく分類されている様子がわかる。40名の所属群と分類された群との分割表を以下に示す。行（縦）が既知の所属群，列（横）が分類された群である。正判別率は80%であり，2次判別分析を用いて機械的に40名を分類した結果と大きな相違はない。

```
> table(得点 $ 群, 判別得点 $class)  # 真の所属群と分類された群との分割表
                                      # 2次判別分析の分割表
     G1 G2 G3                         #    1  2  3
  G1 18  2  0       # 健常群       G1  19  1  0
  G2  1  8  1       # 拒食群       G2   1  9  0
  G3  2  1  7       # 過食群       G3   1  2  7
```

練習7 所属群が既知である40名を用いて説明変数と正準判別得点の相関係数を求めなさい。

得点の第3列から第7列に説明変数の素点，判別得点 $x に正準判別得点が代入されているので，2つを cor() 関数の引数とする。

```
> # 説明変数と正準判別得点の相関（素点にもとづく）
> cor(得点 [1:40, 3:7], 判別得点 $x[1:40, ])    # 構造行列
           LD1         LD2
制限    0.5047227   0.3946708
恐怖    0.1791144   0.6126840
嘔吐    0.6303939   0.7610785
圧力    0.8743753  -0.4611814
食事   -0.4773248  -0.1690661
```

この相関係数を構造係数，そして，構造係数を代入した行列を構造行列という。正準判別関数の意味を解釈するときに構造行列を利用することができる。

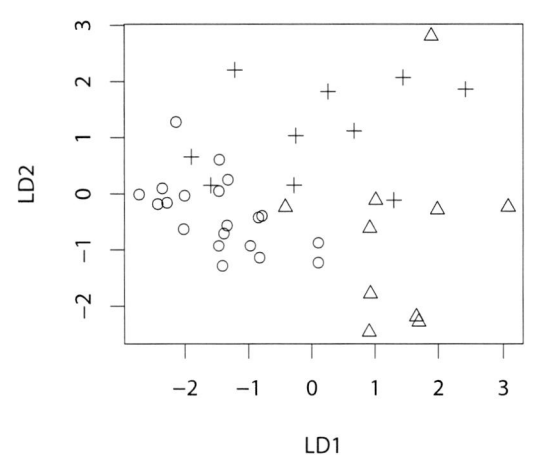

図 6.4　正準判別得点の散布図

練習8　正準相関係数を求めなさい．

　正準相関係数は，群間平方和行列 $\boldsymbol{B}$ と群内平方和行列 $\boldsymbol{W}$ を用いた固有方程式

$$\boldsymbol{Bv} = \lambda \boldsymbol{Wv}$$

の固有値 λ にもとづき，$\sqrt{\lambda/(1+\lambda)}$ と定義されるから，次の seijun() 関数を作ってみた．

```
> # 正準相関係数を求める関数
> seijun <- function(x, gun) {
+   vnum <- complete.cases(x, gun)    # 欠損の有無をチェック
+   x <- x[vnum,]
+   gun <- gun[vnum]
+   n <- dim(x)[1]                    # 標本の大きさ
+   p <- dim(x)[2]                    # 説明変数の数
+   G <- length(table(gun))           # 群の数
+   ssk <- by(x, gun, function(x) cov(x)*(nrow(x) - 1))
+   W <- matrix(rowSums(mapply("+", ssk)), p)
+                                     # 群内平方和 W
+   B <- cov(x)*(n - 1) - W           # 群間平方和 B
+   valvecW <- eigen(W)
+   iWB <- diag(1/sqrt(valvecW$values)) %*%
+          t(valvecW$vectors) %*% B %*% valvecW$vectors %*%
+          diag(1/sqrt(valvecW$values))
+   lam <- eigen(iWB)$values[1:min(G-1,p)]
+   rho <- sqrt(lam/(1 + lam))        # 正準相関係数
+   return(rho)
+ }
```

食行動調査票の5変数を用いて求めてみる。

```
> 得点 <- read.table("食行動.txt", header = TRUE) # データ入力
> names(得点)
[1] "群"    "番号" "制限" "恐怖" "嘔吐" "圧力" "食事"
> seijun(得点[, 3:7], 得点[, 1])
[1] 0.7746487 0.5895794
```

2つの正準判別係数が比較的よく3群を判別することがわかる。

6.4　非階層的クラスター分析

　個人を特性の類似性に着目して分類したり，質問紙尺度の測定変数に対する回答パターンあるいは評定の大きさの類似性に着目して測定変数を分類するとき，クラスター分析を利用する。クラスター分析は判別分析と異なり，対象を分類する外的基準がないときに利用される。

　クラスター分析には2つのタイプがある。1つは対象の類似性に注目して逐次的に対象を群（クラスター）へまとめていき，最終的にすべての対象を1つの群へ統一する階層的クラスター分析である。階層的クラスター分析は比較的少数の対象を分類する場合に適している。もう1つは，あらかじめ群の数を分析者が指定し，群の内部では似たもの同士が集まるように対象を各群へ配置する非階層的クラスター分析である。非階層的クラスター分析は多数の対象を分類するときに適している。ここでは，非階層的クラスター分析の代表的な方法であるk平均法（k-means法）を学ぶ。名称にあるkとはクラスターの数のことで，meanとは平均のことである。

6.4.1　k平均法

　n名をp個の変数にもとづいてk個のクラスターへ分類したとする。このとき，変数のクラスター内平方和（群内平方和）は

$$SS_w = \sum_{c=1}^{k} \sum_{j=1}^{p} \sum_{i=1}^{n_c} (x_{ijc} - \bar{x}_{jc})^2 \tag{6.10}$$

と定義される。ここで，x_{ijc}はクラスターcへ分類された個人iの変数jの値，n_cはクラスターcへ分類された個人の数，$\bar{x}_{jc}$はクラスターcにおける変数jの平均である。クラスター内平方和SS_wは同一のクラスターへ変数の値が近い個人が分類されているほど小さくなるので，k平均法はSS_wを最小とするクラスターを作り，似たもの同士をまとめる。

分類対象の数は n であり，クラスター数 k は定数へ固定されるので，クラスター内平方和 SS_w を最小化する解，すなわち最適な分類結果はある。しかし，容易に想像できる通り，対象数が大きくなると計算時間が膨大となり，すべての組み合わせの中から最適な分類結果を探すことは困難である。そのため，最適な分類結果を探索するアルゴリズムが提案されてきた。

6.4.2　kmeans() 関数を用いた k 平均法

R と同時にインストールされる stats パッケージの kmeans() 関数は k 平均法によるクラスター分析を実行する。kmeans() 関数の書式は以下の通りである。

```
結果 <- kmeans(データ, クラスター数, iter.max = 最大反復数,
            nstart = スタート数, algorithm = "アルゴリズム名"
```

結果　kmeans() 関数が返した結果を代入するためのオブジェクト名である。
データ　クラスター分析に利用するデータを代入したオブジェクト名である。
クラスター数　文字通り，クラスターの数 k である。
`iter.max = 最大反復数`　最適解を探索する最大の反復数である。最大反復数の初期設定値は10である。
`nstart = スタート数`　k 個のクラスターに属する最初の対象は無作為に選択される。この最初に選択される対象を何通りに変えて最適解を探すかをスタート数によって指定する。スタート数の初期設定は1である。一度で最適解を得られるとは限らないので，スタート数を大きくして解のクラスター内平方和を比較し，最小値を与える解を選択すべきである。
`algorithm = "アルゴリズム名"`　最適解を探索する4通りのアルゴリズムが提供されている。"アルゴリズム名" として "Hartigan-Wong" "Lloyd" "Forgy" "MacQueen" のいずれかを指定する。初期設定は "Hartigan-Wong" である。

■食行動訓練.txt データのクラスター分析

食行動訓練.txt に保存されている280名を k 平均法によって群分けしてみる。分類基準として使うクラスター内平方和はクラスター数 k を大きくするほど小さくなるので，ここでは k を2から10まで変えた for() 文を作成し，クラスター内平方和 SSw を求める。なお，nstart = 2000とする。cat() 関数は文字列とオブジェクトを表示する。"\n" は改行マークを出力する。

```
> library(stats)                        # パッケージの読み込み
> 訓練 <- read.table(" 食行動訓練 .txt", header = TRUE)
> kmax <- 10                            # 最大クラスター数
> SSw <- numeric(kmax)
> for(k in  2:kmax) {
+   結果 <- kmeans( 訓練 [,1:5], k, iter.max = 100, nstart = 2000)
+   SSw[k] <- sum( 結果 $withinss)       # クラスター内平方和
+   cat("k = ",k," :  SS_w = ", SSw[k],"\n")
+ }
k =  2 :  SS_w =  11642.07
k =  3 :  SS_w =  9080.242
k =  4 :  SS_w =  7354.098
k =  5 :  SS_w =  6305.238
k =  6 :  SS_w =  5826.518
k =  7 :  SS_w =  5400.402
k =  8 :  SS_w =  5073.221
k =  9 :  SS_w =  4772.161
k =  10 :  SS_w =  4529.772
```

クラスター数が$1(k=1)$のときは5変数の平方和の合計がクラスター内平方和に等しいので，それをSSw[1]へ代入する．

```
> n <- nrow( 訓練 )
> SSw[1] <- sum(apply( 訓練 [,1:5], 2, var)) * (n - 1) # k=1 の SSw
```

これで全クラスターのクラスター内平方和が得られたので，図6.5へ示した．スクリー基準によってクラスター数を判断してみると，クラスター内平方和が小さいほど望ましく，$k=5$以降は大きな減少が見られないので，クラスター数を5としてみる．

```
> par(cex = 1.5)
> plot(1:10, SSw, xlab ="k", type = "b")    # SSw のプロット
```

改めてクラスター数を5とした上でnstart = 10000としてクラスター分析を行い，クラスター内平方和を調べる．

```
> k5 <- kmeans( 訓練 [,1:5], 5, iter.max = 100, nstart = 10000)
> sum(k5$within)
[1] 6305.238
```

クラスター内平方和が先と同一の値となったので，最適解と考えてもよいであろう．

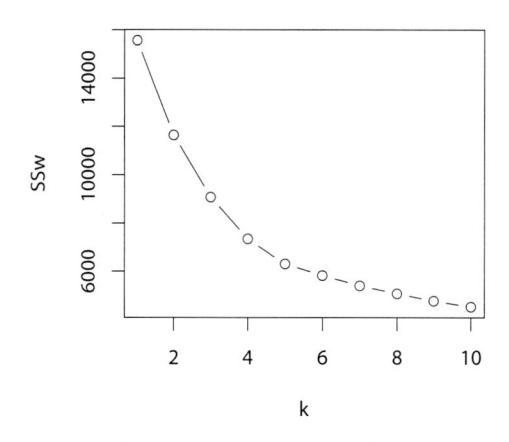

図6.5 クラスター内平方和

クラスターの特徴を調べるため，尺度得点の平均値をクラスター間で比較する。

クラスターごとの平均値は参照名を centers として k5 へ代入されている。また，このデータには外的基準（健常群 G1，拒食群 G2，過食群 G3）があるので，5 つのクラスターとの分割表を作成してみる。

```
> cbind( 人数 = k5$size, round(k5$centers, 1),
+        table(k5$cluster, 訓練 $ 群 ))   # クラスター別平均値
  人数  制限  恐怖  嘔吐  圧力  食事  G1 G2 G3
1  78   5.2   6.5   3.9   4.5  16.4  76  0  2  # 健常群の回答者が多い
2  61   4.8   7.2   4.1   4.7  10.8  61  0  0  # 健常群の回答者のみ
3  86   6.3  13.5   4.7   4.4  15.2  83  0  3  # 健常群の回答者が多い
4  30   6.1   5.9   4.2  13.3  13.7  19 10  1  # 拒食群の回答者が多い
5  25  10.6  13.6  12.1  10.3  11.0  11  5  9  # 拒食・過食群の回答者が多い
```

クラスター 1，クラスター 2，クラスター 3 には主に健常群 G1 の回答者が分類されている。しかも拒食群 G2 の回答者はおらず，過食群 G3 の回答者も総計 5 名しか分類されていない。したがって，健常群 G1 に複数のタイプのあることがわかる。つまり，クラスター 1 へ分類された健常群の回答者は肥満恐怖もなく，友人や家族と食事を楽しめる人達，クラスター 2 の回答者は摂食制限もせず，肥満恐怖もないが，友人や家族との食事を楽しめない人達，クラスター 3 の回答者は友人や家族と食事を楽しめるが，肥満恐怖が強く，ダイエット志向の強い人達である。

クラスター 4 の回答者は摂食制限がやや強く，食事の社会的圧力も感じている。しかし，肥満恐怖も嘔吐傾向も見られない。クラスター 4 には拒食群 G2 の 67%，過食群 G3 の 7% が分類されているので，拒食群固有の特徴を見せる回答者がクラスター 4 を形成していると言える。

クラスター 5 の回答者は摂食制限と肥満恐怖と嘔吐傾向が見られ，食事の社会的圧力を

やや強く感じ，友人や家族との食事も楽しいとは感じていない。拒食群 G2 の 5 名と過食群 G3 の 9 名がクラスター 5 に分類されているので（全体の56％），拒食群 G2 と過食群 G3 で共通に見られる特徴をもつ回答者がクラスター 5 を形成していると言える。

なお，k 平均法では各クラスターを代表する対象が最初は無作為に分類されるので，同一のクラスター数であっても計算を行う度に形成されるクラスターの順番は異なる。また，測定値に絶対的な意味がないと判断できる場合には，標準得点へ変換してからクラスター分析を行うのもよい。

6.4.3　既存のクラスターへの分類

新たに収集したデータを先行研究と同一の特徴をもつクラスターへ分類したいことがある。しかし，同一の変数を用いて改めてクラスター分析を行っても，先行研究と同一の特徴をもつクラスターを形成できるとは限らない。したがって，新しいデータから先行研究と同一の特徴をもつクラスターを形成するためには，既存のクラスターの重心，つまり変数の群別平均値を用いて対象を線形判別するとよい。実際の計算では，各クラスターの分散共分散行列を単位行列とした上で各クラスターの重心（5変数の平均値）を mnormt パッケージの dmnorm() 関数へ渡し，対象の確率密度を求め，それが最大のクラスターへ対象を分類する。これにより，新たに収集したデータから先行研究と同一の特徴をもつクラスターを形成できる。

ここでは，先に求めた 5 つのクラスターへ食行動検証 .txt フィアルに保存した280名を分類してみる。

```
> library(mnormt)                    # パッケージの読み込み
> 検証 <- read.table("食行動検証.txt", header = TRUE)
> muk <- k5$centers                  # クラスターの重心
> p <- ncol(muk)                     # 変数の数
> k <- length(table(k5$cluster))     # クラスターの数
> knames <- names(table(k5$cluster)) # クラスターの名前
> dist <- sapply(1:k, function(j)
+              dmnorm(as.matrix(検証[,1:5]), muk[j,],
+              diag(p)))             # 重心までの距離の2乗が小さいほど大きい
> cluster <- knames[apply(dist, 1, which.max)]  # クラスター
```

cluster には重心までの距離がもっとも近いクラスターの名称（1から5）が代入されている。次にこれを用いて，分類されたクラスターの人数，クラスターごとの平均値，クラスターと基準群（健常群 G1，拒食群 G2，過食群 G3）との分割表を作成する。

```
> cbind( 人数 = table(cluster),
+       round(sapply( 検証 [,1:5], tapply, cluster, mean), 1),
+       table(cluster, 検証 [,6])) # クラスター別平均値など
  人数  制限  恐怖  嘔吐  圧力  食事  G1  G2  G3
1   88   4.8   6.1   3.4   4.3  15.7  88   0   0  # 健常群の回答者のみ
2   70   4.3   7.0   3.6   4.3  10.5  66   2   2  # 健常群の回答者が多い
3   75   6.4  13.9   4.0   4.8  14.2  74   0   1  # 健常群の回答者が多い
4   24   4.8   5.9   3.2  12.9  13.6  17   7   0  # 拒食群の回答者が多い
5   23  10.0  15.1  13.2  10.5  10.0   5   6  12  # 拒食・過食群の回答者が多い
```

食行動訓練.txt で形成した5クラスターの平均と比較すると，食行動検証.txt からも先と同様の5つのクラスターを形成できたことがわかる。

練習8 食行動訓練.txt の5変数を標準得点へ変換してから k 平均法によるクラスター分析を実行しなさい。

訓練の第1列から第5列へ5変数の標準得点を代入してクラスター分析を行えばよい。

```
> library(stats)                       # パッケージの読み込み
> 訓練 <- read.table(" 食行動訓練 .txt", header = TRUE)
> 訓練 [,1:5] <- data.frame(cbind(scale( 訓練 [,1:5])))
> kmax <- 10                           # 最大クラスター数
> SSw <- numeric(kmax)
> for(k in  2:kmax) {
+   結果 <- kmeans( 訓練 [,1:5], k, iter.max = 100, nstart = 2000)
+   SSw[k] <- sum( 結果 $withinss)     # クラスター内平方和
+   cat("k = ",k," :  SS_w = ", SSw[k],"\n")
+ }
.....
> n <- nrow( 訓練 )
> SSw[1] <- sum(apply( 訓練 [,1:5], 2, var)) * (n - 1)  # k=1 の SSw
> par(cex = 1.5)
> plot(1:10, SSw, xlab ="k", type = "b")  # SSw のプロット
```

クラスター内平方和の値を省略するが，ここでもクラスター数を5と判断した。

```
> k5 <- kmeans(訓練 [,1:5], 5, iter.max = 100, nstart = 10000)
> sum(k5$withinss)
[1] 605.1263
> cbind(人数 = k5$size, round(k5$centers, 2),    # 小数点以下2桁
+               table(k5$cluster, 訓練 $ 群))    # クラスター別平均値
  人数  制限  恐怖  嘔吐  圧力  食事 G1 G2 G3
1   30 -0.01 -0.86 -0.24  1.98 -0.08 20  9  1  # 拒食群の回答者が多い
2   78 -0.32 -0.69 -0.37 -0.41  0.74 76  0  2  # 健常群の回答者が多い
3   27  1.85  1.00  2.16  1.23 -0.95 12  6  9  # 拒食・過食群の回答者が多い
4   79  0.11  1.00 -0.05 -0.45  0.48 76  0  3  # 健常群の回答者が多い
5   66 -0.51 -0.40 -0.28 -0.37 -1.02 66  0  0  # 健常群の回答者のみ
```

素点を用いたときと5つのクラスターへ分類された対象数が異なるが，標準得点の平均値をクラスター間で比較すると，素点と同様の特徴をもつクラスターが形成されていることがわかる。

練習9 k 平均法により形成された5クラスターの間で平均標準得点の有意差検定をしなさい。

pairwise.t.test() 関数により，クラスター間で平均値の多重比較を行うことができる。関数に渡す引数は従属変数とクラスター番号である。初期設定ではホルムの方法によって有意水準を調整する。ここでは lapply() 関数と組み合わせて使ってみた。

```
> # Holmの方法による平均値の多重比較
> lapply( 訓練 [, 1:5], function(x) pairwise.t.test(x, k5$cluster))
$制限

        Pairwise comparisons using t tests with pooled SD

data:  x and k5$cluster

       1        2        3       4
2  0.2002   -        -       -
3  < 2e-16  < 2e-16  -       -
4  0.4552   0.0029   < 2e-16 -
5  0.0152   0.2812   < 2e-16 1.5e-05

P value adjustment method: holm
 .....
```

7章

因子分析

〈特徴〉

　性格や学力は直に測定できない潜在変数である。因子分析は潜在変数のことを因子と呼び，多数の観測変数を用いて未知の因子を探る。

　心理・教育では，因子分析は共通の因子を測定する質問項目を選定するために利用されることが多い。因子分析の学習は構造方程式モデリングの理解を深めるためにも必要である。

〈注意点〉

　因子分析には2つのタイプがあり，1つは因子数および因子と観測変数との関係を探索する探索的因子分析，もう1つは確認的（検証的）因子分析と呼ばれ，分析者が立てた研究仮説をデータから確認するための因子分析である。本章では前者の探索的因子分析に焦点を当てる。

7.1 因子の存在と観測変数の相関

7.1.1 観測変数の疑似相関

　知能や性格のように個人差が見られる心理的な特性を構成概念と呼ぶ。構成概念は複雑な行動メカニズムを単純化して説明するために導入されたものであり，じかに測定することはできない。因子分析はそうした構成概念を因子（factor）と呼ばれる潜在変数を用いて探求するために開発された。

　図7.1はもっとも基本となる因子分析モデルをパス図によって示している。パス図とは変数間の因果関係とその強さを矢印で表した図式のことである。したがって，このパス図は因子fが観測変数x_1とx_2へ影響していること，換言すれば，fがx_1とx_2の変動を説明していることを意味している。

　ここで，iを個人iを表す添え字としてパス図に示した変数間の関係を数式で表すと，

$$\begin{aligned} x_{i1} &= a_1 f_i + e_{i1} \\ x_{i2} &= a_2 f_i + e_{i2} \end{aligned} \tag{7.1}$$

となる。因子fは潜在的な変数であるが，式（7.1）はx_1とx_2を目的変数，fを共通の説明変数，a_1とa_2を回帰係数，e_1とe_2を予測の誤差とする回帰式となっている。ここで，観測変数と因子を標準化し（分散が1，平均が0），因子と誤差が相互にすべて無相関であるとして，2つの観測変数の相関係数$r(x_1, x_2)$を計算すると，相関係数の定義式から

$$r(x_1, x_2) = \frac{S(x_1, x_2)}{S(x_1) S(x_2)} = a_1 a_2 \tag{7.2}$$

となる。$S(x_1, x_2)$は2変数の共分散，$S(x_1)$と$S(x_2)$はそれぞれ2変数の標準偏差である。これより，観測変数同士に因果関係がなくても，観測変数へ共通して影響を与える因子fがあれば，観測変数の間に相関が生じることがわかる。これを疑似相関と呼ぶ。$r(x_1, x_2) = a_1 a_2$であるから，因子の影響（a_1とa_2の値）が大きいほど疑似相関も大きい。

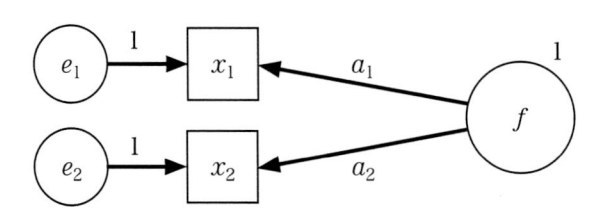

図7.1　疑似相関を示すパス図

今，2つの観測変数の間に疑似相関が生じる原理を見てきたが，見方を変えれば，x_1とx_2の間に相関関係があるとき，2変数へ共通して影響する因子fの存在を仮定できるということである。因子分析は，この原理にもとづいて観測変数の相関関係を説明する因子を探る。

練習1 式（7.2）の関係を導きなさい。

観測変数と因子の分散を1，因子と誤差が無相関であると仮定しているので，

$$\begin{aligned} r(x_1, x_2) &= \frac{S(x_1, x_2)}{S(x_1)S(x_2)} = S(x_1, x_2) = S(a_1 f + e_1, a_2 f + e_2) \\ &= S(a_1 f, a_2 f) + S(a_1 f, e_2) + S(e_1, a_2 f) + S(e_1, e_2) \\ &= a_1 a_2 S^2(f) + a_1 S(f, e_2) + a_2 S(e_1, f) + S(e_1, e_2) \\ &= a_1 a_2 + a_1 \times 0 + a_2 \times 0 + 0 \\ &= a_1 a_2 \end{aligned}$$

を得る。ここで，$S(,)$はかっこ内に示す2変数の共分散，$S^2()$はかっこ内の変数の分散である。

練習2 1つの相関係数$r(x_1, x_2)$から2つの回帰係数a_1とa_2を推定することはできない。しかし，2つの回帰係数の絶対値が等しい（$|a_1| = |a_2|$）と仮定すれば回帰係数を推定できる。$|a_1| = |a_2|$と仮定して回帰係数を求めなさい。

$r(x_1, x_2) = a_1 a_2$であるから，$r(x_1, x_2) \geq 0$のとき，$a_1 = a_2 = \sqrt{r(x_1, x_2)}$あるいは$a_1 = a_2 = -\sqrt{r(x_1, x_2)}$である。また，$r(x_1, x_2) < 0$のとき，$a_1 = -a_2 = \sqrt{|r(x_1, x_2)|}$あるいは$-a_1 = a_2 = \sqrt{|r(x_1, x_2)|}$である。

7.1.2 身体計測値の因子分析

女子30名の身体計測値を表7.1に示す。8変数[*1]は

(1) 身長（x_1） 立位姿勢での足底から頭頂部までの長さ
(2) 前方腕長（x_2） 両腕を前方へ伸ばしたときの背中から指先までの長さ
(3) 前腕長（x_3） 肘からくるぶしまでの長さ
(4) 座位下肢長（x_4） 座位状態での臀部から足底までの長さ
(5) 体重（x_5） 身体の重量
(6) 大転子間幅（x_6） 左右大腿骨の外側にある出っ張り間の幅
(7) 胸囲（x_7） 乳房の上端における体幹の周囲

[*1] Harman, H. H. (1967). *Modern Factor Analysis(2nd Ed.)*. Chicago: University of Chicago Press.

表7.1 女子30名の身体計測値

番号	x_1	x_2	x_3	x_4	x_5	x_6	x_7	x_8
1	155.5	69.4	21.8	91.6	49.6	31.4	81.1	25.0
2	159.5	74.8	23.3	94.1	45.3	28.8	76.8	24.6
3	166.7	81.7	24.8	100.1	54.1	31.6	84.3	28.6
4	160.7	78.7	22.6	99.4	53.5	33.1	80.5	26.3
5	156.3	73.4	22.9	92.4	46.0	29.7	72.9	24.6
6	165.4	78.5	23.9	96.0	60.1	30.8	85.7	26.9
7	168.7	82.9	24.8	100.9	52.9	31.5	80.9	27.5
8	163.4	77.6	23.4	95.1	56.2	32.0	83.8	27.4
9	159.1	77.1	23.0	95.7	50.9	32.8	80.8	27.3
10	158.9	73.0	22.7	93.7	46.3	31.5	83.8	24.7
11	154.6	74.0	22.5	90.4	53.6	32.7	79.4	26.7
12	152.0	70.2	21.7	86.2	44.3	30.9	72.0	23.9
13	158.5	72.5	23.0	92.3	47.0	29.4	73.9	24.0
14	156.5	74.6	22.5	95.9	59.3	34.2	92.0	27.0
15	163.9	78.3	24.1	96.4	57.4	33.7	91.5	27.6
16	161.4	78.2	23.2	93.0	64.4	33.9	90.6	27.5
17	152.5	74.1	21.8	92.2	54.1	32.7	83.6	28.1
18	153.0	72.8	22.0	90.8	47.7	30.0	75.4	23.4
19	158.4	76.6	23.4	93.1	47.4	30.0	78.8	25.3
20	153.4	73.4	23.1	92.6	47.8	29.8	79.4	27.3
21	164.4	74.7	23.2	94.1	60.5	34.6	91.7	26.1
22	157.2	75.3	22.6	92.6	53.0	31.8	84.1	25.4
23	158.4	72.7	22.4	92.0	58.9	34.3	96.8	25.2
24	152.3	71.7	22.9	93.3	46.1	32.0	79.0	26.4
25	154.3	75.4	22.2	90.5	51.2	30.8	89.9	25.7
26	159.9	73.3	22.8	92.9	58.8	32.3	88.9	28.0
27	165.1	81.6	24.3	96.1	60.0	32.9	89.2	28.8
28	150.0	72.4	22.4	91.8	59.0	31.2	87.8	27.1
29	157.4	78.1	22.6	96.3	50.0	31.9	83.6	27.1
30	157.2	77.2	22.5	92.9	48.0	30.7	76.6	25.7
平均	158.5	75.5	23.0	93.8	52.8	31.8	83.2	26.3
標準偏差	4.80	3.32	0.81	3.05	5.62	1.54	6.31	1.45

(8) 胸部横径 (x_8) 乳房の上端における胸幅である。測定単位はすべて cm とした。

表7.2に示した通り，8つの測定変数は相互にすべて正の相関を示す。特に前腕長 (x_3) と身長 (x_1) の相関が0.849，胸囲 (x_7) と体重 (x_5) の相関が0.835と大きく，逆に大転子間幅 (x_6) と前腕長 (x_3) の相関は0.045と小さい。また，相関係数行列全体を見ていくと，身体部位の長さを表す x_1 から x_4 (以下，長さ変数群) は相互に相関が大きく，体重や体幹の太さを表す x_5 から x_8 (以下，太さ変数群) も相互に相関が大きい。

因子分析は大きな相関を示す観測変数の背後に因子を仮定するので，長さ変数群には身体の長さを決める遺伝的素因 (長さ因子)，太さ変数群には体幹の太さを決める遺伝的素因 (太さ因子) を仮定してもよいであろう。

表7.2 身体計測値の相関係数行列

変数名	x_1	x_2	x_3	x_4	x_5	x_6	x_7	x_8
身長 (x_1)	1.000	0.784	0.849	0.758	0.438	0.273	0.320	0.413
前方腕長 (x_2)	0.784	1.000	0.786	0.807	0.380	0.206	0.240	0.611
前腕長 (x_3)	0.849	0.786	1.000	0.749	0.288	0.045	0.189	0.512
座位下肢長 (x_4)	0.758	0.807	0.749	1.000	0.302	0.252	0.240	0.558
体重 (x_5)	0.438	0.380	0.288	0.302	1.000	0.728	0.835	0.635
大転子間幅 (x_6)	0.273	0.206	0.045	0.252	0.728	1.000	0.746	0.500
胸囲 (x_7)	0.320	0.240	0.189	0.240	0.835	0.746	1.000	0.516
胸部横径 (x_8)	0.413	0.611	0.512	0.558	0.635	0.500	0.516	1.000

　一方，長さ変数群と太さ変数群の間にも相関関係はあるが，群内の相関よりもやや小さい。このことは，長さ変数群の変数が太さ因子から弱い影響を受け，太さ変数群の変数が長さ因子から弱い影響を受けていると仮定すれば説明できる。あるいは，長さ因子と太さ因子に相関があると見なせば説明できる。胸部横径（x_8）は長さ変数群の変数と比較的大きな相関があるので，長さ因子からも強い影響を受けていると考える。

　以上が相関係数行列を見ての因子分析の結果である。これをパス図で示すと図7.2となる。因子から観測変数へ向かう太い矢印は強い影響，細い矢印は弱い影響を表している。影響の強弱はあっても，因子はすべての観測変数へパスが出ているので，共通因子とも呼ばれる。探索的因子分析では因子に相関を仮定できるが，相関を仮定するときは図のように因子を両方向の矢印（ワイヤ）で結ぶ。長さ因子と太さ因子に付した1は因子の分散，誤差から観測変数へ向かう矢印に付した1は誤差から観測変数へ向かうパスの係数である。

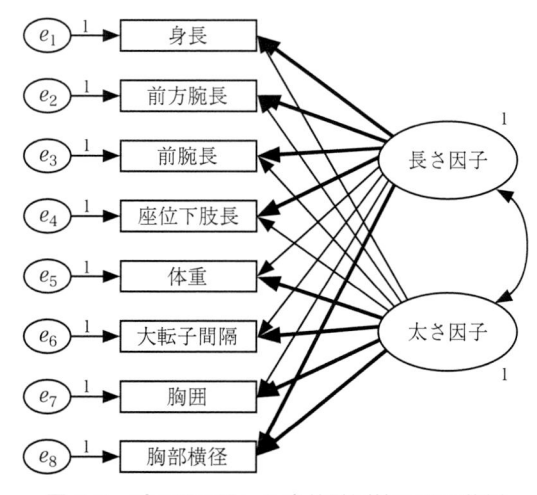

図7.2 パス図で示した身体計測値の因子分析

7.1.3 因子分析モデルの定式化

図7.2のパス図からわかるように，観測変数は2つの因子から影響を受けているので，各観測変数について重回帰モデルを当てはめていることになる。したがって，図7.2に示した因子分析モデルの数式表現は

$$x_{ij} = a_{j1}f_{i1} + a_{j2}f_{i2} + e_{ij} \tag{7.3}$$

である。記号の意味を以下に示す。

- x_{ij}　個人 i（i=1, 2,…,30）の観測変数 j（j=1, 2,…, 8）の値である。因子分析では唯一の観測値であり，通常はソフトウェアの内部で自動的に標準化（平均が0，分散が1）される。
- f_{ik}　個人 i の因子 k（k=1, 2）の因子得点である。観測不能な変数であるからモデルの中で標準化しておく。
- a_{jk}　観測変数 j が因子 k から受ける影響の強さを表し，因子負荷量と呼ばれる。因子負荷量は重回帰分析の標準偏回帰係数に相当する。
- e_{ij}　観測変数 j のみに影響する独自因子の得点（独自因子得点）である。u_{ij} の分散を1とした上で，e_{ij} を $d_j u_{ij}$ と表記することもある。また，独自因子は各観測変数の特殊な変動（特殊因子）と測定の誤差による変動（測定誤差）とに分解されることもある。

独自因子得点 e_{ij} の分散を観測変数の分散で割った値を独自性と呼ぶが，観測変数の分散を1と置くので，独自因子得点の分散が独自性に等しい。また，1.0から独自性を引いた値は因子によって説明できる観測変数の分散の割合を表し，共通性（h^2 もしくは h_j^2 と表記することがある）と呼ばれる。共通性は重回帰分析における決定係数に相当するので，共通性が大きいほど，因子によって説明できる観測変数の分散が大きいことを意味する。

7.1.4 因子分析の計算手順

因子分析は以下の手順に従う。
(1) 因子数を決定する。
(2) 因子負荷量の初期解を求める。
(3) 因子（軸）を回転し，因子負荷量の最終解を求め，因子の意味を解釈する。
(4) 必要ならば，個人の因子得点を求める。
(5) 場合によっては因子数を変えて因子分析を繰り返す。

因子数の決定方法から因子得点の推定まで，各ステップでは多数の方法が提案されてい

る。ここでは，Rのpsychパッケージ[*2]で利用できる方法もしくは容易に計算スクリプトが組める方法を説明する。パッケージ名のpsychはpsychometric（精神測定の，心理測定の）やpsychological（心理学の）のpsychである。

7.2 因子数の決定

7.2.1 因子数を決める方法

以下の方法を試し，解釈しやすい結果を与える因子数を採択すればよいが，決定方法の指針も提案されている[*3]。

■レーダーマンの境界

因子分析モデルにおいて，観測変数を与えたときに抽出できる最大の因子数である。その例を表7.3に示す。

因子分析の目的は少数個の因子によって観測変数の相関関係を説明することにあるので，観測変数の数（p）に対する表中の因子数（m）は大きすぎる。mはあくまでも数学的な上限である。

■ガットマン基準（カイザー基準）

観測変数の相関係数行列において1.0以上の固有値の数を因子数とする。ガットマン・カイザー基準とも呼ばれる。この基準は必要以上の数の因子を抽出することが多い。

■スクリーテスト

観測変数の相関係数行列の固有値を縦軸，固有値の番号を横軸としてプロットし，急激に固有値が小さくなる直前までの固有値の数を因子数とする。スクリーテストには分析者の主観が影響するので，主観を排除する標準誤差スクリー法も提案されている。

表7.3 レーダーマンの境界例

観測変数の数 (p)	3	4	5	6	7	8	9	10	11	12	13	14	15	16	17
因子数の上限 (m)	1	1	2	3	3	4	5	6	6	7	8	9	10	10	11

[*2] Revelle, W. (2009). *psych: Procedures for Psychological, Psychometric, and Personality Research.*

[*3] 堀 啓造 (2005). 因子分析における因子数決定法 香川大学経済論叢, 77, 4, 35-70.

■相関行列の対角線に SMC を入れた行列の固有値にもとづく方法

表題にある SMC（squared multiple correlation）とは，観測変数を他の観測変数から重回帰予測したときの決定係数である。この方法は，観測変数の相関係数行列の対角線要素に SMC を入れた行列の正の固有値の数を因子数とする。「正」という点を厳密に考えなければ，経験的にはガットマン基準よりも適切な数の因子を抽出できる。

■並行分析（parallel analysis）

観測データと同じサイズの乱数行列を発生して相関係数行列の固有値を求め，観測データの相関係数行列の固有値と比べる。そして，後者の方が大きい数を因子数とする。多数の乱数行列を発生し，その平均固有値を基準値として用いることも多い。

■ MAP（Minimum Average Partial）テスト

主成分を統制変数とする観測変数間の偏相関係数を求め，その2乗平均を最小とする主成分の数を抽出因子数とする。

■ VSS（Very Simple Structure）基準

因子の単純構造という観点から定義される VSS と呼ばれる指標がある。この基準は VSS の最大値を与える因子数を抽出因子数とする。ただし，同一の因子数であっても，因子負荷量の推定方法と因子の回転方法によって VSS の値は異なる。

■適合度指標

構造方程式モデリングで利用されることの多い適合度指標を探索的因子分析でも利用することができる。適合度指標にはモデルを絶対評価する χ^2 統計量，GFI，AGFI，CFI など，複数のモデルの適合性を相対評価する情報量基準がある。

7.2.2 身体計測値の因子数

psych パッケージで提供されている関数を主に用いて身体計測値の因子数を推定してみる。最初に30名の通し番号と計測値が保存されているファイル身体計測値.txt からデータを読み込む。ファイルの1行目には変数名が記入されている。

```
> install.packages("psych")    # psych パッケージのインストール
> library(psych)               # psych パッケージの読み込み
> 身体計測値 <- read.table("身体計測値.txt", header = TRUE)
> names(身体計測値)              # 変数名
 [1] "No" "x1" "x2" "x3" "x4" "x5" "x6" "x7" "x8"
```

scree plot

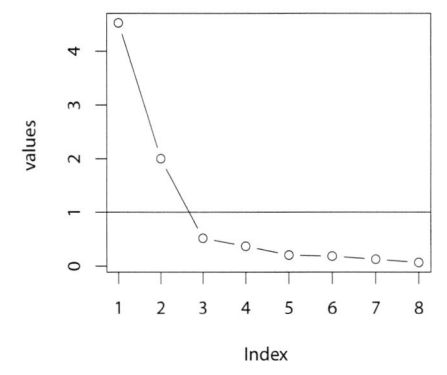

図7.3 スクリーテスト（固有値のプロット）

データを身体計測値へ代入できたので，先頭の通し番号を除く8変数をオブジェクトxへ代入する。

```
> x <- 身体計測値[, c(2:9)]    # 計測値をオブジェクトxに代入する
> x
     x1    x2    x3    x4    x5    x6    x7    x8
1  155.5  69.4  21.8  91.6  49.6  31.4  81.1  25.0
2  159.5  74.8  23.3  94.1  45.3  28.8  76.8  24.6
.....
30 157.2  77.2  22.5  92.9  48.0  30.7  76.6  25.7
```

■スクリーテストとガットマン基準

VSS.scree() 関数は相関係数行列の固有値を用いたスクリーテストを実行する。関数の引数は素データもしくは相関係数行列を代入したオブジェクト名である。ここでは素データを入れたオブジェクトxを引数にする。

```
> par(cex = 1.5)         # 文字サイズを1.5倍にする
> VSS.scree(x)           # スクリーテスト
```

スクリーテストの結果を図7.3に示す。VSS.screeのscreeとは山崩れでできた急斜面（がれ場）のことであるが，確かに図7.3はがれ場に見える。第2固有値と第3固有値のギャップが大きく，2因子が示唆される。結果はガットマン基準とも整合する。

■相関係数行列の対角線に SMC を入れた行列の固有値

SMC の計算には psych パッケージの smc() 関数を利用する。関数の引数は素データも

しくは相関係数行列を代入したオブジェクト名である。まず観測変数の相関係数行列を計算してcorxへ保存し，SMCをその対角線へ代入する。

```
> corx <- cor(x)        # 相関係数行列を求め，corxとする
                        # xには素データが代入されている
> diag(corx) <- smc(x)  # 相関行列の対角線にSMCを入れる
```

corx行列の固有値の計算にはeigen()関数を利用する。eigen()関数の引数は行列を代入したオブジェクト名であり，固有値をvaluesという参照名，固有ベクトルをvectorsという参照名として返す。eigenは固有の，valueは値，vectorはベクトルという意味である。

固有値は以下の通りである。

```
> eigen(corx)$values      # その行列corxの固有値を求める
[1]  4.31566605  1.77175096  0.29307598  0.12672728 -0.01514678
[6] -0.05186644 -0.09672798 -0.12188564
```

第2固有値と第3固有値のギャップが大きく，第3固有値が0.29と小さいので，この方法でも2因子が示唆される。

■並行分析

並行分析（parallel analysis）にはfa.parallel()関数を用いる。引数には素データを代入したオブジェクト名，固有値を求める相関行列のタイプ，シミュレーションの試行数を入れる。ここではfa = "pc"として通常の相関係数行列の固有値を利用し，ntrials = 100として乱数データを100回発生して平均固有値を求める。

```
> fa.parallel(x, fa = "pc", ntrials = 100)   # 並行分析を行う
```

図7.4に並行分析の結果を示す。実線が身体計測値から求めた相関係数行列の固有値，点線が乱数データから求めた相関係数行列の平均固有値である。実線と点線が第2固有値と第3固有値の間で交差しているので，並行分析でも2因子が示唆される。破線（PC Resampled Data）は30名から重複を許してランダムに30名を抽出して求めた相関係数行列の平均固有値である。resampled dataとは再抽出されたデータということである。なお，後述の主軸法にもとづく並行分析を実行するにはfa = "fa"もしくはfa = "both"とする。

■MAPテストとVSSの基準

VSS()関数はMAPテストとVSSの基準値を得ることができる。VSSの基準値は因子

Parallel Analysis Scree Plots

Very Simple Structure

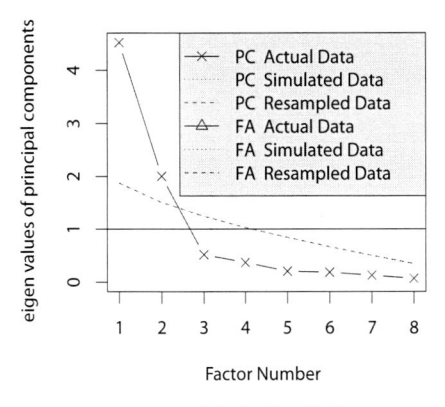

図 7.4　並行分析の結果　　　　　　　　図 7.5　VSS 基準値

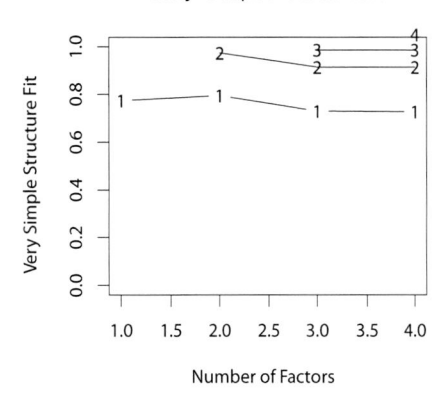

負荷量の推定方法と因子の回転方法に依存するが，ここでは初期設定（後述のミンレス法，バリマックス回転）を用いる。引数は素データもしくは相関係数行列を代入したオブジェクト名である。レーダーマンの境界によれば，8変数から抽出できる最大の因子数は4であるから，ここでは引数として n = 4 を指定してみる。

```
> VSS(x, n = 4)    # MAPテストを行い，VSS基準により因子数を判断する

Very Simple Structure             # (a)  VSS基準
Call: VSS(x = x, n = 4)
VSS complexity 1 achieves a maximimum of 0.79  with  2  factors
VSS complexity 2 achieves a maximimum of 0.97  with  2  factors


The Velicer MAP criterion achieves a minimum of 0.25  with  2  factors

Velicer MAP                       # (b)  MAPテスト
[1] 0.25 0.10 0.13 0.18


Very Simple Structure Complexity 1    # (c)
[1] 0.79 0.79 0.73 0.73


Very Simple Structure Complexity 2    # (d)
[1] 0.00 0.97 0.92 0.91
> par(cex = 1.0)              # 文字サイズを標準に戻す
```

図7.5に VSS を示す。横軸は因子数，縦軸は VSS（(c) 欄と (d) 欄の値）である。VSS が大きいほど適合度が良いことを意味する。図中の線分で結ばれている数値 c（ここでは $c=1, 2, 3, 4$）が示す VSS は，各変数ごとに大きい方から c 個の因子負荷量のみを

7.2　因子数の決定　　179

用いて観測変数の相関係数行列を再生したときの適合度を表す。cの値ごとにVSSを比較して因子数を判断する。c=1とc=2の場合，出力(a)欄のVery Simple Structure Complexityにある通り，いずれも2因子を抽出したときのVSSが最大である。したがって，VSS基準値では2因子と判断できる。

また，(b)欄のMAPテストの基準値（Velicer MAP）も2因子を抽出したときに最小値（0.10）を与えているので，この点からも2因子が示唆される。

7.3 因子負荷量の初期解

7.3.1 主な推定方法

psychパッケージで利用できる推定方法を中心に説明する。数値計算上の必要性から，いずれの方法も因子が無相関であると仮定して因子負荷量の初期解を求める。因子に無相関を仮定する解を直交解と言う。これに対し，相関を認める解を斜交解と言う。

■最尤法（最尤推定法）

観測変数が多変量正規分布に従うと仮定し，観測データが出現する蓋然性（尤度と呼ばれる）を最大とする因子負荷量を求める。

■ミンレス法——最小2乗法

測定値から求めた相関係数と因子負荷量の推定値から再生した相関係数の差を残差相関とし，残差相関の2乗和を最小化する因子負荷量を求める。最小2乗法にはいくつかの計算アルゴリズムがあり，ミンレス（Minres）法はすべての因子を抽出したときの残差相関の2乗和を最小化し，最小残差法は1つの因子を抽出するたびに残差相関の2乗和を最小化する。必ずしも両者の解は一致しない。

■重み付き最小2乗法

残差相関に独自性を重み付けし，その2乗和を最小化する因子負荷量を求める。

■一般化最小2乗法

観測変数間の相関係数の関数を残差相関に重み付けし，その2乗和を最小化する因子負荷量を求める。

■主軸法

何らかの方法で求めた共通性の初期推定値を相関係数行列の対角線に代入し，その行列の固有値問題を解いて因子負荷量を求めることができる。これを非反復主因子法と呼ぶ。非反復主因子法で得た因子負荷量を用いて改めて共通性を求めると，初期推定値と一致しない。そこで，共通性の値が安定するまで反復計算を行うことがあり，これを主軸法という。主軸法の解と最小残差法の解は一致する。主軸法は反復主因子法と呼ばれることもある。

■推定法の特徴

共通性の最大値は1.0であるから，その推定値が1.0を超える解を不適解という。非反復主因子法は抽出因子が多すぎても不適解を出さないので，強い影響を与える変数が1つしかない因子を仮定できる。そのため，研究の初期段階で多数の因子を抽出したいときに有効である。しかし，少数の変数だけに影響を与える因子を抽出することになるので，結果的に信頼性の低い心理尺度を構成してしまうこともある。

また，非反復主因子法は不適解が出ないので因子分析を実行することの適否を利用者が知ることができないというデメリットもある。一方，それ外の方法は不適解を出すことがあるので，因子分析モデルを当てはめることの適否を検討することができる。特に最尤法は統計的な観点から因子数を推測できるというメリットがある。

7.3.2 身体計測値の初期解と相関係数行列の再生値

psychパッケージのfa()関数を用いて因子負荷量を推定する。fa()関数の基本的な書式と引数は以下の通りである。

```
fa(オブジェクト名, nfactors = 因子数,
    fm = "因子負荷量の推定方法", rotate = "因子の回転方法")
```

オブジェクト名 素データもしくは観測変数の相関係数行列を代入したオブジェクト名である。

nfactors = 因子数 抽出する因子数である。

fm = "因子負荷量の推定方法" 因子負荷量の初期推定値を得るための推定方法である。指定できる"因子負荷量の推定方法"は"ml"（最尤法），"minres"（ミンレス法），"wls"（重み付き最小2乗法），"gls"（一般化最小2乗法），"pa"（主軸法）のいずれか1つである。初期設定はfm = "minres"である。mlはmaximum likelihood（最大尤度）のml, minresはminimum residual（最小残差）のminres, wlsはweighted least squares（重み付き最小2乗）のwls, glsはgeneralized weighted least squares（一

般化最小2乗）の gls，pa は principal factor solution（主軸解）の pa である。

`rotate = "因子の回転方法"` 後述の因子の回転方法を指定する。回転しないときはrotate = "none" とする。このときの解を初期解という。

"因子の回転方法" として指定できる直交回転は "varimax"（バリマックス回転），"quartimax"（コーティマックス回転），"bentlerT"（ベントラー基準にもとづく直交回転），"geominT"（ジェオミン直交回転）である。また，斜交回転として "promax"（プロマックス回転），"oblimin"（$w=0$ なのでコーティミン回転），"simplimax"（シンプリマックス回転），"bentlerQ"（ベントラー基準にもとづく斜交回転），"geominQ"（ジェオミン斜交回転），"cluster"（クラスター回転）を指定できる。

■初期解

因子負荷量の初期解を論文へ報告することはなく，通常は因子軸を回転した後の解を報告するが，ここでは初期解の特徴を知るために最尤法を用いた初期解を求めておく。そのため，以下では因子の回転方法を指定する引数を rotate = "none" とする。

```
> 身体計測値 <- read.table("身体計測値.txt", header = TRUE)
> names(身体計測値)          # 変数名
[1] "No" "x1" "x2" "x3" "x4" "x5" "x6" "x7" "x8"
> x <- 身体計測値[, c(2:9)]  # 計測値をオブジェクトxに代入する
> mlfacr <- fa(x, nfactors = 2, fm = "ml", rotate = "none")
> mlfacr
Factor Analysis using method =  ml
Call: fa(r = x, nfactors = 2, rotate = "none", fm = "ml")
Standardized loadings based upon correlation matrix
     ML1   ML2   h2   u2      # (a)
x1  0.83 -0.34 0.80 0.20      # 身長
x2  0.80 -0.39 0.80 0.20      # 前方腕長
x3  0.76 -0.51 0.84 0.16      # 前腕長
x4  0.76 -0.39 0.73 0.27      # 座位下肢長
x5  0.74  0.56 0.86 0.14      # 体重
x6  0.55  0.61 0.67 0.33      # 大転子間幅
x7  0.64  0.64 0.82 0.18      # 胸囲
x8  0.73  0.12 0.55 0.45      # 胸部横径

                ML1   ML2     # (b)
SS loadings    4.29  1.79     # 寄与（因子負荷量の2乗和）
Proportion Var 0.54  0.22     # 寄与率（分散説明率）
Cumulative Var 0.54  0.76     # 累積寄与率
```

(a) 欄のML1とML2の下に並ぶ数値は因子負荷量，h2は共通性，u2は独自性である．初期解は直交解であるから，因子負荷量を用いて変数jの共通性を

$$h_j^2 = \sum_{k=1}^{m} a_{jk}^2 \tag{7.4}$$

として求めることができる．共通性の値は後述の因子の斜交回転を行っても変わらない．ここでmは因子数である．

(b) 欄のSS loadingsは因子負荷量の縦2乗和であり寄与と呼ばれ，各因子が説明できる観測変数の分散の大きさを表す．Proportion VarはSS loadingsを観測変数の全分散（ここでは8）で割った値で，寄与率（分散説明率）と呼ばれる．Cumulative Varは第1因子からの累積寄与率である．この事例では累積寄与率が76%と大きいので，2因子によって観測変数の相関関係をおおむね説明できたと言える．Proportion VarのProportionは割合を意味するproportion，Varはvariance（分散）のvar，SS loadingsは因子負荷量の平方和を意味するsum of squared loadingsのSS loadings，Cumulative Varは累積された分散説明率を意味するcumulative varianceのCumulative Varである．

なお，ある基準値以上の因子負荷量のみを表示するには，print()関数にcut = 基準値引数を指定する．たとえば，絶対値で0.40以上の因子負荷量を表示するには

```
print(mlfacr$loadings, cut = 0.40)
```

とする．

■再生値と残差

因子分析の狙いは共通因子によって観測変数の相関係数を説明することにあるので，論文に記載するものではないが，相関係数の再生値を求めておく．再生値は，直交解の因子負荷量行列をAとするとき

$$\hat{R} = AA' \tag{7.5}$$

と書ける．ここで，A'は行列Aの転置を表す．個々の因子負荷量を用いた再生値の計算式は

$$r(x_j, x_{j'}) = \sum_{k=1}^{m} a_{jk} a_{j'k} \tag{7.6}$$

である．ここで，$r(x_j, x_{j'})$は観測変数x_jと$x_{j'}$の相関係数の再生値，mは抽出因子数である．

それでは再生値と残差の計算を行う．まず，mlfacrに代入されている因子負荷量行列を取り出しmlloadへ代入する．

```
> mlload <- mlfacr$loadings     # 因子負荷量を取り出す
```

因子負荷量をmlloadへ代入できたので，定義式に従い再生値を求める．ここで，%*%は行列の積，t()演算子は行列の転置を表す．

```
> rho <- mlload %*% t(mlload)   # 観測変数の相関係数の再生
```

再生値は以下の通りである．

```
> round(rho, 2)                 # 再生値の画面出力
     x1   x2   x3   x4   x5   x6   x7   x8
x1 0.80 0.80 0.80 0.76 0.43 0.25 0.31 0.56   # 身長
x2 0.80 0.80 0.81 0.76 0.38 0.20 0.26 0.54   # 前方腕長
x3 0.80 0.81 0.84 0.78 0.28 0.10 0.16 0.49   # 前腕長
x4 0.76 0.76 0.78 0.73 0.35 0.18 0.24 0.51   # 座位下肢長
x5 0.43 0.38 0.28 0.35 0.86 0.75 0.83 0.61   # 体重
x6 0.25 0.20 0.10 0.18 0.75 0.67 0.74 0.47   # 大転子間幅
x7 0.31 0.26 0.16 0.24 0.83 0.74 0.82 0.54   # 胸囲
x8 0.56 0.54 0.49 0.51 0.61 0.47 0.54 0.55   # 胸部横径
```

残差相関行列は

$$\boldsymbol{R} - \hat{\boldsymbol{R}} \tag{7.7}$$

であるから，

```
> round(cor(x) - rho, 2)        # 残差相関係数（対角線は独自性）
      x1    x2    x3    x4    x5    x6    x7    x8
x1  0.20 -0.02  0.04  0.00  0.01  0.03  0.01 -0.15
x2 -0.02  0.20 -0.02  0.04  0.00  0.01 -0.02  0.07
x3  0.04 -0.02  0.16 -0.03  0.01 -0.06  0.02  0.02
x4  0.00  0.04 -0.03  0.27 -0.04  0.07  0.00  0.06
x5  0.01  0.00  0.01 -0.04  0.14 -0.02  0.00  0.02
x6  0.03  0.01 -0.06  0.07 -0.02  0.33  0.01  0.02
x7  0.01 -0.02  0.02  0.00  0.00  0.01  0.18 -0.03
x8 -0.15  0.07  0.02  0.06  0.02  0.02 -0.03  0.45
```

となる．特に大きな残差はないので，2因子によって観測変数の相関関係を説明できることがわかる．

練習3 fa()関数の引数にresiduals = TRUEを指定して残差を求め，先に求めた残差

と等しいことを確認しなさい。残差の参照名は residual である。

以下を実行すればよい。対角線には独自性が入る。

```
> mlfacr2 <- fa(x, nfactors = 2, fm = "ml", rotate = "none",
+               residuals = TRUE)    # 残差を出力させる
> round(mlfacr2$residual, 2)    # 残差は residual として代入される
      x1    x2    x3    x4    x5    x6    x7    x8
x1  0.20 -0.02  0.04  0.00  0.01  0.03  0.01 -0.15
x2 -0.02  0.20 -0.02  0.04  0.00  0.01 -0.02  0.07
.....
```

練習4 因子負荷量の初期解から共通性と独自性を求めなさい。

定義式に従い、以下のように計算する。

```
> h2 <- rowSums(mlload^2)              # 共通性 h2 = 横2乗和
> round(h2, 2)
  x1   x2   x3   x4   x5   x6   x7   x8
0.80 0.80 0.84 0.73 0.86 0.67 0.82 0.55
> round(1 - h2, 2)                     # 独自性 = 1 - h2
  x1   x2   x3   x4   x5   x6   x7   x8
0.20 0.20 0.16 0.27 0.14 0.33 0.18 0.45
```

なお、共通性は mlfacr$communality、独自性は mlfacr$uniquenesses に代入されている。communality は共通性、uniquenesses は独自性を意味する。

練習5 因子負荷量の初期解にもとづいて2つの因子を解釈しなさい。

普通、絶対値が0.3ないしは0.4以上の因子負荷量に着目して因子を解釈する。ML1とML2の下の数値が因子負荷量である。第1因子はすべての因子負荷量が大きいので身体の大きさを決める因子である。また、第2因子は長さ変数群が負の因子負荷量、胸部横径 (x_8) を除く太さ変数群が正の因子負荷量であるから、身体の長さと太さのバランスを決める因子である。

練習6 他の推定方法を指定して因子負荷量の初期解を求めなさい。

ミンレス法、重み付き最小2乗法、一般化最小2乗法、主軸法を適用した結果を以下に示す。この事例では、因子負荷量の推定値に因子の解釈が変わるほどの大きな違いは見られない。

```
> 身体計測値 <- read.table("身体計測値.txt", header = TRUE)
> x <- 身体計測値[, c(2:9)]    # 計測値をオブジェクト x に代入する
> fam <- fa(x, nfactors = 2, fm = "minres", rotate = "none")
> faw <- fa(x, nfactors = 2, fm = "wls",    rotate = "none")
> fag <- fa(x, nfactors = 2, fm = "gls",    rotate = "none")
> fap <- fa(x, nfactors = 2, fm = "pa",     rotate = "none")
> round(cbind(fam$loadings, faw$loadings,
+             fag$loadings, fap$loadings), 2)  # 因子負荷量
    MR1   MR2   WLS1  WLS2  GLS1  GLS2  PA1   PA2
x1  0.83 -0.33  0.82 -0.33  0.83 -0.34  0.81 -0.32  # 身長
x2  0.81 -0.38  0.82 -0.38  0.82 -0.37  0.83 -0.39  # 前方腕長
x3  0.77 -0.50  0.76 -0.51  0.76 -0.51  0.76 -0.51  # 前腕長
x4  0.77 -0.38  0.78 -0.36  0.78 -0.36  0.78 -0.36  # 座位下肢長
x5  0.74  0.57  0.73  0.57  0.72  0.56  0.73  0.57  # 体重
x6  0.54  0.62  0.55  0.61  0.55  0.63  0.55  0.62  # 大転子間幅
x7  0.63  0.65  0.63  0.65  0.61  0.63  0.62  0.64  # 胸囲
x8  0.73  0.13  0.73  0.13  0.76  0.15  0.73  0.13  # 胸部横径
```

練習7 非反復主因子法を用いて因子負荷量の初期解を求めなさい。

観測変数の相関係数行列の対角線に共通性の初期推定値（たとえば，SMC）を入れた行列を作り，その行列の固有ベクトル（2乗和＝1とする）に固有値の平方根を乗じた値が因子負荷量になる。以下ではSMCをpsychパッケージのsmc()関数，固有値と固有ベクトルをeigen()関数を用いて計算した。

```
> 身体計測値 <- read.table("身体計測値.txt", header = TRUE)
> x <- 身体計測値[, c(2:9)]    # 計測値をオブジェクト x に代入する
> corx <- cor(x)               # 相関係数行列を求め，corx とする
> diag(corx) <- smc(x)         # 相関行列の対角線にSMCを入れる
> valvec <- eigen(corx)        # corx の固有値と固有ベクトル
> SS <- valvec$values[1:2]                # 寄与
> sqSS <- sqrt(diag(SS))                  # 寄与の平方根
> vec <- valvec$vectors[, 1:2]            # 固有ベクトル
> pl <- vec %*% sqSS    # 因子負荷量 = 固有ベクトル * 寄与の平方根
                        # pl は，ピーとエルの小文字
> h2 <- rowSums(pl^2)   # 共通性

> round(pl, 2)
       [,1]   [,2]
[1,] -0.83  -0.34   # 身長
[2,] -0.82  -0.37   # 前方腕長
```

```
[3,] -0.76 -0.51   # 前腕長
[4,] -0.78 -0.36   # 座位下肢長
[5,] -0.72  0.56   # 体重
[6,] -0.55  0.63   # 大転子間幅
[7,] -0.61  0.63   # 胸囲
[8,] -0.76  0.15   # 胸部横径
> round(h2, 2)
[1] 0.80 0.80 0.84 0.74 0.83 0.70 0.77 0.60
> round(SS, 2)
[1] 4.32 1.77
```

第1因子の因子負荷量がマイナスになっているが，因子ごとに符号を変えても正しい解である。`pl[,1] <- -pl[,1]` としておくと，他の推定値と比較しやすい。

練習8 直交解の下で，式 (7.3) にもとづいて変数 x_1 と変数 x_2 の相関係数 $r(x_1, x_2)$ を因子負荷量を用いて表しなさい。ただし，因子と誤差および誤差同士は相互に無相関であるとする。

観測変数の共分散 $S(x_1, x_2)$ は，

$$\begin{aligned}
S(x_1, x_2) &= S(a_{11}f_1 + a_{12}f_2 + e_1, a_{21}f_1 + a_{22}f_2 + e_2) \\
&= a_{11}a_{21}S(f_1, f_1) + a_{11}a_{22}S(f_1, f_2) + a_{11}S(f_1, e_2) \\
&\quad + a_{12}a_{21}S(f_2, f_1) + a_{12}a_{22}S(f_2, f_2) + a_{12}S(f_2, e_2) \\
&\quad + a_{21}S(e_1, f_1) + a_{22}S(e_1, f_2) + S(e_1, e_2) \\
&= a_{11}a_{21} + a_{12}a_{22}
\end{aligned} \tag{7.8}$$

である。したがって，観測変数の分散が1であるから，相関係数は

$$r(x_1, x_2) = a_{11}a_{21} + a_{12}a_{22} \tag{7.9}$$

である。

練習9 以下の相関係数行列へ2因子を仮定して因子負荷量を推定しなさい。

	x_1	x_2	x_3	x_4	x_5
x_1	1.00	0.00	0.35	0.15	0.30
x_2	0.00	1.00	0.15	-0.15	-0.20
x_3	0.35	0.15	1.00	0.06	0.15
x_4	0.15	-0.15	0.06	1.00	0.15
x_5	0.30	-0.20	0.15	0.15	1.00

```
> 相関行列 <- matrix(c( 1.00,  0.00, 0.35,  0.15,  0.30,
+                      0.00,  1.00, 0.15, -0.15, -0.20,
+                      0.35,  0.15, 1.00,  0.06,  0.15,
+                      0.15, -0.15, 0.06,  1.00,  0.15,
+                      0.30, -0.20, 0.15,  0.15,  1.00),
+                   ncol = 5, byrow = T)
> print(fa(相関行列, nfactors = 2, rotate = "none")$loadings)

Loadings:
        MR1    MR2
[1,]   0.699  0.105
[2,]  -0.105  0.699
[3,]   0.458  0.283
[4,]   0.241 -0.178
[5,]   0.461 -0.217
```

このように，観測値で $r(x_1, x_2) = 0$ であっても，式（7.9）に示した通り，2因子モデルでは $a_{11}a_{21} + a_{12}a_{22}$ が相関係数の再生値になるので，x_1 と x_2 の4つの因子負荷量がすべて0になる，とは限らない。

7.4 因子の回転

因子負荷量に一意的な解はないので，初期解を求めた後，因子の解釈が容易になるように因子の単純構造化を図る。因子の単純構造とは，基本的には各観測変数が1つの因子のみから強い影響を受けるという解である。この操作を因子の回転もしくは因子の変換と呼ぶ。

7.4.1 回転方法

因子の回転には直交回転と斜交回転があり，前者は回転後の因子が無相関という条件で因子を回転し（直交解），後者はその条件を外して因子を回転する（斜交解）。直交解の因子負荷量は ±1 を超えないが，斜交解では ±1 を超えることがある。

■直交回転

代表的な直交回転の基準としてオーソマックス（orthomax）基準があり，回転後の因子負荷量を b_{jk} とするとき，次式の Q を最大化する因子負荷量を求める。

表7.4 主要な直交回転

回転名	重み (w)
コーティマックス	0
バイコーティマックス	1/2
バリマックス	1
エカマックス	$m/2$
パーシマックス	$p(m-1)/(p+m-2)$
因子パーシモニー	p

注：p は観測変数の数，m は因子数である。

$$Q = \sum_{j=1}^{p}\sum_{k=1}^{m} b_{jk}^4 - \frac{w}{p}\sum_{k=1}^{m}\left(\sum_{j=1}^{p} b_{jk}^2\right)^2 \tag{7.10}$$

オーソマックス基準は重み w の値を変えることで種々の回転方法を表現できる。主要な回転方法を表7.4に示す。

図7.6はある5変数の初期解とバリマックス回転解の関係を示す。図中の黒丸（●）は初期解の第1因子 f_1 を横軸，第2因子 f_2 を縦軸に取り，因子負荷量を座標値として5変数を2次元平面上へ付置したものである。また，2本の因子軸を直交させたまま時計回りに40度ほど回転した軸が新しい因子軸 f'_1 と f'_2 である。回転後の因子負荷量は，観測変数の位置（●）から他の因子軸との平行線を引き，因子軸と交わったところの座標値である。たとえば，変数 x_3 の第1因子負荷量は b_{31}，第2因子負荷量は b_{32} である。このようにして他の4変数の回転後の座標値を読み取ると，x_1 と x_2 は第1因子負荷量，x_3 と x_4 は第2因子負荷量のみが大きく，単純構造化に成功していることがわかる。しかし，変数 x_5 は他の変数の中程に位置するので，片方の因子負荷量を小さくすることができない。

なお，観測変数と因子の相関係数を因子構造と呼ぶが，直交解では因子構造と因子負荷量が等しい。

■斜交回転

ここではプロマックス回転とオブリミン基準を説明する。

単純構造を強調した仮説的な因子負荷量を c_{jk}，回転後の因子負荷量を b_{jk} とし，b_{jk} を c_{jk} へ可能な限り近づけるように因子を回転する方法をプロクラステス回転と言う。そして，バリマックス回転解をさらに単純構造化した行列を c_{jk} とするプロクラステス回転をプロマックス回転と言う。

また，オブリミン基準は表7.5の通りであり，Q を最小にする因子負荷量を求める。この基準は各因子内かつ各観測変数内で因子負荷量のコントラストが鮮明になることをねらっている。

ここで，w は $0 \sim p$ の任意の値であり，特定の値のときは表7.5に示す名称が付いている。

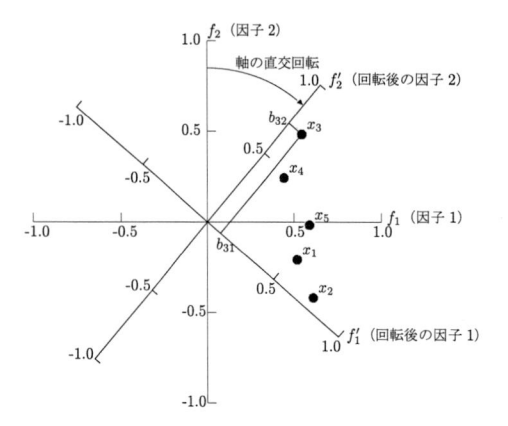

図7.6 図を用いた直交回転の表現 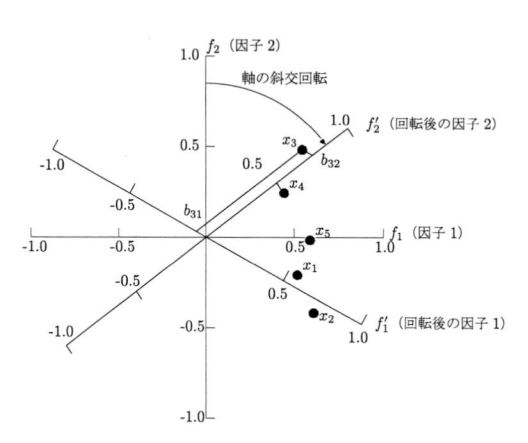　　　　図7.7 図を用いた斜交回転の表現

表7.5　オブリミン基準と関連基準

回転名	重み（w）
コーティミン	0
バイコーティミン	1/2
コバリミン	1

$$Q = \sum_{\substack{l,k=1 \\ l \neq k}}^{m} \left[\sum_{j=1}^{p} b_{jl}^2 b_{jk}^2 - \frac{w}{p} \left(\sum_{j=1}^{p} b_{jl}^2 \right) \left(\sum_{j=1}^{p} b_{jk}^2 \right) \right] \tag{7.11}$$

初期解と斜交回転解の関係を図7.7に示す．ここではコーティミン回転で得られた回転後の因子軸を示した．回転後の第1因子は変数x_1とx_2，第2因子は変数x_3とx_4の間を通っている．回転後の因子負荷量は直交回転と同様，観測変数の位置（●）から他の因子軸との平行線を引き，因子軸と交わったところの座標値である．たとえば，変数x_3の第1因子負荷量はb_{31}，第2因子負荷量はb_{32}である．回転後の5変数の座標値を読み取ると，直交解よりも単純構造が強調されていることがわかる．しかし，変数x_5は他の変数の中程に位置するので，斜交回転でも片方の因子負荷量を小さくすることができない．

なお，斜交回転では因子構造と因子負荷量が一致しない．因子構造は観測変数の位置から因子軸へ垂線を下ろし，垂線と交わったところの座標値に等しい．

7.4.2　身体計測値の回転解

ここではバリマックス回転とプロマックス回転を行ってみる．

はじめにバリマックス回転を行う．

```
> 身体計測値 <- read.table("身体計測値.txt", header = TRUE)
> names(身体計測値)          # 変数名
[1] "No" "x1" "x2" "x3" "x4" "x5" "x6" "x7" "x8"
> x <- 身体計測値[, c(2:9)]    # 計測値をオブジェクトxに代入する
> mlvari <- fa(x, nfactors = 2, fm = "ml", rotate = "varimax")
> mlvari
Factor Analysis using method =  ml
Call: fa(r = x, nfactors = 2, rotate = "varimax", fm = "ml")
Standardized loadings based upon correlation matrix
     ML1  ML2  h2   u2     # (a)
x1  0.86 0.24 0.80 0.20    # 身長
x2  0.88 0.18 0.80 0.20    # 前方腕長
x3  0.91 0.06 0.84 0.16    # 前腕長
x4  0.84 0.16 0.73 0.27    # 座位下肢長
x5  0.25 0.90 0.86 0.14    # 体重
x6  0.06 0.82 0.67 0.33    # 大転子間幅
x7  0.12 0.90 0.82 0.18    # 胸囲
x8  0.50 0.54 0.55 0.45    # 胸部横径

                   ML1   ML2    # (b)
SS loadings       3.39  2.69    # 寄与
Proportion Var    0.42  0.34    # 寄与率
Cumulative Var    0.42  0.76    # 累積寄与率
```

(a) 欄の ML1 と ML2 の下に並ぶ数値が回転後の因子負荷量である．この値から2つの因子を解釈すると，第1因子は長さ変数群（身長（x_1），前方腕長（x_2），前腕長（x_3），座位下肢長（x_4））の因子負荷量が大きいので長さ因子，第2因子は太さ変数群（体重（x_5），大転子間幅（x_6），胸囲（x_7））の因子負荷量が大きいので太さ因子と命名できる．胸部横径（x_8）は2つの因子に対して負荷が大きく，2つの因子から影響を受けている．バリマックス回転解と初期解を比べてみると，回転後の解は初期解よりも因子の意味づけが容易であり，図7.2に示した直感的な因子分析の結果とも整合していることがわかる．

(a) 欄の h2 の下にある数値は共通性であり，初期解と一致していることを確認できる．SS loadings は因子の寄与，Proportion Var は寄与率であり，2因子を合わせた累積寄与率は初期解で得た値と一致する．直交回転では因子負荷量の縦2乗和が寄与に等しい．論文には因子負荷量と共通性と回転後の因子の寄与を記載する．

練習10 身体計測値の初期解を用いて因子空間上に8変数を付置し，視覚的に因子の直交回転を行い単純構造化を図りなさい．そして回転後の因子負荷量を読み取り，バリマック

ス回転解と比べなさい。

図7.6を参考にして因子空間に8変数を付置し，因子軸を回転すればよい。ここでは図を省略する。

次はプロマックス回転である。

```
> mlpro <- fa(x, nfactors = 2, fm = "ml", rotate = "promax")
> mlpro
Factor Analysis using method =  ml
Call: fa(r = x, nfactors = 2, rotate = "promax", fm = "ml")
Standardized loadings based upon correlation matrix
      ML1   ML2   h2   u2         # (a)
x1   0.87  0.06  0.80  0.20       # 身長
x2   0.90 -0.01  0.80  0.20       # 前方腕長
x3   0.97 -0.14  0.84  0.16       # 前腕長
x4   0.86 -0.02  0.73  0.27       # 座位下肢長
x5   0.05  0.91  0.86  0.14       # 体重
x6  -0.13  0.87  0.67  0.33       # 大転子間幅
x7  -0.09  0.94  0.82  0.18       # 胸囲
x8   0.41  0.47  0.55  0.45       # 胸部横径

                 ML1   ML2        # (b)
SS loadings      3.41  2.67       # 寄与
Proportion Var   0.43  0.33       # 寄与率
Cumulative Var   0.43  0.76       # 累積寄与率

 With factor correlations of      # (c)
      ML1   ML2                   # 因子の相関係数行列
ML1  1.00  0.42
ML2  0.42  1.00
```

因子の解釈方法はバリマックス回転と同様であり，(a)欄にある大きな因子負荷量に注目して行うが，やはり，第1因子が長さ因子，第2因子が太さ因子である。また，(b)欄のSS loadingsは2つの因子の寄与，Cumulative Varは累積寄与率である。さらに，斜交回転解では因子の相関を定義でき，(c)欄のWith factor correlations ofの下に因子の相関係数行列が出力される。これを見ると長さ因子と太さ因子には0.42という弱い相関関係が認められる。身長の高い人は体幹が太くなる傾向もあるので，2因子間の相関に納得できよう。

因子負荷量から再生される観測変数の相関係数は，因子の原点と5変数の位置によって決まる。したがって，初期解を用いていったん5変数を因子空間上に付置できれば，どのように因子軸を回転しても観測変数の相関係数の再生値は変わらない。因子の回転は，こ

の性質を利用して因子の単純構造化を図っている。

練習11 身体計測値の初期解を用いて因子空間上に8変数を付置し，視覚的に因子の斜交回転を行い単純構造化を図りなさい。そして回転後の因子負荷量を読み取り，コーティミン回転解（rotate = "oblimin" とする）と比べなさい。

図7.7を参考にして因子空間に8変数を付置し，因子軸を1本ずつ回転すればよい。ここでは図を省略する。

練習12 バリマックス回転解とプロマックス回転解から観測変数の相関係数を再生し，初期解による再生値と等しいことを確認しなさい。直交解（バリマックス回転解）は式(7.5)，斜交解（プロマックス回転解）は次式によって相関係数行列の再生値を求めることができる。

$$\hat{R} = B\Phi B' \tag{7.12}$$

ここで，B は回転後の因子負荷量行列，Φ は因子間の相関係数行列である。

定義式に従って計算した結果を以下に示す。

```
> mlvari <- fa(x, nfactors = 2, fm = "ml", rotate = "varimax")
> vA <- mlvari$loadings              # バリマックス回転解
> Rvari <- vA %*% t(vA)              # 相関係数の再生値
> round(Rvari, 2)
     x1   x2   x3   x4   x5   x6   x7   x8
x1 0.80 0.80 0.80 0.76 0.43 0.25 0.31 0.56   # 身長
x2 0.80 0.80 0.81 0.76 0.38 0.20 0.26 0.54   # 前方腕長
.....
> mlpro  <- fa(x, nfactors = 2, fm = "ml", rotate = "promax")
> pA <- mlpro$loadings               # プロマックス回転解
> Phi <- mlpro$Phi                   # 因子間相関行列
> Rpro <- pA %*% Phi %*% t(pA)       # 相関係数の再生値
> round(Rpro, 2)
     x1   x2   x3   x4   x5   x6   x7   x8
x1 0.80 0.80 0.80 0.76 0.43 0.25 0.31 0.56   # 身長
x2 0.80 0.80 0.81 0.76 0.38 0.20 0.26 0.54   # 前方腕長
.....
> sum(abs(Rvari - Rpro))             # 再生値の差の合計
[1] 3.13638e-15                      # 0である
```

■ GPArotation パッケージ

GPArotation パッケージ[*4]を使えば多数の回転方法を利用できる。このパッケージが提供する関数は因子の回転だけを行うので，このパッケージを使うときは，あらかじめ初期解もしくは他の回転解を fa() 関数や factanal() 関数を用いて求めておく。パッケージ名の GPA は gradient projection algorithm（勾配投影アルゴリズム）の GPA，rotation は回転を意味する rotation である。

ここでは GPArotation パッケージの quartimin() 関数を使い，基準化コーティミン回転を実行してみる。因子負荷量の基準化とは，因子軸を回転する際に観測変数ごとに因子負荷量の 2 乗和を 1.0 へ変換する操作を指し，カイザーの基準化とも呼ばれる。引数に normalize = TRUE を記入すると因子負荷量が基準化される。もちろん，解が出力される前に，関数の内部で回転後の共通性が初期解の共通性と一致するように調整される。fa() 関数では因子負荷量を基準化できないので，基準化を伴う回転が必要なときはGPArotation パッケージを使うとよい。

まずパッケージを読み込む。そして，最尤法を用いて初期解を求める。

```
> install.packages("GPArotation")     # パッケージのインストール
> library(GPArotation)                # パッケージの読み込み
> mlfacr <- fa(x, nfactors = 2, fm = "ml", rotate = "none")
```

因子負荷量を取り出し，quartimin() 関数へ渡す。

```
> mlload <- mlfacr$loadings           # 因子負荷量を取り出す
> quartimin(mlload, normalize = TRUE) # 基準化コーティミン
Oblique rotation method Quartimin converged.
Loadings:                # (a) 因子負荷量
      ML1      ML2
x1   0.8662   0.07618   # 身長
x2   0.8901   0.01415   # 前方腕長
x3   0.9517  -0.11970   # 前腕長
x4   0.8557  -0.00352   # 座位下肢長
x5   0.0940   0.89258   # 体重
x6  -0.0878   0.84712   # 大転子間幅
x7  -0.0446   0.91830   # 胸囲
x8   0.4306   0.46947   # 胸部横径
```

[*4]　Bernaards, C., & Jennrich, R. (2009). *GPArotation: GPA Factor Rotation.*

```
Rotating matrix:          # (b) 因子の回転行列
        [,1]    [,2]      # 論文に記載する必要はない
[1,]   0.722   0.482
[2,]  -0.789   0.955

Phi:                      # (c) 因子間相関行列
        [,1]    [,2]
[1,]   1.000   0.355
[2,]   0.355   1.000
```

(a) 欄の Loadings が因子負荷量，(b) 欄の Rotating matrix は初期解をコーティマックス回転するための回転行列であるが，論文に記載する必要はない。(c) 欄の Phi は因子間の相関行列であるから論文に記載する。因子負荷量が小数点以下4桁，5桁まで出力されているが，いったん回転結果を qr に代入し，round() 関数を用いて3桁に揃える方が見やすい。

```
> qr <- quartimin(mlload, normalize = TRUE)   # 結果を qr へ保存
> round(qr$loadings, 3)                       # 小数点以下3桁
      ML1     ML2
x1   0.866   0.076   # 身長
x2   0.890   0.014   # 前方腕長
.....
x8   0.431   0.469   # 胸部横径
```

ところで，オーソマックス基準のように主要な回転基準を統一的に表現する回転族としてクロフォード・ファーガソン族（Crawford-Ferguson family）がある。GPArotation パッケージはこの回転族を利用することができ，直交回転用として cfT() 関数，斜交回転用として cfQ() 関数が提供されている。cfT の cf は Crawford-Ferguson family の cf，T は直交を意味する orthogonal の T，cfQ の Q は斜交を意味する oblique の Q である。2つの関数の基本的な書式は以下の通りである。

```
cfT(因子負荷量行列, kappa = カッパ, normalize = TF)
cfQ(因子負荷量行列, kappa = カッパ, normalize = TF)
```

因子負荷量行列　因子負荷量の初期解を代入したオブジェクト名である。
kappa = カッパ　カッパとして表7.6に示す値を代入し，回転方法を指定する。
normalize = TF　カイザーの基準化を行うときは normalize = TRUE とし，行わないときは normalize = FALSE とするか normalize = 自体を引数として指定しない。

表 7.6 カッパと回転名

回転名	カッパ（kappa）
コーティマックス	0
バリマックス	$1/p$
エカマックス	$m/(2 \times p)$
パーシマックス	$(m-1)/(p+m-2)$
因子パーシモニー	1

注：p は観測変数の数，m は因子数である。

練習13 身体計測値の最尤法により初期解を求め，斜交因子パーシモニー回転を実行しなさい。

cfQ() 関数を用い，kappa = 1とすればよい。

```
> mlfacr <- fa(x, nfactors = 2, fm = "ml", rotate = "none")
> mlload <- mlfacr$loadings           # 因子負荷量
> cfQ(mlload, kappa = 1, normalize = TRUE)  # カッパ = 1
Oblique rotation method Crawford-Ferguson:k=1 converged.
Loadings:              # 回転後の因子負荷量
      ML1    ML2
x1   0.8189 0.2171   # 身長
x2   0.8439 0.1584   # 前方腕長
x3   0.9075 0.0334   # 前腕長
x4   0.8120 0.1351   # 座位下肢長
x5   0.0548 0.9154   # 体重
x6  -0.1158 0.8401   # 大転子間幅
x7  -0.0776 0.9189   # 胸囲
x8   0.3905 0.5432   # 胸部横径


Rotating matrix:      # 因子の回転行列
       [,1]   [,2]   # 論文には記載する必要はない
[1,]  0.666  0.603
[2,] -0.785  0.835


Phi:                  # 因子の相関行列
       [,1]   [,2]
[1,]  1.000  0.239
[2,]  0.239  1.000
```

7.5 因子得点の推定

fa() 関数では引数として scores = TRUE を指定すると，次式に示すトンプソン法を用いた因子得点の推定値を返す．

$$\hat{F} = Z R^{-1} B \tag{7.13}$$

ここで，Z は観測変数の標準得点を入れた行列，R^{-1} は観測変数の相関係数行列の逆行列，B は因子負荷量行列である．B として因子構造行列を用いた推定値は回帰推定値と呼ばれ，直交解に限り2つの推定値は一致する．

それでは，fa() 関数を用いてプロマックス回転解を行い，結果を mlsco に代入する．

```
> library(psych)                    # パッケージの読み込み
> 身体計測値 <- read.table("身体計測値.txt", header = TRUE)
> x <- 身体計測値[, c(2:9)]   # 計測値をオブジェクトxに代入する
> mlsco <- fa(x, nfactors = 2, fm = "ml",
+              rotate = "promax", scores = TRUE)
```

因子得点の参照名は scores であるから，$ を使い mlsco から以下のように因子得点を取り出し facsco に代入する．そして，小数点以下3桁までを表示する．

```
> facsco <- mlsco$scores     # 因子得点の推定値を facsco へ代入する
> round(cbind(facsco, scale(x)), 2)    # 推定値と観測値の標準得点
        ML1   ML2    x1    x2    x3    x4    x5    x6    x7    x8
 [1,] -1.30  0.04 -0.62 -1.82 -1.42 -0.73 -0.57 -0.24 -0.33 -0.90
 [2,]  0.76 -1.69  0.21 -0.20  0.44  0.09 -1.33 -1.94 -1.01 -1.18
 [3,]  2.39 -0.68  1.71  1.87  2.29  2.07  0.24 -0.11  0.18  1.58
 [4,]  0.58 -0.11  0.46  0.97 -0.43  1.84  0.13  0.87 -0.42  0.00
 [5,]  0.16 -1.52 -0.46 -0.62 -0.06 -0.46 -1.21 -1.35 -1.63 -1.18
 [6,]  1.09  0.24  1.44  0.91  1.18  0.72  1.30 -0.63  0.40  0.41
 [7,]  2.78 -1.16  2.13  2.23  2.29  2.33  0.02 -0.17 -0.36  0.82
 [8,]  0.68  0.15  1.02  0.64  0.56  0.42  0.61  0.15  0.10  0.75
 [9,]  0.41 -0.26  0.13  0.49  0.07  0.62 -0.34  0.67 -0.37  0.68
[10,] -0.17 -0.53  0.09 -0.74 -0.31 -0.04 -1.15 -0.17  0.10 -1.11
[11,] -0.79  0.29 -0.81 -0.44 -0.55 -1.12  0.15  0.61 -0.60  0.27
[12,] -1.43 -0.97 -1.35 -1.58 -1.54 -2.50 -1.51 -0.57 -1.77 -1.66
[13,]  0.20 -1.46  0.00 -0.89  0.07 -0.50 -1.03 -1.54 -1.47 -1.59
[14,] -0.86  1.67 -0.41 -0.26 -0.55  0.69  1.16  1.59  1.40  0.48
[15,]  0.86  0.77  1.13  0.85  1.43  0.85  0.82  1.26  1.32  0.89
[16,] -0.18  1.74  0.61  0.82  0.31 -0.27  2.07  1.39  1.18  0.82
[17,] -1.24  0.83 -1.25 -0.41 -1.42 -0.53  0.24  0.61  0.07  1.24
```

```
[18,] -0.82 -0.87 -1.14 -0.80 -1.17 -0.99 -0.91 -1.15 -1.23 -2.00
[19,]  0.65 -1.21 -0.02  0.34  0.56 -0.23 -0.96 -1.15 -0.69 -0.69
[20,] -0.08 -0.81 -1.06 -0.62  0.19 -0.40 -0.89 -1.28 -0.60  0.68
[21,] -0.23  1.53  1.23 -0.23  0.31  0.09  1.38  1.85  1.35 -0.14
[22,] -0.40  0.19 -0.27 -0.05 -0.43 -0.40  0.04  0.02  0.15 -0.63
[23,] -1.40  2.04 -0.02 -0.83 -0.68 -0.60  1.09  1.65  2.16 -0.76
[24,] -0.45 -0.62 -1.29 -1.13 -0.06 -0.17 -1.19  0.15 -0.66  0.06
[25,] -0.95  0.47 -0.87 -0.02 -0.92 -1.09 -0.28 -0.63  1.07 -0.42
[26,] -0.59  1.19  0.29 -0.65 -0.18 -0.30  1.07  0.35  0.91  1.17
[27,]  1.37  0.64  1.38  1.84  1.68  0.75  1.29  0.74  0.96  1.72
[28,] -1.44  1.25 -1.77 -0.92 -0.68 -0.66  1.11 -0.37  0.74  0.55
[29,]  0.24 -0.22 -0.23  0.79 -0.43  0.82 -0.50  0.09  0.07  0.55
[30,]  0.17 -0.95 -0.27  0.52 -0.55 -0.30 -0.85 -0.70 -1.04 -0.42
```

個人番号の3番と7番は第1因子(長さ因子)の得点が2.39と2.78と大きく,身体部位が他者と比べて長いことが予想され,事実,長さ変数群(x_1からx_4)の標準得点が大きい。また,14番と16番は第2因子(太さ因子)の得点が1.67と1.74であり,太さ変数群(x_5からx_8)の値が他者よりも大きいことが予想され,確かに大きい。一方,9番と22番の因子得点は2因子とも平均的であり,8カ所の身体計測値にも大きな特徴は見られない。以上から,2つの因子得点が8カ所の身体計測値の特徴を適確に説明していることがわかる。

なお,以下に示すように推定値の平均は0となるが,分散が1になるとは限らない。

```
> colMeans(facsco)                    # 推定値の平均
          ML1             ML2
 1.743975e-16   -6.175616e-17
> var(facsco)                         # 推定値の分散共分散
          ML1             ML2
ML1  1.1183993      -0.4386105
ML2 -0.4386105       1.1044464
```

練習14 斜交解の場合,回帰推定法は次式によって因子得点を推定する。プロマックス回転解へ回帰推定法を適用して因子得点を推定しなさい。

$$\hat{F} = ZR^{-1}S \tag{7.14}$$

ここで,Sは因子構造行列である。回転前の因子負荷量行列をA,Aを斜交回転する回転行列をTとするとき,因子構造行列Sは$A\,(T^{-1})'$である。回転行列TはpsychパッケージのPromax()関数を用い,参照名をrotmatとして取得することができる。なお,逆行列の計算にはsolve()関数を使う。

```
> # 因子得点の回帰推定
> mlsco <- fa(x, nfactors = 2, fm = "ml", rotate = "none")
> A <- mlsco$loadings              # 初期因子負荷量を代入する
> Pror <- Promax(A)                # psychパッケージの
>                                  # Promax()関数
> T <- Pror$rotmat                 # 因子回転行列
> S <- A %*% t(solve(T))           # 因子構造行列
> Z <- scale(x)                    # 観測変数の標準得点
> Fr <- Z %*% solve(cor(x)) %*% S  # 因子得点の回帰推定値
> Fr
           [,1]         [,2]
 [1,] -1.27896711 -0.497848146
 [2,]  0.05058571 -1.377982496
 .....
```

練習15 プロマックス回転解へ次式に示すバートレット法を適用して因子得点を推定しなさい。

$$\hat{F} = Z\Psi^{-1}B(B'\Psi^{-1}B)^{-1} \tag{7.15}$$

ここで，Ψ^{-1} は独自性 $(1-h_j^2)$ を対角要素とする対角行列の逆行列，B は因子負荷量行列である。

結果を以下に示す。

```
> # 因子得点のバートレット法による推定
> mlsco <- fa(x, nfactors = 2, fm = "ml",
+              rotate = "promax", scores = TRUE)
> Z <- scale(x)                          # 観測変数の標準得点
> B <- mlsco$loadings                    # 因子負荷量を代入する
> Psi <- diag(mlsco$uniquenesses)        # 独自性を代入する
> iPsi <- solve(Psi)                     # Psiの逆行列
>                                        # 因子得点の推定値
> Fb <- Z %*% iPsi %*% B %*% solve(t(B) %*% iPsi %*% B)
> Fb
            ML1         ML2
 [1,] -1.35685359 -0.49833348
 [2,]  0.08932762 -1.49472403
 .....
> round(cor(cbind(facsco, Fr, Fb)), 3) # 推定値の相関
 .....
```

他にも因子得点を推定する多数の方法が提案されているので[*5]，計算用スクリプトを組んでみるとよい。練習問題で見た通り，Rでは計算に必要なデータを行列に代入するだけで，容易に因子得点を求めることができる。

7.6 順序尺度データの因子分析

7.6.1 順序尺度データと相関係数

順序尺度データとは，選択肢に順序性のある「はい・いいえ」のような2段階評定法や「はい・どちらでもない・いいえ」のような3段階評定法などで求めた回答を指す。また，能力検査の各問で正答を1点，誤答を0点と採点した場合，あるいは完全正答を2点，部分正答を1点と採点したような場合にも順序尺度データとなる。これまで説明してきた因子分析は観測変数が間隔尺度もしくは比率尺度をなすことを前提とするので，こうした順序尺度データに適用することはできない。シミュレーション実験によれば[*6]，5段階評定による観測変数に対しては本章で説明してきた因子分析を適用できても，3段階以下の評定値には不適当であることが示唆されている。

順序尺度データの因子分析を行う方法として完全情報項目因子分析，一般化最小2乗法による因子分析[*7]，調和解析法などが提案されている。一方，四分（テトラコリック）相関係数行列や多分（ポリコリック）相関係数行列の因子分析は簡易的な方法であるが，調和解析法や完全情報項目因子分析に匹敵する推定精度をもつことが示されている[*8]。そこで，ここではRを用いて四分相関係数行列や多分相関係数行列を用いて因子分析を実行する手続きを説明する。

■四分相関係数と多分相関係数

質問項目jで測定する個人iの潜在的な心理特性値をξ_{ij}とし，これが基準値τ_jに満たないとき「いいえ」，そして，基準値τ_jを超えるとき「はい」と回答するものと仮定する。四分相関係数とは，ξ_{ij}が正規分布に従うと仮定した上で，項目jとj'の回答頻度に

[*5] 芝　祐順 (1979). 因子分析法　第2版　東京大学出版会
[*6] 萩生田伸子・繁桝算男 (1996). 順序付きカテゴリカルデータへの因子分析の適応に関するいくつかの注意点　心理学研究, 67, 1-8
[*7] 柳井晴夫・繁桝算男・前川眞一・市川雅教 (1990). 因子分析―その理論と方法　朝倉書店
[*8] Knol, D.L., & Berger, M.P. (1991). Empirical comparison between factor analysis and multidimensional item response models. *Multivariate Behavioral Research*, 46, 457-477., Parry, C.D., & McArdle, J.J. (1991). An applied comparison of methods for least-squares factor analysis of dichotomous variables. *Applied Psychological Measurement*, 15, 35-46.

基づいて推定したξ_jと$\xi_{j'}$の積率相関係数のことである。したがって，四分相関係数を用いた因子分析は，潜在変数ξ_jや$\xi_{j'}$を共通因子fへ回帰させる因子分析を行っていることになる。

また，3段階以上の評定法で得た回答から積率相関係数を推定した場合は多分相関係数と言うが，これを用いた因子分析も潜在変数ξ_jや$\xi_{j'}$を共通因子fへ回帰させる因子分析である。

こうした順序尺度データ（たとえば，2・3段階評定の回答）の因子分析では，因子負荷量の安定した推定値を得るためには，500名もしくは1000名を超える回答者が必要となることが多い。

7.6.2　random.polychor.pa() 関数を用いた因子数の推定

順序尺度データの四分相関係数行列もしくは多分相関係数行列にスクリーテスト，MAPテスト，並行分析，VSS基準などを適用して因子数を推定することができる。ここでは，順序尺度データにMAPテストと並行分析を適用するrandom.polychor.paパッケージ[*9]を説明し，計算例を示す。パッケージ名にあるrandomはrandomly simulated polychoric correlationのrandom（ランダム），polychorはpolychoric correlation（多分相関係数）のpolychor，そして，paはparallel analysis（並行分析）のpaである。このパッケージが提供するrandom.polychor.pa()関数の書式と引数を以下に示す。

```
random.polychor.pa(nvar, n.ss, nrep, nstep,
    data.matrix, q.eigen, r.seed = 乱数の種)
```

nvar　観測変数の数である。
n.ss　標本の大きさ（人数）である。
nrep　並行分析のシミュレーション回数である。
nstep　観測変数のカテゴリ数である。すべての観測変数のカテゴリ数が等しいものする。
data.matrix　素データを代入したオブジェクト名である。
q.eigen　並行分析は素データにもとづく固有値λ_sと乱数行列に基づく固有値λ_rを比較する。λ_rは乱数行列にもとづいて算出されたnrep個の固有値の100×q.eigenパーセンタイルにあたる固有値である。q.eigenへ0〜1の値を指定する。q.eigenが大きいほど，推定される因子数は小さくなる。なお，この関数では，固有値λ_sとλ_rは相関係数行列の対角線へ共通性の推定値を代入した行列の固有値であり，共通性の推

[*9] Presaghi, F., & Desimoni, M. (2010). *random.polychor.pa: A Parallel Analysis With Polychoric Correlation Matrices*.

定値は当該の観測変数を他の観測変数から重回帰予測したときの決定係数である。

乱数の種 乱数を発生させる初期値として適当な値を与える。初期設定は1335031435である。引数名のrはrandom number（乱数）のrであり，seedは種を意味する。

random.polychor.paパッケージはpsychパッケージとnFactorsパッケージ[*10]を利用する。

■因子数の推定

表7.7に示す食行動質問票に対して女子大学生520名から「はい（1），いいえ（0）」の2件法で回答を求め，二値データ.txtに回答を保存した。変数x_1からx_4は過食傾向，x_5からx_8は肥満恐怖，x_9からx_{12}は食事の社会的圧力を測定する狙いがある。ここでは，この2値データへrandom.polychor.pa()関数を適用して因子数を推定する。

まずrandom.polychor.paパッケージを読み込み，次に二値データ.txtファイルからデータを入力してbinarydataへ代入する。ファイルの先頭行に変数名があるので，header = TRUEとする。

```
> install.packages("polycor")              # パッケージ
> install.packages("random.polychor.pa")   # パッケージ
> library(random.polychor.pa)              # パッケージの読み込み
> binarydata <- read.table("二値データ.txt", header = TRUE)
> names(binarydata)                        # 変数名
 [1] "x1"  "x2"  "x3"  "x4"  "x5"  "x6"  "x7"  "x8"  "x9"
[10] "x10" "x11" "x12"
> round(mean(binarydata), 2)               # 平均値
   x1   x2   x3   x4   x5   x6   x7   x8   x9  x10  x11  x12
 0.10 0.12 0.13 0.09 0.27 0.16 0.28 0.11 0.12 0.13 0.14 0.17
> round(sd(binarydata), 2)                 # 標準偏差
   x1   x2   x3   x4   x5   x6   x7   x8   x9  x10  x11  x12
 0.30 0.33 0.34 0.29 0.44 0.36 0.45 0.31 0.33 0.33 0.35 0.37
```

データを正しくbinarydataへ代入できたので，シミュレーション回数nrepを50として並行分析を実行する。観測変数は2値変数なので，引数へnstep = 2を記入する。また，ここでは最大の固有値をλ_rとしてみるので，q.eigen = 0.999を指定する。random.polychor.pa()関数の出力を以下に示す。なお，この関数は並行分析の結果を図示するが，ここでは省略する。

[*10] Raiche, G., & Magis, D. (2010). *nFactors: Parallel Analysis and Non Graphical Solutions to the Cattell Scree Test*.

表7.7　食行動質問票

変数名	質問文
x_1	たまに無茶食いをする
x_2	いやなことがあると，つい食べてしまう
x_3	食べ物のことばかりを考えてしまう
x_4	食事のことで日常生活に困ることがある
x_5	ダイエットすること考えている
x_6	肥満になるのが恐い
x_7	やせたいという気持ちが強い
x_8	空腹のときでもなるべく食べないようにしている
x_9	周囲から痩せすぎだと思われている
x_{10}	もう少し食べるようにと家族が思っている
x_{11}	周囲から，もう少し食べたらどうかと言われる
x_{12}	食事の量が少ないと言われる

```
> random.polychor.pa(nvar = p, n.ss = n, nrep = 50, nstep = 2,
+                    data.matrix = binarydata, q.eigen = 0.999)


number of units (rows) in data.matrix: 520
number of variables (cols) in data.matrix: 12

the following table shows the groups of items with diffent number of
                         categories found in your data.matrix:
      Items Categories
1 GROUP   12      2

******* RESULTS:
# of factors (PCA) for Velicer MAP criterium (Polychoric corr):   2 # (a)
# of factors (PCA) for Velicer MAP(4th power)(Polychoric corr):   2 # (b)
# of factors (PCA) for Velicer MAP criterium (Pearson corr)...:   1 # (c)
# of factors (PCA) for Velicer MAP(4th power)(Pearson corr)...:   1 # (d)
# of factors (PCA) for PA method (Random Polychoric Corr.)....:   2 # (e)
# of factors (PCA) for PA method (Random Pearson Corr.).......:   2 # (f)
# of factors for PA method (Random Polychoric Corr.)..........:   3 # (g)
# of factors for PA method (Random Pearson Corr.).............:   3 # (h)
Elapsed Time: 2.133867
```

(a) 欄は多分相関係数行列（2値変数なので四分相関係数行列）へ適用したMAPテストの結果であり，2因子を示唆している。また，オリジナルのMAPテストは主成分得点を統制変数とする偏相関係数の2乗平均を基準値とするが，その後，偏相関係数の4乗平均を基準値とするMAPテストが提案されており，(b) 欄がその結果を示す。これも2因子を示唆している。(c) 欄と (d) 欄は積率相関係数行列へ適用した2つのMAPテストの結果

であり，1因子を示唆するが，ここでは2値変数から積率相関係数を求めているので，因子数を判断する資料としては利用できない。

　(e) 欄は多分相関係数行列へ主成分分析を適用した並行分析（PA）の結果であり，2因子を示唆している。(f) 欄は積率相関係数行列へ主成分分析を適用した並行分析の結果である。

　(g) 欄は多分相関係数行列へ因子分析を適用した並行分析の結果であり，3因子を示唆している。(h) 欄は積率相関係数行列へ因子分析を適用した並行分析の結果である。

　以下の (i) 欄から (m) 欄は，上記の (a) 欄から (h) 欄に表示された因子数を決めるために利用された統計量である。この数値をレポートへ記載するときは小数点以下3桁もしくは4桁まででよい。

```
$MAP.selection                                                      # (i)
     Factor POLY.MAP.squared POLY.MAP.4th CORR.MAP.squared CORR.MAP.4th
[1,]      0       0.08635376  0.016608092       0.02301264   0.0013975170
[2,]      1       0.05172605  0.004199518       0.01823158   0.0006056208
[3,]      2       0.04243491  0.003861975       0.02280627   0.0010673908
[4,]      3       0.04276506  0.004503620       0.03240614   0.0033590816

$POLYCHORIC                                                         # (j)
     Factor Emp.Polyc.Eigen  P.SimMeanEigen  P.SimSDEigen  P.SimQuant
[1,]      1       3.2780033       0.4745960    0.09437175   0.7977266
[2,]      2       1.3390947       0.3458575    0.05549427   0.4625625
[3,]      3       0.9374036       0.2556305    0.04528762   0.3561466
[4,]      4       0.2241390       0.1863055    0.04439659   0.3070809

$PEARSON                                                            # (k)
     Factor Emp.Pears.Eigen  C.SimMeanEigen  C.SimSDEigen  C.SimQuant
[1,]      1       1.58228638      0.2866898    0.05708819   0.4776215
[2,]      2       0.69237477      0.2061142    0.03277121   0.2762562
[3,]      3       0.40861267      0.1502830    0.02680288   0.2127228
[4,]      4       0.03715968      0.1065355    0.02607107   0.1781157

$POLYCHORIC.PCA                                                     # (l)
     Factor.PCA Emp.Polyc.Eigen.PCA P.SimMeanEigen.PCA P.SimSDEigen.PCA
[1,]          1            4.367226           1.946292       0.17529452
[2,]          2            2.985643           1.659897       0.10641186
[3,]          3            1.432607           1.456935       0.07491396
```

```
        P.SimQuant.PCA
[1,]       2.521256
[2,]       1.854544
[3,]       1.618099


$PEARSON.PCA                                                          # (m)
      Factor.PCA  Emp.Pears.Eigen.PCA  C.SimMeanEigen.PCA  C.SimSDEigen.PCA
[1,]       1           2.971863             1.635639          0.11130125
[2,]       2           2.134889             1.460102          0.06840565
[3,]       3           1.214646             1.332085          0.04926036
      C.SimQuant.PCA
[1,]    2.010072
[2,]    1.582519
[3,]    1.439024
```

(i) 欄の $MAP.selection は MAP テストの結果であり，POLY.MAP.squared の第1行の値（0.08635376）は観測変数の多分相関係数の2乗平均，第2行以下は MAP テストを行う偏相関係数の2乗平均である。POLY.MAP.4th の第1行の値（0.016608092）は多分相関係数の4乗平均，第2行以下は偏相関係数の4乗平均である。したがって，偏相関係数の2乗（4乗）の最小値を与えた2因子が示唆される。なお，CORR.MAP.squared と CORR.MAP.4th は同様の MAP テストを積率相関係数行列へ適用した結果であるが，ここでは参照する必要はない。

(j) 欄の $POLYCHORIC は多分相関係数行列へ因子分析を適用した並行分析の結果を示す。Emp.Polyc.Eigen の下に続く4つの数値は対角線に共通性の推定値を代入した相関係数行列の4つの固有値である。P.SimMeanEigen はシミュレートされた相関係数行列の nrep 個の第 n 固有値の平均（ここでは，それぞれ50個の平均），P.SimSDEigen は標準偏差，P.SimQuant は第 n 固有値の$100×q.eigen$ パーセンタイル（ここでは99.9パーセンタイル）にあたる固有値である。並行分析は Emp.Polyc.Eigen と C.SimQuant の値を比較して，前者の方が大きい Factor の値を抽出すべき因子数とする。ここでは Factor が3のところまで Emp.Poly.Eigen の値の方が大きいので，抽出因子数として3が示唆される。また，Emp.Polyc.Eigen と P.SimMeanEigen（平均固有値）を比較した場合には4因子が示唆される。

(k) 欄の $PEARSON は積率相関係数行列を用いた並行分析の結果を示すので，この事例では参照する必要はない。

(l) 欄の $POLYCHORIC.PCA は多分相関係数行列へ主成分分析を適用したときの並行分析の結果であり，2因子が示唆される（バグ修正前の値であり，正しい値は3）。

(m) 欄の $PEARSON.PCA は積率相関係数行列へ主成分分析を適用したときの並行分析の

結果であり，ここでは参照する必要はない．

　以上のように，MAPテストと主成分分析を利用した並行分析は2因子を示唆したが，因子分析を適用した並行分析は期待した通りに3因子を示唆したので，ここでは3因子と判断し，次に多分相関係数行列を用いた因子分析を行う．

7.6.3　因子負荷量の推定

　多分相関係数行列の作成にはpsychパッケージのpoly.mat()関数を利用し，fa()関数によって因子負荷量を推定する．poly.mat()関数の書式は以下の通りである．

```
オブジェクト名 <- poly.mat(素データを入れたオブジェクト名)
```

poly.mat()関数はpolycorパッケージ[*11]が提供するhetcor()関数を内部で利用する．

■計算例

　まずpsychパッケージを読み込む．次に2値データ.txtに保存されているデータを入力してbinarydataへ代入する．そして，poly.mat()関数を用いて多分相関係数行列を作成し，tetrへ代入する．

```
> library(psych)              # psychパッケージの読み込み
> binarydata <- read.table("二値データ.txt", header = TRUE)
> tetr <- poly.mat(binarydata$rho)   # 四分相関係数行列の計算
```

　psychパッケージのfa()関数を用いて初期解を最尤推定法で求め，因子軸のプロマックス回転を行う．多分相関係数行列を用いた場合も，因子数，因子負荷量の推定方法，因子の回転方法などの指定方法，また，出力の読み取り方法はこれまでと同様である．計算結果を以下に示す．

```
> fa(tetr, nf = 3, fm = "ml", rotate = "promax")
Factor Analysis using method =  ml
Call: fa(r = tetr, nfactors = 3, rotate = "promax", fm = "ml")
Standardized loadings based upon correlation matrix
     ML1   ML2   ML3   h2   u2  #   ML1   ML2   ML3   # 積率相関係数
x1 -0.19 -0.05  0.69 0.40 0.60 #  -0.11 -0.03  0.44   # 行列を用いた
x2  0.04 -0.07  0.69 0.47 0.53 #   0.00 -0.04  0.52   # ときの推定値
x3  0.01  0.10  0.34 0.15 0.85 #   0.01  0.07  0.21
```

[*11]　Fox, J. (2010). *polycor: Polychoric and Polyserial Correlations.*

```
x4    0.26  0.11  0.61 0.63 0.37  #  0.16  0.07  0.45
x5    0.08  0.59  0.13 0.47 0.53  #  0.05  0.47  0.10
x6   -0.04  0.72  0.00 0.51 0.49  # -0.03  0.54 -0.01
x7   -0.13  0.70 -0.13 0.41 0.59  # -0.09  0.51 -0.08
x8    0.08  0.68  0.02 0.52 0.48  #  0.05  0.47  0.01
x9    0.83  0.01  0.06 0.72 0.28  #  0.64 -0.01  0.03
x10   0.71  0.01 -0.18 0.45 0.55  #  0.48  0.01 -0.11
x11   0.71 -0.04  0.09 0.54 0.46  #  0.54 -0.02  0.06
x12   0.66 -0.02  0.07 0.46 0.54  #  0.49 -0.01  0.05

                 ML1  ML2  ML3
SS loadings     2.30 1.86 1.58
Proportion Var  0.19 0.15 0.13
Cumulative Var  0.19 0.35 0.48

 With factor correlations of
     ML1  ML2  ML3
ML1 1.00 0.32 0.35
ML2 0.32 1.00 0.36
ML3 0.35 0.36 1.00
```

因子負荷量の値から，当初に予定した通り変数x1からx4が過食傾向，x5からx8は肥満恐怖，x9からx12が食事の社会的圧力としてまとまりを見せている。

なお，通常の積率相関係数から求めた因子負荷量は過小推定されていることがわかる。ここからも，順序尺度データへ通常の積率相関係数を用いた因子分析を適用すべきではないことが示唆される。

8章
主成分分析

〈特徴〉

　主成分分析は多数の観測変数がもつ主要な情報を少数個の変数へ集約する。これを次元縮約と呼ぶ。たとえば，身体部位の計測値から身体的特徴を表現する指標を作成したり，都道府県の特徴を示す多数の指標から生活満足度得点を合成したりするのに使える。

　心理・教育では，質問紙や学力検査の得点を用いて合成得点を作るときに利用されることが多い。

〈注意点〉

　因子分析と主成分分析は数値計算の手順が類似しているが，モデルの理念は異なる。因子分析は潜在変数を探り，主成分分析は合成得点を作る。また，主成分分析では残差が無相関とはならない。

8.1 主成分分析の定式化

主成分分析は，個人 i の観測変数 j の測定値 x_{ij} に重み w_j を乗じて次式の合成得点 y_i を定義して，観測変数が有する情報を合成変数 y_i へ集約する。ここで p は観測変数の総数である。

$$y_i = w_1 x_{i1} + w_2 x_{i2} + \cdots + w_p x_{ip} \tag{8.1}$$

たとえば，入試の場合には全科目の得点を単純に加算して総合的学力の指標として合否判断を行うことが多い。これは重み w_j をすべて1.0としていることになる。もちろん，文科系学部の場合には国語の重みを2.0とし，あるいは理科系学部の場合には数学の重みを2.0とし，国語もしくは数学で見られる個人差を合計得点へ強く反映させることもある。受験者によっては得意な教科と不得意な教科があるかもしれないが，教科ごとに成績を見ていくよりも，合計得点を見るほうが総合的な学力の評価（合否一覧表の作成）は容易である。

また，陸上競技の人気種目の1つに十種競技（デカスロン）がある。表8.1は十種競技に参加した30名の記録である。この競技は種目ごとに固有の変換式を用いて記録を得点化し，重みをすべて1.0として10種目の合計点で順位を決める。個々の種目に得意不得意があったとしても，10種目は多様な身体能力を必要とするので，高得点をマークした選手は総合的な身体能力に優れていると誰しも認めるであろう。

2つの事例とも先験的に重み w_j の値を定めて合成得点を求めているが，主成分分析はデータを得た後に合成得点 y_i の分散 $S^2(y)$ を最大にする重みを求める。そして，そのときの合成変数を主成分，得点を主成分得点と呼ぶ。主成分得点は観測変数を用いて合成した得点であるから，重みに着目して主成分得点の意味を解釈する。

4教科の標準得点を用いて主成分得点を合成するための重みと6名の標準得点を表8.2に示す。表に示す重みと標準得点を用いて6名の主成分得点を求めてみる。

主成分得点の計算式は

$$y_i = w_1 x_{i1} + w_2 x_{i2} + w_3 x_{i3} + w_4 x_{i4} \tag{8.2}$$

であり，文系教科の重みが正で理系教科の重みが負であるから，主成分は個人内における文系教科と理系教科の成績の対比（コントラスト）を表す。この式に4教科の重みと6名の標準得点を代入すると，6名の主成分得点は y_1=0.0, y_2=2.0, y_3=2.0, y_4=2.0, y_5=-2.0, y_6=-3.0である。個人1は文系も理系も良い成績であるが，文系と理系のバランスが取れているので0.0，個人2は文系教科を得意とするが理系教科はどちらとも言えないので正，個人3は4教科とも不得意であるが，どちらかと言えば文系教科の方が良い

表 8.1 十種競技の記録

No.	100m (x_1) (秒)	走幅跳 (x_2) (cm)	砲丸投 (x_3) (m)	走高跳 (x_4) (cm)	400m (x_5) (秒)	110mH (x_6) (秒)	円盤投 (x_7) (m)	棒高跳 (x_8) (cm)	やり投 (x_9) (m)	1500m (x_{10}) (秒)
1	10.83	697	13.38	201	49.86	14.25	39.95	500	64.61	287.83
2	11.39	701	13.20	193	52.43	15.87	43.22	460	58.34	282.04
3	11.31	705	14.42	196	50.28	15.39	47.74	460	64.54	288.93
4	11.79	639	11.14	202	53.68	15.99	39.03	440	45.94	291.78
5	11.55	672	14.09	187	50.95	15.93	37.88	440	52.00	281.53
6	10.83	710	12.12	186	49.73	15.34	34.47	410	41.22	267.06
7	11.50	717	14.43	186	50.88	15.71	43.29	455	58.57	295.50
8	11.37	668	14.10	197	50.54	15.37	46.22	510	58.96	290.76
9	10.90	700	12.52	190	50.64	14.58	37.74	510	49.34	282.14
10	11.38	738	11.16	200	50.50	15.54	31.30	460	49.17	287.57
11	11.15	665	12.42	198	51.09	15.72	35.64	390	59.48	276.76
12	11.41	700	14.60	183	50.35	14.51	44.85	450	47.87	292.35
13	11.34	731	11.02	200	48.40	14.73	37.58	430	49.08	269.17
14	11.71	701	11.63	201	51.02	15.02	32.90	480	47.60	266.17
15	11.03	693	12.68	199	52.58	15.11	32.66	420	47.06	317.23
16	11.23	719	11.45	197	51.03	15.10	37.82	450	51.26	281.95
17	11.45	635	13.29	177	51.91	15.87	38.68	460	50.68	293.60
18	11.04	674	12.53	181	49.86	15.40	36.30	450	52.70	286.98
19	11.07	707	13.28	206	48.21	14.74	43.15	430	50.45	287.21
20	11.23	761	14.89	196	52.49	13.97	44.24	455	66.50	280.16
21	10.87	742	15.39	201	49.09	14.88	47.40	460	54.92	279.87
22	11.15	663	11.84	183	51.44	14.35	41.31	400	48.70	299.16
23	10.97	731	13.92	199	50.09	14.83	38.62	435	56.30	322.72
24	11.33	637	12.74	194	50.77	15.59	37.77	400	47.96	308.28
25	11.82	653	13.34	196	51.86	15.44	38.46	370	58.40	283.33
26	11.40	708	11.35	179	50.85	16.02	36.75	400	61.70	291.06
27	11.33	708	15.83	209	51.22	15.24	43.48	440	53.51	273.57
28	10.62	730	12.16	190	47.35	14.99	37.41	430	55.77	255.65
29	11.44	674	12.92	198	49.96	15.31	34.14	440	51.86	276.81
30	11.35	671	13.14	185	48.30	14.45	35.39	460	58.65	262.08
平均	11.26	695.00	13.03	193.67	50.58	15.17	39.18	443.17	53.77	285.31
標準偏差	0.29	32.55	1.30	8.26	1.40	0.56	4.43	33.05	6.19	14.70

表 8.2 4教科の重みと6名の標準得点

	4教科の重み					
	国語	社会	数学	理科	
個人 (i)	$w_1 =$ +0.5	$w_2 =$ +0.5	$w_3 =$ −0.5	$w_4 =$ −0.5	主成分
1	1	1	1	1	0.0
2	2	2	0	0	2.0
3	−1	−1	−3	−3	2.0
4	3	3	1	1	2.0
5	0	0	2	2	−2.0
6	−1	−1	2	2	−3.0

ので正，個人4は4教科とも得意であるが，文系教科をより得意としているので正である。また，個人5と個人6は文系教科よりも理系教科の方が良い成績なので主成分得点は負である。この事例のように重みに正負があるときは，主成分得点は観測変数の対比を表すので，単純に「主成分得点は文系学力の高さを表す」と解釈することはできない。

さて，主成分得点の分散 $S^2(y)$ を，変数 j と変数 j' の共分散を $S(x_j, x_{j'})$ とし

$$S^2(y) = \sum_{j=1}^{p} \sum_{j'=1}^{p} w_j w_{j'} S(x_j, x_{j'}) \tag{8.3}$$

と表すことができる。つまり，2変数の共分散へ2変数の重みを乗じ，2変数のすべての組み合わせについて総和を求めたものが合成得点の分散である。ここで，$S(x_j, x_{j'})$ は2変数の共分散であるから，その値は観測データから定まる。しかし，重み w_j は正負の値を取るので，$|w_j|$ を大きくすればいくらでも主成分の分散 $S^2(y)$ が大きくなってしまう。そのため，重みに以下の制約を課した上で分散を最大にする重みを求める。

$$\sum_{j=1}^{p} w_j^2 = w_1^2 + w_2^2 + \cdots + w_p^2 = 1 \tag{8.4}$$

重みに制約を課しているので式 (8.3) の符号を負にしても，通常の最小2乗法では解を得ることはできない。しかし，次式の Q を立てると w_j を求めることができ，これをラグランジュの未定乗数法という。この方法は Q を未知数である w_j と λ で偏微分して0と置いて連立方程式を作り未知数を求める。λ がラグランジュの未定乗数と呼ばれ，主成分の分散に一致する。

$$\begin{aligned} Q &= S^2(y) - \lambda \left(\sum_{j=1}^{p} w_j^2 - 1 \right) \\ &= \sum_{j=1}^{p} \sum_{j'=1}^{p} w_j w_{j'} S(x_j, x_{j'}) - \lambda \left(\sum_{j=1}^{p} w_j^2 - 1 \right) \end{aligned} \tag{8.5}$$

主成分分析は測定値 x_{ij} として素点もしくは標準得点を用いることができる。素点を用いた場合には主成分の分散は観測変数の分散共分散行列の固有値，重みはその固有ベクトルに等しい。また，標準得点を用いた場合には標準得点の分散は1.0，共分散は相関係数になるので，主成分の分散は観測変数の相関係数行列の固有値，重みはその固有ベクトルに等しい。

素点を用いて分析した場合には単位の異なる測定値をそのまま合成することになるので（ただし平均を引くことが多い），単位の取り方によってはまったく意味の異なる合成得点となる。たとえば，(1)身長を cm，体重を kg として作成した主成分得点と(2)身長を m，体

重をkgとして主成分得点を合成したとする。重みは観測変数の分散に強く影響されるので，後者は身長の重みがほぼ0.0になるはずである。つまり，身体の大きさを表す主成分と言っても，(2)の主成分は体重とほぼ等しいものになる。したがって，特別な理由のない限り，通常は観測変数の標準得点を用いて主成分分析を行う。

■2変数の主成分分析

2つの観測変数の共分散を S_{12} とし，2変数を用いて主成分を合成するための重みと主成分の分散を求めてみる。

合成得点の分散 $S^2(y)$ は

$$S^2(y) = w_1^2 + w_2^2 + 2w_1 w_2 S_{12} \tag{8.6}$$

であるから，ラグランジュの未定乗数法を用いた場合，最大化すべき Q は，

$$Q = w_1^2 + w_2^2 + 2w_1 w_2 S_{12} - \lambda \left(w_1^2 + w_2^2 - 1 \right) \tag{8.7}$$

である。この Q を未知数の λ，w_1，w_2 で偏微分して0と置くと，

$$w_1^2 + w_2^2 = 1 \tag{8.8}$$
$$w_1 + w_2 S_{12} - \lambda w_1 = 0 \tag{8.9}$$
$$w_2 + w_1 S_{12} - \lambda w_2 = 0 \tag{8.10}$$

を得る。式 (8.9) と式 (8.10) から $w_2 = \pm w_1$ が成り立ち，式 (8.8) があるので，$w_1 > 0$ として解を求めると，

$$\text{解1}: \begin{cases} w_1 = \frac{\sqrt{2}}{2} \\ w_2 = \frac{\sqrt{2}}{2} \end{cases} \qquad \text{解2}: \begin{cases} w_1 = \frac{\sqrt{2}}{2} \\ w_2 = -\frac{\sqrt{2}}{2} \end{cases} \tag{8.11}$$

を得る。解1を式 (8.6) へ代入すると $\lambda = 1 + S_{12}$，解2を式 (8.6) へ代入すると $\lambda = 1 - S_{12}$ となる。したがって，2変数の共分散 S_{12} が正のときは解1が主成分の分散を最大化する重みである。このときの主成分を第1主成分という。解2は第1主成分とは無相関という条件を付けた上で合成する主成分の重みであり，このときの主成分を第2主成分という。一方，共分散 S_{12} が負のときは解2が第1主成分を合成するための重み，解1が第2主成分を合成するための重みである。

標準得点を用いた場合には共分散 S_{12} が2変数の相関係数 r_{12} に等しい。したがって，$|r_{12}|$ が大きいほど第1主成分の分散（$\lambda = 1 + |r_{12}|$）が大きくなり，2つの観測変数が共有する情報が第1主成分へ集約されたことになる。なお，ここでは，$w_1 < 0$ としたときの解を省略するが，主成分の分散は上記の値と同じである。

練習1 式 (8.7) を λ,w_1,w_2 について微分しなさい。

以下の通りである。

```
> Q <- expression(w1^2 + w2^2 + 2*w1*w2*S12 -
+                 lambda*(w1^2 + w2^2 - 1))    # 最大化する関数
> D(Q, "lambda")                               # lambdaについての微分
-(w1^2 + w2^2 - 1)
> D(Q, "w1")                                   # w1についての微分
2 * w1 + 2 * w2 * S12 - lambda * (2 * w1)
> D(Q, "w2")                                   # w2についての微分
2 * w2 + 2 * w1 * S12 - lambda * (2 * w2)
```

この結果を整理したものが,式 (8.8),式 (8.9),式 (8.10) である。

■相関図を用いた主成分の表現

観測変数 x_1 と x_2 の標準得点の相関図と,その2変数から合成された主成分得点を表す軸(主成分軸)を図8.1に示す。x_1 の値を横軸の座標値,x_2 の値を縦軸の座標値として個人の位置を黒丸で示した。先に見た通り,2変数の相関が正であれば2つの重みが $\frac{\sqrt{2}}{2}$ となるので,第1主成分軸は必ず45度の傾きをもつ。そして,黒丸から主成分軸へ下ろした垂線と交わる座標値が主成分得点である。たとえば,図の個人1の第1主成分得点は y_1 である。また,第1主成分軸と直交する軸が第2主成分を表すので,図の y_2 が第2主成分得点である。

ところで,変数 x_2 の分散をそのままにして変数 x_1 の分散を大きくしていくと第1主成分軸はどうなるであろうか。図からイメージできるように,変数 x_1 の分散が大きくなるほど主成分軸は横軸の変数 x_1 へ近づいていき,おしまいには第1主成分軸と横軸が重なってしまう。主成分が測定値の分散に影響されるとは,このことを指す。そのため,普通は観測変数の標準得点を用いて主成分得点を求める。

8.2 principal() 関数を用いた主成分分析

psychパッケージのprincipal()関数は観測変数の標準得点を用いた主成分分析を行う。principalはprincipal component(主成分)のprincipalである。principal()関数の基本的な書式と引数を以下に示す。

```
principal(オブジェクト名, nfactors = 主成分の数,
          rotate = "軸の回転名", scores = TF)
```

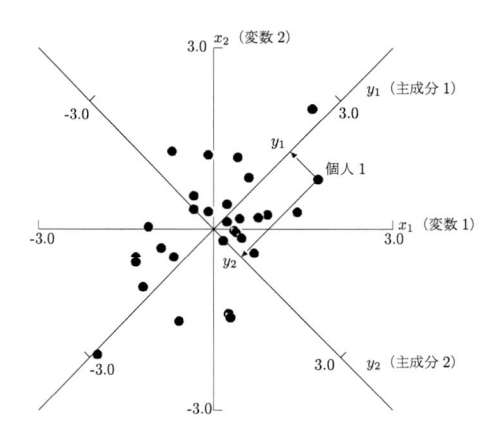

図 8.1　2 変数から得られる主成分軸

オブジェクト名　観測変数の素データ，相関係数行列，分散共分散行列のいずれかを代入したオブジェクト名である。

nfactors = 主成分の数　合成する主成分の数を指定する。主成分の数を指定するが，factor の意味は因子である。

rotate = "軸の回転名"　主成分軸の回転方法を指定する。"軸の回転名" として指定できる直交回転は "varimax"（バリマックス回転），"quartimax"（コーティマックス回転），斜交回転は "promax"（プロマックス回転），"oblimin"（w=0 なのでコーティミン回転），"simplimax"（シンプリマックス回転），"cluster"（クラスター回転）である。主成分軸に回転を施さないとき "none" とする。初期設定は rotate = "varimax" である。引き数名の rotate には，回転させる，という意味がある。

scores = TF　個人ごとの主成分得点（score）を求めるときは，scores = TRUE とする。初期設定は scores = FALSE であるから，scores = TRUE を指定しない限り主成分得点は算出されない。

■主成分の数

1 つの主成分を合成する定義式を式 (8.1) に示したが，観測変数の数 (p) と同じ数の主成分を合成することができ，順に第 1 主成分，第 2 主成分，…，第 p 主成分と呼ぶ。第 1 主成分は最大の分散をもつ主成分であり，観測変数の情報を最大に集約している。しかし，第 1 主成分では集約できない重要な情報が残る可能性があるので，第 1 主成分とは無相関という条件の下で，最大の分散をもつ第 2 主成分が合成される（図 8.1 参照）。同様に，第 3 主成分は第 1 主成分と第 2 主成分と無相関という条件の下で最大分散をもつ主成分として合成される。以下同様に主成分が合成される。

主成分分析の目的は，より数の少ない主成分を通して観測変数の構造や特徴を表現し，観測変数を考察することにあるから，観測変数の数と同じ数の主成分を解釈することに意

味はない。そのため，解釈すべき主成分の数を決める基準が提案されている。以下にその主要な基準を示すが，いずれも1つの目安であり，決め手となる基準ではない。最終的には何通りかの主成分数を指定して分析を行い，解釈可能で，有用と見なせる解を分析者が選択する。

(1) ガットマン基準（カイザー基準）　主成分の分散が相関係数行列の固有値に等しいので，相関係数行列の1.0以上の固有値の数を主成分の数とする。サンプリング誤差を考慮して0.7を勧める意見もある。eigen()関数を用いて固有値を求めることができる。

(2) スクリーテスト　観測変数の相関係数行列の固有値を縦軸，固有値の番号を横軸としてプロットし，急激に固有値が小さくなる直前までの固有値の数を主成分の数とする。psychパッケージのVSS.scree()関数によりスクリープロットを描くことができる。

(3) 並行分析　観測データと同じサイズの乱数行列を発生して相関係数行列の固有値を求め，観測データの相関係数行列の固有値と比べる。そして，後者の方が大きい数を解釈すべき主成分の数とする。psychパッケージのfa.parallel()関数を用いて並行分析を行うことができる。

(4) MAPテスト　主成分を統制変数とする観測変数間の偏相関係数を求め，その2乗平均を最小とする主成分の数を解釈すべき主成分の数とする。psychパッケージのVSS()関数を利用することができる。

(5) 累積分散説明率（％）　主成分分析は素データがもつ情報を集約するので，その集約した情報量を定義する累積分散説明率（累積寄与率）が70％ないし80％以上となるまでの主成分を解釈する。第s主成分の分散説明率（寄与率）は主成分の分散$S^2(y_s)$により

$$分散説明率 = \frac{S^2(y_s)}{観測変数の数} \times 100 \tag{8.12}$$

と定義される。標準得点の分散は1.0であるから，観測変数の分散の総和は観測変数の数に等しい。したがって，分散説明率は1つの主成分で説明できる観測変数の分散の割合を表す。なお，主成分の分散$S^2(y_s)$は観測変数の相関係数行列の第s固有値に等しいので，eigen()関数を用いて固有値を求め，cumsum()関数を用いて第1主成分から分散説明率を累積するとよい。cumsumはcumulative sum（累積合計）のcumsumである。

■主成分軸の回転

普通，第1主成分は比較的容易に解釈ができる。しかし，主成分は単純構造化を基準として合成されてはいないので，第2主成分以下の分散が大きくても，主成分の意味を容易

に解釈できるとは限らない．そのため，主成分軸の回転を行い，主成分を解釈しやすい主成分へ変換することがある．

8.3 十種競技の主成分分析

十種競技は指定された順序に従って2日間で表8.1に示す10種目を行う．表中の110mHは110メートルハードルである．各種目の測定値の単位は表8.1の第3行に示した通りである．100m (x_1)，400m (x_5)，110mH (x_6)，1500m (x_{10}) は走力を競うので測定値が小さいほど身体能力が高く，走幅跳 (x_2)，砲丸投 (x_3)，走高跳 (x_4)，円盤投 (x_7)，棒高跳 (x_8)，やり投 (x_9) は跳躍力や投擲力を競うので測定値が大きいほど身体能力が高い．このままでは分析結果を読み取りにくいので，出力を見やすくするために，以下の計算では100m (x_1)，400m (x_5)，110mH (x_6)，1500m (x_{10}) の符号を負とする（いわゆる逆転項目）．これにより，10種目とも素点が大きいほど身体能力が高いことを意味する．素データの符号を変えると重みの符号が自動的に調整されるので，主成分の意味が変わるわけではない．

実際の競技では各種目の記録が固有の変換式（指数関数）に従って得点化されるが，狭い範囲の記録では記録と得点はほぼ線形関係にある．実際，表8.1の記録の場合には相関係数の絶対値が0.9988（1500m）から1.0000（砲丸投）と大きい．そのため，ここでは表8.1に示す記録（前述の通り一部の符号を反転）を用いて主成分分析を行う．種目名からわかる通り，十種競技は短・中・長距離の走力，跳躍力，投擲力を必要とし，種目によっては相反する身体能力を養成しなければならないので，複数の主成分が合成されるものと予想される．

8.3.1 主成分の数と初期解

psychパッケージを読み込み，十種競技.txtに保存した記録を読み込み，十種記録へ代入する．ファイルの先頭行には変数名が記入されているので，header = TRUEとする．第1変数は個人番号なので除き，競技記録だけをkirokuへ代入する．

```
> install.packages("psych")      # psychパッケージのインストール
> library(psych)                  # psychパッケージの読み込み
> 十種記録 <- read.table("十種競技.txt", header = TRUE)
> names(十種記録)                 # 変数名
 [1] "No"  "x1"  "x2"  "x3"  "x4"  "x5"  "x6"  "x7"
 [9] "x8"  "x9"  "x10"
> kiroku <- 十種記録[, 2:11]      # 10種目の記録をkirokuに代入する
```

分析結果を見やすくするために，100m (x_1)，400m (x_5)，110mH (x_6)，1500m (x_{10}) の符号を負にする。

```
> kiroku[, c(1, 5, 6, 10)] <- -kiroku[, c(1, 5, 6, 10)]
>                          # - を付けて100m(x1), 400m(x5),
>                          # 110mH(x6), 1500m(x10) の符号を
>                          # 変える
```

VSS.scree() 関数を用いてスクリーテスト，fa.parallel() 関数を用いて並行分析，VSS() 関数を用いて MAP テストの結果を見ておく。VSS() 関数は因子数を決めるために VSS を求める関数となっているので，ベライサーの MAP テストの結果だけを参考にする。

```
> par(cex = 1.5)            # 文字サイズを1.5倍にする
> VSS.scree(kiroku)          # スクリーテスト
> par(cex = 1.3)            # 文字サイズを1.3倍にする
> fa.parallel(kiroku, fa = "pc", ntrials = 100)   # 並行分析
> par(cex = 1.0)            # 文字サイズを標準に戻す
> VSS(kiroku)                # MAP テストの結果のみを利用する
.....
Velicer MAP
[1] 0.06 0.04 0.07 0.09 0.14 0.19 0.31 0.58
.....
```

図8.2に示すスクリープロットによれば相関係数行列の第2固有値と第3固有値のギャップが大きく，第4固有値と第5固有値のギャップも大きいので，主成分の数は2ないしは4とするのがよいと推測される。また，図8.3の並行テストとMAPテストはいずれも2を最適とする。以上の基準から判断するなら，主成分の数は2となる。しかし，第1主成分から第10主成分までの累積分散説明率が

```
> bunsan <- eigen(cor(kiroku))$values   # 主成分の分散
>                                        # cumsum() 関数は累積和を返す
> round(cumsum(bunsan / 10 * 100), 1)   # 累積分散説明率
 [1]  27.5  47.5  58.2  68.6  77.1  83.8  89.1  93.9  97.1 100.0
```

であるから，第2主成分までの累積分散説明率が47.5%と小さいので，2つの主成分だけでは観測変数のもつ情報を十分に集約できるとは言えない。主成分の累積分散説明率の基準値を70%とした場合，第4主成分までの累積分散説明率が68.6%であるから，ここでは主成分の数を4と判断し，主成分分析を行った。結果を以下に示す。

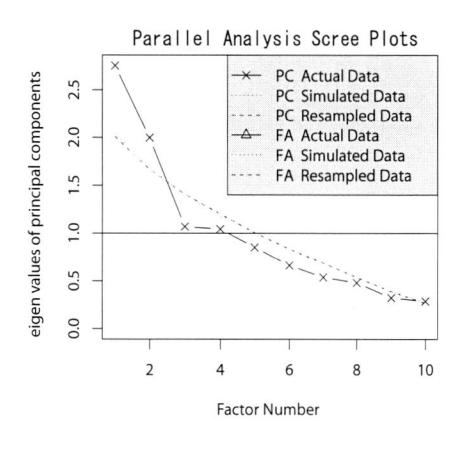

図8.2 十種競技データのスクリーテスト　　図8.3 十種競技データの並行テスト

```
> pr4 <- principal(kiroku, nfactors = 4, rotate ="none",
+                  scores = TRUE)                    # 主成分数 =4
> pr4
Principal Components Analysis
Call: principal(r = kiroku, nfactors = 4, rotate = "none", scores = TRUE)
Standardized loadings based upon correlation matrix
     PC1   PC2   PC3   PC4   h2   u2    # (a) 主成分負荷量
x1  0.57  0.46 -0.11 -0.50 0.80 0.20    # 100m
x2  0.70  0.24  0.24 -0.01 0.60 0.40    # 走幅跳
x3  0.56 -0.65 -0.12 -0.05 0.75 0.25    # 砲丸投
x4  0.27 -0.06  0.86  0.20 0.85 0.15    # 走高跳
x5  0.53  0.60 -0.29  0.06 0.73 0.27    # 400m
x6  0.68  0.24  0.14 -0.25 0.60 0.40    # 110mH
x7  0.55 -0.66 -0.13 -0.02 0.76 0.24    # 円盤投
x8  0.48 -0.12  0.10  0.26 0.32 0.68    # 棒高跳
x9  0.48 -0.46 -0.28  0.21 0.56 0.44    # やり投
x10 0.24  0.47 -0.20  0.76 0.89 0.11    # 1500m

                  PC1  PC2  PC3  PC4
SS loadings      2.75 2.00 1.07 1.04    # (b) 寄与
Proportion Var   0.28 0.20 0.11 0.10    # (c) 分散説明率
Cumulative Var   0.28 0.48 0.58 0.69    # (d) 累積分散説明率
```

(a) 欄の PC1 から PC4 の下に並ぶ数値は主成分負荷量と呼ばれ，観測変数と主成分の相関係数を表し，これを用いて主成分の意味を解釈する．観測変数 j の第 s 主成分の主成分負荷量 a_{js} は，重み w_{js} と主成分の標準偏差 $S(y_s)$ を用いて

$$a_{js} = w_{js}S(y_s) = w_{js}\sqrt{\lambda_s} \tag{8.13}$$

として求めることができる。ただし，主成分ごとに重みの2乗和は1である（$\sum_{j=1}^{p} w_{js}^2 = 1$）。主成分の標準偏差は正であるから，主成分負荷量と重みの符号は同一であり，重みが大きいほど，つまり観測変数の主成分に対する寄与が大きいほど主成分負荷量も大きい。ここで，λ_s は観測変数の相関係数行列の第 s 固有値である。

主成分負荷量から主成分を解釈してみる。第1主成分は走高跳と1500m走を除く種目がすべて正の大きな負荷量を示しているので，総合的な身体能力の高さを表す。第2主成分は100m，400m，1500mが正で，砲丸投，円盤投，やり投が負であるから，投擲種目よりも短・中・長距離種目を得意としている選手は第2主成分得点が大きい。つまり，第2主成分は走力と投擲力の対比を表す。第1主成分の負荷量が同一符号であるから，必ず第2主成分以下には正負の負荷量が混在し，このように個人内における観測変数の対比を表す主成分となる。第3主成分は走高跳の負荷量のみが0.86と大きく，幅跳が0.24で，400mが –0.29，やり投が –0.28，1500mが –0.20であるから，第3主成分は跳躍力と走力の対比を表す主成分と言ってもよいであろう。また，絶対値で大きな負荷量に注目すると第4主成分は1500mが正で100mが負であるから，長距離と短距離の走力の対比を表す。

(a) 欄のh2は4つの主成分を用いて観測変数を重回帰予測したときの決定係数であり，共通性と呼ばれる。主成分得点が無相関の場合，主成分負荷量の2乗和が共通性に等しい。この事例では，第4主成分までを合成することによっておおむね大きな共通性を得ているが，棒高跳の共通性が0.32とやや小さい。棒高跳は他の9種目で必要とする身体能力との共有部分が少ない種目と言える。なお，u2は1から決定係数を引いた値であり，非決定係数に相当し，独自性とも呼ばれる。

(b) 欄のSS loadingsは主成分負荷量の縦2乗和であり，初期解では各主成分の分散に等しい。この分散は観測変数の相関係数行列の固有値に一致するが，主成分軸を回転した後は固有値とは一致しない。(c) 欄のProportion Varはその分散説明率（寄与率），(d) 欄のCumulative Varは累積分散説明率（累積寄与率）である。

主成分分析を行うと多様な統計量が出力されるが，報告書には主成分負荷量，共通性，寄与，分散説明率，累積分散説明率を記載する。

練習2 観測変数の値（kiroku）と主成分得点（pr4$scores）の相関係数を求め，主成分負荷量の値と一致することを確認しなさい。

以下の通り一致する。

```
> round(cor(kiroku, pr4$scores), 2)
     PC1   PC2   PC3   PC4
x1  0.57  0.46 -0.11 -0.50    # 100m
x2  0.70  0.24  0.24 -0.01    # 走幅跳
x3  0.56 -0.65 -0.12 -0.05    # 砲丸投
x4  0.27 -0.06  0.86  0.20    # 走高跳
x5  0.53  0.60 -0.29  0.06    # 400m
x6  0.68  0.24  0.14 -0.25    # 110mH
x7  0.55 -0.66 -0.13 -0.02    # 円盤投
x8  0.48 -0.12  0.10  0.26    # 棒高跳
x9  0.48 -0.46 -0.28  0.21    # やり投
x10 0.24  0.47 -0.20  0.76    # 1500m
```

練習3　合成する主成分の数を5として主成分負荷量を求め，主成分の数を4としたときの値と比べなさい．

`principal(kiroku, nfactors = 5, rotate = "none")` として計算命令を送ればよい．ここでは出力を省略するが，主成分は第1主成分から順に合成されていくので，合成する主成分の数を増やしても，それ以前に合成された主成分の負荷量は変わらない．

■主成分得点と重み

`principal()` 関数で求めた主成分得点の平均と分散共分散行列は以下の通りである．

```
> prinscores <- pr4$scores[,]    # 主成分得点を prinscores に代入
> colMeans(prinscores)           # 各主成分の平均
         PC1           PC2           PC3           PC4
 2.266705e-17  9.540979e-18 -3.006854e-17 -1.850372e-18
> var(prinscores)                # 主成分の分散共分散行列
              PC1           PC2           PC3           PC4
PC1  1.000000e+00  1.159538e-15 -4.647620e-16 -1.515412e-15
PC2  1.159538e-15  1.000000e+00  2.122270e-16 -3.282516e-18
PC3 -4.647620e-16  2.122270e-16  1.000000e+00  2.269190e-15
PC4 -1.515412e-15 -3.282516e-18  2.269190e-15  1.000000e+00
```

第1主成分の平均として表示された2.266705e-17は2.266705×10^{-17}のことであるから，第1主成分の平均は0.0と言える．他の主成分も同様に0.0である．観測変数の標準得点を用いて主成分を合成したので，理論通りに主成分得点の平均は0.0となっている．

また，主成分得点の共分散も理論通りに0.0である．しかし，分散がすべて1.0である．合成得点の分散を最大化した合成変数が主成分であり，`principal()` も関数の内部では

そのように主成分を合成している．ところが，scoresとして代入された主成分得点は標準得点へ変換されている．分散を最大化した主成分得点 y_{is} をその標準偏差 $\sqrt{\lambda_s}$（観測変数の相関係数行列の第 s 固有値の正平方根に等しい）で割れば分散が1となるので，scores に代入された得点 y_{is}^* は，

$$y_{is}^* = \frac{y_{is}}{\sqrt{\lambda_s}} = \frac{w_{1s}x_{i1} + w_{2s}x_{i2} + \cdots + w_{ps}x_{ip}}{\sqrt{\lambda_s}} \\
= \frac{w_{1s}}{\sqrt{\lambda_s}}x_{i1} + \frac{w_{2s}}{\sqrt{\lambda_s}}x_{i2} + \cdots + \frac{w_{ps}}{\sqrt{\lambda_s}}x_{ip} \tag{8.14}$$

と定義される．principal() 関数は次に示す weights に式（8.14）の $w_{js}/\sqrt{\lambda_s}$ を代入して返してくる．weights は重みという意味であるが，この値は成分得点係数（component score coefficient）と呼ばれる．

```
> print(round(pr4$weights[,], 3))    # 成分得点係数
      PC1    PC2    PC3    PC4        # 成分得点係数
x1  0.208  0.231 -0.106 -0.480        # 100m
x2  0.253  0.119  0.227 -0.006        # 走幅跳
x3  0.203 -0.325 -0.108 -0.046        # 砲丸投
x4  0.098 -0.028  0.801  0.195        # 走高跳
x5  0.191  0.300 -0.273  0.058        # 400m
x6  0.246  0.123  0.127 -0.235        # 110mH
x7  0.200 -0.332 -0.124 -0.021        # 円盤投
x8  0.174 -0.063  0.090  0.254        # 棒高跳
x9  0.173 -0.230 -0.262  0.200        # やり投
x10 0.088  0.233 -0.190  0.724        # 1500m
```

練習 4 主成分の分散を最大化するための重み w_{js}（$\sum_{j=1}^{p} w_{js}^2 = 1$ を満たす）を求めなさい．

weights に $w_{js}/\sqrt{\lambda_s}$ が代入されているので，weights の各列の値に観測変数の相関係数行列の第 s 固有値の平方根（$\sqrt{\lambda_s}$）を掛ければよい．

```
> val <- eigen(cor(kiroku))$values[1:4]   # 主成分の分散
> sys <- diag(sqrt(val))          # 主成分の標準偏差（SD）
> wjs1 <- pr4$weights %*% sys   # weights の各列に SD を掛ける
> round(wjs1, 3)
      [,1]   [,2]   [,3]   [,4]
x1   0.345  0.326 -0.109 -0.490
x2   0.420  0.168  0.234 -0.006
.....
x10  0.145  0.329 -0.197  0.740
```

あるいは loadings に主成分負荷量が代入されているので，各列の値を $\sqrt{\lambda_s}$ で割ればよい。

```
> invsys <- solve(sys)           # SDの逆数を対角要素とする
> wjs2 <- pr4$loadings %*% invsys # loadingsの各列に
                                 # SDの逆数を掛ける
> round(wjs2, 3)
      [,1]   [,2]   [,3]   [,4]
x1   0.345  0.326 -0.109 -0.490
x2   0.420  0.168  0.234 -0.006
.....
x10  0.145  0.329 -0.197  0.740
```

重みの積和を求める。

```
> round(t(wjs2) %*% wjs2, 6)    # 重みの積和（列2乗和=1，その他=0）
     [,1] [,2] [,3] [,4]        # t(wjs2)は行列wjs2の転置行列
[1,]   1    0    0    0
[2,]   0    1    0    0
[3,]   0    0    1    0
[4,]   0    0    0    1
> #                             round(crossprod(wjs2), 6)
> #                             としてもよい
```

8.3.2　主成分の回転解

十種競技の初期解では第1主成分を「総合的身体能力」，第2主成分を「投擲力と走力の対比」，第3主成分を「跳躍力と走力の対比」，第4主成分を「長距離と短距離の対比」と解釈することができた。しかし，比較的大きな分散をもつ主成分であっても容易に解釈できないことがあるので，主成分軸を回転することがある。回転後の合成変数を主成分と呼ぶべきかどうかは意見の分かれるところであるが，解釈しやすい合成変数になることに異論はないであろう。

principal() 関数は初期設定として主成分軸をバリマックス回転することとなっているので，以下では回転方法を指定せずに主成分分析を実行してみる。

```
> library(psych)                    # psych パッケージの読み込み
> 十種記録 <- read.table("十種競技.txt", header = TRUE)
> kiroku <- 十種記録[, 2:11]        # 10種目の記録を kiroku に代入する
> kiroku[, c(1, 5, 6, 10)] <- -kiroku[, c(1, 5, 6, 10)]
> prvari4 <- principal(kiroku, nfactors = 4,
+                      scores = TRUE)                # 主成分数 =4
> prvari4
Principal Components Analysis
Call: principal(r = kiroku, nfactors = 4, scores = TRUE)
Standardized loadings based upon correlation matrix
      RC2   RC1   RC4   RC3    h2   u2   # (a) 主成分負荷量
x1  -0.02  0.89 -0.06 -0.12  0.80 0.20   # 100m
x2   0.19  0.61  0.19  0.39  0.60 0.40   # 走幅跳
x3   0.84  0.09 -0.16  0.07  0.75 0.25   # 砲丸投
x4   0.01  0.04 -0.03  0.92  0.85 0.15   # 走高跳
x5  -0.04  0.67  0.51 -0.15  0.73 0.27   # 400m
x6   0.17  0.72  0.02  0.22  0.60 0.40   # 110mH
x7   0.86  0.06 -0.14  0.06  0.76 0.24   # 円盤投
x8   0.39  0.15  0.25  0.29  0.32 0.68   # 棒高跳
x9   0.73  0.01  0.16 -0.05  0.56 0.44   # やり投
x10 -0.05  0.06  0.94  0.05  0.89 0.11   # 1500m

                    RC2   RC1   RC4   RC3
SS loadings        2.20  2.16  1.31  1.19   # (b) 寄与
Proportion Var     0.22  0.22  0.13  0.12   # (c) 分散説明率
Cumulative Var     0.22  0.44  0.57  0.69   # (d) 累積分散説明率
```

principal() 関数は回転後の主成分の分散の大きさに応じて便宜的に主成分負荷量を並べ替えているので，(a) 欄に表示されている通り，主成分の並びが RC2, RC1, RC4, RC3 となっている．しかし，初期解と回転後の主成分は対応関係がないので，主成分の番号は無視してよい．したがって，ここでは，左から第1，第2，第3，第4主成分と呼んでおく．数値の読み取り方は初期解の場合と同様である．

第1主成分は投擲力である．第1主成分では棒高跳の負荷量もやや大きいが，この種目はポールの撓りを上昇運動へ利用する強い筋力を必要とするので，投擲種目と一緒に1つの主成分を合成したものと考えられる．

第2主成分は100m，110mH，400m，走幅跳の負荷量が大きいので，瞬発系の身体能力を必要とする短距離の走力を表す．

第3主成分は1500mの負荷量が特に大きいので，持久力を必要とする長・中距離の走力である．400mは点差がつきにくい種目である上に，短距離を得意とする選手も長距離

を得意とする選手も好記録を残すことができるので，第2主成分と第3主成分にまたがって負荷が大きくなっているのであろう．

第4主成分は走高跳と走幅跳の負荷量が大きいので跳躍力である．

このように見てくると，回転後はすべての主成分で負荷量の符号が一致しているので，観測変数の対比を考える必要はなく，主成分の解釈が容易になっている．

練習5 主成分軸へオブリミン回転（斜交回転）を施し，バリマックス回転解と比べなさい．

principal() 関数の引数として rotate = "oblimin" を指定すればよい．以下の結果を見ると各主成分の意味はバリマックス回転解と同様である．(e) 欄の With factor correlations of は主成分の相関係数であるが，斜交回転を行っても相関が小さいので，回転後の4つの主成分はほぼ無相関と言えよう．

```
> principal(kiroku, nfactors = 4, rotate = "oblimin")
                                        # oblimin 回転
Principal Components Analysis
Call: principal(r = kiroku, nfactors = 4, rotate = "oblimin")
Standardized loadings based upon correlation matrix
     TC2   TC1   TC4   TC3   h2   u2    # (a) 主成分負荷量
x1  -0.05  0.92 -0.14 -0.10 0.80 0.20   # 100m
x2   0.14  0.56  0.16  0.38 0.60 0.40   # 走幅跳
x3   0.85  0.03 -0.11  0.01 0.75 0.25   # 砲丸投
x4  -0.05 -0.03 -0.01  0.93 0.85 0.15   # 走高跳
x5  -0.05  0.63  0.45 -0.16 0.73 0.27   # 400m
x6   0.13  0.70 -0.02  0.22 0.60 0.40   # 110mH
x7   0.86  0.00 -0.09  0.00 0.76 0.24   # 円盤投
x8   0.38  0.06  0.28  0.26 0.32 0.68   # 棒高跳
x9   0.75 -0.07  0.21 -0.11 0.56 0.44   # やり投
x10 -0.04 -0.05  0.95  0.02 0.89 0.11   # 1500m

                   TC2  TC1  TC4  TC3
SS loadings       2.23 2.11 1.32 1.20   # (b) 寄与
Proportion Var    0.22 0.21 0.13 0.12   # (c) 分散説明率
Cumulative Var    0.22 0.43 0.57 0.69   # (d) 累積分散説明率

 With factor correlations of      # (e) 主成分の相関係数行列
      TC2   TC1   TC4   TC3
TC2  1.00  0.11 -0.05  0.15
TC1  0.11  1.00  0.19  0.07
TC4 -0.05  0.19  1.00  0.02
TC3  0.15  0.07  0.02  1.00
```

あるいは，GPArotation パッケージを読み込み，oblimin() 関数の引数として初期解の負荷量を指定してもよい。この関数では (c) 欄に Phi: として主成分の相関係数行列が出力される。

```
> install.packages("GPArotation")   # パッケージのインストール
> library(GPArotation)
> pr4 <- principal(kiroku, nfactors = 4, rotate ="none")
> oblimin(pr4$loadings)             # pr4に初期解が保存されている
Oblique rotation method Oblimin Quartimin converged.
Loadings:                           # (a) 主成分負荷量
        PC1      PC2      PC3       PC4
x1   0.91871   0.0550  -0.10300  -0.13636  # 100m
x2   0.55561  -0.1419   0.37961   0.16352  # 走幅跳
x3   0.02994  -0.8480   0.00813  -0.10979  # 砲丸投
x4  -0.02811   0.0501   0.93025  -0.00697  # 走高跳
x5   0.63261   0.0496  -0.16228   0.45340  # 400m
x6   0.69919  -0.1263   0.22002  -0.02422  # 110mH
x7   0.00186  -0.8650  -0.00447  -0.08872  # 円盤投
x8   0.06487  -0.3783   0.25763   0.27509  # 棒高跳
x9  -0.06615  -0.7465  -0.11418   0.21154  # やり投
x10 -0.04617   0.0412   0.01832   0.94576  # 1500m

Rotating matrix:                    # (b) 主成分軸の回転
        [,1]     [,2]     [,3]     [,4]    # 行列
[1,]  0.6240  -0.578   0.2165   0.220
[2,]  0.5448   0.762  -0.0137   0.341      # レポート等に記載
[3,] -0.0489   0.325   0.9639  -0.269      # する必要はない
[4,] -0.6090  -0.142   0.2230   0.899

Phi:                                # (c) 回転後の主成分
        [,1]     [,2]     [,3]     [,4]    # の相関係数行列
[1,]  1.0000  -0.1149   0.0732   0.1941
[2,] -0.1149   1.0000  -0.1479   0.0541    # レポート等に記載
[3,]  0.0732  -0.1479   1.0000   0.0177    # する必要がある
[4,]  0.1941   0.0541   0.0177   1.0000
```

計算アルゴリズムが異なるので，主成分の順番が principal() 関数の結果と異なる。また，主成分軸の符号には不定性があるので，PC2の主成分負荷量と他の主成分との相関係数の符号を変えた方が主成分を解釈しやすい。

9章
独立成分分析

〈特徴〉

　独立成分分析は観測変数が未知の成分（信号）から合成されていると見なし，観測変数をその未知成分へ分解する。これをブラインド信号源分離と呼ぶ。独立成分分析は1990年代に研究が始まり，ブラインド信号源分離を行う技術として脳科学研究者や通信技術研究者の注目を浴び，脳波図（EEG）や脳磁気図（MEG）データなどの生体信号の解析，また，画像データの特徴抽出などに利用されている。

　これまで心理・教育の調査データに利用される機会は少なかったが，今後，利用される機会が増えていくと思われる。

〈注意点〉

　分析したデータによっては，関数が返してくる解が常に独立成分とは限らないので，解を何度か求めてみることが望まれる。

9.1 カクテルパーティー効果

駅の雑踏や賑やかなパーティーの中にいても，雑音の中から話し相手の声だけを聞き分けることができる．また，録音した授業の様子を再生してみると，カツカツという音が聞こえてくる．これは受講者の記憶には残っていないが，板書の際にチョークと黒板が触れる音である．

人は，このように複数の信号音が混在する中にいても，環境に対して選択的な注意が働き，必要な信号音だけを聞き分けることができる．この現象は古くからカクテルパーティー効果として知られている．独立成分分析はカクテルパーティー効果のように，混合した信号を元の信号に分離する統計解析技法である．

9.2 独立成分分析とは

9.2.1 独立と無相関

主成分分析の初期解では主成分得点が無相関であったが，独立とは限らない．統計的には無相関と独立は異なる概念であるから，はじめに2つの違いを見ておく．

図9.1は変数s_1と変数s_2の相関図である．横軸s_1の値を固定して縦軸s_2の分布を見ていくと，横軸の値のどこに取ってもs_2は0.0を中心として上下に一様に分布しているので，s_1とs_2は無相関である．

次に，s_1とs_2から適当に合成した2つの変数をx_1とx_2とし，2変数の相関図を図9.2に示した．この相関図でも，横軸の値をどこに固定してもx_2は0.0を中心として上下に一様に分布しているので，x_1とx_2も無相関である．しかし，x_1が0.0に近いときはx_2が幅広く分布しているが，x_1が最小値（$-\sqrt{2}/2$）もしくは最大値（$\sqrt{2}/2$）に近づくとx_2が0.0に近い範囲でしか分布していないので，x_2の分布がx_1に依存していることがわかる．見方を逆にしても同様である．したがって，x_1とx_2は無相関であるが，独立ではない．これに対し，元の変数のs_1とs_2は無相関であり，かつ独立でもある．独立成分とは，図9.1に示したs_1とs_2のような独立関係にある変数のことを指す．2変数が無相関であっても独立とは限らないが，2変数が独立であれば無相関である．

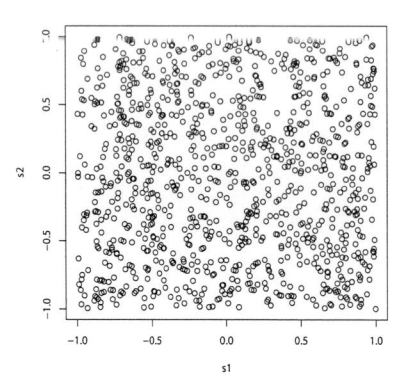

図9.1　無相関であり独立の2変数

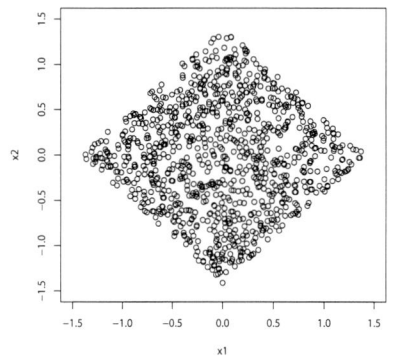

図 9.2　無相関であるが独立ではない 2 変数 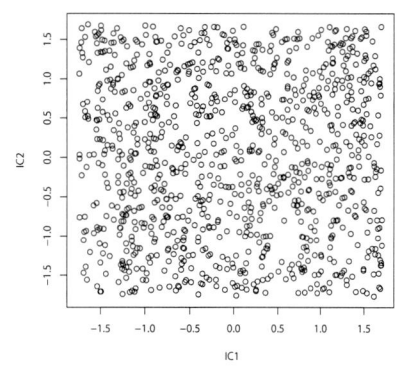　　　図 9.3　x_1 と x_2 から求めた独立成分の相関図

9.2.2　人工的な観測信号の独立成分分析

独立成分分析は独立関係にある複数の独立成分が観測変数を形成していると仮定し，観測変数を独立成分へ分解する．たとえば，図 9.2 に示した観測変数 x_1 と x_2 を 2 つの独立成分 IC_1 と IC_2 へ分解してみた．その相関図は図 9.3 に示した通りであり，観測変数が独立成分へ分解されたことがわかる．しかも，2 つの独立成分（IC_1 と IC_2）と元の独立成分（s_1 と s_2）の相関係数は $r(IC_1,s_1) = 1.00$，$r(IC_2,s_2) = -1.00$ であるから，観測変数をそれを形成した独立成分へ正しく戻すことができている．IC_2 と s_2 の符号が異なるが，独立成分の符号は不定であるから符号の違いは本質的な問題ではない．

また，図 9.4 に 3 つの源信号，それを適当に合成した 3 つの観測信号（観測変数），そし

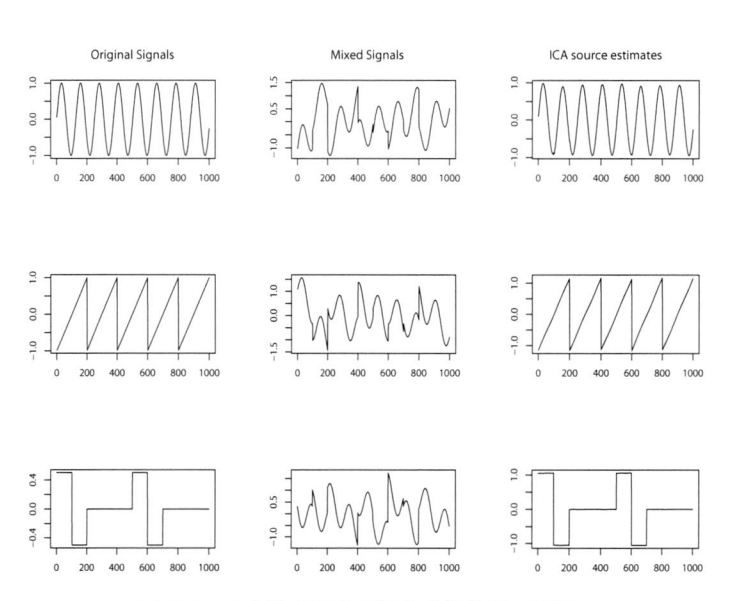

図 9.4　3 変数 3 信号の独立成分分析の結果

て観測信号から求めた推定信号を示す．第1列の Original Signals が源信号であり，信号が出現した時点を横軸，信号の強さを縦軸に取り，波形が見やすいように線分で結んである．第2列の Mixed Signals に示した3行の波形が，源信号から合成された観測信号である．そして，この観測信号から推定した信号を第3列に示した．推定信号の順番，符号，大きさは不定であるから，源信号と推定信号を比較しやすいように3つの推定信号を配列した．観測信号（Mixed Signals）の波形を見ただけでは源信号の波形をまったく推測することはできないが，独立成分分析により観測信号からほぼ正確に源信号を推定できたことがわかる．

9.3　独立成分分析の定式化

本章では i を個人（測定時点），j を変数（測定部位）として観測変数（観測信号）の測定値を x_{ij} と表記する．独立成分分析はこの観測値 x_{ij} を

$$x_{ij} = a_{1j}s_{i1} + a_{2j}s_{i2} + \cdots + a_{mj}s_{im} \tag{9.1}$$

と分解する．ここで，s_{ik} は個人 i の第 k 独立成分（源信号）の値，a_{kj} は第 k 独立成分を観測変数 j へ混合させる混合係数である．また，m は独立成分の数である．添え字の付け方はパッケージや資料によって異なるが，ここでは本章で利用する fastICA パッケージ[*1] の手引き書と出力に合わせた．

■因子分析モデルとの関係

因子分析のモデル式は測定値を

$$x_{ij} = a_{j1}f_{i1} + a_{j2}f_{i2} + \cdots + a_{jm}f_{im} + e_{ij} \tag{9.2}$$

と分解する．ここで，f_{ik} は個人 i の因子 k の因子得点，a_{jk} は観測変数 j の因子 k に対する因子負荷量，e_{ij} は個人 i の観測変数 j の独自因子得点である．独立成分分析と因子分析のモデル式を見比べると，独立成分が因子に対応し，混合係数が因子負荷量に対応していることがわかる．混合係数と因子負荷量に見られる添え字の違いは本質的な違いではないから，2つのモデルの違いは誤差 e_{ij} の有無にある．ところが，単に独立成分分析と言う場合は式（9.1）のモデルのモデル式を指すが，右辺にノイズを加えた noisy 独立成分分析（ノイズあり独立成分分析，独立因子分析[*2]）が開発されており，測定値を

[*1] Marchini, J. L., Heaton, C., & Ripley, B. D. (2009). *fastICA: FastICA Algorithms to perform ICA and Projection Pursuit.*

$$x_{ij} = a_{1j}s_{i1} + a_{2j}s_{i2} + \cdots + a_{mj}s_{im} + e_{ij} \tag{9.3}$$

と分解する．したがって，モデル式を見ただけでは独立成分分析と因子分析を区別することはできない．2つのモデルの違いは，推定する成分もしくは因子に独立性を仮定するか否かにある．

■主成分分析モデルとの関係

次式のように測定値を合成して独立成分を復元することがある．

$$s_{ik} = u_{1k}x_{i1} + u_{2k}x_{i2} + \cdots + u_{pk}x_{ip} \tag{9.4}$$

ここで，u_{jk} は観測変数 j を用いて独立成分 k を復元するための係数であるが，s_{ik} を合成するための重みと見なすことができる．したがって，この場合には独立成分分析と主成分分析が見かけの上では等しくなる．2つ分析の違いは，合成得点に独立性を仮定するか否かである．

■主要なアルゴリズム

独立成分分析の目的は観測値 x_{ij} から独立成分 s_{ik} と混合係数 a_{kj} を求めることにある．このとき，独立成分 s_{ik} が相互に独立であると仮定するので，因子分析や主成分分析をそのまま利用しても，それに成功するとは限らない．実際，図9.4に示した観測信号を主成分分析しても（主成分軸を回転してもしなくても），源信号を正しく推定できない．そのため，今日まで多数の計算アルゴリズムが提案されており，R上でもFastICA，JADE，Pearson-ICAなどの計算アルゴリズムを利用することができる．また，観測変数の3次までの積率とその漸近分散共分散行列を用いる独立成分分析も提案されている[*3]．

本章ではノイズを仮定しない式(9.1)の独立成分分析に焦点を当て，FastICAアルゴリズムを実装した`fastICA`パッケージを利用する．`fastICA`は fast fixed-point algorithms for independent component analysis の fastICA である．

9.4 fastICA パッケージを用いた独立成分分析

正規分布に従う変数は独立とはならないので，独立成分分析は非正規性を手掛かりとして独立成分とその混合係数を推定する．そのためには変数の非正規性を示す指標が必要と

[*2] Attias H. (1999). Independent Factor Analysis. *Neural Computation*, 11, 803-851.
[*3] 豊田秀樹 (2007). 共分散構造分析［理論編］―構造方程式モデリング　朝倉書店

なるが，4次のキュムラント（κ_4）や尖度（= κ_4/分散の2乗）を利用することができる。変数が正規分布に従うときはκ_4や尖度が0.0になるので，こうした統計量が0.0から大きく異なることを規準として独立成分と混合係数を求める。

fastICAパッケージのfastICA()関数はキュムラントよりも頑健と言われるネゲントロピー（neg-entropy；負のエントロピー）を非正規性の指標として使う。実際の計算ではネゲントロピーの近似式である

$$J(y) = [E\{G(y)\} - E\{G(v)\}]^2 \tag{9.5}$$

を最大化する独立成分を不動点法と呼ばれる方法を用いて求める。ここで，変数yが独立成分であり，平均が0.0，分散が1.0と仮定される。vは標準正規分布に従う変数である。そして，関数$G(u)$は非2次関数であり，fastICA()関数には対数双曲線余弦関数$G(u) = \alpha^{-1}\log[\cosh(\alpha u)](1 \leq \alpha \leq 2)$と指数関数$G(u) = -\exp(-u^2/2)$がオプションとして用意されている。$E\{G(u)\}$は関数$G(u)$の期待値（平均）を求めることを意味する。また，双曲線余弦関数は指数関数を用いて$\cosh(x) = (e^x + e^{-x})/2$と定義される。

■ fastICA()関数の書式

多数の引数を指定できるが，基本的な書式は以下の通りである。

```
fastICA( 素データを代入したオブジェクト名 ,
         n.comp = 独立成分の数 , fun = "非2次関数名 ")
```

素データを代入したオブジェクト名　行を個人（測定時点），列を観測変数（測定部位）として素データを代入したオブジェクト名である。

n.comp = 独立成分の数　独立成分の数へ抽出する独立成分の数を指定する。

fun = "非2次関数名"　ネゲントロピーの近似式を計算するときに用いる非2次関数$G(u)$を指定する。この初期設定は対数双曲線余弦関数（"logcosh"）であるから，指数関数を利用するときに限り fun = "exp" とすればよい。

■ fastICA()関数から返される行列

fastICA()関数はX, K, W, A, Sという5つの行列を返してくる。個人の数をn，観測変数の数をp，独立成分の数を$m(\leq p)$とすると，Xは$n \times p$次，Kは$p \times m$次，Wは$m \times m$次，Aは$m \times p$次，Sは$n \times m$次の行列である。ここで，5つの行列の内容と相互の関係を見ておく。

FastICAアルゴリズムは観測変数から独立成分を分離する前に素データの中心化（centering）と白色化（whitening，球状化ともいう）を行う。中心化とは素データから観測変数の平均を引き，観測変数の平均を0.0へ揃える処理である。fastICA()関数が返すX

には素データに中心化を施した行列が代入される。また，白色化とは中心化された行列 X の主成分得点を求め，無相関化を施す処理である。行列 K はその主成分得点を合成する重み行列（白色化行列と呼ばれる）である。したがって，XK が主成分得点（分散は1）となる。そして，FastICA アルゴリズムは推定すべき独立成分を入れた行列を S として

$$XKW = S \tag{9.6}$$

とおき，独立成分 S のネゲントロピーを最大化する行列 W を求める。W は白色化された行列 XK を独立成分 S へ分離する行列なので，分離行列（unmixing matrix）と呼ばれる。ここで，式 (9.6) は KW の一般化逆行列 $(KW)^-$ を用いて

$$X = S(KW)^- \tag{9.7}$$

と変形できる。

一方，式 (9.1) を行列を用いて表記すると，混合係数 a_{kj} を入れた混合行列 A により，独立成分 S が

$$X = SA \tag{9.8}$$

としてへ行列 X へ混合される。したがって，混合行列 A と白色化行列 K と分離行列 W は

$$A = (KW)^- \tag{9.9}$$

という関係にある。

練習1 fastICA パッケージの HTML ヘルプにある Example 1 を実行し，観測データの主成分得点が独立ではないことを確かめなさい。

行列 S（5000行×2列の一様乱数）を源信号，行列 A（2行×2列）を混合行列とし，2つの行列の積により観測信号 X を作る。

```
> install.packages("fastICA")   # fastICA パッケージのインストール
> library(fastICA)
> S <- matrix(runif(10000), 5000, 2)              # 源信号
> A <- matrix(c(1, 1, -1, 3), 2, 2, byrow = TRUE) # 混合行列
> X <- S%*%A                                       # 観測信号
```

そして，fastICA() 関数を用いて観測信号から源信号を分離する。分析結果は a に代入される。

```
> a <- fastICA(X, 2, alg.typ = "parallel",
+               fun = "logcosh", alpha = 1,
+               method = "C", row.norm = FALSE, maxit = 200,
+               tol = 0.0001, verbose = TRUE)
Centering
Whitening
Symmetric FastICA using logcosh approx. to neg-entropy function
Iteration 1 tol=0.000015
```

ここでは1回の反復計算で解が収束しているが，初期値に乱数を用いるので，実行する度に反復回数が異なる。

次に，グラフィック画面を横に3分割する。

```
> par(mfrow = c(1, 3))
```

そして，画面の左から，中心化を施した観測信号X，主成分得点XK，独立成分Sの散布図を示す。

```
> plot(a$X, main = "Pre-processed data")      # 観測信号
> plot(a$X %*% a$K, main = "PCA components")  # 主成分得点
> plot(a$S, main = "ICA components")          # 独立成分
```

中央に描画される相関図（ここでは省略）により，主成分得点が独立ではないことを視覚的に理解できよう。また，第3列に表示された独立成分の散布図が長方形に見えないときは，再度，Example 1を実行する。

練習2 fastICAパッケージのHTMLヘルプにあるExample 2を実行し，推定された独立成分と主成分得点とを比較しなさい。

図を比較しやすいように，Example 2の

　　par(mfcol = c(2, 3))

を

　　par(mfcol = c(2, 4))

へ変更した上でExample 2のスクリプトを実行する。

```
> #-------------------------------------------
> #Example 2: un-mixing two independent signals
> #-------------------------------------------
>
```

```
> S <- cbind(sin((1:1000)/20), rep((((1:200)-100)/100), 5))
> A <- matrix(c(0.291, 0.6557, -0.5439, 0.5572), 2, 2)
> X <- S%*%A
> a <- fastICA(X, 2, alg.typ = "parallel", fun = "logcosh", alpha = 1,
+              method = "R", row.norm = FALSE, maxit = 200,
+              tol = 0.0001, verbose = TRUE)
.....
> par(mfcol = c(2, 4))
> plot(1:1000, S[,1 ], type = "l", main = "Original Signals",
+      xlab = "", ylab = "")
> plot(1:1000, S[,2 ], type = "l", xlab = "", ylab = "")
> plot(1:1000, X[,1 ], type = "l", main = "Mixed Signals",
+      xlab = "", ylab = "")
> plot(1:1000, X[,2 ], type = "l", xlab = "", ylab = "")
> plot(1:1000, a$S[,1 ], type = "l", main = "ICA source estimates",
+      xlab = "", ylab = "")
> plot(1:1000, a$S[, 2], type = "l", xlab = "", ylab = "")
```

そして,

```
> plot(a$X %*% a$K[,1], main = "PCA components",    # 第1主成分
+             type = "l", xlab = "", ylab = "")
> plot(a$X %*% a$K[,2], main = "",                  # 第2主成分
+             type = "l", xlab = "", ylab = "")
```

により,主成分得点の散布図を描く。図9.5の通り,主成分得点(第4列)が十分に源信号を推定できていないことがわかる。

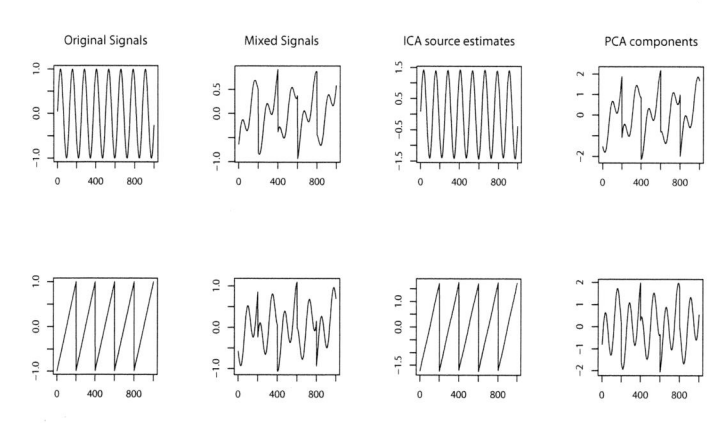

図9.5 Example 2で求めた独立成分と主成分得点

練習3 fastICAパッケージのHTMLヘルプにあるExample 2を実行し，混合行列Aと白色化行列Kと分離行列Wが

$$A = (KW)^-\tag{9.10}$$

の関係にあることを確かめなさい。

Example 2のスクリプトをそのまま実行した後，以下を実行する。

```
> library(MASS)         # ginv()関数を使えるようにする
> a$A                   # 関数から返された混合行列A
          [,1]       [,2]
[1,] -0.1994271 0.3913777
[2,]  0.3809214 0.3171204
> ginv(a$K %*% a$W)     # 白色化行列Kと分離行列Wの
          [,1]       [,2]   # 積KWの一般化逆行列
[1,] -0.1994271 0.3913777
[2,]  0.3809214 0.3171204
```

■ iris データへの適用

Fisher[4]が発表したアヤメ科のアイリス・セトーサ (setosa)，アイリス・バーシカラー (versicolor)，アイリス・バージニカ (virginica) の「萼（がく，sepal）の長さと幅」「花弁 (petal) の長さと幅」はirisとしてRに登録されている。このirisの4変数に独立成分分析を適用して測定値を構成する「源信号」を求め，その「源信号」から種を分類できるかどうかを検討してみる。このアヤメのデータ（iris）はRをインストールするだけで利用できる。

はじめにパッケージとデータを読み込む。

```
> par(mfrow = c(1,1))
> library(fastICA)              # fastICAを読み込む
> data(iris)                    # アヤメデータを読み込む
> names(iris)                   # 変数名
[1] "Sepal.Length" "Sepal.Width"  "Petal.Length" "Petal.Width"
[5] "Species"
```

iris に代入されている5変数は順に，萼の長さ (Sepal.Length)，萼の幅 (Sepal.Width)，花弁の長さ (Petal.Length)，花弁の幅 (Petal.Width)，そして，種 (Species) で

---

[4] Fisher, R. A. (1936). The use of multiple measurements in taxonomic problems. *Annals of Eugenics*, 7, Part II, 179-188.

表 9.1　iris データの測定値の平均（標準偏差）

種 (Species)	萼の長さ (Sepal.Length)	萼の幅 (Sepal.Width)	花弁の長さ (Petal.Length)	花弁の幅 (Petal.Width)
setosa	5.01(0.35)	3.43(0.38)	1.46(0.17)	0.25(0.11)
versicolor	5.94(0.52)	2.77(0.31)	4.26(0.47)	1.33(0.20)
virginica	6.59(0.64)	2.97(0.32)	5.55(0.55)	2.03(0.27)

ある．測定値の平均（標準偏差）を表9.1に示す．平均値からバージニカは萼も花弁も大きく，セトーサは花弁の大きさに比べて萼が大きく，バーシカラーはバージニカほどではないが，セトーサよりも花弁の大きいことがわかる．

独立成分の数を2として4変数の値を源信号へ分離する．

```
> icar <- fastICA(iris[, 1:4], 2)   # 独立成分分析（信号数 =2）
```

混合行列は

```
> icar$A                              # 混合行列
#        萼の長さ     萼の幅    花弁の長さ    花弁の幅
              [,1]        [,2]         [,3]         [,4]
[1,]  0.4011147   0.3374892   0.1066053   0.04313622   # 信号1
[2,]  0.7011099  -0.2112354   1.7544900   0.73394708   # 信号2
```

である．行が信号の番号，列が4つの測定変数である．信号1（[1,]）の混合係数は萼の長さ（[,2]）と幅（[,3]）に対して大きいので，信号1は萼の絶対的な大きさを表す．また，信号2（[2,]）の混合係数は花弁の長さ（[,3]）と幅（[,4]），そして，萼の長さ（[,1]）に対して正で，萼の幅に対して負なので，信号2が大きい標本ほど，萼の幅に比べて花弁が大きく，萼も長いことになる．

4変数から分離した信号を散布図で表す．

```
> plot(icar$S, pch = as.integer(iris[, 5]),
+              col = as.integer(iris[, 5]),
+      cex.axis = 1.5, cex.lab = 1.5)   # 源信号の散布図
> text(locator(3), c("setosa", "versicolor", "virginica"),
+                                        cex = 1.5) # クリック
> # ○ (黒) = セトーサ (setosa)
> # △ (赤) = バーシカラー (versicolor)
> # ＋ (緑) = バージニカ (virginica)
```

散布図を図9.6に示す．図中の○印（黒）はセトーサ（setosa），△印（赤）はバーシカラー（versicolor），＋印（緑）はバージニカ（virginica）を表す．バーシカラーとバージニカの一部に重なりが見られるが，2つの信号によって3種がきれいに分類されている．

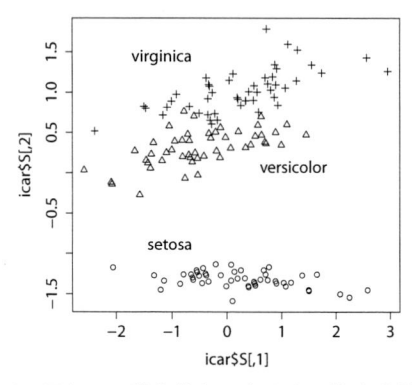

図 9.6　アヤメの萼と花弁の大きさの独立成分分析

練習 4　食行動訓練検証 .txt の保存されている 5 変数（560名）へ独立成分分析を適用し，独立成分得点（源信号）の散布図を描きなさい．

```
> par(mfrow = c(1,1))
> library(fastICA)                    # fastICA を読み込む
> set.seed(0)
> 訓練検証 <- read.table("食行動訓練検証 .txt", header = TRUE)
> names(訓練検証)                      # 変数名
[1] "制限" "恐怖" "嘔吐" "圧力" "食事" "群"
> icar <- fastICA(訓練検証[, 1:5], 2)  # 独立成分分析（信号数 =2）
> icar$A                              # 混合行列
#          制限      恐怖      嘔吐      圧力      食事
          [,1]      [,2]      [,3]      [,4]      [,5]
[1,] -1.188053 -4.0097672 -1.242094 1.002931 -0.2557867 # 第1成分
[2,]  1.300219  0.9436956  1.858449 3.032759 -1.8394951 # 第2成分
```

第 1 独立成分は圧力と恐怖，制限，嘔吐のコントラスト，第 2 独立成分は制限，恐怖，嘔吐，圧力と食事のコントラストを表す．独立成分得点の群別平均は

```
> round(sapply(data.frame(icar$S), tapply, 訓練検証[, 6], mean), 2)
      X1    X2
G1  0.03 -0.22
G2  0.54  2.11
G3 -1.02  1.63
```

である．第 1 独立成分に拒食群 G2 と過食群 G3 の違いが大きく，拒食群 G2 は肥満に対する恐怖はなく，食事に関して社会的な圧力を強く感じていることがわかる．

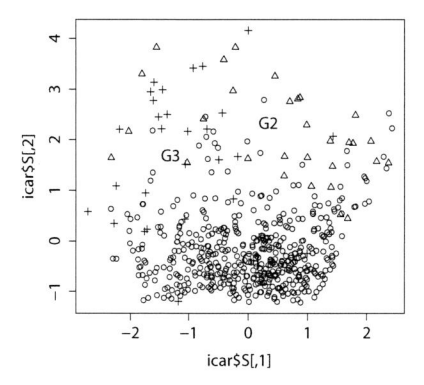

図 9.7　食行動データの独立成分分析

```
> plot(icar$S, pch = as.integer( 訓練検証 [, 6]),
+            col = as.integer( 訓練検証 [, 6]),
+      cex.axis = 1.5, cex.lab = 1.5)   # 源信号の散布図
> text(locator(3), c("G1", "G2", "G3"),
+                                       cex = 1.5) # クリック
> # ○（黒）= G1 健常群
> # △（赤）= G2 拒食群
> # ＋（緑）= G3 過食群
```

9.5　独立成分分析による2変数の因果分析

　さまざまな理由によって2変数の間に相関関係が生じるので，観測変数x_1とx_2の相関係数だけを考察しても，それが因果関係にもとづく相関なのか，疑似相関によるものなのかはわからない。

　通常，因果関係を仮定するときは回帰分析，疑似相関を仮定するときは因子分析を適用するが，2次の積率（分散共分散）にもとづく従来の回帰分析や因子分析ではモデルとデータが完全に適合する飽和モデルになるので，相関関係が生じた理由を特定することができない。しかし，もし2変数の間に因果関係があるなら，独立成分分析を適用することにより，因果の方向を特定できる可能性がある[5]。ここでは因果の方向が特定できているデータへ独立成分分析を適用し，そうした可能性を探ってみる。

---

[5]　Shimizu, S., Hyvärinen, A, Kano, Y., Hoyer, P. O., & Kerminen, A. J. (2006). Testing significance of mixing and demixing coefficients in ICA. In J. Rosca et al. (Eds.) *Independent Component Analysis and Blind Signal Separation, Lecture Notes in Computer Science 3889*, 901-908. Berlin: Springer-Verlag.

9.5.1 親子の身長の因果関係

UsingR パッケージ[*6]の galton はゴルドン（Galton）が1885年に子どもと両親の身長の相関を分析したときのデータ（928名），father.son はピアソン（Pearson）が回帰分析を研究したときに利用した父子の身長データ（1078名）である。いずれも単位はインチ（1インチ =2.54cm）である。子は親の遺伝子を受け継ぐので，両親（親）の身長が子の身長を決めるとは言えても，子どもの身長が親の身長を決めるとは言えない。ここでは，この2つのデータへ独立成分分析を適用して因果の方向を探ってみる。

■ galton データ

UsingR パッケージと galton データを読み込む。

```
> install.packages("UsingR")   # パッケージのインストール
> library(UsingR)
> data(galton)        # data() 関数により galton を読み込む
> cor(galton)         # 子の身長と親の身長の相関係数
          child     parent
child 1.0000000 0.4587624
parent 0.4587624 1.0000000
```

第1列が子どもの身長，第2列が両親の平均身長である。子と親の身長の相関係数は0.459であり，中程度の相関が認められる。

ここでは混合行列の要素，つまり混合係数を直感的に理解しやすいようにデータを標準化してから独立成分分析を行う。scale(galton) として身長を標準化する。fastICA() から返ってきた混合行列は

```
> gr <- fastICA(scale(galton), n.comp = 2)   # galton を標準化する
> gr$A                                        # 混合行列 A
#      x1(child)    x2(parent)
            [,1]         [,2]
[1,]  0.4703864   0.99937114    # 第1独立成分
[2,]  0.8818498  -0.01340655    # 第2独立成分
```

である。混合行列 A は，$X = SA$ とおいたときの混合行列であるから，3つの行列の要素の関係は

[*6] Verzani, J. (2009). *UsingR: Data sets for the text "Using R for Introductory Statistics"*.

$$x_{i1} = 0.470 s_{i1} + 0.882 s_{i2} \tag{9.11}$$
$$x_{i2} = 0.999 s_{i1} - 0.013 s_{i2} \tag{9.12}$$

である。ここで，x_{i1} と x_{i2} はそれぞれ i 組目の子の身長と両親の身長，s_{i1} と s_{i2} は i 組目の親子の第 1 独立成分と第 2 独立成分の推定値である。

混合行列 A の混合係数 a_{22} はきわめて小さいので 0 と見なしてもよいから，式（9.12）を

$$x_{i2} = 0.999 s_{i1} \tag{9.13}$$

と置くことができる。この式は両親の身長 x_{i2} と第 1 独立成分 s_{i1} が本質的には同一であることを意味する。このことは以下に示す観測値と独立成分の相関係数からも確認できる。[,1] と [,2] がそれぞれ第 1 独立成分と第 2 独立成分である。

```
> cor(galton, gr$S)              # 観測値と独立成分の相関係数
#     第1独立成分   第2独立成分
            [,1]          [,2]
child   0.47064    0.88232532
parent  0.99991   -0.01341377
```

$x_{i2} = 0.999\, s_{i1}$ と置くことができたので，$s_{i1} = x_{i2}/0.999$ の右辺を式（9.11）へ代入すると

$$x_{i1} = \frac{0.470}{0.999} x_{i2} + 0.882 s_{i2} \tag{9.14}$$

を得る。ここで，第 2 独立成分 s_{i2} は遺伝では決まらない子どもの身長成分である。

以上の結果から，両親の身長 x_{i2} が子の身長 x_{i1} を決めるとは言えても，その逆は言えないことがわかった。理屈通りの結論である。

なお，観測値から分離される独立成分に絶対的な順番はなく，独立成分の符号も任意であるから，混合行列 A の行を入れ替えてもよいし，行ごとに混合係数の符号を変えてもよい。このため，同一の観測値を分析しても，上記と同じ混合行列になるとは限らない。たとえば，以下の推定値も混合行列 A の 1 つの解である。

```
#      x1(child)    x2(parent)
           [,1]          [,2]
[1,] -0.8804606   0.01634976   # 第1独立成分
[2,] -0.4729815  -0.99932732   # 第2独立成分
```

■ father.son データ

father.son を読み込む。第1列が父の身長，第2列が子の身長である。データを読めたら父子の身長の相関を求める。

```
> data(father.son)    # data() 関数により father.son を読み込む
> cor(father.son)     # 父と子の身長の相関係数（fheight が父）
          fheight   sheight                   # (sheight が子)
fheight 1.0000000 0.5013383
sheight 0.5013383 1.0000000
```

galton データで見られた相関よりもわずかに大きい。

ここでも身長を標準化してから独立成分を求める。

```
> fr <- fastICA(scale(father.son), n.comp = 2)   # データを標準化
> fr$A                                           # 混合行列 A
#            x1         x2      # x1がfheight, x2がsheight
           [,1]       [,2]
[1,]  0.9959621  0.4262429      # 第1独立成分
[2,]  0.0844507  0.9040959      # 第2独立成分
> cor(father.son, fr$S)          # 観測値と独立成分の相関係数
#         第1成分    第2成分
            [,1]       [,2]
fheight 0.9964243  0.0844899
sheight 0.4264407  0.9045155
```

出力された混合行列 A から，

$$x_{i1} = 0.996 s_{i1} + 0.084 s_{i2} \tag{9.15}$$
$$x_{i2} = 0.426 s_{i1} + 0.904 s_{i2} \tag{9.16}$$

が成り立つ。x_{i1} と x_{i2} はそれぞれ i 組目の父の身長と子の身長，s_{i1} と s_{i2} は i 組目の親子の第1独立成分と第2独立成分の推定値である。ここでは混合係数 a_{12} を 0 と見なすことができるので，

$$x_{i1} = 0.996 s_{i1} \tag{9.17}$$

とおくことができる。したがって，第1独立成分が父の身長と同一と言える。そこで，$s_{i1} = x_{i1}/0.996$ を式 (9.16) へ代入し，

$$x_{i2} = \frac{0.426}{0.996} x_{i1} + 0.904 s_{i2} \tag{9.18}$$

を得る。第2独立成分は父からの遺伝では決まらない子の身長成分である。以上から，父

の身長 x_{i1} が子の身長 x_{i2} を決めると言えた．この事例でも理屈通りの結論が得られた．

練習5　galton と father.son をそのまま用いて混合行列を求めなさい．

galton データへ独立成分分析を適用し，独立成分と観測値の相関係数を求める．

```
> library(UsingR)
> rawgr <- fastICA(galton, n.comp = 2)     # galton の ICA
> rawgr$A                                   # 混合行列 A
#          x1         x2         左から child, parent
          [,1]       [,2]
[1,] -1.187576 -1.78617337   # 第1独立成分
[2,]  2.218752 -0.02651339   # 第2独立成分

> cor(galton, rawgr$S)          # 観測値と独立成分の相関係数
#        第1成分     第2成分
           [,1]       [,2]
child  -0.4718999  0.88165215
parent -0.9998899 -0.01484205
```

次に father.son データへ独立成分分析を適用し，独立成分と観測値の相関係数を求める．

```
> rawfr <- fastICA(father.son, n.comp = 2)  # father.son の ICA
> rawfr$A                                    # 混合行列 A
#           x1         x2         左から fheight, sheight
           [,1]       [,2]
[1,] -0.2307190 -2.544283    # 第1独立成分
[2,]  2.7338768  1.200758    # 第2独立成分
> cor(father.son, rawfr$S)       # 観測値と独立成分の相関係数
#         第1成分     第2成分
            [,1]       [,2]
fheight -0.08409367  0.9964579   # fheight が父の身長
sheight -0.90434588  0.4268003   # sheight が子の身長
```

galton では第1独立成分が両親の身長の符号を変えたものと，father.son では第2独立成分が父の身長と本質的に同一であるから，両親および父の身長が子の身長を決めると言えても，子の身長が親の身長を決めるとは言えない．

9.5.2　混合係数の有意性検定

先の分析事例では混合係数の1つを0と見なしたが，本来ならば有意性検定を行うことが望ましい．

しかし，fastICA() 関数（バージョン1.1-11）は混合係数の標準誤差を推定しないので，混合係数の有意性検定を行うことができない。そこで，参考までにブートストラップ法を用いて混合係数の標準誤差を推定し，検定統計量 z を求めてみた。具体的には「標本から重複抽出を許し，同一数の標本を抽出して独立成分分析を実行する」ことを1000回繰り返し，混合係数の推定値（1000個）の標準偏差を標準誤差とした。その際，独立成分は分

```
# 混合係数の標準誤差を求める
library(UsingR)
x <- galton                            # galon を分析する

library(fastICA)
icar <- fastICA(x, n.comp = 2)         # 独立成分分析
estimate <- icar$A                     # 混合行列 A の推定値
ns <- dim(x)[1]                        # 標本の大きさ
B <- 1000                              # リサンプリングの回数
Aboot <- matrix(0, B, ncol = 4)        # 推定値を入れる行列
tmat <- array(0, dim = c(2, 2, 8))
        # 混合行列 A を変換する行列（8通り）
        # ここでは主成分を固定しておくので8通り
        # 固定しなければ列を入れ替えて16通り
tmat[, , 1] <- matrix(c( 1, 0, 0, 1), ncol = 2, byrow = T)
tmat[, , 2] <- matrix(c(-1, 0, 0, 1), ncol = 2, byrow = T)
tmat[, , 3] <- matrix(c( 1, 0, 0,-1), ncol = 2, byrow = T)
tmat[, , 4] <- matrix(c(-1, 0, 0,-1), ncol = 2, byrow = T)
tmat[, , 5] <- matrix(c( 0, 1, 1, 0), ncol = 2, byrow = T)
tmat[, , 6] <- matrix(c( 0,-1, 1, 0), ncol = 2, byrow = T)
tmat[, , 7] <- matrix(c( 0, 1,-1, 0), ncol = 2, byrow = T)
tmat[, , 8] <- matrix(c( 0,-1,-1, 0), ncol = 2, byrow = T)
for (iter in 1:B){                     # 再抽出を繰り返す
  sampno <- sample(1:ns, size = ns, replace = TRUE)
  bootsamp <- x[sampno,]               # ブートストラップ標本
  initA <- fastICA(bootsamp, n.comp = 2, method = "C")$A
  temper <- sapply(1:8, function(i) sum((tmat[, , i] %*%
                                    initA - estimate)^2))
  minB <- which.min(temper)            # estimate にもっとも近い解
  Aboot[iter, ] <- as.vector(tmat[, , minB] %*% initA)
}  # 計算が終了するまでやや時間がかかる
as.vector(estimate)                    # 混合行列 A
se <- sd(Aboot)                        # 推定値の標準誤差
se
z <- as.vector(estimate)/se            # 検定統計量 z
z
```

図9.8 混合係数の標準誤差を求めるスクリプト

離される順序と符号が任意であるから，1000回の実験において独立成分の順序と符号を一致させた．計算に用いたスクリプトを図9.8に示す．xには分析に用いるデータ（素点もしくは標準得点）を代入する．なお，標準誤差の値はシミュレーションのたびにやや異なる．

■ galton データ

表9.2にgaltonデータから推定した混合係数（再掲），標準誤差，検定統計量zを示す．帰無仮説が真のときzは標準正規分布に従う．ボンフェローニ法を用いて有意水準を0.0125（0.05/4）としたので棄却値は$|z|$=2.498であり，混合係数a_{22}のみが有意ではない．したがって，先に推測した通り，両親の身長と第1独立成分が同一であると言えよう．

■ father.son データ

表9.3データにfather.sonデータから推定した混合係数（再掲），標準誤差，検定統計量zを示す．ここでも素データを用いたときの独立成分の順序と符号を標準得点を用いた分析結果に合わせた．混合係数a_{21}のみが有意ではなく，親の身長と第1独立成分が同一であると言えよう．

9.5.3 女性の身長と体重の因果分析

身長が伸びれば体重も増えるので，身長から体重を予測するのは妥当である．しかし，体重が増えても身長が伸びるとは限らないので，体重は身長を決めない．ここでは1314

表 9.2 galton データから推定した混合係数と検定統計量

混合係数	標準得点の場合 推定値	標準誤差	z 値	素データの場合 推定値	標準誤差	z 値
a_{11}	0.470	0.182	2.58	1.188	0.458	2.59
a_{21}	0.882	0.108	8.17	2.219	0.279	7.95
a_{12}	0.999	0.048	20.81	1.786	0.092	19.41
a_{22}	-0.013	0.208	-0.06	-0.027	0.373	-0.07

表 9.3 father.son データから推定した混合係数と検定統計量

混合係数	標準得点の場合 推定値	標準誤差	z 値	素データの場合 推定値	標準誤差	z 値
a_{11}	0.996	0.025	39.84	2.734	0.093	29.40
a_{21}	0.084	0.164	0.51	0.231	0.440	0.58
a_{12}	0.426	0.149	2.86	1.201	0.417	2.88
a_{22}	0.904	0.072	12.56	2.544	0.206	12.35

名の女性（平均年齢19.1歳，標準偏差0.99）の身長と体重の独立成分分析を行い，2変数間にある因果の方向を探ってみる。

女性の身長と体重.txt ファイルに代入されている第1列が身長（cm），第2列が体重（kg）である[*7]。まず，データを読み込む。先頭行に変数名がある。

```
> hwa <- read.table("女性の身長と体重.txt", header = TRUE)
> f1314hw <- hwa[, 1:2]                    # 身長と体重のコピー
```

身長と体重の平均と相関係数を求める。

```
> mean(f1314hw)                            # 平均
    height    weight
 158.02458  51.55114
> cor(f1314hw)                             # 相関係数
            height    weight
height   1.0000000 0.4836595
weight   0.4836595 1.0000000
```

素データを用いて独立成分分析を行う。

```
> ficar <- fastICA(f1314hw, n.comp = 2)    # 独立成分分析
> ficar$A                                  # 混合行列 A
#             x1         x2    左から height, weight
            [,1]       [,2]
[1,]   0.1675625  5.814517   # 第1独立成分
[2,]   4.9554286  2.961114   # 第2独立成分
```

身長・体重と独立成分との相関係数を求める。

```
> cor(f1314hw, ficar$S)       # 身長・体重と独立成分の相関係数
#             第1成分        第2成分
              [,1]           [,2]
height   0.03379460     0.9994288
weight   0.89110140     0.4538042
```

ここでもブートストラップ法を用いて標準誤差を推定し，混合係数の有意性検定を行ってみたところ，a_{11}のみが有意ではないから（$z=0.452, p>0.05$），a_{11}を0とみなすことにより

[*7] 筆者が収集したデータである。

$$\text{height} = 4.96s_2 \tag{9.19}$$
$$\text{weight} = 5.81s_1 + 2.96s_2 \tag{9.20}$$

が成り立つ．しかも，第2独立成分と身長（height）の相関は0.999と大きいので，第2独立成分が身長に相当する．したがって，

$$\text{height} = 4.96s_2 \tag{9.21}$$
$$\text{weight} = 5.81s_1 + \frac{2.96}{4.96}\text{height} \tag{9.22}$$

となり，身長と第1独立成分が体重（weight）を決めると言え，この事例でも妥当な因果の方向を特定できた．なお，第1独立成分は身長では決まらない体重の成分である．

9.6 ifaパッケージを用いた独立因子分析

　独立因子分析（noisy独立成分分析，ノイズあり独立成分分析）は測定値が因子得点（源信号）とノイズに分解されると仮定する．独立因子分析を行うifaパッケージ[8]の出力に合わせたモデル式を以下に示す．

$$x_{ij} = h_{j1}y_{i1} + h_{j2}y_{i2} + \cdots + h_{jk}y_{ik} + u_{ij} \tag{9.23}$$

ここで，y_{it}は個人iの因子tの因子得点，h_{jt}は観測変数jの因子tに対する因子負荷量，u_{ij}は個人iの観測変数jにおけるノイズである．因子得点が独立であることを除けば，通常の因子分析と変わらない．

　ifaパッケージはノイズが変数間で無相関であると仮定し，各因子得点が正規（ガウス）混合分布に従うとみなして因子負荷量を推定する．正規混合分布とは，たとえば，ある因子が3：7の割合で2つの正規分布から混合されているとき，全個体の30%が平均μ_1，分散σ_1^2の正規分布に従い，70%の個体が平均μ_2，分散σ_2^2の正規分布に従っているという分布である．混合する正規分布の数は3つ以上でもよい．

　ifaパッケージではifa.em()関数によって因子負荷量や正規分布の平均や分散を推定し，ifa.predict()関数によって因子得点を推定する．関数名ifa.emのifaはindependent factor analysisのifa，emは計算アルゴリズムの名称であるexpectation maximizationのemである．また，ifa.predictのpredictは何々を予測する，という意味である．

---

[8] Viroli, C. (2007). *ifa: Independent Factor Analysis*.

2つの関数の基本的な書式は以下の通りである。

> オブジェクト名 <- ifa.em(素データを代入したオブジェクト名,
>   ni = 混合される正規分布の数を要素とするベクトル)

オブジェクト名 ifa.em() 関数が返す値を代入するオブジェクト名を指定する。ifa.predict() 関数によって因子得点を推定する場合には，ifa.em() 関数が返す値を適当な名称を付けたオブジェクトへ代入しておく必要がある。

素データを代入したオブジェクト名 行を個人，列を観測変数として素データを代入したオブジェクト名である。

ni = 混合される正規分布の数を要素とするベクトル 各因子で混合される正規分布の数をベクトルの要素によって指定する。たとえば，3つの因子があり，第1因子が2個，第2因子が3個，第3因子が4個の正規分布からそれぞれ混合されていると仮定する場合，

　　ni = c(2, 3, 4)

とする。ベクトルの要素数が因子数とみなされる。因子数と因子を混合する正規分布の数は分析者が指定する。

> ifa.predict(素データを代入したオブジェクト名,
>   ifa.em() 関数が返した値を代入したオブジェクト名,
>   method = " 推定法 ")

素データを代入したオブジェクト名 素データを代入したオブジェクト名である。

ifa.em() 関数が返した値を代入したオブジェクト名 ifa.em() 関数が返した値を代入したオブジェクト名である。

method = " 推定法 " 因子得点を推定する方法を指定する。バートレット法は "bartlett"，トンプソン法は "thompson"，最小2乗法は "lms" である。lms は least mean squares（最小2乗平均）の lms である。初期設定は method = "lms" である。

■ iris データの独立因子分析──因子数

　独立因子分析では因子数と各因子得点を構成する混合成分の数（正規分布の数）を決める材料として情報量規準が提案されている。ifa パッケージでは，赤池情報量規準（AIC, Akaike's Information Criterion）を求める ifa.aic() 関数とベイズ情報量規準（BIC, Bayesian Information Criterion）を求める ifa.bic() 関数を利用できる。2つの関数の引数は，ifa.em() 関数が返した値を代入したオブジェクト名である。情報量は次式によって定義される。

$$\text{AIC} = -2\log(\text{最大尤度}) + 2\left[pk + p + \left(3\sum_{i=1}^{k} m_i - 3k\right)\right] \tag{9.24}$$

$$\text{BIC} = -2\log(\text{最大尤度}) + \log(n)\left[pk + p + \left(3\sum_{i=1}^{k} m_i - 3k\right)\right] \tag{9.25}$$

ここで，p は観測変数の数，k は因子数，m_i は因子 i の混合成分の数，n は標本の大きさである．

ここでは，iris データへ1因子モデル（混合成分数は2および3）と2因子モデル（混合成分数を第1因子と第2因子で，それぞれ2と2，2と3，3と3）を当てはめ，因子数を探索した．解は母数の初期値に強く依存するので，モデルごとに初期値を変えて解を求め（10000回），赤池情報量規準とベイズ情報量規準の最小値を表9.4に示した．なお，同一の因子数と混合成分数の場合，情報量の値がやや異なっていても，因子負荷量には，因子の解釈が変わるほどの大きな相違は見られない．

標本が150個と小さいので，赤池情報量規準の値を優先すると，1因子モデルで混合成分数を2とするモデルと2因子モデルで混合成分数をそれぞれ2とするモデルがほぼ等しい適合性を示している．先の独立成分分析では2つの独立成分によって3種類の標本の分布がきれいに分離できていたこと，また，ここでは因子得点のヒストグラムを省略するが，1因子モデルでは3種類の分布が十分に分離されていなかったので，2因子モデルを採択することにした．

■ iris データの独立因子分析——因子得点

説明が前後するが，iris データへ独立因子分析を適用して因子負荷量を推定する．まず，ifa パッケージと iris データを読み込む．

```
> install.packages("ifa")         # パッケージのインストール
> library(ifa)                    # パッケージの読み込み
> data(iris)                      # アヤメデータの読み込み
```

因子数を2，そして，それぞれの因子が2つの正規分布から混合されていると仮定して独立因子分析を行うが，前述の最小赤池情報量規準（1280.443）を与えた解は，乱数の種を

```
> set.seed(5603)                  # 乱数の種
```

として与えたときのものである．

これで，2因子モデルの最適解を再現できる準備ができたので，独立因子分析を行う．

表9.4 iris データに当てはめたモデルの情報量規準

| 因子数と混合成分数 || 情報量規準 ||
因子数	成分数	AIC	BIC
1	2	1280.455	1313.572
	3	1285.196	1327.345
2	2,2	1280.443	1334.635
	2,3	1283.717	1346.941
	3,3	1285.462	1357.717

ifa.em() 関数が返す結果を irisr へ代入し，情報量規準を調べる。

```
> irisr <-ifa.em(iris[, 1:4], c(2, 2))  # 正規分布の数は2,2
> ifa.aic(irisr)                        # 赤池情報量規準
[1] 1280.443
> ifa.bic(irisr)                        # ベイズ情報量規準
[1] 1334.635
```

因子負荷量行列は参照名をHとして代入されているので，irisr$Hとして画面へ表示する。

```
> irisr$H                              # 因子負荷量行列
#       第1因子      第2因子
            [,1]         [,2]
[1,]  0.7637672  -0.51054914          # 萼の長さ
[2,]  0.8010984  -0.60346628          # 萼の幅
[3,]  1.0379062   0.06812528          # 花弁の長さ
[4,]  0.7590323  -0.16460465          # 花弁の幅
```

　因子の意味は通常の因子分析と同様に因子負荷量によって決まる。この因子負荷量行列は行が観測変数，列が因子を表す。第1因子はすべての負荷量が正であるから，萼と花弁の絶対的な大きさを表す。そして，第2因子は正負の負荷量が混在し，花弁の長さのみが正で，萼の長さと幅，そして花弁の幅が負となっている。したがって，第2因子は花弁の長さと萼の長さ・幅および花弁の幅とのコントラストを表し，他の3変数に比べて花弁が長いアヤメほど第2因子得点が大きい。なお，ifa.em() 関数のアルゴリズムでは，因子の順番と推定値の符号を含め，因子負荷量等の推定値は初期値に強く依存するので，先と異なる乱数の種を用いて同一の推定値を得ることは期待できない。
　次に，バートレット法を用いて標本の因子得点を推定し，因子得点の散布図を描画する。

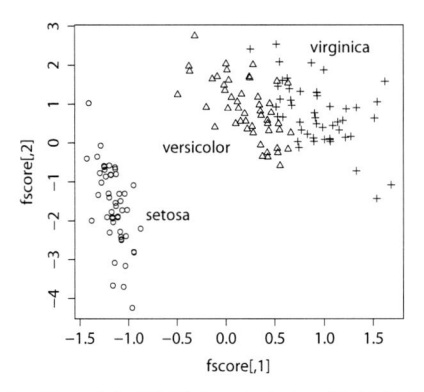

図 9.9　アヤメの萼と花弁の大きさの独立因子分析

```
> fscore <- ifa.predict(iris[, 1:4], irisr, method = "bartlett")
>                                       # 因子得点の推定
> plot(fscore, pch = as.integer(iris[, 5]),
+            col = as.integer(iris[, 5]),
+     cex.axis = 1.5, cex.lab = 1.5)      # 因子得点の散布図
> text(locator(3), c("setosa","versicolor","virginica"),
+                                    cex = 1.5) # クリック
> # ○ (黒) = セトーサ (setosa)
> # △ (赤) = バーシカラー (versicolor)
> # + (緑) = バージニカ (virginica)
```

　因子得点の散布図を図9.9に示す。横軸が第1因子得点，縦軸が第2因子得点である。横軸では，萼と花弁とも小さいセトーサが左に位置し，萼と花弁とも大きいバージニカが右に位置している。また，縦軸では，萼の大きさと比べて花弁の長いセトーサが下に位置している。散布図を見ても，バーシカラーとバージニカの第1因子得点の分布が重なるので，第1因子得点だけでは3種類のアヤメを分類することはできないことがわかる。しかし，2つの因子得点を合わせて利用することにより，3種類のアヤメをきれいに分類することができる。なお，1因子モデルでは，バーシカラーとバージニカの因子得点の重なりが大きいので，1因子だけでは3種類のアヤメをきれいに分類することはできない。

　符号と軸の順番に不定性があるので，図9.6と図9.9ではアヤメの標本が同一の付置を示していないが，irisデータの場合，混合行列と因子負荷量行列から本質的には同様の考察が可能であった。しかし，2つの分析法の結果が常にこのように合致するとは限らない。特に独立因子分析の場合，安定した解を得るためには比較的大きな標本を必要とし，標本が小さいときは初期値を変えて何度か因子負荷量等を推定してみるのがよい。一方，独立成分分析は，測定誤差を認めないという点が心理・教育データには強すぎる制約とも

言えるが，標本が比較的小さくても解は独立因子分析よりも安定している．

練習6　iris データへ混合成分数を2と3，3と3とする因子モデルを当てはめ，因子負荷量行列を推定しなさい．

以下の通り，混合成分数を因子ごとに2としたモデルの因子負荷量行列と同様の解釈を行うことができる．

```
> # 混合成分数を2と3
> set.seed(4020)                          # 乱数の種
> irisr <-ifa.em(iris[, 1:4], c(2, 3))    # 正規分布の数は2,3
> ifa.aic(irisr)                          # 赤池情報量規準
[1] 1283.717
> ifa.bic(irisr)                          # ベイズ情報量規準
[1] 1346.941
> irisr$H                                 # 因子負荷量行列
#       第1因子      第2因子
           [,1]         [,2]
[1,] 0.7743180 -0.52225033    # 萼の長さ
[2,] 0.8147829 -0.60749253    # 萼の幅
[3,] 1.0370469  0.06720603    # 花弁の長さ
[4,] 0.7575024 -0.15470416    # 花弁の幅
.....
> # 混合成分数を3と3
> set.seed(2929)                          # 乱数の種
> irisr <-ifa.em(iris[, 1:4], c(3, 3))    # 正規分布の数は3,3
> ifa.aic(irisr)                          # 赤池情報量規準
[1] 1285.462
> ifa.bic(irisr)                          # ベイズ情報量規準
[1] 1357.717
> irisr$H                                 # 因子負荷量行列
#       第1因子      第2因子
           [,1]         [,2]
[1,] 0.7744063 -0.5226844    # 萼の長さ
[2,] 0.8136409 -0.6011201    # 萼の幅
[3,] 1.0371156  0.0669658    # 花弁の長さ
[4,] 0.7547494 -0.1468964    # 花弁の幅
.....
```

練習7　食行動訓練検証 .txt の保存されている5変数（560名）へ独立因子分析を適用し，因子得点の散布図を描きなさい．

```
> install.packages("ifa")              # インストール
> library(ifa)                         # 読み込み
> set.seed(2)
> 訓練検証 <- read.table(" 食行動訓練検証 .txt", header = TRUE)
> names( 訓練検証 )                    # 変数名
[1] " 制限 " " 恐怖 " " 嘔吐 " " 圧力 " " 食事 " " 群 "

> 訓練検証 r <-ifa.em( 訓練検証 [, 1:5], c(2, 2)) # 正規分布の数は2,2
> 訓練検証 r$H                          # 因子負荷量行列
           [,1]         [,2]
[1,] -0.4960360 -0.03156966   # 制限
[2,] -0.5370139  0.46316409   # 恐怖
[3,] -0.5089994 -0.04224794   # 嘔吐
[4,] -0.5310535 -0.01501815   # 圧力
[5,] -0.4307187  0.04245336   # 食事
```

第1因子負荷量は符号がすべて負であるから，5変数の得点が大きい個人ほど因子得点が小さい。また，第2因子負荷量は恐怖と他の変数とのコントラストを表し，恐怖得点の大きい個人ほど第2因子得点が大きい。

```
> fscore <- ifa.predict( 訓練検証 [, 1:5],
+                訓練検証 r, method = "bartlett")
>                                      # 因子得点の推定
> round(sapply(data.frame(fscore), tapply, 訓練検証 [, 6], mean), 2)
      X1    X2
G1  0.22  0.15
G2 -1.63 -1.94
G3 -2.06 -0.58
```

第1因子得点に健常群G1と他の2群との違いが大きく現れている。また，第2因子得点には拒食群G2と過食群G3との違いが現れており，拒食群G1では過食群G3よりも肥満に対する恐怖は小さいことがわかる。

```
> plot(fscore, pch = as.integer( 訓練検証 [, 6]),
+             col = as.integer( 訓練検証 [, 6]),
+      cex.axis = 1.5, cex.lab = 1.5) # 因子得点の散布図
> text(locator(3), c("G1", "G2", "G3"),
+                                    cex = 1.5) # クリック
> # ○ （黒） = G1 健常群
> # △ （赤） = G2 拒食群
> # ＋ （緑） = G3 過食群
```

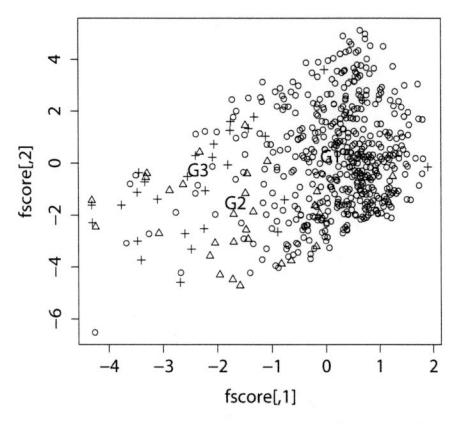

図 9.10　食行動データの独立因子分析

　先の独立成分得点と独立因子得点には 3 群の相違が現れてはいるが，所属群に関する情報を用いて分析しているわけではないから，正準判別得点ほどの相違は現れていない。

10章
パス解析

〈特徴〉

　パス解析は因果連鎖の強さ，たとえば，身長が伸びれば体重が増え，標準体重以上に体重が増えれば体型不満が強くなって減量希望量が増えるというような因果連鎖を想定し，その強さを調べる。

　心理・教育では，このような単方向の因果連鎖だけではなく，観測変数が複雑に影響し合う因果連鎖や双方向の因果関係を含む因果連鎖を検証する場合にパス解析が利用される。

〈注意点〉

　変数選択を伴う重回帰分析を繰り返してパス解析を行う事例もあるが，構造方程式モデリング（共分散構造分析）の枠組み内でパス解析を行うことが望ましい。

10.1　研究仮説の表現とパス図

　パス解析は重回帰分析，因子分析，潜在曲線モデル，相関分析，潜在変数（因子）のパス解析などと同様に構造方程式モデリングの下位モデルとして表現することができる。そのため，本章では最初に構造方程式モデリングの基礎・基本を学び，その後，パス解析を学ぶ。

　重回帰分析では目的変数と説明変数を指定すればよく，探索的因子分析では観測変数と因子数と因子の回転方法を指定するだけでよかった。これに対し，構造方程式モデリング（structural equation modeling；以下，SEM と記す）を実行するためには，以下の特徴を利用して研究仮説を変数間の因果関係もしくは相関関係としてあらかじめ表現しておく必要がある。

(1) 重回帰分析とパス解析（観測変数間に仮定される因果連鎖の解析）においては任意の偏回帰係数を 0 へ固定できる。
(2) 潜在変数（因子）の因果連鎖を分析できる。
(3) 因子分析においては因子負荷量と因子間共分散を 0 へ固定できる。
(4) 複数の分散共分散の間に，また，複数のパス係数の間に等値制約を課すことができる。
(5) 2変数の間に双方向の因果関係を仮定し，その因果関係の強さを同時に推定できる。
(6) 相関分析においては変数間の共分散を 0 へ固定できる。
(7) 複数のモデルを立て，モデルの優劣を比較検討できる。

　図10.1に SEM の実行手続きを示す。

　まず，分析者は研究仮説から導かれた因果モデルをパス図で表現する。パス図とは，観測変数や潜在変数の間に仮定される因果関係や相関関係を図によって表現したものである。このパス図を正確に描画することができなければ，SEM を用いて研究仮説を検証することはできない。パス図を描画できたら，それが表現するモデルとデータとの適合度を確認し，適合度が悪ければ研究仮説を修正して適合度の良いモデルに改良する。その際，モデルの適合度に目を奪われ，手元のデータだけに当てはまる一般性のないモデルにしてはいけない。もしモデルの修正が多い場合には，研究目的を因果モデルの提案とし，それに続く研究で別のデータを用いて改めてモデルの適合度を確認すべきである。

10.1.1　パス図を描画するためのルール

　SEM を用いて分析する典型的なパス図を図10.2（前田,1995）に示す[*1]。このパス図で

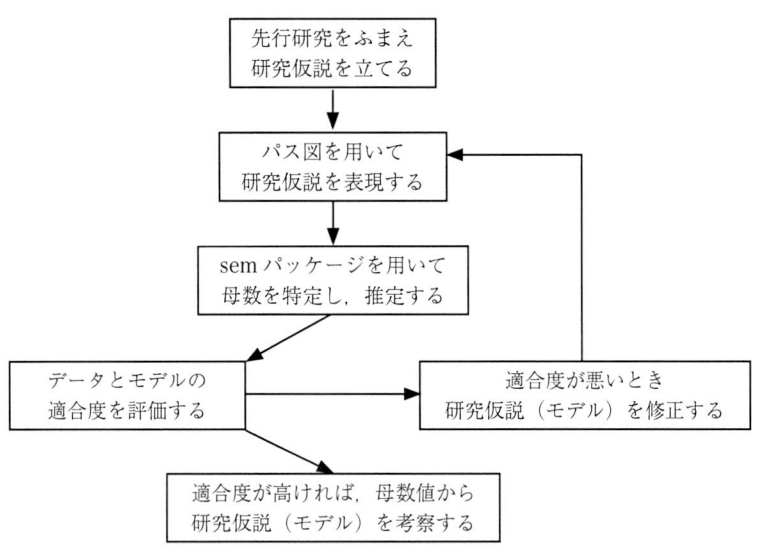

図 10.1 SEM の手続き

表現している主要な研究仮説は
　(1)「健康状態 f_1」と「生活水準 f_2」は「個人生活への満足 f_4」を説明する。
　(2)「生活水準 f_2」と「日本の物質的豊かさの評価 f_3」は「社会への満足 f_5」を説明する。
　(3)「個人生活への満足 f_4」と「社会への満足 f_5」は相互に説明する。
である。もちろん，仮説を示すときは，説明を影響と言い換えてもよい。ここでは，この図を参照しながらパス図を描画するための標準的なルールを見ていく。

■観測変数と潜在変数

　パス図に登場する変数は観測変数と潜在変数に分類される。さらに潜在変数は，研究を進める上で研究者の関心の対象となる構造的な潜在変数（因子とも呼ばれる）と関心の対象とならない誤差に分類される。単に潜在変数という場合には構造的な潜在変数を指す。パス図では観測変数を四角形で囲み，潜在変数と誤差を円形もしくは楕円形で囲む。図10.2には5つの潜在変数（f_1からf_5）がある。

　研究仮説は観測変数だけにもとづいて表現されることもあれば，図10.2のように潜在変数を用いて表現されることもある。潜在変数を用いて研究仮説を表現する場合には，その指標となる観測変数が必要である。したがって，図10.2では「y_1からy_{14}」が観測変数として用意されている。観測変数は潜在変数を適切に測定する指標であることが望ましい

---

*1　前田忠彦 (1995). 日本人の満足感の構造とその規定因に関する因果モデル—共分散構造分析の「日本人の国民性調査」への適用，統計数理，141-160.

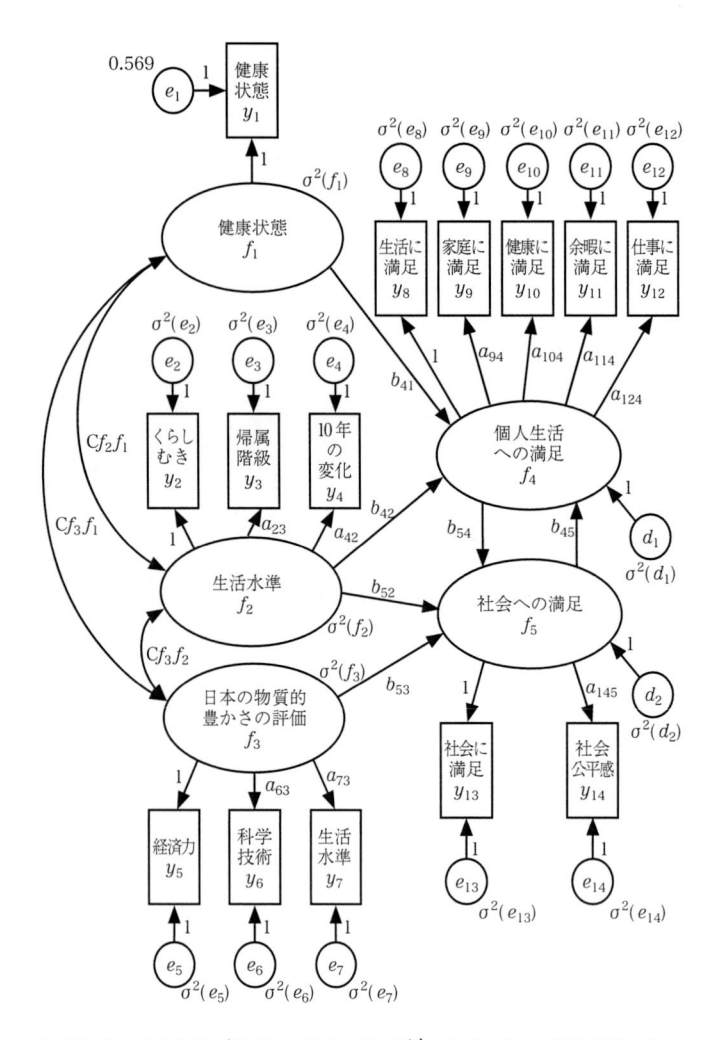

図10.2 SEMのパス図（前田，1995[*1]にもとづいて著者が作図）

が，潜在変数が観測変数の測定値を完全に説明できるわけではないから，潜在変数の指標として使う観測変数は誤差「e_1からe_{14}」を伴う．また，潜在変数であっても，「社会への満足f_5」のように他の潜在変数から説明される場合にも誤差が付随する．

■因果関係

2つの変数の間に因果関係を仮定する場合には，

原因変数→結果変数

として原因変数から結果変数へ単方向の矢印「→」を引く．矢印「→」は2変数間に仮定する因果関係の方向を表し，脇に添えた係数がその強さを表す．この係数はパス係数と呼ばれ，偏回帰係数に等しい．

潜在変数を用いて研究仮説を表現する場合には観測変数をその指標とするので，潜在変数から観測変数にも矢印「→」を刺す。この矢印に添えた係数は因子負荷量である。

■双方向の因果関係

「個人生活への満足f_4」と「社会への満足f_5」の関係のように，2つの変数jと変数kが相互に説明しあうと仮定する場合には，単方向の矢印「→」を相互に引き，

$$\text{変数}j \leftrightarrows \text{変数}k$$

とする。SEMを用いて巧みにモデルを組めば，同時に2つのパス係数を推定することができる。

■相関関係

「健康状態f_1」と「生活水準f_2」と「日本の物質的豊かさの評価f_3」のように，2つの変数jと変数kの間に相関関係を仮定する場合には，

$$\text{変数}j \longleftrightarrow \text{変数}k$$

として双方向の矢印「⟷あるいは ⌢ 」で2つの変数を結ぶ。双方向の矢印に付けた係数は2変数の共分散もしくは相関係数を表す。

■外生変数と内生変数

パス図に登場するすべての変数は外生変数と内生変数のどちらかに分類される。この分類が実際の計算命令を記述する上で，また，計算結果を読み取る上で重要である。外生変数とは，因果関係を表す単方向の矢印「→」が1つも刺さっていない変数である。内生変数とはそれ以外の変数，つまり単方向の矢印「→」が刺さっている変数である。

誤差は常に外生変数であるが，誤差以外の外生変数を構造的外生変数と呼ぶ。構造的外生変数には相関関係を仮定し，2変数を双方向の矢印「⟷あるいは ⌢ 」で結ばなくてはいけない，ということはない。しかし，特別の仮説がない限り，図10.2の「健康状態f_1」「生活水準f_2」「日本の物質的豊かさの評価f_3」のように構造的外生変数を双方向の矢印で結び，その共分散もしくは相関係数を推定するのがよい。

内生変数の分散共分散は矢印を指してくる原因変数によって説明されるので，内生変数を双方向の矢印「⟷あるいは ⌢ 」で結ぶことはできない。

練習1 図10.2に登場する変数を外生変数と内生変数に分類しなさい。

観測変数y_1からy_{14}，潜在変数f_4とf_5は内生変数である。潜在変数f_1, f_2, f_3，誤差e_1〜e_{14}, d_1, d_2は外生変数である。

■因子の測定単位

　潜在変数は測定の単位がないので，分析者がその単位を定める。本章で利用するsemパッケージ*2で利用できる標準的な方法は以下の2つである。

(1) 潜在変数ごとに因子負荷量のどれか1つを任意の値（通常は1）へ固定し，他の因子負荷量と潜在変数の分散を推定する。図10.2ではこの方法を利用しているので，潜在変数ごとに1つの矢印の脇に1を添えている。

(2) 外生的な潜在変数（図10.2では「健康状態f_1」と「生活水準f_2」と「日本の物質的豊かさの評価f_3」）に限り利用できるもので，潜在変数の分散を任意の正の値（通常は1）へ固定した上で因子負荷量を推定する。

この他にも潜在変数の測定単位を定める方法はあるが，この2つのいずれかを利用すればよい。

■誤差の分散

　semパッケージでは誤差から出ているパス係数はすべて1に固定され，誤差分散が推定される。そのため，図10.2では誤差から出ている矢印の脇に1を添え，誤差の脇には誤差分散を表す記号$\sigma^2(e_2) \sim \sigma^2(e_{14})$，$\sigma^2(d_1)$，$\sigma^2(d_2)$を添えている。

　一方，図10.2の「健康状態f_1」と名付けた潜在変数の指標は健康状態y_1という1つの観測変数しかないので，誤差分散を以下のいずれかの方法を用いて固定する。

(1) 潜在変数と観測変数を等価なものとして扱い，誤差分散を0へ固定する。

(2) 観測変数jの信頼性係数が推定されている場合（たとえば，クロンバックのα係数や再検査信頼性係数），信頼性係数の推定値$\hat{\rho}_j$と観測変数の分散$S_2(y_j)$を使い，観測変数の誤差分散$\sigma^2(e_j)$を

$$\hat{\sigma}^2(e_j) = S^2(y_j)(1 - \hat{\rho}_j) \tag{10.1}$$

として推定し，誤差分散をその値に固定する。そして，因子負荷量もしくは潜在変数の分散を固定する。

　図10.2の健康状態y_1に付随している誤差の分散は，信頼性係数の推定値が0.643であるから，後者の方法にもとづいて0.569（=1.593×(1 − 0.643)）へ固定されている。

10.1.2　データから推定する母数

　データから推定する未知数の候補は(i)外生変数の分散と共分散，(ii)パス係数，(iii)因子負荷量である。未知数は観測変数の分散共分散を構造化するもので，母数（パラメータ）と

---

*2　Fox, J. (2010). *sem: Structural Equation Models*.

呼ばれる。母数には自由母数，制約母数，固定母数という3つの種類がある。

　自由母数とは，その大きさと有意性に研究上の関心があり，データにもとづいて自由に値を推定する母数である。図10.2では自由母数であることを示すために外生変数の分散，双方向の矢印「⌢」が表す共分散，単方向の矢印「→」が表すパス係数と因子負荷量に名前を付けた。制約母数とは，研究仮説にもとづいて何らかの制約（たとえば，複数の母数の値が等しいという等値制約；図10.2にはない）を課した上で推定する母数である。固定母数とは，数値計算上の理由もしくは研究仮説にもとづいて特定の値（たとえば，0や1）に固定される母数である。semパッケージでは自由母数と制約母数に名前を付け，固定母数に名前を付けない。分析者はすべての母数の種類を特定した上で研究仮説をパス図によって表現する。

10.2　パス解析とsemパッケージ

10.2.1　減量希望量を予測するパス解析モデル

　パス解析は「$x_1 \leftarrow x_2 \rightarrow x_3 \rightarrow x_1$」のような因果連鎖を仮定し，仮説の適切性と連鎖の強さを探る。ここでは図10.3に示すパス解析モデルを教材としてパス解析とsemパッケージの使い方を学ぶ。このパス図は(i)身長が高い人は体重が重く，(ii)身長に見合う以上に体重が重い人は減量希望量も大きい，しかし，(iii)体重が同じでも身長の高い人は減量希望量が小さい，という常識的な仮説を表現している。

　身長が外生変数，体重と減量希望量が内生変数，そして2つの内生変数にはそれぞれ誤差が付随している。したがって，推定すべき母数は，身長の分散 $\sigma^2(x_2)$，2つの誤差分散 $\sigma^2(e_1)$ と $\sigma^2(e_3)$，3つのパス係数 b_{32} と b_{13} と b_{12} である。分析には表10.1に示す女性305名の回答から求めた分散共分散行列を用いる。

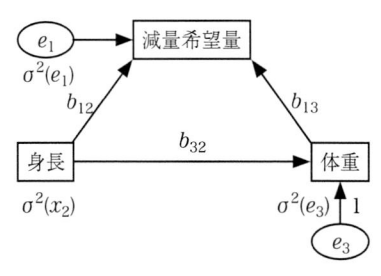

図10.3　減量希望量のパス解析
　　　　（母数の特定）

表10.1　減量希望量のパス解析に用いる分散共分散行列（305名）

観測変数名	減量希望量	身長	体重
減量希望量（kg）	18.529		
身長（cm）	0.704	24.616	
体重（kg）	21.600	15.674	42.586

10.2.2 必要とする関数と実行手順

semパッケージを用いてSEMを実行する手順は以下の通りである。
- (1) `sem`パッケージをインストールし，読み込む。
- (2) 以下の方法で観測変数の分散共分散行列をオブジェクトへ代入する。
  - `read.moments()`関数を用いて観測変数の分散共分散行列を読み込み，オブジェクトへ代入する。あるいは
  - 素データを読み込み，`cov()`関数を用いて観測変数の分散共分散行列を求めてオブジェクトへ代入する。
- (3) `specify.model()`関数を用いて自由母数，固定母数，制約母数を特定し，オブジェクトへ代入する。
- (4) `sem()`関数を用いて自由母数と制約母数を推定する。
- (5) `summary()`関数を用いて計算結果を要約する。
- (6) `standardized.coefficients()`関数あるいは`std.coef()`関数を用いて母数の標準化解を求める。

パス解析に必要な関数の仕様を順に見ていくが，図10.3のパス解析を行うためのスクリプト全体を図10.4に示す。

■ semパッケージのインストールと読み込み

`install.packages()`関数と`library()`関数あるいはRGuiメニューを利用してsemパッケージを追加インストールする。

■ read.moments()関数を用いた分析データの読み込み

`read.moments()`関数は次の書式に従って観測変数の分散共分散行列（対角線を含む下三角行列）を読み込む。momentは積率のことである。

```
オブジェクト名 <- read.moments(names = c(観測変数名の並び))
              観測変数の分散共分散行列
              （対角線を含む下三角行列）
              -- 最後に空白行を入れる --
```

オブジェクト名 読み込んだ観測変数の分散共分散行列を代入するオブジェクト名である。図10.4では減量身長体重と名付けたオブジェクトへ分散共分散行列を代入している。

names = c(観測変数名の並び) 観測変数名の並びには，`read.moments()`関数で読み込む観測変数名を記入する。このとき各観測変数名を引用符「"」で挟み，変数名の間を

```
install.packages("sem")    # sem パッケージのインストール
library(sem)               # sem パッケージの読み込み

減量身長体重 <- read.moments(names =      # 分散共分散行列
    c("減量希望量", "身長", "体重"))      # の読み込み
        18.529
         0.704  24.616
        21.600  15.674  42.586

減量身長体重    # 観測変数の分散共分散行列

減量希望量のパス解析 <- specify.model()     # モデルの特定
    体重          <- 身長        , b32, NA    # パス係数 b32
    減量希望量    <- 体重        , b13, NA    # パス係数 b13
    減量希望量    <- 身長        , b12, NA    # パス係数 b12
    身長          <-> 身長       , V2 , NA    # 身長の分散
    減量希望量    <-> 減量希望量 , Ve1, NA    # 誤差 e1 の分散
    体重          <-> 体重       , Ve3, NA    # 誤差 e3 の分散

パス解析の結果 <- sem( 減量希望量のパス解析,
                      減量身長体重, 305)

summary( パス解析の結果 , digits = 4)    # 結果の要約

print(standardized.coefficients( パス解析の結果 ),
                    digits = 3)    # 標準化解
```

図 10.4　減量希望量のパス解析を行うスクリプト

カンマ「,」で区切る。

　read.moments(names = c(観測変数名の並び))の下の行から観測変数の分散共分散行列（対角線を含む下三角行列）を並べる。そして，数値を記入した最終行の次に空白行を入れる（図10.4を参照）。

■ specify.model() 関数によるモデルの特定

　specify.model() 関数はモデルを特定する。モデルを特定するとは，specify.model() 関数の仕様に従って自由母数，固定母数，制約母数を1つひとつ特定することである。その書式を以下に示す。関数名にある specify はモデルや母数を特定する，指定するという意味である。

```
オブジェクト名 <- specify.model()
          自由母数，固定母数，制約母数を特定する
```

オブジェクト名　specify.model()で特定したモデルを代入するオブジェクト名である。
自由母数，固定母数，制約母数を特定する　矢印記号を用いた特定方法を説明する。

- パス係数　矢印「<-」あるいは「->」を用い

```
結果変数 <- 原因変数 ， 母数名 ， 初期値
```

あるいは

```
原因変数 -> 結果変数 ， 母数名 ， 初期値
```

としてパス係数を指定する。パス解析の場合，原因変数と結果変数は観測変数であり，母数名はパス係数に付ける名称である。異なる母数に同一の名称を用いた場合，その母数は等値制約を課された制約母数と見なされる。また，初期値は母数を反復推定するときの初期値であり，分析者が初期値を指定しないときにはNAとすればよい。図10.3では，身長から体重へ向かうパスの係数をb32とし，初期値を与えていない。

- 構造的外生変数の分散　双方向の矢印「<->」を用い，矢印の両脇に構造的外生変数名を書き，

```
外生変数j <-> 外生変数j ， 母数名 ， 初期値
```

とする。図10.3では身長が構造的外生変数であるから，その分散を自由母数とし，母数名をV2としている。

- 構造的外生変数の共分散　双方向の矢印の両脇に2つの構造的外生変数名を並べ，

```
外生変数j <-> 外生変数k ， 母数名 ， 初期値
```

とする。図10.3には推定する共分散はない。

- 誤差の分散　誤差も外生変数であるが，semパッケージでは誤差に名称を付けないので，その誤差から矢印が刺さる内生変数名を利用し，

```
内生変数j <-> 内生変数j ， 母数名 ， 初期値
```

として誤差の分散を指定する。図10.3のパス図では減量希望量と体重が内生変数であるから，図10.4のスクリプトでは減量希望量に付随する誤差の分散にVe1，体重に付随する誤差の分散にVe3という名前を付けている。

- 誤差の共分散　2つの誤差から出ているそれぞれの矢印が刺さる2つの内生変数名を用い，

> 内生変数j <-> 内生変数k ， 母数名 ， 初期値

とする．パス解析では誤差の共分散を推定することが多いが，図10.3では推定される誤差の共分散はない．

- 固定母数　母数を特定の値に固定する場合には，母数名をNAとし，固定する値を初期値に書く．
- 等値制約　等値制約を課すときは母数名に同じ名称を付ける．

母数をすべて特定したら，最終行の次に空白行を入れる（図10.4を参照）．

■ sem() 関数による母数の推定

sem() 関数の書式は以下の通りである．

> オブジェクト名 <- sem(モデル ， 分散共分散行列 ， 標本の大きさ)

オブジェクト名　sem() 関数の返り値を代入するオブジェクト名である．
モデル　specify.model() 関数で特定したモデルを代入したオブジェクト名である．
分散共分散行列　観測変数の分散共分散行列を代入したオブジェクト名である．
標本の大きさ　標本の大きさである．

　図10.3ではモデルが減量希望量のパス解析，分散共分散行列が減量身長体重，標本の大きさが305である．

■ summary() 関数を用いた計算結果の要約

summary() 関数の引数には sem() 関数の返り値を代入したオブジェクト名を入れる．summary() 関数はモデルの適合度を表す統計量，自由母数と制約母数の推定値などを返す．

■ standardized.coefficients() 関数を用いた標準化解の算出

sem() 関数が求める母数の推定値は非標準化解と呼ばれる．非標準化解は観測変数の測定単位に依存して変わるので，その大きさ自体に絶対的な意味はない．そのため，パス係数等の大きさを解釈するときは標準化解を用いる．標準化解とは，誤差を除くすべての変数の分散が1となるように変換したときの母数の解である．

standardized.coefficients() 関数は，引数に sem() 関数の返り値を保存したオブジェクト名を入れると標準化解を返す．standardized の意味は標準化された，coefficient の意味は係数である．

10.2.3 スクリプトの実行と関数の出力

図10.4のスクリプトを実行した結果を順に見ていく。ここでは，スクリプト全体をクリップボードへコピーし，R Console へペーストした。

最初に sem パッケージをインストールし，読み込む。

```
> install.packages("sem")    # sem パッケージのインストール
> library(sem)               # sem パッケージの読み込み
```

分析に使う分散共分散行列を読み込み，読み込んだ内容を確認する。以下の「+」と「数値：」は sem 関数が出力した記号と数値である。

```
> 減量身長体重 <- read.moments(names =    # 分散共分散行列
+     c("減量希望量","身長","体重"))       # の読み込み
1:         18.529                          # 減量希望量，身長，
2:          0.704 24.616                   # 体重の分散共分散
4:         21.600 15.674 42.586            # 行列
7:                                         # ここは空白行である
Read 6 items
> 減量身長体重   # 観測変数の分散共分散行列
           減量希望量      身長       体重
減量希望量     18.529     0.000     0.000
身長            0.704    24.616     0.000
体重           21.600    15.674    42.586
```

分散共分散行列の上三角要素が0になっているが，関数の内部で対称行列へ書き換えるのでこのままでよい。

次に specify.model() 関数を用いてパス解析モデルを特定する。

```
> 減量希望量のパス解析 <- specify.model()      # モデルの特定
1:  体重       <-  身長         , b32, NA     # パス係数 b32
2:  減量希望量  <-  体重         , b13, NA     # パス係数 b13
3:  減量希望量  <-  身長         , b12, NA     # パス係数 b12
4:  身長       <-> 身長         , V2 , NA     # 身長の分散
5:  減量希望量  <-> 減量希望量   , Ve1, NA     # 誤差 e1 の分散
6:  体重       <-> 体重         , Ve3, NA     # 誤差 e3 の分散
7:                                            # ここは空白行である
Read 6 records
```

実行に必要な準備が調ったので，オブジェクトを sem() 関数へ渡し，結果をパス解析の

結果へ代入する。

```
> パス解析の結果 <- sem( 減量希望量のパス解析,
+                    減量身長体重 , 305)
```

母数の推定値を summary() 関数を用いて画面へ表示する。

```
> summary(パス解析の結果, digits = 4)   # 結果の要約

 Model Chisquare =  0   Df =   0 Pr(>Chisq) = NA
 Chisquare (null model) = 492.6   Df =  3
 Goodness-of-fit index =  1
 BIC =  0

 Normalized Residuals
      Min.    1st Qu.    Median      Mean    3rd Qu.       Max.
 -2.72e-16  0.00e+00  0.00e+00  1.31e-16  0.00e+00  8.61e-16


 Parameter Estimates                                # (a) 非標準化解
#         推定値      標準誤差      z 値       p 値
      Estimate  Std Error  z value   Pr(>z)
 b32   0.6367    0.06601    9.646     0     体重    <--- 身長
 b13   0.6487    0.02198   29.518     0     減量希望量 <--- 体重
 b12  -0.3845    0.02891  -13.300     0     減量希望量 <--- 身長
 V2   24.6160    1.99702   12.326     0     身長    <--> 身長
 Ve1   4.7875    0.38839   12.326     0     減量希望量 <--> 減量希望量
 Ve3  32.6057    2.64520   12.326     0     体重    <--> 体重

 Iterations =  0
```

(a) 欄は母数の非標準化推定値，その標準誤差，以下の帰無仮説と対立仮説を検定するための統計量 z 値とその p 値である。

帰無仮説：母数 $= 0$

対立仮説：母数 $\neq 0$

z 値は $z =$ 推定値 / 標準誤差と定義され，帰無仮説が真のとき標準正規分布に従う。したがって，p 値からすべてのパス係数と分散共分散が高度に有意であることがわかる。しかも，パス係数の推定値は予想した通りの符号であり，体重が同じであれば身長の高い人ほど減量希望量が小さいことが支持された。図10.5に非標準化解を示す。

次は standardized.coefficients() を用いて母数の標準化解を求め，小数点以下3位

までを画面に出力する。

```
> print(standardized.coefficients(パス解析の結果),
+                     digits = 3)   # 標準化解
        Std. Estimate
b32 b32      0.484         体重 <--- 身長
b13 b13      0.983         減量希望量 <--- 体重
b12 b12     -0.443         減量希望量 <--- 身長
V2  V2       1.000         身長 <--> 身長
Ve1 Ve1      0.258         減量希望量 <--> 減量希望量
Ve3 Ve3      0.766         体重 <--> 体重
```

標準化解では身長から減量希望量へ向かうパス係数が−0.443と大きいので，体重と合わせて使うことにより，身長の大きさも減量希望量の予測に寄与することがわかる。

重回帰モデルと同様に，内生変数の決定係数（分散説明率）が

$$R^2 = 1 - \frac{\text{誤差分散の推定値}}{\text{内生変数の分散の推定値}} \tag{10.2}$$

と定義されるが，semパッケージは決定係数を出力しない。しかし，標準化解では内生変数の分散が1であるから，1から誤差分散の標準化解（Ve1とVe3）を減じて決定係数を求めればよい。すると，2変数の決定係数は

減量希望量の決定係数＝ 1 − 0.256 ＝ 0.744
　　　体重の決定係数＝ 1 − 0.766 ＝ 0.233

となり，身長と体重が減量希望量の分散の74%を説明できることがわかる。また，身長だけでは体重を正確に予測できないこともわかる。図10.5に標準化解を示したが，内生変数に添えた値（.74と.23）は決定係数である。

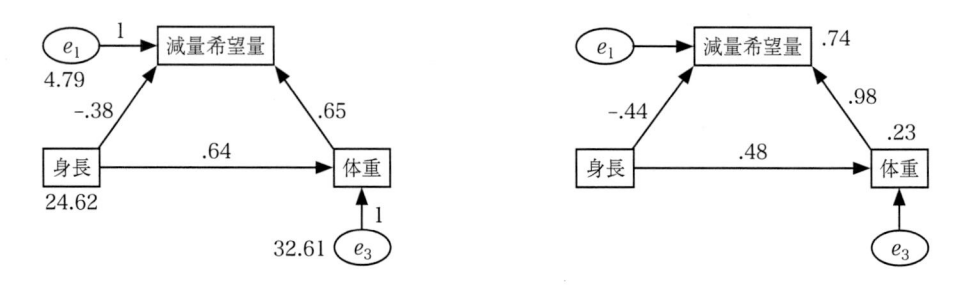

図10.5 減量希望量のパス解析（非標準化解［左］と標準化解［右］）

■直接・間接・総合効果

　図10.5では身長から減量希望量へ向かうルートが2つある。1つは「身長→減量希望量」というルート，もう1つは体重を経由する「身長→体重→減量希望量」というルートである。前者のルートの効果を直接効果，後者のように他の変数を介しての効果を間接効果，2つを合わせた効果を総合効果という。直接効果はパス係数の値，間接効果はルート上に現れる全パス係数の積である。そして，標準化パス係数を用いて求めた効果を特に標準化効果という。したがって，身長の減量希望量に対する標準化直接効果は $\hat{b}_{12} = -0.443$，標準化間接効果は $\hat{b}_{32} \times \hat{b}_{13} = 0.484 \times 0.983 = 0.476$，標準化総合効果は $-0.443 + 0.476 = 0.033$ である。

　直接効果（パス係数）の値は体重が同じなら身長の高い人ほど減量希望量が小さいこと，間接効果の値は身長が高ければ体重が重くなり，体重が重ければ減量希望量が大きいことを示す。そして，直接効果と間接効果を合わせると正負の効果がキャンセルされ，総合的には身長だけでは減量希望量の値をほとんど説明できないことがわかる。

　ところで，このパス解析では体重と減量希望量が内生変数なので，減量希望量を x_1，身長を x_2，体重を x_3 として，体重 x_3 と減量希望量 x_1 の測定値を分解すると，

$$x_{i3} = \underbrace{b_{32}x_{i2}}_{\hat{x}_{i3}} + e_{i3} \tag{10.3}$$

$$\begin{aligned}x_{i1} &= \underbrace{b_{12}x_{i2} + b_{13}x_{i3}}_{\hat{x}_{i1}} + e_{i1} \\ &= b_{12}x_{i2} + b_{13}\underbrace{(b_{32}x_{i2} + e_{i3})}_{x_{i3}} + e_{i1}\end{aligned} \tag{10.4}$$

となる。

　一方，標準化解を用いて身長と減量希望量の相関係数 $r(x_2, x_1)$ を求めると，観測変数の分散が1で，パス図において双方向の矢印で結ばれていない外生変数の共分散は0であるから，

$$\begin{aligned}r(x_2, x_1) &= \frac{S(x_2, x_1)}{S(x_2)S(x_1)} \\ &= S(x_2, b_{12}x_2 + b_{13}[b_{32}x_2 + e_3] + e_1) \\ &= b_{12}S^2(x_2) + b_{13}b_{32}S^2(x_2) + b_{13}S(x_2, e_3) + S(x_2, e_1) \\ &= \underbrace{\underbrace{b_{12}}_{\text{直接効果}} + \underbrace{b_{13}b_{32}}_{\text{間接効果}}}_{\text{総合効果}}\end{aligned} \tag{10.5}$$

となる。これより，身長と減量希望量の相関係数が，身長が減量希望量へ与える標準化総

合効果に等しいことがわかる。確かにcov2cor()関数を用いて身長と減量希望量の分散共分散行列を相関係数行列へ変換すると，

```
> round(cov2cor(減量身長体重), 3)   # 分散共分散を相関係数へ変換
         減量希望量   身長    体重
減量希望量    1.000   0.000    0
身長         0.033   1.000    0
体重         0.769   0.484    1
```

となり，身長と体重の相関係数が標準化総合効果の0.033と一致している。

身長と減量希望量の相関係数（0.033）はほぼ0であるから，$\hat{b}_{12} + \hat{b}_{13}\hat{b}_{32} = 0$と置けば，$\hat{b}_{12} = -\hat{b}_{13}\hat{b}_{32}$が成り立つ。したがって，体重が重いほど減量希望量が大きく（$\hat{b}_{13} > 0$），身長が高いほど体重が重い（$\hat{b}_{32} > 0$）ので，身長の減量希望量に対するパス係数（$\hat{b}_{12}$）は必然的に負値となる。身長と減量希望量の相関係数がほとんど0であっても，身長の減量希望量に対するパス係数が負値となった理由がここにある。

10.3　母数の推定

図10.3に示したパス解析モデルを用いて自由母数の推定方法を見ておく。自由母数は身長の分散$\sigma^2(x_2)$，減量希望量の誤差分散$\sigma^2(e_1)$，体重の誤差分散$\sigma^2(e_3)$，そして，パス係数b_{12}, b_{32}, b_{13}の計6個である。

10.3.1　観測変数の共分散構造

内生変数の値は外生変数とパス係数によって決まるので，減量希望量x_{i1}と体重x_{i3}を

$$x_{i1} = b_{12}x_{i2} + b_{13}x_{i3} + e_{i1} = (b_{12} + b_{13}b_{32})x_{i2} + b_{13}e_{i3} + e_{i1} \tag{10.6}$$
$$x_{i3} = b_{32}x_{i2} + e_{i3} \tag{10.7}$$

と分解する。そして，変数x_1とx_3の分散およびこの2変数と変数x_1との共分散を右辺の項を用いて表現する。このとき双方向の矢印で結ばれていない外生変数の共分散（相関）は0であるから，3変数の分散共分散は

$$\begin{aligned}x_1\text{の分散}\ :\ &\sigma^2([b_{12} + b_{13}b_{32}]x_2 + b_{13}e_3 + e_1) \\ =\ &(b_{12} + b_{13}b_{32})^2\sigma^2(x_2) + b_{13}^2\sigma^2(e_3) + \sigma^2(e_1)\end{aligned} \tag{10.8}$$

$$\begin{aligned}x_2\text{と}\ x_1\text{の共分散}\ :\ &\sigma(x_2, [b_{12} + b_{13}b_{32}]x_2 + b_{13}e_3 + e_1) \\ =\ &(b_{12} + b_{13}b_{32})\sigma^2(x_2)\end{aligned} \tag{10.9}$$

$$x_2 の分散 : \sigma^2(x_2) \tag{10.10}$$

$$x_3 と x_1 の共分散 : \sigma(b_{32}x_2 + e_3, [b_{12} + b_{13}b_{32}]x_2 + b_{13}e_3 + e_1)$$
$$= b_{32}(b_{12} + b_{13}b_{32})\sigma^2(x_2) + b_{13}\sigma^2(e_3) \tag{10.11}$$

$$x_3 と x_2 の共分散 : \sigma(b_{32}x_2 + e_3, x_2)$$
$$= b_{32}\sigma^2(x_2) \tag{10.12}$$

$$x_3 の分散 : \sigma^2(b_{32}x_2 + e_3)$$
$$= b_{32}^2\sigma^2(x_2) + \sigma^2(e_3) \tag{10.13}$$

となる．この右辺を観測変数の共分散構造という．

　自由母数を推定できれば，それを共分散構造へ代入することで観測変数の分散共分散を再生できるので，データから求めた分散共分散と共分散構造を用いて以下の連立方程式を立て，自由母数の解を求める．左辺の $S^2(x_j)$ がデータから求めた変数 x_j の分散，$S(x_j,x_k)$ が変数 x_j と x_k の共分散，そして，右辺がそれを表現する共分散構造である．

$$S^2(x_1) = (b_{12} + b_{13}b_{32})^2\sigma^2(x_2) + b_{13}^2\sigma^2(e_3) + \sigma^2(e_1) \tag{10.14}$$

$$S(x_2, x_1) = (b_{12} + b_{13}b_{32})\sigma^2(x_2) \tag{10.15}$$

$$S^2(x_2) = \sigma^2(x_2) \tag{10.16}$$

$$S(x_3, x_1) = b_{32}(b_{12} + b_{13}b_{32})\sigma^2(x_2) + b_{13}\sigma^2(e_3) \tag{10.17}$$

$$S(x_3, x_2) = b_{32}\sigma^2(x_2) \tag{10.18}$$

$$S^2(x_3) = b_{32}^2\sigma^2(x_2) + \sigma^2(e_3) \tag{10.19}$$

　このパス解析モデルでは自由母数の数 (6) と観測変数の分散共分散の数 (6) が等しいので，連立方程式を解くことができ，以下の解を得る．身長は外生変数であるから分散の推定値はデータから求めた分散を利用すればよいので，最初に身長の分散の解を求め，順に他の母数の解を求めた．ここでは先に求めた解を利用してそれに続く解を表記している．

$$\hat{\sigma}^2(x_2) = S^2(x_2) \tag{10.20}$$

$$\hat{b}_{32} = \frac{S(x_3, x_2)}{\hat{\sigma}^2(x_2)} \tag{10.21}$$

$$\hat{\sigma}^2(e_3) = S^2(x_3) - \hat{b}_{32}^2\hat{\sigma}^2(x_2) \tag{10.22}$$

$$\hat{b}_{13} = \frac{S(x_3, x_1) - \hat{b}_{32}S(x_2, x_1)}{\hat{\sigma}^2(e_3)} \tag{10.23}$$

$$\hat{b}_{12} = \frac{S(x_2, x_1)}{\hat{\sigma}^2(x_2)} - \hat{b}_{13}\hat{b}_{32} \tag{10.24}$$

$$\hat{\sigma}^2(e_1) = S^2(x_1) - (\hat{b}_{12} + \hat{b}_{13}\hat{b}_{32})^2\hat{\sigma}^2(x_2) - \hat{b}_{13}^2\hat{\sigma}^2(e_3) \tag{10.25}$$

練習2 方程式の解へ観測値から求めた分散共分散の値を代入して母数の推定値を求めなさい。

```
> s2x1   <- 18.529   # 減量希望量の分散
> sx2x1  <-  0.704   # 身長と減量希望量の共分散
> s2x2   <- 24.616   # 身長の分散
> sx3x1  <- 21.600   # 体重と減量希望量の共分散
> sx3x2  <- 15.674   # 体重と身長の共分散
> s2x3   <- 42.586   # 体重の分散
> sigma2x2 <- s2x2                    # 身長の分散
> b32 <- sx3x2/sigma2x2               # パス係数b32
> sigma2e3 <- s2x3 - b32^2*sigma2x2   # 体重の誤差分散
> b13 <- (sx3x1 - b32*sx2x1)/sigma2e3 # パス係数b13
> b12 <- sx2x1/sigma2x2 - b13*b32     # パス係数b12
> sigma2e1 <- s2x1 - (b12+b13*b32)^2*s2x2 -
+         b13^2*sigma2e3              # 減量希望量の誤差分散
> sigma2x2                            # 身長の分散
[1] 24.616
> b32                                 # パス係数b32
[1] 0.6367403
> sigma2e3                            # 体重の誤差分散
[1] 32.60573
> b13                                 # パス係数b13
[1] 0.6487122
> b12                                 # パス係数b12
[1] -0.3844619
> sigma2e1                            # 減量希望量の誤差分散
[1] 4.787479
```

となり，sem()関数で求めた解と一致している。

10.3.2 最尤推定法と適合度指標

図10.3に示したパス解析モデルでは，連立方程式を解析的に解いて自由母数の解を求めることができた。それでは，身長が減量希望量を説明できないと仮定して，つまり$b_{12} = 0$と固定したらどうなるか。今度は母数の数が5となり，観測変数の分散共分散の数は6のままであるから，6本の連立方程式をすべて満たす解がない。そこで，SEMでは，データから求めた分散共分散の値とモデルから再生される分散共分散との相違度に着目し，それを最小にする解を求める。これまで，いくつかの方法が提案されてきたが，sem()関数は最尤推定法を採用している。

最尤推定法は，データから求めた観測変数の分散共分散行列を S，モデルの共分散構造にもとづいて再生された分散共分散を要素とする行列を C とし，最小化する値を次式の適合度関数によって定義する。

$$F_{ML} = \log|C| - \log|S| + \text{tr}(C^{-1}S) - n \tag{10.26}$$

ここで，$|A|$ は行列 A の行列式（determinant）[3]，$\text{tr}(C^{-1}S)$ は行列 $C^{-1}S$ のトレース（対角要素の総和），n は観測変数の数である[4]。自由母数の推定値によって観測変数の分散共分散の値を完全に予測できたとき $S=C$ が成り立ち，$C^{-1}S$ が単位行列となるので $\text{tr}(C^{-1}S)$ が n に等しく，適合度関数の値は最小値の 0 となる。

　最小化された適合度関数の値 F_{ML} に $N-1$（N は標本の大きさ）を乗じた次式の χ^2 値は，モデルの適合度を評価するもっとも基本となる統計量である。summary() 関数は χ^2 値を Model Chisquare として表示する。Chisquare の chi はギリシャ文字アルファベットのカイ（χ）で，square は 2 乗の意味である。

$$\begin{aligned}\chi^2 &= F_{ML}(N-1) \\ df &= \frac{n(n+1)}{2} - q\end{aligned} \tag{10.27}$$

　ここで，q は推定した母数の数であり，「自由母数の数 + 制約母数の数 − 制約の数」に等しい。χ^2 値を用いて次の帰無仮説と対立仮説を検定することができる。帰無仮説が真のとき，χ^2 値は自由度 df の χ^2 分布に従う。

　　帰無仮説：モデルは正しい
　　対立仮説：モデルは誤り

練習3　図10.3のパス解析モデルにおいて，$b_{12}=0$ と固定して母数を推定しなさい。
　すでに分散共分散行列を減量身長体重へ代入してあるので，先の減量希望量のパス解析モデルのb12を0へ固定すればよい。

---

[3] 正方行列に定義される量であり，R では det() 関数を用いて行列式を計算できる。
[4] sem パッケージの手引き書に倣い，本章では観測変数の数を n，標本の大きさを N とした。

```
> 減量希望量のパス解析 <- specify.model()      # モデルの特定
1:    体重         <- 身長         , b32, NA   # パス係数b32
2:    減量希望量    <- 体重         , b13, NA   # パス係数b13
3:    減量希望量    <- 身長         , NA , 0    # b12 = 0
4:    身長         <-> 身長        , V2 , NA   # 身長の分散
5:    減量希望量    <-> 減量希望量   , Ve1, NA   # 誤差e1の分散
6:    体重         <-> 体重        , Ve3, NA   # 誤差e3の分散
7:
Read 6 records
> sem( 減量希望量のパス解析 , 減量身長体重 , 305)

 Model Chisquare =   139.4215    Df =  1

      b32          b13          V2           Ve1          Ve3
 0.6367403    0.5072089   24.6160000    7.5732869   32.6057320
```

検定の結果，帰無仮説は棄却される（$\chi^2 = 139.422$, $df = 1$, $p < 0.01$）ので，$b_{12} = 0$とすることはできない。

なお，図10.3のパス解析モデルは飽和モデルと呼ばれ，母数の推定値から観測変数の分散共分散の値を正確に再生できるので，χ^2値が0となり，その自由度も0である。自由度が0のχ^2分布はないので，そのp値（有意確率）を定義できず，p値はNAと表示される。

■適合度指標

summary()関数が返してくる適合度指標の定義は以下の通りである。χ^2_iとdf_iは観測変数が相互にすべて無相関であるとする独立モデルのχ^2値とその自由度，s_{ij}とσ_{ij}はそれぞれ行列SとCのij要素の値である。また，max()はかっこ内の数値の最大値を選択することを意味する。

$$\text{GFI} = 1 - \frac{\text{tr}[\{C^{-1}(S-C)\}^2]}{\text{tr}[(C^{-1}S)^2]} \tag{10.28}$$

$$\text{AGFI} = 1 - \frac{n(n+1)}{2df}(1 - \text{GFI}) \tag{10.29}$$

$$\text{RMSEA} = \sqrt{\max\left(\frac{F_{ML}}{df} - \frac{1}{N-1}, 0\right)} \tag{10.30}$$

$$\mathrm{NFI} = \frac{\chi_i^2 - \chi^2}{\chi_i^2} \tag{10.31}$$

$$\mathrm{NNFI} = \frac{\chi_i^2/df_i - \chi^2/df}{\chi_i^2/df_i - 1} \tag{10.32}$$

$$\mathrm{CFI} = 1 - \frac{\max(\chi^2 - df, 0)}{\max(\chi^2 - df, \chi_i^2 - df_i, 0)} \tag{10.33}$$

$$\mathrm{SRMR} = \sqrt{\frac{2}{n(n+1)} \sum_{i=1}^{n} \sum_{j=1}^{i} \frac{(s_{ij} - \sigma_{ij})^2}{s_{ii} s_{jj}}} \tag{10.34}$$

$$\mathrm{BIC} = \chi^2 - df \log_e N \tag{10.35}$$

GFI (goodness-of-fit index), AGFI (adjusted goodness-of-fit index), NFI (normal fit index), NNFI (nonnormal fit index), CFI (comparative fit index) が0.90もしくは0.95以上のとき, RMSEA (root mean square error of approximation) が0.05もしくは0.08以下のときに適合度の良いモデルとされる。SRMR (standardized root mean square residual) は観測変数の相関係数とモデルから再生された相関係数の平均的相違度を表す。BIC が小さいモデルほど良いモデルとされるが，BIC は複数のモデルの適合度を相対的に評価するために使われるので，BIC だけからモデルの適合度を絶対評価することはできない。

　指標の使い方についてはさまざまな意見があるが，RMSEA を基本として GFI, AGFI, CFI, χ^2検定などを使うのがよいであろう。適合度指標の名称を和訳せず，アルファベットのままで報告書へ記載すればよい。

■モデルの識別性

　自由度 df が0で，解が一意に定まるモデルは丁度識別されるという。一方，自由度が負のモデルは連立方程式の数よりも未知数が多いので，$S = C$ を満たす複数の解がある。これは解の不定であり，モデルが識別されないという。識別されないモデルは研究仮説として検証の対象にはなり得ないので，識別されるモデルへ修正する。識別されるモデルとは，自由度が正で式 (10.26) の値を最小化する解が1つに限定されるモデルである。

　自由度が正であれば識別されるモデルとしての必要条件（t 規則）を満たすが，モデルが識別されるとは限らない。逆に，モデルが識別される十分条件は知られているが，あくまでも十分条件であるから，それを満たしていなくても識別されるモデルはある。したがって，現実問題としては，初期値に代入する値に分析者が十二分に留意した上で識別性の確認を sem() 関数に委ねるというのも1つの選択肢である。

10.4　双方向の因果関係を含むパス解析

　Bagozzi（1980）は(i)販売員の売上げと職場満足度の間に見られる相関が疑似相関であるのかどうか，もし疑似相関でないとしたら，(ii)売上げが職場満足度を高めるのか，それとも(iii)職場満足度が売上げを高めるのか，あるいは(iv)売上げと職場満足度に双方向の因果関係があるのか，ということを検討している[*5]。重回帰分析は双方向の因果関係を含むパス解析を行うことができないが，SEM はそれができる。ここでは，双方向の因果関係を含む Bagozzi の研究仮説をパス解析モデルで表現し，表10.2に示す分散共分散行列を用いて検討してみる。

　売上げと職場満足度の相関が仮説(i)の疑似相関であるということを表現するパス図を図10.6に示す。疑似相関は説明変数によって説明できない成分，すなわち誤差の相関を含むので，売上げと職場満足度の誤差を双方向の矢印で結んでいる。これをモデル1とする。

　Bagozzi のモデルでは達成意欲と自尊心と言語能力が道具的変数としての役割も果たすので，売上げと職場満足度が相互に影響していると仮定してパス係数を同時に推定することができる。そこで，仮説(ii)から(iv)を図10.7のパス図によって検証する。これをモデル2とする。モデル1との違いは職場満足度と売上げの疑似相関を削除した上で，職場満足度と売上げの間で相互にパス係数を推定する点である。

■モデル1──疑似相関モデル

　疑似相関を仮定するモデル1のスクリプトを実行する。観測変数の分散共分散行列は職場満足度へ代入される。「16:」と表示された行は空白行である。

表10.2　Bagozzi（1980）の研究仮説を検証する分散共分散行列

	売上げ	職場満足度	達成意欲	自尊心	言語能力
売上げ	4.368				
職場満足度	5.311	31.747			
達成意欲	1.340	6.020	10.978		
自尊心	4.639	7.457	2.992	13.768	
言語能力	-2.723	-2.343	-3.499	-3.626	13.322

[*5] Bagozzi, R.P. (1980). Performance and satisfaction in an industrial sales force: An examination of their antecedents and simultaneity. *Journal of Marketing*, 44, 65-77., Jöreskog, K.G. & Sörbom, D. (1989). *LISREL 7: A Guide to the Program and Applications*. 2nd ed. Chicago: SPSS Publications.

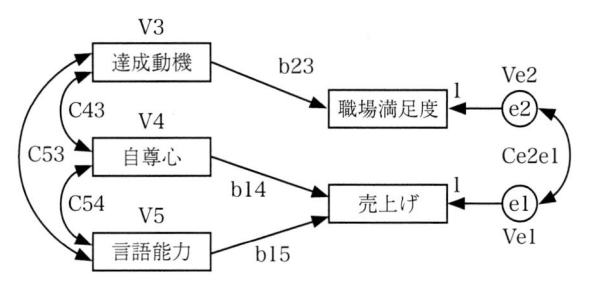

図10.6 疑似相関を検証するパス図（モデル1）

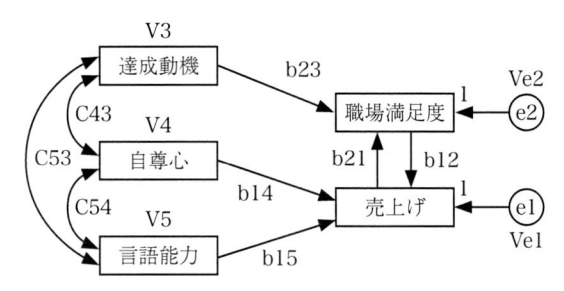

図10.7 因果関係を検証するパス図（モデル2）

```
> # 売上げと職場満足度　モデル1
> library(sem)              # sem パッケージの読み込み
> 職場満足度 <- read.moments(names = c("売上げ", "職場満足度",
+                          "達成動機", "自尊心", "言語能力"))
1:   4.368
2:   5.311    31.747
4:   1.340     6.020    10.978
7:   4.639     7.457     2.992    13.768
11: -2.723    -2.343    -3.499    -3.626    13.322
16:                                          # ここは空白行
Read 15 items
```

　モデル1の母数を次のように特定し，職場満足度モデル1へ代入する。6行目が売上げと職場満足度の疑似相関を表す。その下の「7:」と表示された行は空白行である。

10.4　双方向の因果関係を含むパス解析　　277

```
> 職場満足度モデル1 <- specify.model()    # モデル1を特定する
1: 職場満足度    <-   達成動機    ,  b23,   NA
2: 売上げ       <-   自尊心      ,  b14,   NA
3: 売上げ       <-   言語能力    ,  b15,   NA
4: 売上げ       <->  売上げ      ,  Ve1,   NA
5: 職場満足度    <->  職場満足度   ,  Ve2,   NA
6: 売上げ       <->  職場満足度   ,  Ce2e1, NA  # 疑似相関（誤差共分散）
7:                                          # ここは空白行
Read 6 records
```

分散共分散行列を読み込み，モデルを特定できたので，sem() 関数を用いて自由母数を推定し，適合度指標を調べる。このモデルでは，達成動機と自尊心と言語能力が外生変数であるから，3変数の分散共分散を観測値の分散共分散へ固定する。それには，sem() 関数の fixed.x 引数の等号の後ろへ分散共分散を固定する外生変数名をベクトルの要素として指定すればよい。このようにして分散共分散を固定しても，モデルの自由度は適切に調整される。外生変数の数が多いときは共分散の数が増えるので，fixed.x 引数を用いるのが便利である。

さて，モデル1を当てはめた結果は以下の通りである。

```
> 職場満足度モデルの結果1 <- sem( 職場満足度モデル1, 職場満足度,
+          122, fixed.x=c(" 達成動機 "," 自尊心 "," 言語能力 "))
> # fixed.x 引数を用いて外生変数の分散共分散を固定することができる
> summary( 職場満足度モデルの結果1, digits = 4)   # 結果の要約

Model Chisquare =  11.95   Df = 3 Pr(>Chisq) = 0.00754   # (a)
Chisquare (null model) =  124.8   Df =  10              # (b)
Goodness-of-fit index =  0.9637                          # (c)
Adjusted goodness-of-fit index =  0.8186                 # (d)
RMSEA index =  0.1571   90% CI: (0.0711, 0.2549)         # (e)
Bentler-Bonnett NFI =  0.9042                            # (f)
Tucker-Lewis NNFI =  0.74                                # (g)
Bentler CFI =  0.922                                     # (h)
SRMR =  0.08586                                          # (i)
BIC =  -2.458                                            # (j)
```

標本が大きいとき，χ^2 検定はデータに適合する良いモデルであっても帰無仮説を棄却することがあるので，(a) 欄の χ^2 検定だけでモデルの採否を決めることはできない。しかし，このデータでは標本が122名と小さいにもかかわらず，帰無仮説は有意水準0.01で棄却されているので（$\chi^2 = 11.95, df = 3, p < 0.01$），適合度が良いモデルとは言えな

い。(b) 欄は独立モデルのχ^2値と自由度である。(c) 欄から (j) 欄までの適合度指標を見ていくと，AGFI と NNFI と RMSEA はモデルの適合度の悪さを示唆している。また，90% CI は RMSEA の信頼度90%の信頼区間であり，0.05を含むことが良いモデルとされる必要条件であるが，これを満たしていない。さらに，(i) 欄の SRMR は0.086であり，データとモデルから再生された観測変数の相関係数にやや大きな相違が見られる。

　以上の適合度指標からから総合的に判断するなら，モデル1の疑似相関モデルはデータに適合しているとは言えない。なお，(j) 欄の BIC は複数のモデルの適合度を相対的に評価するために使われるので，この値だけからモデルの適合度を評価することはできない。

■モデル2——双方向の因果モデル

　以下のスクリプトで双方向の因果モデルを特定し，職場満足度モデル2へ代入した。このスクリプトは1行目と2行目で双方向のパス係数を特定している。

```
> 職場満足度モデル2 <- specify.model()    # モデル2を特定する
1: 職場満足度  <-  売上げ    , b21, NA
2: 売上げ      <-  職場満足度, b12, NA
3: 職場満足度  <-  達成動機  , b23, NA
4: 売上げ      <-  自尊心    , b14, NA
5: 売上げ      <-  言語能力  , b15, NA
6: 売上げ      <-> 売上げ    , Ve1, NA
7: 職場満足度  <-> 職場満足度, Ve2, NA
8:
Read 7 records
```

　観測変数の分散共分散行列はすでに職場満足度に代入されているので，職場満足度モデル2と職場満足度を sem() 関数へ渡し，結果を要約した。

```
> 職場満足度モデルの結果2 <- sem( 職場満足度モデル2, 職場満足度,
+                122, fixed.x=c(" 達成動機 "," 自尊心 "," 言語能力 "))
> # fixed.x 引数を用いて外生変数の分散共分散を固定することができる
> summary( 職場満足度モデルの結果2, digits = 4)    # 結果の要約

 Model Chisquare  =   2.921    Df  =   2 Pr(>Chisq) = 0.2322
 Chisquare (null model) =  124.8    Df  =  10
 Goodness-of-fit index  =   0.9906
 Adjusted goodness-of-fit index  =   0.9291
 RMSEA index  =  0.06168    90% CI: (NA, 0.2014)
 Bentler-Bonnett NFI  =  0.9766
 Tucker-Lewis NNFI  =  0.96
 Bentler CFI  =  0.992
 SRMR  =  0.02966
 BIC  =  -6.687
```

RMSEAが0.062とやや大きいものの，χ^2検定は帰無仮説を棄却しない。さらに，BICが小さいモデルほど良いモデルとされるが，モデル2の方がモデル1よりも小さい。

モデル2の母数の推定値は以下の通りであり，職場満足度から売上げへ向かうパス係数 b_{12} は有意ではない。

```
 Parameter Estimates
      Estimate  Std Error   z value  Pr(>z)
  b21  1.14443   0.33543    3.4119   6.452e-04  職場満足度 <--- 売上げ
  b12 -0.01015   0.04717   -0.2151   8.297e-01  売上げ <--- 職場満足度
  b23  0.40868   0.13911    2.9379   3.305e-03  職場満足度 <--- 達成動機
  b14  0.31038   0.04866    6.3790   1.782e-10  売上げ <--- 自尊心
  b15 -0.12170   0.04236   -2.8734   4.061e-03  売上げ <--- 言語能力
  Ve1  2.68140   0.44806    5.9845   2.171e-09  売上げ <--> 売上げ
  Ve2 23.47848   3.02329    7.7659   8.216e-15  職場満足度 <--> 職場満足度
```

■モデル3──モデル2の修正

職場満足度から売上げへ向かうパス係数 b_{12} が有意ではないので，これを0へ固定して他の母数を推定し，モデル3とした。そのモデルの特定と適合度指標を以下に示す。b_{12} を0へ固定したことによりモデルが改善され，RMSEAは0となった。

```
> 職場満足度モデル3 <- specify.model()    # モデル3を特定する
1: 職場満足度  <-  売上げ      , b21, NA
2: 売上げ      <-  職場満足度  , NA,  0
3: 職場満足度  <-  達成動機    , b23, NA
4: 売上げ      <-  自尊心      , b14, NA
5: 売上げ      <-  言語能力    , b15, NA
6: 売上げ      <-> 売上げ      , Ve1, NA
7: 職場満足度  <-> 職場満足度  , Ve2, NA
8:
Read 7 records
> 職場満足度モデルの結果3 <- sem( 職場満足度モデル3, 職場満足度,
+                122, fixed.x=c(" 達成動機 "," 自尊心 "," 言語能力 "))
> # fixed.x引数を用いて外生変数の分散共分散を固定することができる
> summary( 職場満足度モデルの結果3, digits = 4)   # 結果の要約
 Model Chisquare =  2.968   Df =  3  Pr(>Chisq) = 0.3966
 Chisquare (null model) =  124.8   Df =  10
 Goodness-of-fit index =  0.9904
 Adjusted goodness-of-fit index =  0.952
 RMSEA index =  0   90% CI: (NA, 0.1526)
 Bentler-Bonnett NFI =  0.9762
 Tucker-Lewis NNFI =  1.001
 Bentler CFI =  1
 SRMR =  0.02975
 BIC =  -11.44
```

3つのモデルの適合度指標を表10.3にまとめた。主要な指標はモデル3を最適としている。したがって,職場満足度と売上げの間に見られる相関関係は疑似相関ではなく,売上げが職場満足度を高めるために生じた相関関係であると示唆される。

練習4 sem()関数が返してくる行列SとCを用いて表10.3に示すモデル3のχ^2値を求めなさい。

sem()関数は参照名をSとして標本の分散共分散行列,Cとしてモデルで再生された分散共分行列,Nとして標本の大きさ,nとして観測変数の数を返すので,

表10.3 Bagozzi (1980) の研究仮説を検証するモデルの適合度

モデル	χ^2	df	p値	GFI	AGFI	RMSEA	NFI	CFI	BIC
1	11.954	3	0.008	0.964	0.819	0.157	0.904	0.922	−2.458
2	2.921	2	0.232	0.991	0.929	0.062	0.977	0.992	−6.687
3	2.968	3	0.397	0.990	0.952	0.000	0.976	1.000	−11.444

```
> S <- 職場満足度モデルの結果3$S    # 標本の分散共分散行列
> C <- 職場満足度モデルの結果3$C    # モデル3で予測された行列
> N <- 職場満足度モデルの結果3$N    # 標本の大きさ
> n <- 職場満足度モデルの結果3$n    # 観測変数の数
> Fml <- log(det(C))-log(det(S))+sum(diag(solve(C)%*%S))-n
> Fml * (N - 1)                     # カイ2乗値
[1] 2.968031
```

とすればよい。なお，sem() 関数は criterion（基準という意味）を参照名として F_{ML} の値を返してくる。

練習5 モデルの適合度を相対的に評価する情報量規準として BIC の他に AIC（Akaike's information criterion）と CAIC（consistent AIC）があり，次式で定義される。df はモデルの自由度，N は標本の大きさである。AIC と CAIC が小さいほど良いモデルとされる。AIC と CAIC を用いて3つのモデルの適合度を比較しなさい。

$$\text{AIC} = \chi^2 - 2df \tag{10.36}$$
$$\text{BIC} = \chi^2 - df \log_e N \tag{10.37}$$
$$\text{CAIC} = \text{BIC} - df = \chi^2 - df(\log_e N + 1) \tag{10.38}$$

```
> chi2 <- c(11.954, 2.921, 2.968)   # 左からモデル1,2,3のカイ2乗
> df <- c(3, 2, 3)                  # 左からモデル1,2,3の自由度
> AIC <- chi2 - 2*df
> BIC <- chi2 - df*log(122)
> CAIC <- BIC - df
> cbind(AIC, BIC, CAIC)
        AIC       BIC       CAIC
[1,]  5.954  -2.458063  -5.458063
[2,] -1.079  -6.687042  -8.687042
[3,] -3.032 -11.444063 -14.444063
```

となり，AIC と CAIC もモデル3を最適モデルとする。

11章
測定方程式モデル

〈特徴〉

　潜在変数とその指標である観測変数との関係を記述するモデルを測定方程式モデルといい，その下位モデルに確認的因子分析，潜在曲線モデル（潜在成長曲線モデルともいう），相関分析がある。確認的因子分析は，因子と観測変数との関係，および因子間相関に関する研究仮説を検証する。潜在曲線モデルは縦断的測定値の経時的変化を記述する。そして，相関分析は観測変数間に仮定する相関関係を検定する。

　心理・教育では，確認的因子分析は質問紙尺度の構成概念的妥当性を因子間相関にもとづいて検証するとき，また，潜在曲線モデルは縦断的測定値の経時的変化とその個人差，さらに，その個人差を説明する要因を探るときに利用される。

〈注意点〉

　観測変数は量的変数であること，少なくとも5段階以上の反応カテゴリがあることが望ましい。4段階以下の反応カテゴリしかないときはカテゴリカル因子分析を利用する。

11.1　確認的因子分析

　確認的因子分析は研究仮説にもとづいて特定の因子負荷量や因子間共分散（相関）を0へ固定し，仮説の妥当性を統計的に考察する。もし明確な強い仮説がないときは因子負荷量と因子間共分散を推定して推定値の有意性検定を行い，モデルを修正していく。また，修正指標を参考にし，固定した因子負荷量を自由母数とすることもある。

　先に身体計測値（身長，前方腕長，前腕長，座位下肢長，体重，大転子間幅，胸囲，胸部横径）を因子分析したところ，長さ因子と太さ因子を抽出でき，身長，前方腕長，前腕長，座位下肢長は長さ因子に，体重，大転子間幅，胸囲は太さ因子に，そして，胸部横径は2つの因子に大きな負荷を示した。ここでは，この因子分析の結果を基本モデルとし，図11.1から図11.3に示す3つのモデルを立て，適合度を比較する。2因子モデルにおいて矢印のない因子負荷量は0へ固定されることを意味する。計算には375名の計測値から求めた分散共分散を用いる。

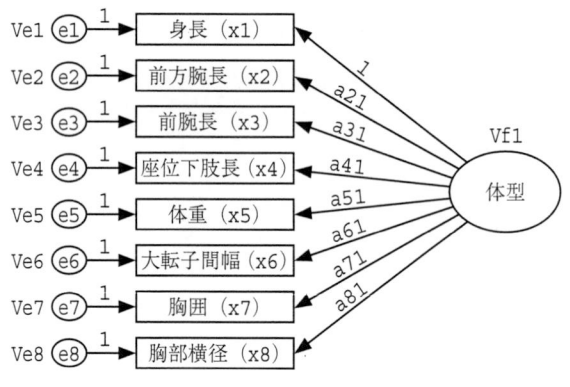

図11.1　身体計測値の1因子モデル（モデル1）

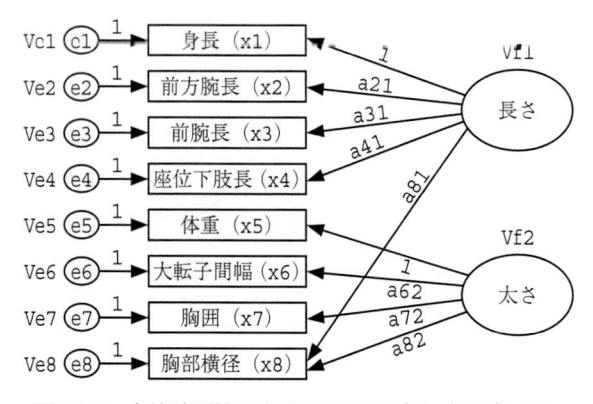

図11.2　身体計測値の直交2因子モデル（モデル2）

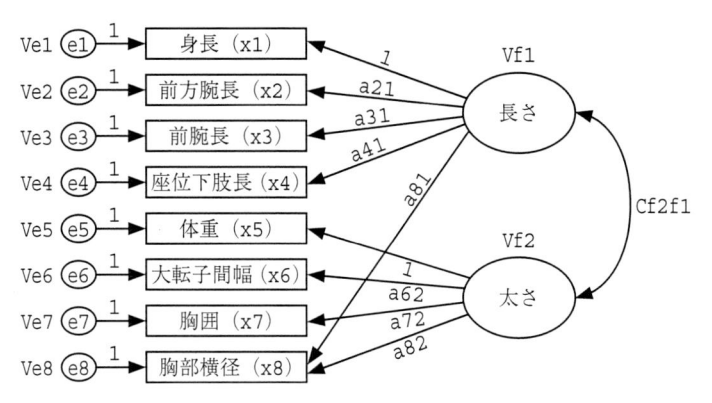

図11.3 身体計測値の斜交2因子モデル（モデル3）

11.1.1 モデルの特定

specify.model()関数では因子負荷量と因子の分散共分散を以下のように特定する。

- 因子負荷量　矢印「<-」もしくは「->」を用い

    観測変数　<-　因子　,　母数名　,　初期値

    あるいは

    因子　->　観測変数　,　母数名　,　初期値

    とする。因子には観測変数名と重複しない名称を用いる。

- 因子の分散共分散　双方向の矢印「<->」の両脇に2つの因子名を並べ，

    因子j　<->　因子k　,　母数名　,　初期値

    とする。因子jと因子kが同一名のときは因子の分散，異なるときは因子の共分散と見なされる。

- 誤差の分散共分散　特定方法はパス解析モデルの場合と同様であり，誤差が刺さる観測変数名を利用する。

以上でモデルの特定方法がわかったので，3つのモデルを順に当てはめていく。

■1因子モデル

semパッケージに続いて観測変数の分散共分散を読み込み，身体計測値375とする。

```
> library(sem)    # sem パッケージの読み込み
> 身体計測値375 <- read.moments(names =
+     c("身長(x1)","前方腕長(x2)","前腕長(x3)","座位下肢長(x4)",
+       "体重(x5)","大転子間幅(x6)","胸囲(x7)","胸部横径(x8)"))
1:  27.982
2:  15.509 11.563
4:   4.838  3.253  1.278
7:  17.305 11.571  3.626 15.855
11: 12.602  8.642  2.856 10.121 38.868
16:  2.337  1.489  0.483  1.931  6.982 2.166
22:  7.369  4.910  1.739  6.211 23.362 4.722 25.503
29:  1.817  1.372  0.439  1.588  5.417 1.107  3.587 1.818
37:
Read 36 items
```

続いてモデルを特定するスクリプトを読み込み，モデル1とする。ここでは因子名を体型因子とし，身長 (x1) の因子負荷量 a11 を1へ固定して因子の測定単位を定めた。2行目から8行目が因子負荷量，9行目が因子分散，10行目から17行目が観測変数に付随する誤差の分散を特定している。

```
> モデル1 <- specify.model()            # 1因子モデル
1:  身長(x1)         <-  体型  , NA,  1     # a11を1に固定
2:  前方腕長(x2)     <-  体型  , a21, NA    # 因子負荷量
3:  前腕長(x3)       <-  体型  , a31, NA
4:  座位下肢長(x4)   <-  体型  , a41, NA
5:  体重(x5)         <-  体型  , a51, NA
6:  大転子間幅(x6)   <-  体型  , a61, NA
7:  胸囲(x7)         <-  体型  , a71, NA
8:  胸部横径(x8)     <-  体型  , a81, NA
9:  体型             <-> 体型            , Vf1, NA   # 因子分散
10: 身長(x1)         <-> 身長(x1)        , Ve1, NA   # 誤差分散
11: 前方腕長(x2)     <-> 前方腕長(x2)    , Ve2, NA
12: 前腕長(x3)       <-> 前腕長(x3)      , Ve3, NA
13: 座位下肢長(x4)   <-> 座位下肢長(x4)  , Ve4, NA
14: 体重(x5)         <-> 体重(x5)        , Ve5, NA
15: 大転子間幅(x6)   <-> 大転子間幅(x6)  , Ve6, NA
16: 胸囲(x7)         <-> 胸囲(x7)        , Ve7, NA
17: 胸部横径(x8)     <-> 胸部横径(x8)    , Ve8, NA
18:
Read 17 records
```

分散共分散とモデルを sem() 関数へ渡す。モデルの適合度指標は以下の通りである。

```
> モデル1の結果 <- sem(モデル1, 身体計測値375, 375)
> summary(モデル1の結果, digits = 4)

 Model Chisquare =   719.6   Df =   20 Pr(>Chisq) = 0
 Chisquare (null model) =   2493   Df =  28
 Goodness-of-fit index =  0.6375
 Adjusted goodness-of-fit index =  0.3475
 RMSEA index =  0.3058    90% CI: (NA, NA)
 Bentler-Bonnett NFI =  0.7113
 Tucker-Lewis NNFI =  0.6027
 Bentler CFI =  0.7162
 SRMR =  0.2066
 BIC =   601.1
```

モデルの適合度はきわめて悪く，体型因子1つだけで身体計測値の相関関係を説明することはできない。

■直交2因子モデル

すでに分散共分散行列を読み込んであるので，直交2因子モデルを特定するスクリプトを読み込み，モデル2とする。ここでは身長 (x1) の長さ因子に対する負荷量a11と体重 (x5) の太さ因子に対する負荷量a52を1へ固定して因子の測定単位を定めた。1行目から9行目が因子負荷量，10行目と11行目が因子の分散，12行目から19行目が観測変数の誤差分散を特定している。

```
> モデル2 <- specify.model()        # 直交2因子モデル
1: 身長(x1)          <- 長さ, NA, 1    # a11を1に固定
2: 前方腕長(x2)      <- 長さ, a21, NA  # 因子負荷量
3: 前腕長(x3)        <- 長さ, a31, NA
4: 座位下肢長(x4)    <- 長さ, a41, NA
5: 胸部横径(x8)      <- 長さ, a81, NA
6: 体重(x5)          <- 太さ, NA, 1    # a52を1へ固定
7: 大転子間幅(x6)    <- 太さ, a62, NA
8: 胸囲(x7)          <- 太さ, a72, NA
9: 胸部横径(x8)      <- 太さ, a82, NA
10: 長さ              <-> 長さ, Vf1, NA  # 因子分散
11: 太さ              <-> 太さ, Vf2, NA  # 因子分散
12: 身長(x1)         <-> 身長(x1),        Ve1, NA  # 誤差分散
13: 前方腕長(x2)     <-> 前方腕長(x2),    Ve2, NA
14: 前腕長(x3)       <-> 前腕長(x3),      Ve3, NA
15: 座位下肢長(x4)   <-> 座位下肢長(x4),  Ve4, NA
16: 体重(x5)         <-> 体重(x5),        Ve5, NA
17: 大転子間幅(x6)   <-> 大転子間幅(x6),  Ve6, NA
18: 胸囲(x7)         <-> 胸囲(x7),        Ve7, NA
19: 胸部横径(x8)     <-> 胸部横径(x8),    Ve8, NA
20:
Read 19 records
```

sem()関数から返ってきた2因子モデルの適合度は以下の通りである。

```
> モデル2の結果 <- sem(モデル2, 身体計測値375, 375)
> summary(モデル2の結果, digits = 4)

 Model Chisquare =   86.36   Df =  19 Pr(>Chisq) = 1.452e-10
 Chisquare (null model) =   2493   Df =  28
 Goodness-of-fit index =   0.9499
 Adjusted goodness-of-fit index =  0.905
 RMSEA index =  0.09736   90% CI: (0.07707, 0.1187)
 Bentler-Bonnett NFI =   0.9654
 Tucker-Lewis NNFI =  0.9597
 Bentler CFI =  0.9727
 SRMR =  0.2116
 BIC =  -26.25
```

GFI, AGFI, NFI, CFIが適合度の良さを認める基準値の0.9を超えているが, RMSEAが0.097と大きく, モデルの改善が示唆される。χ^2値は有意であり, 直交2モデルは棄

却される。適合度が十分に良いとは言えない。

■斜交2因子モデル

直交2因子モデルのスクリプトに

　　　　長さ <-> 太さ 　　　　　,Cf2f1, NA　# 因子間共分散

を追加して因子の共分散を推定する。以下の12行目で因子間共分散を自由母数として宣言している。これをモデル3とする。

```
> モデル3 <- specify.model()           # 斜交2因子モデル
1: 身長(x1)          <-  長さ , NA,    1     # a11を1に固定
2: 前方腕長(x2)      <-  長さ , a21,   NA    # 因子負荷量
3: 前腕長(x3)        <-  長さ , a31,   NA
4: 座位下肢長(x4)    <-  長さ , a41,   NA
5: 胸部横径(x8)      <-  長さ , a81,   NA
6: 体重(x5)          <-  太さ , NA,    1     # a52を1へ固定
7: 大転子間幅(x6)    <-  太さ , a62,   NA
8: 胸囲(x7)          <-  太さ , a72,   NA
9: 胸部横径(x8)      <-  太さ , a82,   NA
10: 長さ             <-> 長さ , Vf1,   NA    # 因子分散
11: 太さ             <-> 太さ , Vf2,   NA    # 因子分散
12: 長さ             <-> 太さ , Cf2f1, NA    # 因子間共分散
13: 身長(x1)         <-> 身長(x1),     Ve1,  NA  # 誤差分散
14: 前方腕長(x2)     <-> 前方腕長(x2) , Ve2,  NA
15: 前腕長(x3)       <-> 前腕長(x3)   , Ve3,  NA
16: 座位下肢長(x4)   <-> 座位下肢長(x4), Ve4,  NA
17: 体重(x5)         <-> 体重(x5)     , Ve5,  NA
18: 大転子間幅(x6)   <-> 大転子間幅(x6), Ve6,  NA
19: 胸囲(x7)         <-> 胸囲(x7)     , Ve7,  NA
20: 胸部横径(x8)     <-> 胸部横径(x8) , Ve8,  NA
21:
Read 20 records
```

モデルの適合度指標は

```
> モデル3の結果 <- sem( モデル3, 身体計測値375, 375)
> summary(モデル3の結果, digits = 4)

 Model Chisquare =   14.13   Df =  18 Pr(>Chisq) = 0.7206
 Chisquare (null model) =  2493    Df =  28
 Goodness-of-fit index =   0.9906
 Adjusted goodness-of-fit index =  0.9812
 RMSEA index =  0    90% CI: (NA, 0.03498)
 Bentler-Bonnett NFI =  0.9943
 Tucker-Lewis NNFI =  1.002
 Bentler CFI =  1
 SRMR =  0.01638
 BIC =  -92.55
```

であり，χ^2検定の結果を含め，適合度の良いモデルであることがわかる．しかし，因子負荷量の有意性検定の結果を見ると，

```
Parameter Estimates
       Estimate  Std Error  z value Pr(>z)
 .....
 a81    0.002937 0.012776    0.2299 8.182e-01 胸部横径 (x8) <--- 長さ
                          # p値=0.8182
```

となり，胸部横径 (x8) の長さ因子に対する因子負荷量 a81 が有意ではない．そこで，この因子負荷量を 0 へ固定したモデルをモデル4とした．因子負荷量 a81 を固定するには，モデル3のスクリプトから

　　　　胸部横径 (x8)　　<-　 長さ ，a81, NA

を削除するか，

　　　　胸部横径 (x8)　　<-　 長さ ，NA, 0

とする．モデル4を含め，4つの因子分析モデルの適合度指標を表11.1に示す．BICによれば，モデル4が最適とされ，きれいな単純構造を示す斜交2因子モデルが採択された．モデル4で推定された母数の標準化解を次に示す．

表11.1 身体計測値に当てはめた因子モデルの適合度

モデル	χ^2	df	p値	GFI	AGFI	RMSEA	NFI	CFI	BIC
1	719.60	20	0.000	0.638	0.348	0.306	0.711	0.716	601.10
2	86.36	19	0.000	0.950	0.905	0.097	0.965	0.973	-26.25
3	14.13	18	0.721	0.991	0.981	0.000	0.994	1.000	-92.55
4	14.18	19	0.773	0.991	0.982	0.000	0.994	1.000	-98.43

```
> print(standardized.coefficients(モデル4の結果), digits = 3)
        Std. Estimate
1                 0.909              身長(x1) <--- 長さ
2       a21       0.947          前方腕長(x2) <--- 長さ
3       a31       0.893            前腕長(x3) <--- 長さ
4       a41       0.903          座位下肢長(x4) <--- 長さ
5                 0.000          胸部横径(x8) <--- 長さ
6                 0.950              体重(x5) <--- 太さ
7       a62       0.803          大転子間幅(x6) <--- 太さ
8       a72       0.781              胸囲(x7) <--- 太さ
9       a82       0.680          胸部横径(x8) <--- 太さ
10      Vf1       1.000                 長さ <--> 長さ
11      Vf2       1.000                 太さ <--> 太さ
12     Cf2f1      0.447                 太さ <--> 長さ
13      Ve1       0.174           身長(x1) <--> 身長(x1)
14      Ve2       0.103       前方腕長(x2) <--> 前方腕長(x2)
15      Ve3       0.203         前腕長(x3) <--> 前腕長(x3)
16      Ve4       0.184     座位下肢長(x4) <--> 座位下肢長(x4)
17      Ve5       0.097           体重(x5) <--> 体重(x5)
18      Ve6       0.356     大転子間幅(x6) <--> 大転子間幅(x6)
19      Ve7       0.391           胸囲(x7) <--> 胸囲(x7)
20      Ve8       0.537     胸部横径(x8) <--> 胸部横径(x8)
```

長さ因子の胸部横径(x8)に対する因子負荷量を0に固定したので，5行目に0.000と出力されている．因子間共分散の標準化解が因子間相関であるから，長さ因子と太さ因子の相関係数は0.447であり，2因子には中程度の大きさの相関がある．

11.1.2 モデルの識別

確認的因子分析モデルでも識別性が問題となる．ここでは，モデルの識別性を保証する2指標規則の1つと3指標規則を説明する．これを満たさないモデルでも識別されることがあるので，この規則を基本としてモデルを構築していくとよい．

■2指標規則
(ⅰ) 各因子には，0ではない因子負荷量が2つある．
(ⅱ) 各観測変数には0ではない因子負荷量が1つあり，他は0である．
(ⅲ) 誤差共分散はすべて0である．
(ⅳ) 因子間のすべての共分散が0ではない．

(v) 各因子には，0以外の定数へ固定された因子負荷量が1つある．もしないときは，その因子の分散が正値へ固定されている．

■3指標規則

(i) 各因子には，0ではない因子負荷量が3つ以上ある．
(ii) 各観測変数には0ではない因子負荷量が1つあり，他は0である．
(iii) 誤差共分散はすべて0である．
(iv) 各因子には，0以外の定数へ固定された因子負荷量が1つある．もしないときは，その因子の分散が正値へ固定されている．

練習1 公的自意識と私的自意識[*1]は自己顕示性と正の相関があるという．また，自信[*2]のある者ほど自意識が低く，自己顕示性が高いものと予想される．表11.2に示す分散共分散行列を用いてこれを確認しなさい．質問項目は表11.3の通りである．

3指標規則にもとづいて作成した確認的因子分析を行うスクリプトを図11.4に示す．

表11.2 自意識・自己顕示性・自信の分散共分散行列（N=382）

	x_1	x_2	x_3	x_4	x_5	x_6	x_7	x_8	x_9	x_{10}	x_{11}	x_{12}
x_1	757											
x_2	475	828										
x_3	379	397	792									
x_4	062	083	117	1020								
x_5	116	170	158	449	792							
x_6	191	208	219	338	337	774						
x_7	034	065	007	032	028	-021	624					
x_8	-026	045	-017	010	009	-009	364	960				
x_9	105	186	074	019	083	065	213	219	865			
x_{10}	-207	-199	-186	-077	-135	-234	113	102	000	902		
x_{11}	-122	-146	-134	-010	-018	-132	126	078	028	475	1000	
x_{12}	-211	-185	-207	-127	-164	-265	077	114	-036	442	339	941

（注）素点の分散共分散を1000倍した値である．

表11.3 回答を求めた質問項目

公的自意識	(x_1) 自分が他人にどう思われているのか気になる
	(x_2) 自分についてのうわさに関心がある
	(x_3) 人前で何かするとき，自分のしぐさや姿が気になる
私的自意識	(x_4) ふと，一歩離れた所から自分をながめてみることがある
	(x_5) しばしば，自分の心を理解しようとする
	(x_6) 自分を反省してみることが多い
自己顕示性	(x_7) 友人が知らない言葉を使う
	(x_8) 友人の前で冗談を言う
	(x_9) 友人の注目を集める
自信	(x_{10}) 今のままの自分ではいけないと思う（逆転項目）
	(x_{11}) 現在の自分に満足している
	(x_{12}) ときどき自分がいやになる（逆転項目）

```
# 自意識，自己顕示性，自信の相関関係
library(sem)
自己意識 <- read.moments(file =" 自己意識 .txt",
        names = as.character(paste("x", 1:12, sep = "")))
                            # この空行はなくてもよい
自己意識モデル <- specify.model()          # モデルの特定
x1  <- 公的 f1      , a11  , NA  # 因子負荷量
x2  <- 公的 f1      , a21  , NA
x3  <- 公的 f1      , a31  , NA
x4  <- 私的 f2      , a41  , NA
x5  <- 私的 f2      , a51  , NA
x6  <- 私的 f2      , a61  , NA
x7  <- 顕示 f3      , a71  , NA
x8  <- 顕示 f3      , a81  , NA
x9  <- 顕示 f3      , a91  , NA
x10 <- 自信 f4      , a101 , NA
x11 <- 自信 f4      , a111 , NA
x12 <- 自信 f4      , a121 , NA
x1  <-> x1          , Ve1  , NA  # 誤差分散
x2  <-> x2          , Ve2  , NA
x3  <-> x3          , Ve3  , NA
x4  <-> x4          , Ve4  , NA
x5  <-> x5          , Ve5  , NA
x6  <-> x6          , Ve6  , NA
x7  <-> x7          , Ve7  , NA
x8  <-> x8          , Ve8  , NA
x9  <-> x9          , Ve9  , NA
x10 <-> x10         , Ve10 , NA
x11 <-> x11         , Ve11 , NA
x12 <-> x12         , Ve12 , NA
公的 f1 <-> 公的 f1 , NA   , 1             # 因子分散
公的 f1 <-> 私的 f2 , r21  , NA # r(f2,f1)   因子間相関
公的 f1 <-> 顕示 f3 , r31  , NA # r(f3,f1)   因子間相関
公的 f1 <-> 自信 f4 , r41  , NA # r(f4,f1)   因子間相関
私的 f2 <-> 私的 f2 , NA   , 1             # 因子分散
私的 f2 <-> 顕示 f3 , r32  , NA # r(f3,f2)   因子間相関
私的 f2 <-> 自信 f4 , r42  , NA # r(f4,f2)   因子間相関
顕示 f3 <-> 顕示 f3 , NA   , 1             # 因子分散
顕示 f3 <-> 自信 f4 , r43  , NA # r(f4,f3)   因子間相関
自信 f4 <-> 自信 f4 , NA   , 1             # 因子分散

自己意識モデルの結果 <- sem( 自己意識モデル , 自己意識 , 382)
summary( 自己意識モデルの結果 , digits = 3)
```

図 11.4　自意識・自己顕示性・自信の確認的因子分析を行うスクリプト

---

*1　菅原健介 (1984). 自意識尺度（self-consciousness scale）日本語版作成の試み　心理学研究 , 55, 184-188.
*2　梶田叡一 (1980). 自己意識の心理学　東京大学出版

以下の通り，自己顕示性と私的自意識に有意な正の相関があり，公的自意識との相関は有意ではない。また，予想通り，自信と2つの自意識との間に有意な負の相関があり，自己顕示性との間に有意な正の相関がある。

```
> summary( 自己意識モデルの結果 , digits = 3)

 Model Chisquare =   81.4   Df =  48 Pr(>Chisq) = 0.00184
 Chisquare (null model) =   1038   Df =  66
 Goodness-of-fit index =   0.965
 Adjusted goodness-of-fit index =  0.943
 RMSEA index =   0.0428    90% CI: (0.026, 0.0584)
.....
 Parameter Estimates
      Estimate Std Error z value Pr(>z)
....
r21   0.3609   0.0647      5.579  2.42e-08  私的 f2  <--> 公的 f1
r31   0.1114   0.0697      1.597  1.10e-01  顕示 f3  <--> 公的 f1
r41  -0.4076   0.0599     -6.806  1.01e-11  自信 f4  <--> 公的 f1
r32   0.0491   0.0731      0.671  5.02e-01  顕示 f3  <--> 私的 f2
r42  -0.3210   0.0693     -4.631  3.64e-06  自信 f4  <--> 私的 f2
r43   0.2318   0.0688      3.370  7.51e-04  自信 f4  <--> 顕示 f3
```

11.2 潜在曲線モデル

11.2.1 確認的因子分析との関係

図11.5は221名の生徒に1年おきに4回実施した読解力テストの得点である[*3]。

縦軸は読解力テストの得点であり，同一個人の経時的変化を示すために4時点の得点を線分で結んだ。表11.4に全221名の平均と標準偏差を示す。かっこ内の変数名 y_1 から y_4 は後述の式（11.6）から式（11.9）の左辺に対応する。

図11.5と平均値からわかるように読解力に発達的変化が見られる。しかし，個人ごとに曲線を見ていくと，経時的な変化が大きい個人と小さい個人がいる。また，図11.5から測定時点1よりも測定時点4の方が分散が大きいように，つまり，加齢に伴って読解力の個人差が増大しているように思われる。確かに表11.4を見ると標準偏差は経時的に大きくなっている。図表を参照して発達曲線をこのように見ていけば，おおよその発達傾向をつかむことができる。これに対し，潜在曲線モデルは，集団の平均的変化と個人内の変化を少数個の母数を用いて表現し，さらに，変化の個人差を説明する要因を探ることができる。現在，SEMの枠組み内で表現する多数の潜在曲線モデルが開発されているが[*4]，

表 11.4 読解力テストの平均と標準偏差

	測定時点 (t)			
	1	2	3	4
変数名	read1 (y_1)	read2 (y_2)	read3 (y_3)	read4 (y_4)
平均	2.52	4.04	5.02	5.80
標準偏差	0.88	1.00	1.10	1.22

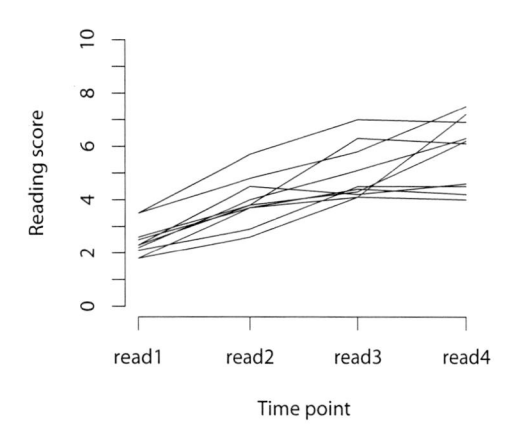

図 11.5　4時点で測定した読解力テストの得点

ここでは潜在曲線モデルの基本を見ていく。

図11.6に個人1の4時点における得点をプロットし，測定時点を説明変数，得点を目的変数として次式の直線を当てはめた。ここでは測定時点を表す添え字を $t(t=1, 2, 3, 4)$，個人1の得点を y_{1t}（素点）としている。

$$y_{1t} = \alpha_1 + \underbrace{\underbrace{(t-1)}_{x_t}\beta_1 + e_{1t}}_{y_{1t}\text{の予測値}} \tag{11.1}$$

α_1 が直線の切片（=2.18），β_1 が傾き（=0.88）である。また，通常の単回帰分析であれば説明変数の値を x_t と表記するところであるが，直線を当てはめるために x_t を測定時点 t に対応させて $x_t = t-1$ と固定したので，説明変数の値を $t-1$ と表記した。e_{1t} は誤差である。

今，個人1に直線を当てはめたが，他の回答者に直線を当てはめていけば，図11.5から推測される通り，切片と傾きに個人差が見られるはずである。そこで，個人 i に当てはめる直線を

$$y_{it} = \alpha_i + (t-1)\beta_i + e_{it} \tag{11.2}$$

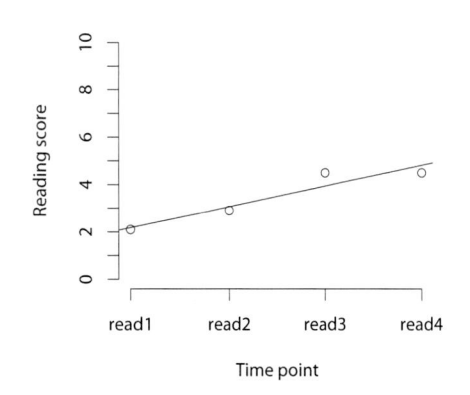

図 11.6　個人1の直線

---

*3　Curran, P. J.(2009). http://www.unc.edu/%7ecurran/example/antiread.csv の変数 read1 から read4 である。全体で221名のデータがあるが，図には先頭の10名分だけを示した。
*4　Bollen, K.A. and P. J. Curran. (2006). *Latent Curve Models: A Structural Equation Perspective*. New York: Wiley.

と表記した上で，個人差を表すために切片 α_i と傾き β_i を

$$\alpha_i = \mu_\alpha + d_{\alpha_i} \tag{11.3}$$
$$\beta_i = \mu_\beta + d_{\beta_i} \tag{11.4}$$

と分解する。μ_α と μ_β はそれぞれ切片と傾きの平均，d_{α_i} と d_{β_i} は個人 i の切片と傾きの平均からの隔たりである。ただし，d_{α_i} と d_{β_i} の平均を 0 とする。

この 2 式の右辺を式 (11.2) へ代入すると，

$$y_{it} = \mu_\alpha + d_{\alpha_i} + (t-1)(\mu_\beta + d_{\beta_i}) + e_{it} \tag{11.5}$$

を得る。μ_α，μ_β，e_{it} などの前に 1 を付けた上で，t=1,2,3,4 としてこの式を書き下してみると，

$$y_{i1} = 1 \times (\mu_\alpha + d_{\alpha_i}) + 0 \times (\mu_\beta + d_{\beta i}) + 1 \times e_{i1} \tag{11.6}$$
$$y_{i2} = 1 \times (\mu_\alpha + d_{\alpha_i}) + 1 \times (\mu_\beta + d_{\beta i}) + 1 \times e_{i2} \tag{11.7}$$
$$y_{i3} = 1 \times (\mu_\alpha + d_{\alpha_i}) + 2 \times (\mu_\beta + d_{\beta i}) + 1 \times e_{i3} \tag{11.8}$$
$$y_{i4} = 1 \times (\mu_\alpha + d_{\alpha_i}) + 3 \times (\mu_\beta + d_{\beta i}) + 1 \times e_{i4} \tag{11.9}$$

となる。これでパス図を描画する準備ができたので，全員が 1 を取る定数変数を導入して 4 本の式をパス図で表現すると図 11.7 となる。図中の $\boxed{1}$ が定数変数を表す。

このパス図には $y1$ から $y4$ を指標とする切片因子（切片 $\boldsymbol{\alpha}$）と傾き因子（傾き $\boldsymbol{\beta}$）があり，定数変数（$\boxed{1}$）から 2 つの因子に刺さる矢印のパス係数 μ_α と μ_β が定数と傾きの平

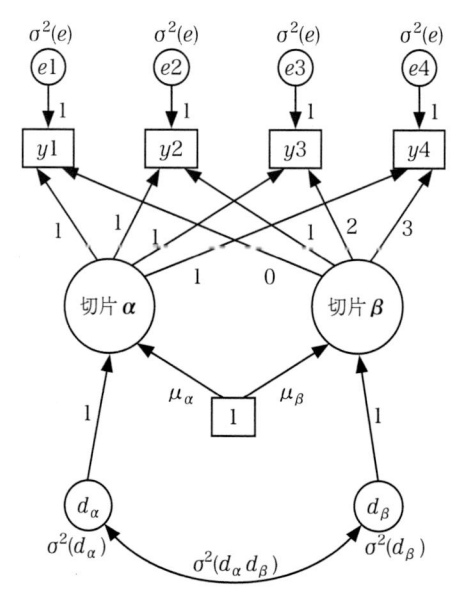

図 11.7　潜在曲線モデルを表すパス図

均を表す。

切片 α と傾き β に付随する誤差 d_α と d_β は切片と傾きの個人差を表現し，その分散 $\sigma^2(d_\alpha)$ と $\sigma^2(d_\beta)$ が有意に 0 と異なれば，切片と傾きに個人差が認められ，誤差の共分散 $\sigma(d_\alpha, d_\beta)$ が有意に 0 と異なれば，測定時点 1 での得点とその後の伸びに相関関係があると言える。なお，ここでは観測変数に付与する 4 つの誤差の分散 $\sigma^2(e)$ を等値としたが，必ずしも等値としなくてもよい。

11.2.2 sem パッケージを用いた潜在曲線モデル

sem パッケージを用いて潜在曲線モデルの母数を推定するには，全員が 1 点を取る定数変数を素データに追加する。そして，定数変数を含めた観測変数の原点の回りの積率行列を分析に利用する。原点の回りの積率行列とは，素点どうしの積の平均値を要素とする行列であり，これを計算する関数として raw.moments() 関数が提供されている。図11.7に示した潜在曲線モデルをモデル 1 とする。

■モデル1

R はファイル名として URL を指定することにより，サーバに保存されているデータを直に読み込むことができるので，以下のようにデータを読み込んだ。この URL には221名のデータが保存されており，第 1 行目に変数名が入っているので，引数に header = TRUE を指定した。

```
> # 潜在曲線モデル（読解力テストの得点）
> library(sem)
> # モデル1
> antiread <- read.csv("http://www.unc.edu/%7ecurran/example/antiread.csv",
+                     header = TRUE)
> names(antiread)           # 変数名
 [1] "anti1"    "anti2"    "anti3"    "anti4"    "read1"
 [6] "read2"    "read3"    "read4"    "gen"      "homecog"
[11] "subjid"
```

antiread として代入したデータの 5 番目から 8 番目の変数が読解力テストの得点であるから，

```
> read <- antiread[, 5:8]      # 読解力テストの得点をreadに代入
```

として，読解力テストの得点だけを read へ代入した。したがって，図11.7の y_1 が read1，y_2 が read2，y_3 が read3，y_4 が read4である。さらに，以下の 2 行で定数変数を

加え，全体を cbind() 関数で束ねて oneread へ代入した．

```
> one <- 1
> oneread <- cbind(one, read)   # 1列目に定数変数 one(1) を入れる
```

5変数の積率行列は raw.moments() 関数を用いて計算する．この関数の引数は定数変数を含む測定値を代入したオブジェクト名であるから

```
> onereadmom <- raw.moments(oneread)   # 積率行列を求める
```

とする．onereadmom の中は

```
> onereadmom                             # 積率行列の表示

Raw Moments
          one      read1     read2     read3     read4
one   1.000000  2.516290  4.041176  5.020814  5.803167
read1 2.516290  7.101674 10.713801 13.149050 15.091810
read2 4.041176 10.713801 17.334434 21.179683 24.365973
read3 5.020814 13.149050 21.179683 26.420000 30.226923
read4 5.803167 15.091810 24.365973 30.226923 35.150090

N =   221
```

である．第1行（列）の値は定数変数との積率であるから，5変数の平均である．

次に図11.7のパス図にもとづいて母数を特定する．スクリプトでは，切片因子（切片 α）を alpha，傾き因子（傾き β）を beta とした．また，定数変数 $\boxed{1}$ を one とし，定数変数 1 から切片因子（切片 α）と傾き因子（傾き β）へ向かうパス係数を mu.alpha と mu.beta とした．

モデルの特定は以下の通りである．11行目と12行目が切片と傾きの個人差を表現する誤差 d_α の分散 sigma2.alpha と d_β の分散 sigma2.beta，13行目が 2 つの誤差の共分散 sigma.albe を特定している．14行目から17行目は読解力テストの得点の誤差 e_1 から e_4 の分散であるが，sigma2.e という同一名称を用いて母数値を制約している．なお，潜在曲線モデルの場合には良い初期値を与えないと反復計算に失敗することがあるので初期値に注意したい．

```
> 潜在曲線モデル1 <- specify.model()   # モデルの特定
1: read1 <-  alpha ,NA              , 1  # y1 <- α 1へ固定
2: read2 <-  alpha ,NA              , 1  # y2 <- α 1へ固定
```

```
 3: read3  <-  alpha      ,NA             , 1  # y3 <- α  1へ固定
 4: read4  <-  alpha      ,NA             , 1  # y4 <- α  1へ固定
 5: read1  <-  beta       ,NA             , 0  # y1 <- β  0へ固定
 6: read2  <-  beta       ,NA             , 1  # y2 <- β  1へ固定
 7: read3  <-  beta       ,NA             , 2  # y3 <- β  2へ固定
 8: read4  <-  beta       ,NA             , 3  # y4 <- β  3へ固定
 9: alpha  <-  one        ,mu.alpha       , 2.5
10: beta   <-  one        ,mu.beta        , 1.0
11: alpha  <-> alpha      ,sigma2.alpha   , 1.0
12: beta   <-> beta       ,sigma2.beta    , 1.0
13: alpha  <-> beta       ,sigma.albe     , 0.5
14: read1  <-> read1      ,sigma2.e       , 0.5
15: read2  <-> read2      ,sigma2.e       , 0.5
16: read3  <-> read3      ,sigma2.e       , 0.5
17: read4  <-> read4      ,sigma2.e       , 0.5
18:
Read 17 records
```

以上で必要なオブジェクトを準備できたので，sem()関数へオブジェクトを渡して母数を推定する。ここでは積率行列を計算に用いるので，引数としてraw = TRUEを入れる。モデルのχ^2統計量は

```
> モデル1の結果 <- sem( 潜在曲線モデル1, onereadmom, 221,
+                      fixed.x = c("one"), raw = TRUE)
> summary( モデル1の結果 )

Model fit to raw moment matrix.

 Model Chisquare =  140.99   Df =  8 Pr(>Chisq) = 0
 BIC =  97.805
```

である。また，他の主要な適合度指標は表11.5の通りであり，モデル1の適合度は良くない。

表 11.5 潜在曲線モデルの適合度

モデル	χ^2	df	p 値	RMSEA	NFI	CFI	BIC
1	140.990	8	0.000	0.274	0.766	0.777	97.805
2	7.947	6	0.242	0.038	0.987	0.997	-24.442
3	8.228	7	0.313	0.028	0.986	0.998	-29.559

■モデル2

　モデル1は読解力テストの平均値に直線的な増加があると仮定したので，傾き因子の因子負荷量を測定時点1から順に0，1，2，3とした。しかし，表11.4に示す読解力テストの平均はやや曲線的な変化を示しており，ここに適合度の低さの原因があると思われる。そこで，平均値の曲線的な変化を記述するために，傾き因子からy_3とy_4へ向かう因子負荷量を自由母数とした。これをモデル2とする。モデル1からの変更点は

　　　　　read3 <-　beta　,b3,　2　# y3 <-　βを自由母数とする
　　　　　read4 <-　beta　,b4,　3　# y4 <-　βを自由母数とする

である。母数の特定を以下に示す。代入したオブジェクト名を潜在曲線モデル2とした。自由母数の初期値はモデル1の推定値を参考にして変更した。

```
> 潜在曲線モデル2 <- specify.model()   # モデルの特定
1: read1    <-   alpha   ,NA           , 1 # y1 <- α  1へ固定
2: read2    <-   alpha   ,NA           , 1 # y2 <- α  1へ固定
3: read3    <-   alpha   ,NA           , 1 # y3 <- α  1へ固定
4: read4    <-   alpha   ,NA           , 1 # y4 <- α  1へ固定
5: read1    <-   beta    ,NA           , 0 # y1 <- β  0へ固定
6: read2    <-   beta    ,NA           , 1 # y2 <- β  1へ固定
7: read3    <-   beta    ,b3           , 2 # y3 <- βを自由母数とする
8: read4    <-   beta    ,b4           , 3 # y4 <- βを自由母数とする
9: alpha    <-   one     ,mu.alpha     , 2.7
10: beta    <-   one     ,mu.beta      , 1.1
11: alpha   <-> alpha    ,sigma2.alpha , 0.5
12: beta    <-> beta     ,sigma2.beta  , 0.1
13: alpha   <-> beta     ,sigma.albe   , 0.0
14: read1   <-> read1    ,sigma2.e     , 0.3
15: read2   <-> read2    ,sigma2.e     , 0.3
16: read3   <-> read3    ,sigma2.e     , 0.3
17: read4   <-> read4    ,sigma2.e     , 0.3
18:
Read 17 records
```

このモデルのχ^2統計量は

```
> モデル2の結果 <- sem( 潜在曲線モデル2, onereadmom, 221,
+                      fixed.x = c("one"), raw = TRUE)
> summary( モデル2の結果 )

Model fit to raw moment matrix.
```

```
    Model Chisquare =   7.947   Df =   6 Pr(>Chisq) = 0.24202
    BIC =  -24.442

 Normalized Residuals
     Min.    1st Qu.   Median     Mean    3rd Qu.     Max.
 -0.025600 -0.007600  0.000000  0.000199  0.006270  0.020600

 Parameter Estimates
             Estimate Std Error   z value     Pr(>z)
 b3           1.628990  0.040592  40.13036  0.0000e+00 read3<--- beta
 b4           2.135158  0.052883  40.37540  0.0000e+00 read4<--- beta
 mu.alpha     2.511218  0.059756  42.02420  0.0000e+00 alpha<--- one
 mu.beta      1.539956  0.052407  29.38447  0.0000e+00 beta<--- one
 sigma2.alpha 0.567231  0.072290   7.84665  4.2188e-15 alpha<--> alpha
 sigma2.beta  0.176562  0.027592   6.39896  1.5643e-10 beta<--> beta
 sigma.albe  -0.016668  0.031936  -0.52191  6.0174e-01 beta<--> alpha
 sigma2.e     0.224516  0.015116  14.85245  0.0000e+00 read1<--> read1
```

であり，帰無仮説を棄却する必要はない。さらに，表11.5に示した他の適合度指標からも，モデル2の適合度の良いことがわかる。

■モデル3

モデル2の適合度は良いが，切片と傾きの共分散sigma.albeは有意ではない。そこで，

          alpha <-> beta   ,NA   , 0 # sigma(α, β)を固定する

として切片因子と傾き因子の共分散を0へ固定し，モデル3とした。モデル3の適合度指標を表11.5に示す。BICによればモデル3が最適モデルであり，母数の推定値は

```
 > summary(モデル3の結果)
 .....
 Parameter Estimates
             Estimate Std Error   z value    Pr(>z)
 b3           1.62984  0.040804  39.9437   0.0000e+00 read3<--- beta
 b4           2.13656  0.053140  40.2059   0.0000e+00 read4<--- beta
 mu.alpha     2.51157  0.059309  42.3476   0.0000e+00 alpha<--- one
 mu.beta      1.53893  0.052322  29.4126   0.0000e+00 beta<--- one
 sigma2.alpha 0.55361  0.066469   8.3288   0.0000e+00 alpha<--> alpha
 sigma2.beta  0.17130  0.025285   6.7746   1.2476e-11 beta<--> beta
 sigma2.e     0.22638  0.014935  15.1577   0.0000e+00 read1<--> read1
```

である。切片の分散 sigma2.alpha と傾きの分散 sigma2.beta が有意であるから，初回の測定時点ですでに得点に個人差があり，その後の変化にも個人差があると言える。しかし，初回の得点の大きさとその後の変化との間に相関関係は認められない。

練習2 母数の推定値から4時点での平均（モデルで再生される平均）を求めなさい。

誤差の平均を0とするので，4時点での期待値（平均）は

$$E[y_1] = 1 \times \mu_\alpha + 0 \times \mu_\beta = 2.51 = 2.51 \tag{11.10}$$
$$E[y_2] = 1 \times \mu_\alpha + 1 \times \mu_\beta = 2.51 + 1.54 = 4.05 \tag{11.11}$$
$$E[y_3] = 1 \times \mu_\alpha + b_3 \times \mu_\beta = 2.51 + 1.63 \times 1.54 = 5.02 \tag{11.12}$$
$$E[y_4] = 1 \times \mu_\alpha + b_4 \times \mu_\beta = 2.51 + 2.14 \times 1.54 = 5.80 \tag{11.13}$$

となる。実際の平均は順に2.52，4.04，5.02，5.80であるから，モデル3ではほぼ正確に平均を再生できていることがわかる。ここで，E[Y]は変数Yの期待値（平均）を意味する。

なお，モデル3の結果 $C にモデルから再生された値が代入されており，以下の通りである。

```
> モデル3の結果 $C
        one      read1    read2    read3    read4
one  1.000000  2.511572  4.050502  5.019788  5.799586
```

練習3 モデル3においてy4（測定時点4）の傾き因子betaに対する負荷量を1へ固定し，y2とy3の因子負荷量を自由母数としてモデル3の解を求めなさい。

モデル3のスクリプトでbetaからread1〜read4へ向かうパスの係数を次のように変更すればよい。

```
潜在曲線モデル4 <- specify.model()    # モデルの特定
.....
read1 <- beta       ,NA,  0     # y1 <- β  0へ固定
read2 <- beta       ,b2,  0.4   # y2 <- βを自由母数とする
read3 <- beta       ,b3,  0.7   # y3 <- βを自由母数とする
read4 <- beta       ,NA,  1     # y4 <- β  1へ固定する
```

これは測定時点1から測定時点4への平均値の変化を1単位とするだけの変更なので，モデル自体に本質的な違いはなく，積率行列の再生値，したがって，モデルの適合度はモデル3と変わらない。

11.2.3 条件付き潜在曲線モデル

これまで利用してきたデータファイルには gen（性別）と homecog（教育的働きかけ）という変数があり，gen は 1 が男子，0 が女子，homecog は得点が高いほど家庭内での子どもに対する教育的な働きかけが多いことを表す。ここでは，この gen と homecog が切片と傾きの大きさを説明できるかどうかを検討する。切片と傾きを説明するとは，切片 α_i と傾き β_i を

$$\alpha_i = \mu_\alpha + \gamma_{11}\mathrm{gen}_i + \gamma_{12}\mathrm{homecog}_i + d_{\alpha_i} \tag{11.14}$$
$$\beta_i = \mu_\beta + \gamma_{21}\mathrm{gen}_i + \gamma_{22}\mathrm{homecog}_i + d_{\beta_i} \tag{11.15}$$

と分解すること，見方を変えれば gen と homecog を説明変数として切片と傾きを予測することである。このように切片と傾きを他の変数を用いて予測するモデルは条件付き潜在曲線モデルと呼ばれる。

gen_i は個人 i が男子の場合に 1，女子の場合に 0 を取るので，この予測式は男子の切片の平均が女子よりも γ_{11} 点大きいこと，また，男女を問わず，homecog の得点が 1 点大きくなると切片の平均が γ_{12} 点大きくなることを意味する。さらに，γ_{21} が正であれば，経時的に見た場合，男子が女子よりも読解力の伸びが大きいこと，γ_{22} が正であれば家庭内での教育的働きかけが多いほど読解力の伸びが大きいことを意味する。このモデルを当てはめるためのパス図を図 11.8 に示す。パス図では母数名をスクリプトに合わせた。

■スクリプトの実行

インターネットを介して antiread.csv ファイルのデータを読み込み，4 時点での読解力テストの得点 read1 から read4，性別 gen，教育的働きかけ homecog を取り出し read へ代入する。そして定数変数 one を追加して oneread とし，積率行列を求めて onereadmom へ代入する。

```
> library(sem)
> # 切片と傾きを gen と homecog から説明するモデル
> antiread <- read.csv("http://www.unc.edu/%7ecurran/example/antiread.csv",
+                     header = TRUE)
> read <- antiread[, 5:10]      # 読解力テストの得点, gen,
>                               # homecog を read に代入する
> one <- 1
> oneread <- cbind(one, read)   # 1列目に定数変数 one(1) を入れる
> onereadmom <- raw.moments(oneread)   # 積率行列を求める
```

自由母数を推定するためのスクリプトは以下の通りであり，条件付き潜在曲線モデル 1

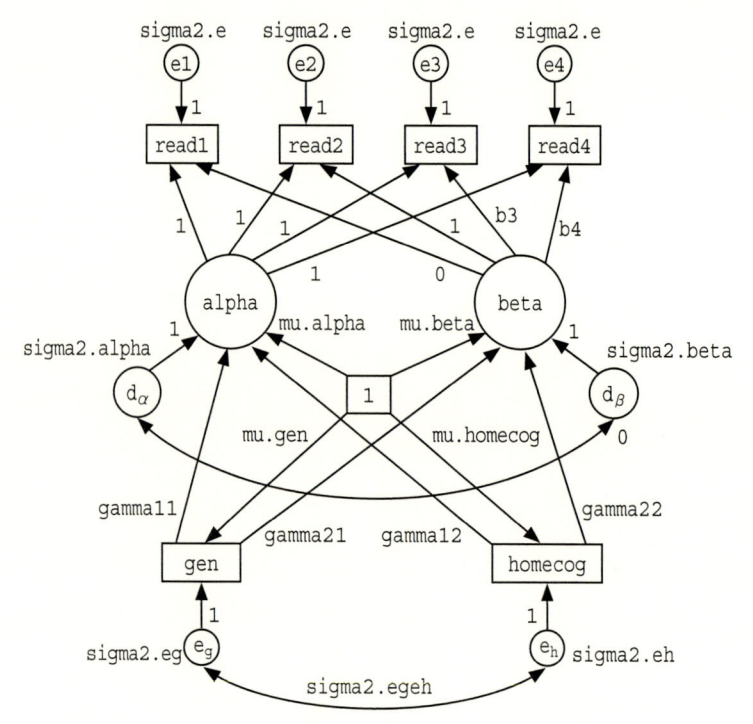

図11.8 切片と傾きを説明する潜在曲線モデルを表すパス図

へ代入した。

```
> 条件付き潜在曲線モデル1 <- specify.model()    # モデルの特定
1: read1    <- alpha     ,NA,            1      # y1 <- α 1へ固定
2: read2    <- alpha     ,NA,            1      # y2 <- α 1へ固定
3: read3    <- alpha     ,NA,            1      # y3 <- α 1へ固定
4: read4    <- alpha     ,NA,            1      # y4 <- α 1へ固定
5: read1    <- beta      ,NA,            0      # y1 <- β 0へ固定
6: read2    <- beta      ,NA,            1      # y2 <- β 1へ固定
7: read3    <- beta      ,b3,            1.6    # y3 <- β を自由母数とする
8: read4    <- beta      ,b4,            2.1    # y4 <- β を自由母数とする
9: alpha    <- one       ,mu.alpha ,     2.5
10: beta    <- one       ,mu.beta  ,     1.5
11: alpha   <-> alpha    ,sigma2.alpha,  0.6
12: beta    <-> beta     ,sigma2.beta ,  0.2
13: alpha   <-> beta     ,NA          ,  0      # sigma(α, β)を固定する
14: read1   <-> read1    ,sigma2.e    ,  0.2
15: read2   <-> read2    ,sigma2.e    ,  0.2
16: read3   <-> read3    ,sigma2.e    ,  0.2
17: read4   <-> read4    ,sigma2.e    ,  0.2
18: alpha   <- gen       ,gamma11     ,  0.0
```

```
19: alpha    <-   homecog    ,gamma12   ,  0.0
20: beta     <-   gen        ,gamma21   ,  0.0
21: beta     <-   homecog    ,gamma22   ,  0.0
22: gen      <-   one        ,mu.gen    ,  0.53   # genの平均
23: homecog  <-   one        ,mu.homecog,  9.10   # homecogの平均
24: gen      <->gen          ,sigma2.eg ,  0.25   # genの分散
25: homecog  <->homecog      ,sigma2.eh ,  6.03   # homecogの分散
26: gen      <->homecog      ,sigma.egeh, -0.01   # genとhomecogの共分散
27:
Read 26 records
```

18行目と19行目はgenとhomecogから切片因子（切片α）を予測するときの回帰係数（$\gamma 11$, $\gamma 12$），20行目と21行目はgenとhomecogから傾き因子（傾きβ）を予測するときの回帰係数（$\gamma 21$, $\gamma 22$）である。22行目から26行目はgenとhomecogの平均，分散，共分散である。

sem()関数を用いてモデルを当てはめた結果は以下の通りであり，χ^2検定によればモデルの適合度は高い。

```
> 条件付き潜在曲線モデルの結果1 <- sem( 条件付き潜在曲線モデル1,
+             onereadmom, 221, fixed.x = c("one"), raw = TRUE)
> summary( 条件付き潜在曲線モデルの結果1, digits = 3)

Model fit to raw moment matrix.

 Model Chisquare =  10.1   Df =  11 Pr(>Chisq) = 0.52
 BIC =   -49.3
```

母数の推定値と検定統計量を以下に示す。homecogから傾き因子へ向かうパスの係数gamma22が有意であるから，教育的働きかけの多い家庭ほど読解力テストの増分が大きいと言える。

```
Parameter Estimates
             Estimate    Std     Error    z value   Pr(>z)
b3             1.6301   0.0409  39.8477   0.00e+00  read3 <--- beta
b4             2.1370   0.0533  40.1084   0.00e+00  read4 <--- beta
mu.alpha       2.2544   0.2282   9.8809   0.00e+00  alpha <--- one
mu.beta        1.2491   0.1386   9.0123   0.00e+00  beta  <--- one
sigma2.alpha   0.5361   0.0647   8.2835   2.22e-16  alpha <--> alpha
sigma2.beta    0.1634   0.0244   6.6915   2.21e-11  beta  <--> beta
sigma2.e       0.2272   0.0150  15.1468   0.00e+00  read1 <--> read1
gamma11       -0.1298   0.1143  -1.1361   2.56e-01  alpha <--- gen
gamma12        0.0358   0.0233   1.5346   1.25e-01  alpha <--- homecog
gamma21        0.0153   0.0677   0.2262   8.21e-01  beta  <--- gen
gamma22        0.0309   0.0138   2.2346   2.54e-02  beta  <--- homecog
mu.gen         0.5249   0.0336  15.6254   0.00e+00  gen   <--- one
mu.homecog     9.0995   0.1648  55.2295   0.00e+00  homecog <--- one
sigma2.eg      0.2494   0.0237  10.5098   0.00e+00  gen   <--> gen
sigma2.eh      5.9991   0.5708  10.5098   0.00e+00  homecog <--> homecog
sigma.egeh    -0.0070   0.0822  -0.0852   9.32e-01  homecog <--> gen
```

また，genから切片因子と傾き因子に向かうパスの係数gamma11，gamma21とhomecogから切片因子へ向かうパスの係数gamma12が有意ではないので，3つの母数を0へ固定したモデルを当てはめてみた。すると，モデルのχ^2値は有意にならない。しかも，変更後のモデルのBICは-61.818であり，このモデルを最適としている。したがって，読解力テストの初回の得点とその後の増加傾向に性差はなく，教育的働きかけの多寡は初回の得点の違いを説明できないと言える。

11.3　相関分析——相関係数の検定

現在，semパッケージは多母集団の同時分析[5]を行うことができないので，ここでは単一母集団に適用する次の検定を行う。

(1) 母相関係数ρに関する無相関検定
(2) 母相関係数ρに対し，「ρ＝任意の値」を帰無仮説とする検定
(3) 変数x_1を共通変数とし，「$\rho(x_1, x_2) = \rho(x_1, x_3)$」を帰無仮説とする検定
(4) 4つの変数があり，「$\rho(x_1, x_2) = \rho(x_3, x_4)$」を帰無仮説とする検定

---

[5] OpenMxパッケージ (OpenMx Development Team[2001]. *OpenMX*.) とlavaanパッケージ (Rosseel, Y.[2001]. *lavaan: Latent Variable Analysis*.) は多母集団のSEMを実行することができる。

(5) 偏相関係数の検定

いずれの検定も，帰無仮説に従うモデルをパス図で表現し，モデルとデータとの適合度を評価するという手続きにより，統一的に処理できる。

■1つの相関係数の検定
帰無仮説と対立仮説を

　　帰無仮説：母相関係数 = 0
　　対立仮説：母相関係数 ≠ 0

とし，帰無仮説をパス図で表現する。この無相関検定の場合には観測変数を2つ並べた図11.9のパス図で帰無仮説を表現できるが，ここでは後述の検定にも利用できるように，因子を利用した図11.10のパス図を用いる。

それでは，犬好き尺度x1と外向性尺度x2の得点の分散共分散を用い，無相関検定を行う。標本の大きさは65名，相関係数は $0.262 (= 9.399/\sqrt{43.600 \times 29.516}$ である。まず，2変数の分散共分散を読み込む。

```
> library(sem)
> # 無相関検定を行うスクリプト
> 共分散 <- read.moments(names = c("x1","x2"))
1: 43.600
2:  9.399 29.516
4:
Read 3 items
```

帰無仮説を表現したパス図を specify.model() 関数を用いて特定する。z1とz2の分散を1へ固定しているので，z1とz2の共分散が相関係数になる。

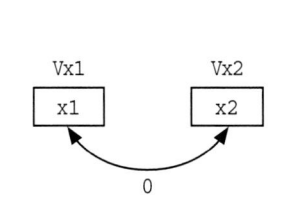

図 11.9　無相関を表現するパス図 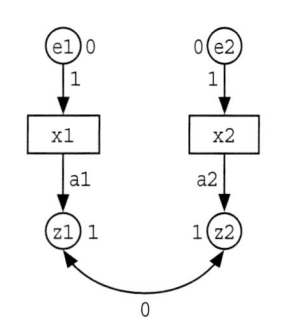　　　図 11.10　無相関検定を行うパス図

```
> 無相関検定 <- specify.model()
1: x1 <-  z1 , a1 , NA  # x1の標準偏差
2: x2 <-  z2 , a2 , NA  # x2の標準偏差
3: x1 <-> x1 , NA , 0   # 誤差e1の分散
4: x2 <-> x2 , NA , 0   # 誤差e2の分散
5: z1 <-> z1 , NA , 1   # z1の分散 =1
6: z2 <-> z2 , NA , 1   # z2の分散 =1
7: z1 <-> z2 , NA , 0   # 母相関係数（帰無仮説の特定）
8:
Read 7 records
```

必要なオブジェクトを用意できたので，モデルとデータとの適合度を sem() 関数を用いて調べる。

```
> 無相関検定の結果 <- sem( 無相関検定 , 共分散 , 65)
> summary( 無相関検定の結果 )

 Model Chisquare =   4.5515    Df =  1 Pr(>Chisq) = 0.032891
```

χ^2検定により，有意水準0.05で帰無仮説は棄却される。したがって，犬好き尺度x1と外向性尺度x2の得点の間に小さな相関関係が認められる。

練習4 図11.9のパス図にもとづいて帰無仮説を表現して無相関検定を実行しなさい。

以下の通りであるが，帰無仮説を表現する

```
    x2 <-> x1 , NA , 0
```
はあってもなくてもよい。

```
> # 観測変数だけを用いて無相関検定を行うスクリプト
> 共分散 <- read.moments(names = c("x1","x2"))
1: 43.600
2:  9.399 29.516
4:
Read 3 items
> 無相関検定 <- specify.model()
1: x1 <-> x1 , Vx1 , NA  # x1の分散
2: x2 <-> x2 , Vx2 , NA  # x2の分散
3: x2 <-> x1 , NA  , 0   # x2とx1の共分散（相関）を0に固定
4:
Read 3 records
```

```
> 無相関検定の結果 <- sem( 無相関検定 , 共分散 , 65)
> summary( 無相関検定の結果 )

 Model Chisquare =   4.5515    Df =  1 Pr(>Chisq) = 0.032891
```

帰無仮説で母相関係数を0以外の値に指定した検定を行う場合には，スクリプトの中で母相関係数を固定すればよい。たとえば，研究仮説に従って帰無仮説で母相関係数を0.3とするには，

　　　　z1 <-> z2 , NA ,0.3   # 母相関係数（帰無仮説の特定）

とする。モデルの特定を以下に示す。

```
> 相関検定 <- specify.model()
1: x1 <-  z1 , a1 , NA  # x1の標準偏差
2: x2 <-  z2 , a2 , NA  # x2の標準偏差
3: x1 <-> x1 , NA , 0   # 誤差e1の分散
4: x2 <-> x2 , NA , 0   # 誤差e2の分散
5: z1 <-> z1 , NA , 1   # z1の分散 =1
6: z2 <-> z2 , NA , 1   # z2の分散 =1
7: z1 <-> z2 , NA ,0.3  # 母相関係数（帰無仮説の特定）
8:
Read 7 records
```

モデルとデータとを適合させると，以下の通り，χ^2検定は有意水準0.05で帰無仮説を棄却できない。

```
> 相関検定の結果 <- sem( 相関検定 , 共分散 , 65)
> summary( 相関検定の結果 )

 Model Chisquare =   0.10892    Df =  1 Pr(>Chisq) = 0.74138
```

練習5 心理尺度の相関構造について表11.6の上三角要素に示す研究仮説をもっている。表11.6の分散共分散を用いてこの仮説を検定しなさい。

相関係数の間に等値制約（$\rho(x_1,x_2) = \rho(x_3,x_4)$, $\rho(x_1,x_3) = \rho(x_1,x_4) = \rho(x_2,x_3) = \rho(x_2,x_4)$）を課したモデルを作ればよい。データ入力とモデルの特定を以下に示す。

表 11.6 仮説構造をもつ相関係数行列

	x_1	x_2	x_3	x_4
x_1	23.9	ρ_1	ρ_2	ρ_2
x_2	11.8	29.0	ρ_2	ρ_2
x_3	-5.4	-5.0	22.4	ρ_1
x_3	-3.8	-2.2	12.0	33.5

```
> library(sem)
> # 仮説構造をもつ相関係数行列の検定を行うスクリプト

> 構造化共分散 <- read.moments(names = c("x1","x2","x3","x4"))
1:     23.9
2:     11.8   29.0
4:     -5.4   -5.0   22.4
7:     -3.8   -2.2   12.0   33.5
11:
Read 10 items
> 相関構造を仮定 <- specify.model()
1: x1  <-  z1 , a1 ,    NA
2: x2  <-  z2 , a2 ,    NA
3: x3  <-  z3 , a3 ,    NA
4: x4  <-  z4 , a4 ,    NA
5: x1  <-> x1 , NA ,    0    # x1の誤差分散
6: x2  <-> x2 , NA ,    0    # x1の誤差分散
7: x3  <-> x3 , NA ,    0    # x1の誤差分散
8: x4  <-> x4 , NA ,    0    # x1の誤差分散
9: z1  <-> z1 , NA ,    1    # z1の分散
10: z2 <-> z2 , NA ,    1    # z2の分散
11: z3 <-> z3 , NA ,    1    # z3の分散
12: z4 <-> z4 , NA ,    1    # z4の分散
13: z1 <-> z2 , rho1, NA   # r(1,2)
14: z3 <-> z4 , rho1, NA   # r(3,4)
15: z1 <-> z3 , rho2, NA   # r(1,3)
16: z1 <-> z4 , rho2, NA   # r(1,4)
17: z2 <-> z3 , rho2, NA   # r(2,3)
18: z2 <-> z4 , rho2, NA   # r(2,4)
19:
Read 18 records
```

表11.7 2つの相関係数の差の検定に使う相関係数行列

	変数		
	x_1	x_2	x_3
x_1（胸部横径）	1.818	0.255	0.644
x_2（身長）	1.817	27.982	0.382
x_3（体重）	5.417	12.602	38.868

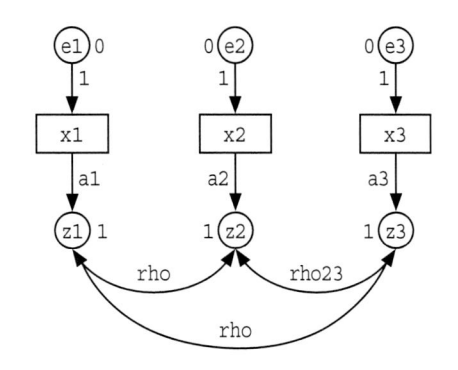

図11.11 2つの相関係数の差の検定を行うパス図

以下に示すように仮説は棄却されない。

```
> 検定の結果 <- sem( 相関構造を仮定，構造化共分散，254 )
> summary( 検定の結果 )

 Model Chisquare =   5.139   Df =   4 Pr(>Chisq) = 0.27333
```

■2つの母相関係数 $\rho(x_1, x_2)$ と $\rho(x_1, x_3)$ の差の検定

表11.7に3変数の分散共分散と相関係数（$N=375$）を示す。表の対角線が分散，下段が共分散，上段が相関係数である。ここでは，胸部横径と身長の母相関係数 $\rho(x_1, x_2)$ と胸部横径と体重の母相関係数 $\rho(x_1, x_3)$ について，

帰無仮説：$\rho(x_1, x_2) = \rho(x_1, x_3)$
対立仮説：$\rho(x_1, x_2) \neq \rho(x_1, x_3)$

という仮説を立て，仮説検定を行う。つまり，胸部横径は身長と体重のどちらとの相関が大きいのか，ということに関心がある。帰無仮説を表現したパス図を図11.11に示す。

帰無仮説を表現したモデルの特定と，その適合度指標は以下の通りである。

```
> library(sem)
> # 2つの母相関係数の差の検定を行うスクリプト
> 共分散 <- read.moments(names = c("x1","x2","x3"))
1: 1.818
2: 1.817  27.982
4: 5.417  12.602  38.868
7:
Read 6 items
> 相関の差の検定 <- specify.model()
1: x1 <-    z1 , a1  ,  NA   # x1の標準偏差
2: x2 <-    z2 , a2  ,  NA   # x2の標準偏差
3: x3 <-    z3 , a3  ,  NA   # x3の標準偏差
4: x1 <-> x1 , NA ,   0   # 誤差 e1の分散
5: x2 <-> x2 , NA ,   0   # 誤差 e2の分散
6: x3 <-> x3 , NA ,   0   # 誤差 e3の分散
7: z1 <-> z1 , NA ,   1   # z1の分散 =1
8: z2 <-> z2 , NA ,   1   # z2の分散 =1
9: z3 <-> z3 , NA ,   1   # z3の分散 =1
10: z1 <-> z2 , rho  , NA   # 母相関係数（帰無仮説の特定）
11: z1 <-> z3 , rho  , NA   # 母相関係数（帰無仮説の特定）
12: z2 <-> z3 , rho23, NA   # x2とx3の母相関係数
13:
Read 12 records
```

モデルの適合度は

```
> 相関の差の検定の結果 <- sem( 相関の差の検定 , 共分散 , 375 )
> summary( 相関の差の検定の結果 )

 Model Chisquare =  68.805   Df =  1 Pr(>Chisq) = 1.1102e-16
```

となり，χ^2検定は高度に有意である。したがって，胸部横径は身長よりも体重との相関が大きいといえる。

■2つの母相関係数 $\rho(x_1, x_2)$ と $\rho(x_3, x_4)$ の差の検定

表11.8に示す分散共分散行列（下段が共分散，上段が相関）を用い，

帰無仮説：$\rho(x_1, x_2) = \rho(x_3, x_4)$
対立仮説：$\rho(x_1, x_2) \neq \rho(x_3, x_4)$

表11.8　$\rho(x_1,x_2)$ と $\rho(x_3,x_4)$ の差の検定

	変数			
	x_1	x_2	x_3	x_4
x_1（100m）	0.084	0.427	0.026	0.033
x_2（走り幅跳）	4.028	1059.724	0.166	0.221
x_3（円盤投）	0.033	23.941	19.582	0.435
x_4（やり投）	0.059	44.503	11.910	38.369

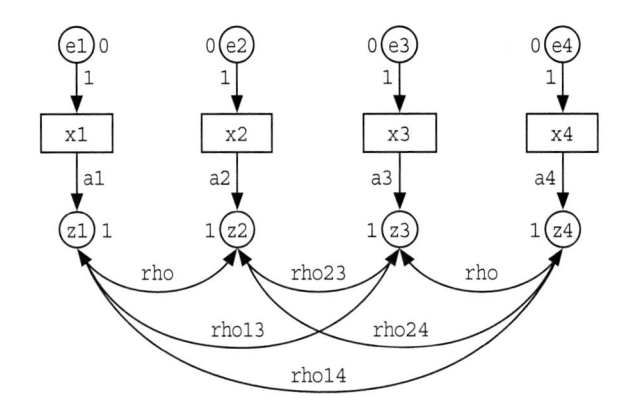

図11.12　2つの相関係数 $\rho(x_1,x_2)$ と $\rho(x_3,x_4)$ の差の検定を行うパス図

を検定する。ここでは100m走の記録の符号を反転した上で，100mと走り幅跳との母相関係数（$\rho(x_1,x_2)$）と円盤投とやり投の母相関係数（$\rho(x_3,x_4)$）が等しいか，ということに関心がある。帰無仮説を表現したパス図を図11.12に示す。

これまで通り，まず4変数の分散共分散を読み込む。

```
> library(sem)
> # 2つの母相関係数rho12とrho34の差の検定を行うスクリプト
> 共分散 <- read.moments(names = c("x1","x2","x3","x4"))
1: 0.084
2: 4.028   1059.724
4: 0.033      23.941   19.582
7: 0.059      44.503   11.910   38.369
11:
Read 10 items
```

次に，2つの相関係数に等値制約を課したモデルを読み込む。13行目と18行目で帰無仮説を表現している。

```
> 相関rho12とrho34の差の検定 <- specify.model()
1: x1  <-  z1 , a1 ,    NA   # x1の標準偏差
2: x2  <-  z2 , a2 ,    NA   # x2の標準偏差
3: x3  <-  z3 , a3 ,    NA   # x3の標準偏差
4: x4  <-  z4 , a4 ,    NA   # x4の標準偏差
5: x1  <-> x1 , NA ,    0    # 誤差e1の分散
6: x2  <-> x2 , NA ,    0    # 誤差e2の分散
7: x3  <-> x3 , NA ,    0    # 誤差e3の分散
8: x4  <-> x4 , NA ,    0    # 誤差e4の分散
9: z1  <-> z1 , NA ,    1    # z1の分散 =1
10: z2 <-> z2 , NA ,    1    # z2の分散 =1
11: z3 <-> z3 , NA ,    1    # z3の分散 =1
12: z4 <-> z4 , NA ,    1    # z4の分散 =1
13: z1 <-> z2 , rho  , 0.5   # 母相関係数（帰無仮説の特定）
14: z1 <-> z3 , rho13, 0.4   # x1とx3の母相関係数
15: z1 <-> z4 , rho14, 0.1   # x1とx4の母相関係数
16: z2 <-> z3 , rho23, 0.5   # x2とx3の母相関係数
17: z2 <-> z4 , rho24, 0.0   # x2とx4の母相関係数
18: z3 <-> z4 , rho  , 0.5   # 母相関係数（帰無仮説の特定）
19:
Read 18 records
```

モデルの適合度は

```
> 検定の結果 <- sem( 相関rho12とrho34の差の検定 , 共分散 , 30)
> summary( 検定の結果 )

 Model Chisquare =  0.0012499   Df =  1 Pr(>Chisq) = 0.9718
```

となり，χ^2検定は帰無仮説を棄却できない。したがって，2つの相関係数が異なるとは言えない。

■偏相関係数の検定

2変数y_1とy_2の変動を説明する変数xがあるとき，y_1とy_2の成分からxの影響を除いた成分の間に定義される相関係数を偏相関係数という。xの影響を除いた母偏相関係数$\rho(y_1,y_2|x)$の検定とは

帰無仮説：$\rho(y_1,y_2|x) = 0$
対立仮説：$\rho(y_1,y_2|x) \neq 0$

の検定である。偏相関係数はy_1とy_2を変数xから線形予測したときの残差相関である

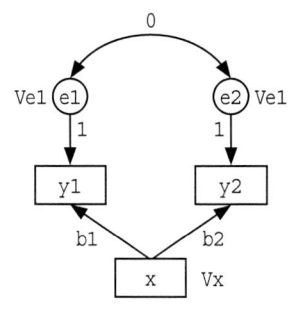

図 11.13　偏相関係数の検定を行うパス図

表 11.9　偏相関係数の検定に使う分散共分散

	変数		
	y_1	y_2	x
y_1（単純計算問題）	20.50	0.454	0.503
y_2（OK式数学問題）	20.34	98.06	0.140
x（WB認知能力検査）	33.28	20.29	213.16

が，偏共分散が 0 であれば偏相関係数が 0 であるから，帰無仮説を図11.13のパス図によって表現できる。

　表11.9に示す分散共分散（上三角要素は相関係数）を用いて偏相関係数の検定を行う。まず，3つの課題の分散共分散を読み込む。

```
> library(sem)
> # 偏相関係数を検定するスクリプト
> 偏相関 <- read.moments(names = c("y1","y2","x"))
1: 20.50
2: 20.34 98.06
4: 33.28 20.29 213.16
7:
Read 6 items
```

次に偏共分散を0へ固定するモデルを作る。

```
> 偏相関の検定 <- specify.model()
1: x   <-> x  , Vx , NA  # xの分散
2: y1  <-  x  , b1 , NA  # y1の予測
3: y2  <-  x  , b2 , NA  # y2の予測
4: y1  <-> y1 , Ve1, NA  # 誤差e1の分散
5: y2  <-> y2 , Ve2, NA  # 誤差e2の分散
6: y1  <-> y2 , NA , 0   # 偏相関係数=0（帰無仮説）
7:
Read 6 records
```

　モデルの適合度は以下の通りであり，偏共分散を 0 とするモデルは棄却された。これより，y_1（単純計算問題）と y_2（OK式数学問題）の相関関係を x（WB認知能力検査）が測定する認知能力だけでは説明できないことがわかる。

```
> 偏相関の検定の結果 <- sem( 偏相関の検定 , 偏相関 , 55)
> summary( 偏相関の検定の結果 )

 Model Chisquare =   12.080    Df =  1 Pr(>Chisq) = 0.00050975
```

帰無仮説が棄却されたので，帰無仮説を表現した

　　　　y1 <-> y2 , NA , 0 # 偏相関係数 =0（帰無仮説）

を

　　　　y1 <-> y2 , Ve1e2, NA # 誤差の共分散

へ変更して偏共分散を推定する。その推定値は以下の通りであるから，2変数の偏相関係数は $17.17/\sqrt{15.30 \times 96.13} = 0.45$ である。

```
 Parameter Estimates
       Estimate    Std Error z value Pr(>z)
 .....
 Ve1    15.304098  2.946161  5.1946  2.0517e-07 y1 <--> y1
 Ve2    96.128662 18.505529  5.1946  2.0517e-07 y2 <--> y2
 Ve1e2  17.172186  5.718508  3.0029  2.6741e-03 y2 <--> y1
```

練習6 偏相関係数自体を自由母数としたパス図を描画し，偏相関係数を推定しなさい。

観測変数にそれぞれ因子を対応させた図11.14のパス図を作り，r12を推定すればよい。モデルを特定するスクリプトを以下に示す。

```
> 偏相関を母数 <- specify.model()
1: y1   <-   fx  , b1 , NA  # y1の予測
2: y2   <-   fx  , b2 , NA  # y2の予測
3: y1   <-   fy1 , a1 , NA  # fy1からy1への因子負荷量
4: y2   <-   fy2 , a2 , NA  # fy2からy2への因子負荷量
5: x    <->  x   , NA , 0   # xの誤差分散
6: y1   <->  y1  , NA , 0   # y1の誤差分散
7: y2   <->  y2  , NA , 0   # y2の誤差分散
8: x    <-   fx  , ax , NA  # fxからxへの因子負荷量
9: fx   <->  fx  , NA , 1   # fxの分散を固定
10: fy1 <->  fy1 , NA , 1   # fy1の分散を固定
11: fy2 <->  fy2 , NA , 1   # fy2の分散を固定
12: fy1 <->  fy2 , r12, NA  # 偏相関係数
13:
Read 12 records
```

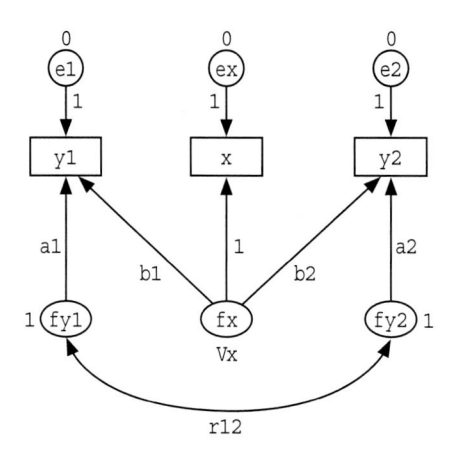

```
         0             0             0
        (e1)          (ex)          (e2)
         ↓1            ↓1            ↓1
        [y1]          [x]           [y2]
        ↑  ↖         ↑1           ↗  ↑
       a1   b1        |         b2   a2
         1(fy1)      (fx)       (fy2)1
                      Vx
            ⌣―――――――――――――⌢
                    r12
```

図 11.14　偏相関係数を自由母数として推定するパス図

偏相関係数の推定値は次の通りである。

```
> 偏相関の推定結果 <- sem( 偏相関を母数 , 偏相関 , 55)
> summary( 偏相関の推定結果 )
.....
r12   0.44771 0.10878    4.1159 3.8566e-05 fy2 <--> fy1
```

12章

潜在変数の構造方程式モデル

〈特徴〉

　潜在変数（因子）の間に因果関係を仮定し，その強さを推測するときに利用する。

　心理・教育では探索的因子分析で抽出された因子の間に因果関係を仮定することが多いが，潜在変数の構造方程式モデルでは潜在変数を先に仮定し，その指標として観測変数を用意する。単に構造方程式モデルという場合にも，潜在変数の因果連鎖を伴う構造方程式モデルを指すことが多い。

〈注意点〉

　モデルの適合度の高さと決定係数の大きさとは別であるから，モデルが適合していても，内生変数の変動を説明変数によって説明できるとは限らない。また，重回帰分析やパス解析と同様に，パス係数が有意であっても因果関係が証明されたことにはならない。

12.1 潜在変数間の因果モデル

以前は探索的因子分析を行い，因子ごとに因子負荷量の大きい観測変数の合計点を用いて重回帰分析やパス解析を行うことが多かった．しかし，SEMを利用すれば観測変数の合計点を求めることなしに，因子間の因果関係を考察することができる．ここでは，図12.1に示すパス図にもとづいて学力の高さと学習場面での人気に双方向の因果関係を仮定し，因果の方向を探ってみる．分析には表12.1に示す分散共分散（$N=520$）を用いる．観測変数の内容は以下の通りである．

(1) Y_1：休み時間中の交流
(2) Y_2：学習中の交流
(3) Y_3：国語の試験成績
(4) Y_4：英語の試験成績
(5) Y_5：数学の試験成績
(6) Y_6：自己効力感尺度1
(7) Y_7：自己効力感尺度2
(8) Y_8：前年の国語の試験成績
(9) Y_9：前年の英語の試験成績
(10) Y_{10}：前年の数学の試験成績
(11) Y_{11}：保護者の評定値
(12) Y_{12}：教師の観察評定値

■母数を推定するためのスクリプトと実行結果

まずlibrary()関数を用いてsemパッケージを読み込む．

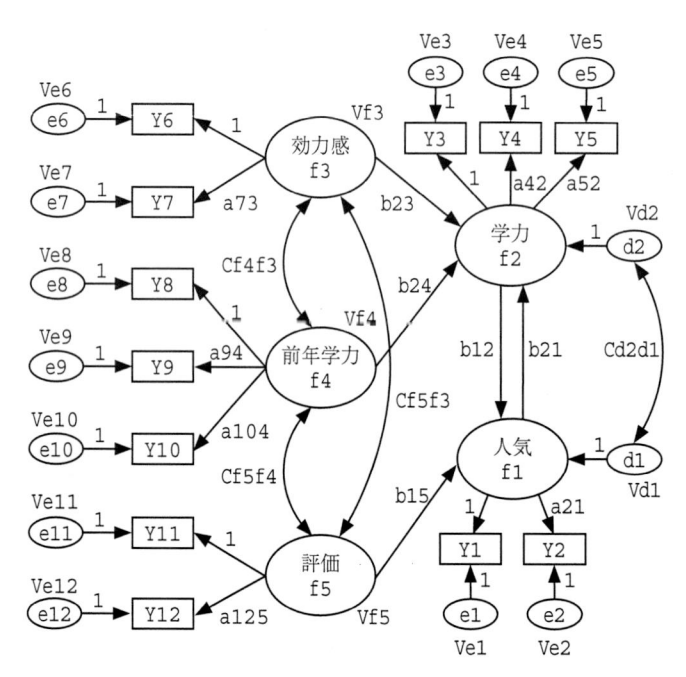

図12.1 人気と学力の構造方程式モデル

表 12.1　人気と学力の関係を探るための分散共分散

	観測変数											
	Y_1	Y_2	Y_3	Y_4	Y_5	Y_6	Y_7	Y_8	Y_9	Y_{10}	Y_{11}	Y_{12}
Y_1	3.909											
Y_2	1.727	4.736										
Y_3	4.072	5.345	52.955									
Y_4	3.027	4.609	28.931	65.855								
Y_5	2.888	4.749	25.283	23.868	59.056							
Y_6	0.872	0.254	3.298	3.971	2.099	7.191						
Y_7	1.029	0.650	4.019	3.575	3.382	2.253	6.534					
Y_8	3.129	4.448	21.887	15.445	14.374	0.975	0.184	49.393				
Y_9	1.558	2.104	6.599	1.432	11.627	0.177	0.608	14.461	43.950			
Y_{10}	2.231	2.937	15.903	16.227	25.319	1.863	1.312	20.283	15.675	55.002		
Y_{11}	0.833	0.997	1.910	0.938	3.361	0.279	0.607	1.595	1.254	1.774	8.059	
Y_{12}	0.925	2.106	2.750	3.337	3.960	0.096	1.319	1.579	0.609	1.475	3.268	16.810

```
> # 人気と学力の相互関係
> library(sem)
```

これに続き，read.table() 関数を用いて人気と学力の分散共分散 .txt へ保存されている分散共分散行列（上三角要素を含む）を読み込み，人気と学力520とする．

```
> 人気と学力520 <- read.table("人気と学力の分散共分散 .txt",
+       col.names = as.character(paste("Y", 1:12, sep = "")),
+       row.names = as.character(paste("Y", 1:12, sep = "")))
```

read.table() 関数を用いる場合，col.names 引数と row.names 引数を使い，分散共分散行列の行と列に名前を付ける．ここでは，等号の後ろを as.character(paste("Y", 1:12, sep = "")) として行と列にそれぞれ Y1, Y2, ..., Y12 という名前を付けた．もちろん，変数ごとに任意の名前を付けることもできるが，必ず行と列は同一の名前とする．

まず，変数名を確認しておく．

```
> names(人気と学力520)
 [1] "Y1"  "Y2"  "Y3"  "Y4"  "Y5"  "Y6"  "Y7"  "Y8"  "Y9"
[10] "Y10" "Y11" "Y12"
```

read.table() 関数で代入した人気と学力520はデータフレームという型式になっているので，sem() 関数で利用できるように as.matrix() 関数を使い

```
> 人気と学力 <- as.matrix(人気と学力520)         # 行列へ変える
```

として行列形式のオブジェクトへ変換する。それを人気と学力とする。

次に母数を特定するスクリプトであるが，潜在変数の構造方程式モデルは確認的因子分析とパス解析を統合したモデルであるから，スクリプトも2つのモデルを統合したものになる。すでに母数の特定方法を学んだので，ここでは2点について説明する。まず，このモデルでは人気 f1 から学力 f2 へ向かうパスの係数 b_{21} とそれとは逆方向のパスの係数 b_{12} の有意性に関心があるので，2つの母数を

　　　　学力 f2 <- 人気 f1　　, b21, NA
　　　　人気 f1 <- 学力 f2　　, b12, NA

として同時に自由母数とする。また，人気 f1 と学力 f2 の共分散を意欲 f3 と前年学力 f4 と評価 f5 だけで説明できるとは限らないので，誤差共分散 $\sigma(d_2, d_1)$ を

　　　　人気 f1 <-> 学力 f2, Cd2d1, NA

として自由母数とする。そして，因子の測定単位を定めるために，いずれの因子も因子負荷量の1つを1へ固定し，因子の分散と共分散を自由母数とする。こうして作成したスクリプトを以下に示す。1行目から18行目までが確認的因子分析，19行目から23行目までが因子のパス解析，24行目から35行目までが観測変数の誤差分散，36行目から38行目までが因子の誤差共分散を特定している。このスクリプトでは，variance が分散なので分散の母数名の先頭を V，covariance が共分散なので共分散の母数名の先頭を C とした。

```
> 人気と学力モデル1 <- specify.model()        # モデルの特定
1:  Y1   <- 人気 f1   ,  NA  , 1            # 因子負荷量
2:  Y2   <- 人気 f1   ,  a21 , NA
3:  Y3   <- 学力 f2   ,  NA  , 1
4:  Y4   <- 学力 f2   ,  a42 , NA
5:  Y5   <- 学力 f2   ,  a52 , NA
6:  Y6   <- 効力感 f3 ,  NA  , 1
7:  Y7   <- 効力感 f3 ,  a73 , NA
8:  Y8   <- 前年学力 f4, NA  , 1
9:  Y9   <- 前年学力 f4, a94 , NA
10: Y10  <- 前年学力 f4, a104, NA
11: Y11  <- 評価 f5   ,  NA  , 1
12: Y12  <- 評価 f5   ,  a125, NA
13: 効力感 f3    <-> 効力感 f3    , Vf3  , NA   # 因子間共分散
14: 前年学力 f4  <-> 前年学力 f4  , Vf4  , NA
15: 評価 f5      <-> 評価 f5      , Vf5  , NA
16: 効力感 f3    <-> 前年学力 f4  , Cf4f3, NA
17: 効力感 f3    <-> 評価 f5      , Cf5f3, NA
18: 前年学力 f4  <-> 評価 f5      , Cf5f4, NA
19: 学力 f2 <- 効力感 f3 , b23, NA              # 因子間のパス係数
```

```
20: 学力f2 <- 前年学力f4  , b24,  NA
21: 人気f1 <- 評価f5      , b15,  NA
22: 学力f2 <- 人気f1      , b21,  NA
23: 人気f1 <- 学力f2      , b12,  NA
24: Y1  <-> Y1 ,  Ve1    , NA          # 観測変数の誤差分散
25: Y2  <-> Y2 ,  Ve2    , NA
26: Y3  <-> Y3 ,  Ve3    , NA
27: Y4  <-> Y4 ,  Ve4    , NA
28: Y5  <-> Y5 ,  Ve5    , NA
29: Y6  <-> Y6 ,  Ve6    , NA
30: Y7  <-> Y7 ,  Ve7    , NA
31: Y8  <-> Y8 ,  Ve8    , NA
32: Y9  <-> Y9 ,  Ve9    , NA
33: Y10 <-> Y10,  Ve10   , NA
34: Y11 <-> Y11,  Ve11   , NA
35: Y12 <-> Y12,  Ve12   , NA
36: 人気f1 <-> 人気f1, Vd1  , NA        # 因子の誤差分散共分散
37: 学力f2 <-> 学力f2, Vd2  , NA
38: 人気f1 <-> 学力f2, Cd2d1, NA
39:
Read 38 records
```

分散共分散を読み込み，モデルが特定できたので，sem()関数を用いて母数を推定し，結果を要約する．適合度指標を以下に示す．

```
> summary( 人気と学力モデル1の結果 , digits = 3)     # 推定値

 Model Chisquare =  122    Df =  45 Pr(>Chisq) = 4.73e-09
 Chisquare (null model) =  1087    Df =  66
 Goodness-of-fit index =   0.96
 Adjusted goodness-of-fit index =  0.932
 RMSEA index =  0.0575   90% CI: (0.0454, 0.0698)
 Bentler-Bonnett NFI =  0.888
 Tucker-Lewis NNFI =  0.89
 Bentler CFI =  0.924
 SRMR =  0.0412
 BIC =   -159
```

モデル全体の適合度は比較的良いが，χ^2値は有意であり，RMSEAが0.05をわずかに超え，NFIとNNFIが0.9に届かない．したがって，モデルの改善が示唆される．

12.2　修正指標

　先に見たようにモデルの適合度が十分に良いとは言えないので，mod.indices() 関数を用いて固定母数の修正指標を算出する。修正指標とは，固定母数を自由母数としたときに期待される χ^2 値の減少分である。mod.indices() 関数の引数に sem() 関数の出力を代入したオブジェクト名人気と学力モデル1の結果を指定すると，固定したパス係数の修正指標が A matrix として，外生変数（誤差を含む）の分散共分散の修正指標が P matrix として出力される。mod.indices() 関数の初期設定では大きい方から5つまでしか修正指標が出力されないので，すべての固定母数の修正指標を知りたいときは mod.indices() 関数全体を summary() 関数の引数に入れ，summary(mod.indices(人気と学力モデル1の結果)) とする。

　ここでは，大きい方から5つの修正指標を画面に表示させる。

```
> mod.indices( 人気と学力モデル1の結果 )         # 修正指標の算出
                                                  # (a)
 5 largest modification indices, A matrix:      # パス係数
     Y5:Y10      Y10:Y5       Y4:Y9       Y9:Y4  学力 f2:Y9
  24.096671   22.262033   14.511707   13.773366   7.475257
                                                  # (b)
 5 largest modification indices, P matrix:      # 分散共分散
     Y10:Y5       Y9:Y4       Y8:Y5       Y8:Y3  学力 f2:Y9
   35.12449    14.88920    12.84174    12.01366   9.52750
```

(a) 欄の A matrix に表示された

　　　Y5:Y10

　　24.096671

は，コロンの左がパスが刺さる変数名，右がパスを出している変数名であるから，Y10（前年の数学の試験成績）から Y5（数学の試験成績）へ向かうパス係数を自由母数とすることにより，χ^2 値に24.1の減少が期待される。しかし，このモデルは2つの因子学力 f2 と前年学力 f4 を仮定して3教科が測定する総合的な学力を表現しているので，このパス係数を自由母数とする積極的な理由はない。

　また，(b) 欄の P matrix に表示された

　　　Y10:Y5

　　35.12449

は，Y10（前年の数学の試験成績）と Y5（数学の試験成績）が内生変数であるから，その誤差共分散を自由母数とすることにより，χ^2 値に35.1の減少が期待される。ここでは縦

断的に同一教科の学力を測定しているので，これを自由母数としてみる。これにより，A matrixで示唆されたY10（前年の数学の試験成績）からY5（数学の試験成績）へ向かうパスは不要になる。

次の1行を先のスクリプトへ追加してY10とY5の誤差共分散を自由母数とする。
    Y5   <-> Y10, Ce10e5, NA   # Y10とY5の誤差共分散

この修正を加えたモデルを人気と学力モデル2とする。このモデルの母数を推定し，結果を画面に要約させた結果を示す。標本が520名と大きいので，χ^2検定によって帰無仮説は棄却されるが，他の適合度指標の値は適合度が良いことを示している。

```
> 人気と学力モデル2の結果 <- sem( 人気と学力モデル2,
+                             人気と学力 , 520)   # 母数推定
> summary( 人気と学力モデル2の結果 , digits = 3)    # 推定値

 Model Chisquare =  81   Df =  44  Pr(>Chisq) = 0.000569
 Chisquare (null model) =  1087   Df =  66
 Goodness-of-fit index =  0.975
 Adjusted goodness-of-fit index =  0.955
 RMSEA index =  0.0403   90% CI: (0.0261, 0.0539)
 Bentler-Bonnett NFI =  0.925
 Tucker-Lewis NNFI =  0.946
 Bentler CFI =  0.964
 SRMR =  0.0363
 BIC =  -194
```

関心のあるパス係数の有意性検定の結果を次に示す。パス係数b12は高度に有意であり，b21は有意ではない。したがって，学力の高さが学習場面での人気を高めた可能性が強いと言える。

```
 Parameter Estimates
        Estimate Std Error z value Pr(>z)
 .....
 b21     1.183   0.9412    1.26   2.09e-01 学力 f2 <--- 人気 f1
 b12     0.134   0.0237    5.65   1.56e-08 人気 f1 <--- 学力 f2
 .....
 Ce10e5 12.630   2.1222    5.95   2.66e-09 Y10 <--> Y5
```

パス係数の標準化解は次の通りである。

```
> std.coef( 人気と学力モデル2の結果 , digits = 3)     # 標準化解
          Std. Estimate
 .....
 22    b21    0.23021967           学力 f2 <--- 人気 f1
 23    b12    0.68909637           人気 f1 <--- 学力 f2
```

■内生変数の分散共分散

内生変数の分散共分散は他の変数の分散共分散とパス係数によって決まるので，モデルの母数にはならない．そのため，内生変数の分散共分散を得るには次式を用いる．この行列の要素は構造変数の分散共分散の推定値であるから，内生変数の分散共分散を含む．

$$(I - A)^{-1} P [(I - A)^{-1}]' \tag{12.1}$$

ここで，A はパス係数を要素とする行列，P は外生変数の分散共分散行列，I は行列 A と同一次数（同じ大きさ）の単位行列である．sem() 関数は参照名を A と P として，行列 A と P を返してくるので，以下のようにして構造変数の分散共分散行列を求めることができる．

```
> # 内生変数の分散共分散を求める
> A <- 人気と学力モデル2の結果 $A
> P <- 人気と学力モデル2の結果 $P
> I <- diag(nrow(A))
> Cov <- solve(I - A) %*% P %*% t(solve(I - A))
```

Cov に分散共分散行列を代入したので，cov2cor() 関数の引数として Cov を指定して相関係数行列へ変換する．

```
> round(cov2cor(Cov), 3)    # 分散共分散を相関係数行列へ変換
 .....
             効力感 f3   前年学力 f4   評価 f5   学力 f2   人気 f1
 効力感 f3      1.000        0.089       0.230     0.389     0.340
 前年学力 f4    0.089        1.000       0.162     0.659     0.505
 評価 f5        0.230        0.162       1.000     0.258     0.494
 学力 f2        0.389        0.659       0.258     1.000     0.616
 人気 f1        0.340        0.505       0.494     0.616     1.000
```

これを見ると，人気 f1 と学力 f2 の相関係数は0.616である．

練習1 内生変数の決定係数 R^2 は式（10.2）に示した通り，

$$R^2 = 1 - \frac{誤差分散の推定値}{内生変数の分散の推定値}$$

と定義される。この定義式にもとづいて決定係数を求めるスクリプトを書きなさい。

sem() 関数が返す行列 P には誤差分散の推定値も代入されているので，以下に示す関数を作成した。

```
> # 決定係数 R2を求める
> R2 <- function(x) {
+   A <- x$A                        # パス係数行列
+   P <- x$P                        # 外生変数の分散共分散行列
+   I <- diag(nrow(A))
+   Cov <- solve(I - A) %*% P %*% t(solve(I - A))
+   R2 <- diag((1 - P/Cov))         # 決定係数 R^2
+   R2 <- R2[R2 > 1e-15]            # おそらく，内生変数が選択
+   return(R2)                      # される（あくまでも私の期待）
+ }
```

たとえば，先の人気と学力モデル2を当てはめた結果が人気と学力モデル2の結果に代入されているので，このモデルにおける内生変数の決定係数は

```
> R2(人気と学力モデル2の結果)
       Y1        Y2        Y3        Y4        Y5        Y6
0.3256766 0.4946768 0.6351815 0.3679143 0.3387097 0.2068214
       Y7        Y8        Y9       Y10       Y11       Y12
0.5223444 0.5748199 0.1639687 0.3019977 0.2298226 0.3458968
    学力 f2    人気 f1
0.5943187 0.4742978
```

である。

練習2 図12.2に示すパス図にもとづいて学習相談の教育的効果を検討しなさい。分析に必要な分散共分散行列（$N=283$）を表12.2に示す。学習相談は相談を受けた回数，他の変数は学習相談を行う前に受けた学力試験の成績である。

パス係数を推定するためのスクリプトを図12.3に示す。学習相談を受けた回数は記録してあるので，誤差を付随させずにそのまま外生変数として用いた。ここでも分散の母数名の先頭を V，共分散の母数名の先頭を C とした。

適合度指標は以下の通りであり，モデルの適合度は高い。

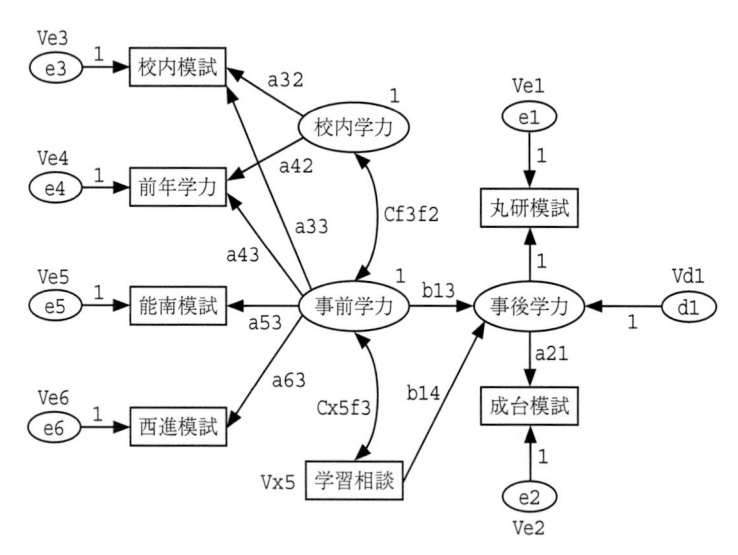

図 12.2　学習相談の効果を検証するためのパス図

表 12.2　学習相談の効果を検証するための分散共分散行列

	丸研模試	成台模試	校内模試	前年学力	能南模試	西進模試	学習相談
丸研模試	90.250						
成台模試	64.418	108.160					
校内模試	16.503	21.913	73.960				
前年学力	17.830	14.926	36.949	84.640			
能南模試	17.110	22.012	17.203	21.763	68.890		
西進模試	9.587	17.191	22.222	16.728	29.317	75.690	
学習相談	-1.094	-1.173	-1.218	-0.927	-2.191	-1.869	1.440

```
> summary(相談モデルの結果, digits = 3)

Model Chisquare =   13.6   Df =   9 Pr(>Chisq) = 0.138
Chisquare (null model) =   375   Df =  21
Goodness of fit index =  0.987
Adjusted goodness-of-fit index =  0.958
RMSEA index =  0.0425   90% CI: (NA, 0.0857)
Bentler-Bonnett NFI =  0.964
Tucker-Lewis NNFI =  0.97
Bentler CFI =  0.987
SRMR =  0.0306
BIC =  -37.2
```

パス係数とその有意性検定は,

```
# 学習相談の効果の有無
library(sem)
相談 <- read.moments(names=c("丸研模試","成台模試",
    "校内模試","前年学力","能南模試","西進模試",
    "学習相談"))
   90.250
   64.418  108.160
   16.503   21.913   73.960
   17.830   14.926   36.949   84.640
   17.110   22.012   17.203   21.763   68.890
    9.587   17.191   22.222   16.728   29.317   75.690
   -1.094   -1.173   -1.218   -0.927   -2.191   -1.869   1.44

相談モデル <- specify.model()      # モデルの特定
事後学力 <- 事前学力 , b13, NA    # パス係数
事後学力 <- 学習相談 , b14, NA    # パス係数
丸研模試 <- 事後学力 , NA , 1     # 因子負荷量
成台模試 <- 事後学力 , a21, NA
校内模試 <- 校内学力 , a32, NA
前年学力 <- 校内学力 , a42, NA
校内模試 <- 事前学力 , a33, NA
前年学力 <- 事前学力 , a43, NA
能南模試 <- 事前学力 , a53, NA
西進模試 <- 事前学力 , a63, NA
校内学力 <-> 校内学力 , NA , 1    # 因子分散
事前学力 <-> 事前学力 , NA , 1
校内学力 <-> 事前学力 , Cf3f2, NA  # 因子共分散
事前学力 <-> 学習相談 , Cx5f3, NA  # 共分散
学習相談 <-> 学習相談 , Vx5, NA    # 観測分散
事後学力 <-> 事後学力 , Vd1, NA    # 誤差分散
丸研模試 <-> 丸研模試 , Ve1, NA
成台模試 <-> 成台模試 , Ve2, NA
校内模試 <-> 校内模試 , Ve3, NA
前年学力 <-> 前年学力 , Ve4, NA
能南模試 <-> 能南模試 , Ve5, NA
西進模試 <-> 西進模試 , Ve6, NA

相談モデルの結果 <- sem( 相談モデル , 相談 , 283)
summary( 相談モデルの結果 , digits = 3)
```

図 12.3 学習相談の効果を検証するためのスクリプト

```
Parameter Estimates
      Estimate  Std Error  z value    Pr(>z)
b13      3.092     0.7472    4.138   3.51e-05   事後学力 <--- 事前学力
b14      0.177     0.4161    0.426   6.70e-01   事後学力 <--- 学習相談
.....
Cx5f3   -0.386     0.0933   -4.136   3.54e-05   学習相談 <--> 事前学力
```

であり，学習相談の効果を表す回帰係数b_{14}は有意ではない。したがって，残念ながら学習相談を受けた回数が事後学力を高めたとは言えない。

なお，学習相談と事前学力は有意な相関があるので，学力試験の成績が悪かった生徒ほど相談を受けた回数が多い傾向にあったと言える。

12.3　不適解と母数の制約

分散の定義域は正あるいは0であるが，その推定値が負になることがある。これを不適解という。たとえば，先に人気と学力の相互の因果関係を分析したが，最終的に採択されたモデルから次のパス係数と誤差共分散を削除して他の母数を推定してみる。

学力 f2 <- 前年学力 f4

人気 f1 <-> 学力 f2

すると，以下のように学力 f2 に付随する誤差 d2 の分散の推定値が負値となる。

```
Parameter Estimates
      Estimate Std Error z value Pr(>z)
.....
Vd2    -11.557  14.6866  -0.787  4.31e-01 学力 f2 <--> 学力 f2
```

不適解が生じる理由としては，(1)この事例のように本来引くべきパス（学力 f2 <- 前年学力 f4）を引いていない，(2)標本の偏りがあり，たまたま負値となる，(3)仮定した因子の数が多すぎることなどが考えられる。(1)の場合にはモデルを注意深く修正することで，(2)の場合には標本を大きくすることで不適解を避けることができるかもしれない。また，(3)の場合には推定値の大きさによって対応の仕方は異なるが，モデルを基本的に組み替える必要があるかもしれない。いずれにしても，負値の誤差分散のままで結果を報告することは望ましくないとされている。

分散の推定値が負値であっても，それが有意でないときは(2)が不適解の原因かもしれない。しかし，標本を追加することができないときは，分散の推定値が負にならないようにした上で他の母数を推定する。それには2つの方法がある。

1つは負値となった誤差分散を事後的に0へ固定するもので，sem() 関数では容易に利用できる。このとき，誤差分散は固定母数になるので自由度が1つ大きくなる。もう1つは推定値に非負という不等式の制約を課して推定する方法であり，今のところ，sem() 関数にはそうした不等式の制約を課すための機能は用意されていない。しかし，たとえば，内生変数 x1 の誤差 e1 の分散推定値が負値とならないように，図12.4に示す実体のない潜在変数 p1 と p2（以下，ファントム変数）を追加して誤差分散に制約を課すことができる。

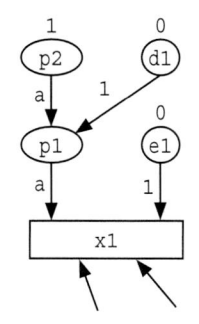

図 12.4　分散に不等式の制約を課すパス図

```
p2 <-> p2 , NA,   1   # p2の分散を1へ固定
p1 <-  p2 , a,    0.1 # p2からp1へ向かうパスの係数をaに固定
x1 <-  p1 , a,    0.1 # p1からx1へ向かうパスの係数をaに固定
p1 <-> p1 , NA,   0   # p1の誤差 (d1) 分散を0へ固定       (1)
x1 <-> x1 , NA,   0   # e1の分散を0へ固定                (2)
```

図 12.5　不等式の制約を課すスクリプト

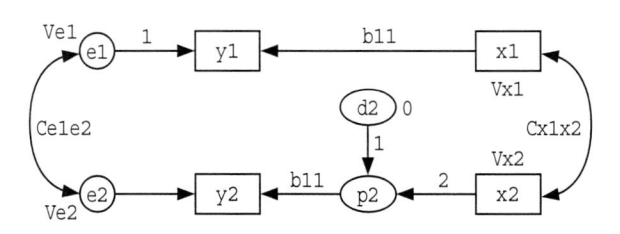

図 12.6　2つのパス係数の間に制約を課すパス図

　これは，e1の分散を0へ固定した上で，p1からx1へ向かうパスとp2からp1へ向かうパスの係数に等値制約を置き，誤差d1の分散を0へ固定する。誤差分散の推定値はp2の分散を1へ固定しているのでパス係数aの4乗である。制約を課す部分のスクリプトは図12.5の通りである。不等式の制約を課しても母数を推定しているので，aの推定値が0になってもモデルの自由度は変わらない。なお，スクリプトの中の (1) と (2) がなくてもsem() 関数は母数を推定するが，警告文を出力する。

練習3　変数x1から変数y1へ向かすパスの係数を b_{11}，そして，変数x2から変数y2へ向かすパスの係数を b_{22} とするとき，$b_{22} = 2b_{11}$ という制約を課すためのパス図とスクリプトを書きなさい。

　パス図を図12.6に示す。b_{22} はx2からp2を介してy2へ向かうパスの間接効果に等しいので，$b_{22} = 2b_{11}$ が成り立つ。この制約を課すスクリプトを図12.7に示す。

このスクリプトを実行し，結果を要約すると，

```
> summary(sem(パス係数間の制約，x1とy1とx2とy2の共分散, 50))

 Model Chisquare =  0.63846   Df =  3 Pr(>Chisq) = 0.88757
 .....
 Parameter Estimates
        Estimate Std Error z value  Pr(>z)
 b11    1.2574   0.16739   7.51188 5.8176e-14 y1 <--- x1
```

となる。$\hat{b}_{11}=1.26$ であるから，$\hat{b}_{22}=2\times 1.26=2.52$ である。

練習4 パス係数 b に $b\leq 1$ とする不等式制約を課すためのパス図とスクリプトを書きなさい。

変数 x1 から変数 y1 へ向かうパスの係数を b とするとき，2つのファントム変数を導入して図12.8に示すパス図を描き，パス係数と誤差分散を制約する。パス係数 b は変数 x1 の変数 y1 に対する総合効果に等しいので，

$$b = 1 - a^2 \tag{12.2}$$

```
# パス係数間の制約 (b22 = 2 b11)
library(sem)
x1とy1とx2とy2の共分散 <- read.moments(names =  # 分散共分散行列
    c("x1","y1","x2","y2"))  # の読み込み
 23.739151
 27.000413 132.164965
 -1.074584    1.251224 14.834941
  1.525931 -16.145128 37.910310 221.318536

パス係数間の制約 <- specify.model()
y1 <- x1, b11  , 1     # 回帰係数　初期値
p2 <- x2, NA   , 2     # b22をb11の2倍にするので2
y2 <- p2, b11  , 1     # 回帰係数　初期値
p2 <-> p2, NA  , 0     # ファントム変数の分散を0
x1 <-> x1, Vx1 , 23.7  # x1の分散　初期値
x2 <-> x2, Vx2 , 14.8  # x1の分散　初期値
x2 <-> x1, Cx1x2, -1.1 # x2とx1の共分散　初期値
y1 <-> y1, Ve1 , 50    # y1の誤差分散　初期値
y2 <-> y2, Ve2 , 50    # y2の誤差分散　初期値
y2 <-> y1, Ce1e2, 0    # 誤差の共分散

summary(sem(パス係数間の制約，x1とy1とx2とy2の共分散, 50))
```

図12.7　2つのパス係数の間に制約を課す例

である．したがって，パス係数 b は $b \leq 1$ を満たす．

通常の構造方程式モデルの中でも不等式の制約を課すことができるが，ここでは単回帰分析を用いて図12.9に示すスクリプトを書いた．これを実行すると，

```
> summary(sem(回帰係数の不等式制約, x1とy1の共分散, 50))

 Model Chisquare =   0.21588   Df =  0 Pr(>Chisq) = NA
 .....
 Parameter Estimates
      Estimate     Std Error  z value      Pr(>z)
 a    -2.3232e-07  0.56468    -4.1142e-07  1.0000e+00 p2 <--- p1
 Vx1   2.3739e+01  4.79696     4.9488e+00  7.4688e-07 x1 <--> x1
 Ve1   1.0190e+02 20.59169     4.9488e+00  7.4691e-07 y1 <--> y1
```

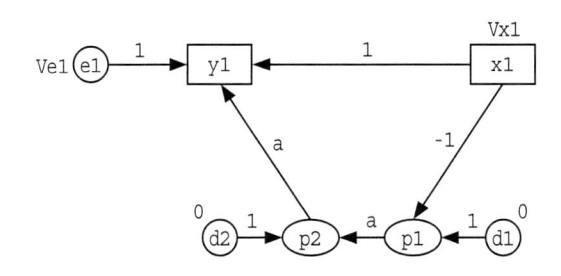

図 12.8　パス係数に不等式制約を課すパス図

```
# パス係数の不等式制約（b ≦ 1）
library(sem)
x1とy1の共分散 <- read.moments(names =  # 分散共分散行列
    c("x1","y1"))  # の読み込み
 23.739151
 27.000413 132.164965

回帰係数の不等式制約 <- specify.model()
y1 <-  x1,  NA,  1  # 不等式制約の上限値
p1 <-  x1,  NA, -1  # -a^2とするために必要
p2 <-  p1,   a, 0.5 # 等値制約　初期値
y1 <-  p2,   a, 0.5 # 等値制約　初期値
x1 <-> x1, Vx1,23.7 # x1の分散　初期値
p1 <-> p1, NA ,  0  # ファントム変数p1の分散を0
p2 <-> p2, NA ,  0  # ファントム変数p1の分散を0
y1 <-> y1, Ve1, 90  # y1の誤差分散　初期値

summary(sem( 回帰係数の不等式制約, x1とy1の共分散, 50))
```

図 12.9　パス係数に不等式制約を課す例

を得る．回帰係数 a の推定値は 0 であるから，$\hat{b} = 1 - \hat{a}^2 = 1$ である．なお，このモデルの自由度は 0 であるが，回帰係数 b を 0 へ固定したモデルは回帰係数を推定しないので，自由度は 1 である．

12.4　同値モデル

　異なるモデルであるにもかかわらず，モデルから再生される観測変数の分散共分散が同値となり，結果的に適合度指標も同値となることがある．こうしたモデルは同値モデルと呼ばれ，統計的にはモデルの良さを相対的に比較することができない．たとえば，表 11.1 に示すモデル 4 は身体の長さ因子と太さ因子に相関関係があるとする斜交 2 因子モデルであったが，2 つの因子に因果関係を仮定する 2 つのモデルの適合度はモデル 4 と一致する．この場合，長さ因子と太さ因子に因果関係があるとは考えにくいので，適合度指標とは関係なくモデル 4 を選択できる．しかし，実際には，この事例のように最適なモデルを容易に選択できるとは限らない．同値モデルがある場合には，分析者の見識を働かせてモデルを選択するしかない．

13章
3次の積率を利用する回帰分析

〈特徴〉
　2変数の間に因果関係があっても，観測変数の2次の積率（分散と共分散）を利用する従来の回帰分析は因果の方向を特定できない。しかし，3次の積率を利用する単回帰分析は因果の方向を特定できる可能性がある。
　心理・教育では，SEM（構造方程式モデリング）の枠組み内で道具的変数を補助的に使って2変数の因果関係を特定するが，3次の積率を利用する回帰分析は道具的変数がなくても利用できる。

〈注意点〉
　3次の積率を利用する回帰分析では，良い初期値を与えないと解が収束しないことがあるので，利用者が注意深く初期値を選ぶ必要がある。また，計算に3次の積率の漸近分散共分散を利用するので，安定した解を得るためには比較的大きな標本を必要とする。

13.1　2次の積率を用いた単回帰モデルの限界

2変数xとyの間に因果関係があるとしても，2変数しかないときはyのxへの単回帰モデルとxのyへの単回帰モデルは飽和・同値モデルであるから，因果の方向を統計的に知ることはできない。そのため，SEMの枠組み内では，2変数をそれぞれ説明する道具的変数（たとえば，図10.7）を導入し，因果の方向を探る。それに対し，3次の積率を利用する単回帰分析は，2変数しかなくても因果の方向を探ることができる。

■ SEMの枠組み内で表現する単回帰モデル

2つの観測変数x^*とy^*の素点の間に

$$y_i^* = ax_i^* + b + e_i \tag{13.1}$$

という単回帰モデルを当てはめる。ここで，aとbはx^*からy^*を予測するときの回帰係数と切片，eは誤差である。自由母数は回帰係数と切片，説明変数の平均と分散，誤差分散の5つである。自由母数の推定に使える統計量は説明変数と目的変数の平均と分散，共分散の5つである。統計量の数から自由母数を減じた値が自由度であるから，単回帰モデルは自由度が0となるのでモデルとデータの適合度を議論できない。したがって，2変数の因果の方向を逆にした

$$x_i^* = a'y_i^* + b' + e_i' \tag{13.2}$$

という単回帰モデルを仮定しても，2つのモデルの適合度を比較して因果の方向を特定することはできない。しかも，aが有意であればa'も有意であり，aが有意でなければa'も有意ではないから，回帰係数の有意性検定の結果からも因果の方向を特定することはできない。

それでは，これを実例を用いて確かめてみる。女性の身長と体重.txtファイルに保存されているデータを用いて身長（height）と体重（weight）を相互に単回帰予測し，モデルの適合度を調べる。計算にはsemパッケージを用いる。切片を推定するので定数変数を導入し，積率行列をraw.moments()関数を用いて計算する。説明変数x^*をx，目的変数y^*をyとしたパス図を図13.1に示す。定数変数①を導入しているので，変数xへ向かうパスの係数muxが変数xの平均，yへ向かうパスの係数bが切片，誤差exの分散sigma2xが変数xの分散となる。後述のスクリプトではyの誤差eyの分散をsigma2eyとした。

まず，観測値が保存されているデータファイルを読み込み，身長（height）と体重（weight）を取り出し，定数変数を追加した上で3変数の積率を求める。それを積率行列

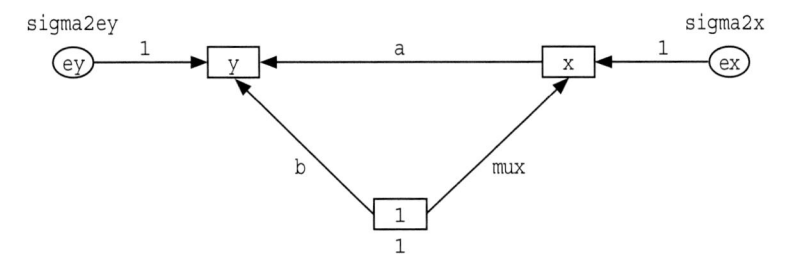

図 13.1 切片を含む単回帰モデルのパス図（母数の特定）

と名付けたオブジェクトへ代入する。

```
> # sem パッケージを用いた単回帰分析
> library(sem)                          # sem パッケージの読み込み
> hwa <- read.table("女性の身長と体重.txt", header = TRUE)
> names(hwa)                            # 変数名
[1] "height" "weight" "age"
> f1314hw <- hwa[, 1:2]                 # 身長と体重のコピー
> one <- 1                              # 定数変数
> onehw <- cbind(one, f1314hw)          # 1列目に定数変数 one(1)
> 積率行列 <- raw.moments(onehw)        # 積率行列を求める
```

図13.1の母数を specify.model() 関数で特定するスクリプトを以下に示す。このスクリプトでは定数変数 one の積率（平均）を sem() 関数の中で固定したが，もし specify.model() 関数の中で定数変数 one の積率を特定する場合は自由母数とする。

```
> 体重の予測 <- specify.model()      # 体重を予測する
1: weight <-  height,   a       ,  NA # 回帰係数
2: weight <-  one    ,  b       ,  NA # 切片
3: height <-  one    ,  mux     ,  NA # height の平均
4: weight <-> weight,   sigma2ey,  NA # 誤差分散
5: height <-> height,   sigma2x ,  NA # height の分散
6:
Read 5 records
```

sem() 関数から返ってきたモデルの適合度は以下の通りであり，χ^2 と自由度は 0 である。

```
> summary(sem( 体重の予測，積率行列，1314,
+            fixed.x = c("one"), raw=TRUE))

Model fit to raw moment matrix.

 Model Chisquare =  4.9017e-11   Df =  0 Pr(>Chisq) = NA
 BIC =  4.9017e-11
```

そして，自由母数の推定値と有意性検定の結果は

```
Parameter Estimates
        Estimate Std Error z value  Pr(>z)
a         0.6365 0.031781    20.027 0           weight <--- height
.....
```

であり，回帰係数 a は有意である。

一方，体重が増加したら身長も伸びるという不適切な因果関係を仮定したモデルの適合度は以下の通りである。飽和モデルであるから χ^2 と自由度は0である。

```
> 身長の予測 <- specify.model()     # 身長を予測する
1: height <-  weight,   a       , NA # 回帰係数
2: height <-  one    ,  b       , NA # 切片
3: weight <-  one    ,  mux     , NA # weight の平均
4: height <-> height,  sigma2ey, NA # 誤差分散
5: weight <-> weight,  sigma2x , NA # weight の分散
6:
Read 5 records
> summary(sem( 身長の予測，積率行列，1314,
+            fixed.x = c("one"), raw=TRUE))

Model fit to raw moment matrix.

 Model Chisquare =  0   Df =  0 Pr(>Chisq) = NA
 BIC =  0
```

しかも，自由母数の推定値と有意性検定の結果は

```
Parameter Estimates
        Estimate  Std Error z value Pr(>z)
a         0.36752 0.01835    20.029 0           height <--- weight
.....
```

であり，体重から身長を予測するモデルの回帰係数 a も有意である。検定統計量の値も

計算誤差の範囲で一致している。

以上から，2次までの積率を用いる単回帰分析では，統計的に因果関係の方向を特定できないことに納得できよう。

13.2 高次の積率を用いた単回帰モデル

豊田（2007）[*1]は3次までの積率を用いた単回帰分析に焦点を当てたシミュレーション実験を行い，100名の標本で98%以上の確率で因果の方向を特定できた。また，Shimizu & Kano（2008）[*2]は4次までの積率を利用したシミュレーション実験を行い，100名から200名程度の標本でほぼ80%程度以上の確率で因果の方向を特定できた。シミュレーション実験の結論を実際のデータへ過度に一般化することは避けなければならないが，2つの研究により，高次の積率構造を用いた単回帰分析の有効性が示唆されたと言えよう。本章では因果関係や測定順序がわかっているデータに3次までの積率を利用する単回帰モデルと双方向モデルを適用し，その有効性を探ってみる。

このモデルでも母数の推定方法は通常のSEMと同様であり，以下の手順を踏む。

(1) 測定値を用いて観測変数の3次までの積率を求める。
(2) モデルの自由母数を用いて観測変数の積率構造を表現する。自由母数は回帰係数，切片，外生変数の3次までの積率である。
(3) 測定値から求めた積率とモデルから再生される積率の相違度に着目し，相違度を最小化する自由母数の値を推定値とする。
(4) モデルの適合度を評価する。
(5) モデルの適合度が良いなら，回帰係数（パス係数）の有意性を考察する。

という手順である。

13.2.1 測定値の3次までの積率

これまで変数xの標本分散を$S^2(x)$，また母分散を$\sigma^2(x)$のように表記していたが，以下ではS_x^2やσ_x^2のように表記する[*3]。また，変数Xの平均値（期待値）もしくは平均を求める演算を意味する$E(X)$という記号を使う。かっこに入るXは測定値，測定値から平均

[*1] 豊田秀樹 (2007). 共分散構造分析［理論編］―構造方程式モデリング　朝倉書店
[*2] Shimizu, S.,& Kano, Y. (2008). Use of non-normality in structural equation modeling: Application to direction of causation. *Journal of Statistical Planning and Inference*, 138, 3483-3491.
[*3] 添え字の使い方，積率の漸近分散共分散行列Wと母数の初期値の計算方法，基準関数名を豊田(2007)に倣った。

を減じた値，あるいは，その2乗などである。順にその期待値，つまり積率を見ていく。

■1次の積率

切片を推定するので，1次の積率に限り，原点の回りの積率を使う。原点の回りの1次の積率とは，測定値から0（原点）を減じた値の1乗の平均であるから，

$$E[x^*] = \bar{x}^* = \frac{1}{n}\sum_{i=1}^{n}(x^* - 0)^1 = \frac{1}{n}\sum_{i=1}^{n}x^* \tag{13.3}$$

$$E[y^*] = \bar{y}^* = \frac{1}{n}\sum_{i=1}^{n}(y^* - 0)^1 = \frac{1}{n}\sum_{i=1}^{n}y^* \tag{13.4}$$

である。ここで，n は標本の大きさである。つまり，測定値の平均が原点の回りの1次の積率である。

■2次の積率

x^* からその平均を減じた値を x，y^* からその平均を減じた値を y と表記すると，x^* と y^* の平均値の回りの2次の積率は，

$$E[x^2] = S_{x^2} = \frac{1}{n}\sum_{i=1}^{n}(x_i^* - \bar{x}^*)^2 \tag{13.5}$$

$$E[xy] = S_{xy} = \frac{1}{n}\sum_{i=1}^{n}(x_i^* - \bar{x}^*)(y_i^* - \bar{y}^*) \tag{13.6}$$

$$E[y^2] = S_{y^2} = \frac{1}{n}\sum_{i=1}^{n}(y_i^* - \bar{y}^*)^2 \tag{13.7}$$

である。素点から平均値を引いて2乗しているので，平均値の回りの2次の積率と呼ばれるが，2変数の分散と共分散のことである。

■3次の積率

平均値の回りの3次の積率は次の4つである。

$$E[x^3] = S_{x^3} = \frac{1}{n}\sum_{i=1}^{n}(x_i^* - \bar{x}^*)^3 \tag{13.8}$$

$$E[x^2y] = S_{x^2y} = \frac{1}{n}\sum_{i=1}^{n}(x_i^* - \bar{x}^*)^2(y_i^* - \bar{y}^*) \tag{13.9}$$

$$E[xy^{*2}] = S_{xy^2} = \frac{1}{n}\sum_{i=1}^{n}(x_i^* - \bar{x}^*)(y_i^* - \bar{y}^*)^2 \tag{13.10}$$

$$E[y^3] = S_{y^3} = \frac{1}{n}\sum_{i=1}^{n}(y_i^* - \bar{y}^*)^3 \tag{13.11}$$

x が左右対称の分布をしていれば S_{x^3} は 0，分布の裾が測定値の大きい方へ長く延びていれば正値，小さい方へ延びていれば負値となる。S_{x^3} を標準偏差の 3 乗で除した値は歪度と呼ばれる。先の単回帰分析で用いたデータで身長の平均値の回りの 3 次の積率と歪度を計算してみると

```
> hwa <- read.table("女性の身長と体重.txt", header = TRUE)
> x <- hwa[, 1]                   # 身長のコピー
> sx3 <- mean((x - mean(x))^3)    # 平均値の回りの3次の積率
> sx3
[1] 1.264778
> sx2 <- mean((x - mean(x))^2)    # 身長の分散
> sx3/sx2^(3/2)                   # 身長の歪度
[1] 0.01037591
```

となる。また，moments パッケージ[*4]には複数の変数の歪度を一度に求める skewness() 関数があるので，これを使って歪度を計算してみる。

```
> install.packages("moments")     # moemnts パッケージのインストール
> library(moments)                # moments パッケージの読み込み
> hwa <- read.table("女性の身長と体重.txt", header = TRUE)
> skewness(hwa[,1:2])             # 歪度
    height     weight
0.01037591 1.08979000
> par(mfrow=c(2,1))               # グラフィック画面を2分割
> hist(hwa[,1])                   # 身長のヒストグラム
> hist(hwa[,2])                   # 体重のヒストグラム
```

身長の歪度がほぼ 0 であるから身長は左右対称の分布に近いことが推測される。実際，身長のヒストグラムを見ると平均を中心として左右対称に分布している（図を省略）。また，体重の歪度は 1 を超えているので，分布の右裾が長く延びていることが推測されるが，ヒストグラムからもそれを確認できる（図を省略）。

練習 1 身長と体重の測定値を使い，原点の回りの 1 次の積率と平均値の回りの 2 次と 3 次の積率をすべて求めなさい。

[*4] Komsta, L. (2007). *moments: Moments, cumulants, skewness, kurtosis and related tests.*

データを読み込んで身長と体重を抜き出し，定義式に従って積率を計算すればよい．結果を以下に示す．

```
> # 1次から3次の積率（1次は原点の回りの積率）
> hwa <- read.table(" 女性の身長と体重 .txt", header = TRUE)
> xaste <- hwa[,1]          # 身長
> yaste <- hwa[,2]          # 体重
> mux <- mean(xaste)        # mux    1次の積率
> muy <- mean(yaste)        # muy    1次の積率
> x <- xaste - mux          # xaste の平均からの偏差
> y <- yaste - muy          # yaste の平均からの偏差
> sx2   <- mean(x^2)        # sx^2    2次の積率
> sxy   <- mean(x * y)      # sxy     2次の積率
> sy2   <- mean(y^2)        # sy^2    2次の積率
> sx3   <- mean(x^3)        # sx^3    3次の積率
> sx2y  <- mean(x^2 * y)    # sx^2y   3次の積率
> sxy2  <- mean(x * y^2)    # sxy^2   3次の積率
> sy3   <- mean(y^3)        # sy^3    3次の積率
> rbind(mux, muy, sx2, sxy, sy2, sx3, sx2y, sxy2, sy3)
              [,1]
mux    158.024581
muy     51.551142
sx2     24.584350
sxy     15.647883
sy2     42.576806
sx3      1.264778
sx2y     3.487122
sxy2    17.112079
sy3    302.762749
```

13.2.2　自由母数と観測変数の積率構造

先に説明変数と目的変数の素点を x^* と y^* で表し，

$$y_i^* = ax_i^* + b + e_i \tag{13.12}$$

として単回帰モデルを表現した．3次の積率を用いた単回帰モデルで推定する自由母数は，回帰係数 a と切片 b，外生変数である x^* の1次の積率（平均）μ_x^*，x^* の平均値の回りの2次の積率（分散）$\sigma_x{}^2$，誤差 e の2次の積率（分散）$\sigma_e{}^2$，x^* の平均値の回りの3次の積率 $\sigma_x{}^3$，誤差 e の3次の積率 $\sigma_e{}^3$ である．誤差 e の平均は0と仮定されるので自由母数で

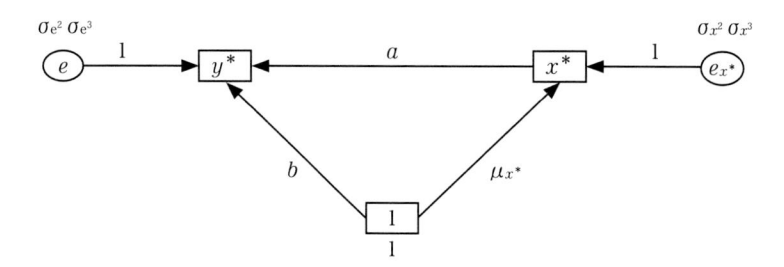

図 13.2　3次の積率を使う単回帰モデルのパス図

はない．また，説明変数 x^* と誤差 e は独立であると仮定されるので，2変数を乗じて定義される2次と3次の積率は自由母数ではない．したがって，自由母数は上記の7つである．

3次の積率を用いた単回帰モデルのパス図を図13.2に示す．切片 b と x の1次の積率（平均）μ_{x^*} をパス係数を用いて表現するために定数変数 $\boxed{1}$ を導入するので，x^* が内生変数になる．したがって，x^* の分散と3次の積率を誤差 e_{x^*} の分散と3次の積率によって表現する．

自由母数がわかったので，次にこの7つの自由母数を用いて観測変数の1次から3次までの積率構造を表現する．ただし，外生変数の積率はそれ自身が自由母数であるから，上記の記号のままとする．これから順に積率構造を導くが，もっとも右にある等号の右辺が自由母数で表現した積率構造である．

■1次の積率

1の積率は原点の回りの積率であるが，y^* が内生変数で，誤差 e の平均が0であるから，観測変数の積率は

$$E[x^*] = \mu_x^* \tag{13.13}$$
$$E[y^*] = \mu_y^* = a\mu_x^* + b \tag{13.14}$$

である．

■2次の積率

x^* からその平均を減じた値を x，y^* からその平均を減じた値を y と表記したので，平均値の回りの2次の積率は

$$E[x^2] = \sigma_{x^2} \tag{13.15}$$
$$E[xy] = \sigma_{xy} = \sigma_{x(ax+e)} = a\sigma_{x^2} \tag{13.16}$$
$$E[y^2] = \sigma_{y^2} = \sigma_{(ax+b+e)^2} = a^2\sigma_{x^2} + \sigma_{e^2} \tag{13.17}$$

である．

■3次の積率

平均値の回りの3次の積率は4つあり

$$E[x^3] = \sigma_{x^3} \tag{13.18}$$
$$E[x^2y] = \sigma_{x^2y} = \sigma_{x^2(ax+e)} = a\sigma_{x^3} \tag{13.19}$$
$$E[xy^2] = \sigma_{xy^2} = \sigma_{x(ax+e)^2} = a^2\sigma_{x^3} \tag{13.20}$$
$$E[y^3] = \sigma_{y^3} = \sigma_{(ax+e)^3} = a^3\sigma_{x^3} + \sigma_{e^3} \tag{13.21}$$

である。

13.2.3 母数の推定方法

積率構造を表現できたので，飽和モデルであれば測定値の積率と積率構造とを用いて連立方程式を立て，自由母数の解を求めることができる。しかし，このモデルは積率の数が9で自由母数の数が7であるから，すべての方程式を同時に満たす解を1つに絞ることはできない。そのため，測定値の積率と積率構造との相違度に着目して適合度関数を定義する。ここで3つの関数（豊田，2007）を説明する。

■重みなし最小2乗法（ULS）

まず，測定値から計算した観測変数の積率を要素とする縦ベクトルを s，積率構造を要素とする縦ベクトルを $\sigma(\theta)$ とする。

$$s = \begin{pmatrix} \bar{x}^* \\ \bar{y}^* \\ S_{x^2} \\ S_{xy} \\ S_{y^2} \\ S_{x^3} \\ S_{x^2y} \\ S_{xy^2} \\ S_{y^3} \end{pmatrix}, \quad \sigma(\theta) = \begin{pmatrix} \mu_x^* \\ a\mu_x^* + b \\ \sigma_{x^2} \\ a\sigma_{x^2} \\ a^2\sigma_{x^2} + \sigma_{e^2} \\ \sigma_{x^3} \\ a\sigma_{x^3} \\ a^2\sigma_{x^3} \\ a^3\sigma_{x^3} + \sigma_{e^3} \end{pmatrix} \tag{13.22}$$

そして，次式の適合度関数を定義する。これは個々の積率ごとに相違度を2乗し，その和を最小化する基準関数である。

$$f_{ULS} = (s - \sigma(\theta))'(s - \sigma(\theta)) \tag{13.23}$$

■ 単純最小2乗法（SLS; 対角重み付け最小2乗法）

重みなし最小2乗法は1次から3次までの積率を対等に扱うため，推定値が安定しにくい3次の積率が解に強く影響してしまう。そこで，単純最小2乗法は個々の積率の相違度に重み付けをした次式の適合度関数を定義する。

$$f_{SLS} = (s - \sigma(\theta))' D^{-1} (s - \sigma(\theta)) \tag{13.24}$$

ここで，D は9次の対角行列であり，その要素は個々の積率の漸近分散である。漸近分散とは，母集団から無作為に大きさ n の標本を繰り返し抽出して積率を求めたときの，その積率の分散である。実際には標本抽出を繰り返す必要はなく，1つのデータから漸近分散を推定できる。この方法は個々の積率の相違度を漸近分散の逆数で重み付けするので，推定値が不安定な3次の積率の相違度を小さく見積もることができる。

■ ADF法（漸近的に分布に依存しない方法）

ADF（asymptotically distribution free）法は積率の漸近分散と漸近共分散を利用して相違度を調整し，適合度関数を次のように定義する。

$$f_{ADF} = (s - \sigma(\theta))' W^{-1} (s - \sigma(\theta)) \tag{13.25}$$

ここで，W は9次の正方行列であり，対角要素が個々の積率の漸近分散，非対角要素が積率の漸近共分散である。単回帰モデルが真のとき，$n-1$（n は標本の大きさ）を適合度関数に乗じた

$$\chi^2 = (n-1) f_{ADF} \tag{13.26}$$

は自由度2（自由度＝積率の数－自由母数の数 ＝ 9 – 7）の χ^2 分布に従う。ADF法は単回帰モデルの適合度を検定することができるので，以下ではADF法を用いる（SLSでも検定できる）。なお，ADF法は一般化重み付き最小2乗法とも呼ばれる。

13.2.4　単回帰モデルのためのスクリプトと適用事例

ADF法を用いて母数を推定するためのスクリプトと適用事例を示す。

■ sW() 関数

漸近分散共分散行列の逆行列 W^{-1} を求める関数 sW() を作成した。書式と引数を以下に示す。

```
オブジェクト名 <- sW( 説明変数 , 目的変数 )
```

オブジェクト名 sW() 関数の返り値を代入するオブジェクトである。参照名を n として標本の大きさ n, s として標本の積率ベクトル s, W として積率の漸近分散共分散行列 W, invW として W の逆行列 W^{-1} を返す。

説明変数 説明変数の値を代入したベクトルである。

目的変数 目的変数の値を代入したベクトルである。

　後述の関数の中で sW() 関数を利用するので，利用者が直にこの関数を指定する必要はないが，身長を説明変数，体重を目的変数として基本的な統計量を計算してみる。まず，関数を読み込むために，ここではスクリプト全体をクリップボードへコピーし，R Console へペーストした。以下の「+」は R が出力した記号である。

```
> # ADF3に必要な標本統計量と重みなどを求める
> sW <- function(x, y){
+                                   # 標本統計量
+   n     <- length(x)              # 標本の大きさ
+   mux   <- mean(x)                # 平均
+   muy   <- mean(y)
+   dx    <- x - mux                # 平均からの偏差
+   dy    <- y - muy
+   sx2   <- mean(dx^2)             # 2次の積率
+   sxy   <- mean(dx * dy)
+   sy2   <- mean(dy^2)
+   sx3   <- mean(dx^3)             # 3次の積率
+   sx2y  <- mean(dx^2 * dy)
+   sxy2  <- mean(dx * dy^2)
+   sy3   <- mean(dy^3)
+   sx4   <- mean(dx^4)             # 4次の積率
+   sx3y  <- mean(dx^3 * dy)
+   sx2y2 <- mean(dx^2 * dy^2)
+   sxy3  <- mean(dx * dy^3)
+   sy4   <- mean(dy^4)
+   sx5   <- mean(dx^5)             # 5次の積率
+   sx4y  <- mean(dx^4 * dy)
+   sx3y2 <- mean(dx^3 * dy^2)
+   sx2y3 <- mean(dx^2 * dy^3)
+   sxy4  <- mean(dx * dy^4)
+   sy5   <- mean(dy^5)
+   sx6   <- mean(dx^6)             # 6次の積率
+   sx5y  <- mean(dx^5 * dy)
+   sx4y2 <- mean(dx^4 * dy^2)
```

```
+   sx3y3 <- mean(dx^3 * dy^3)
+   sx2y4 <- mean(dx^2 * dy^4)
+   sxy5  <- mean(dx * dy^5)
+   sy6   <- mean(dy^6)
+   #
+   # 1次から3次までの標本積率
+   s <- matrix(c(mux, muy, sx2, sxy, sy2, sx3, sx2y, sxy2, sy3))
+   #              左から
+   # xの平均，yの平均，xの2次積率（分散），xとyの積率（共分散）
+   # yの2次の積率（分散），xの3次の積率，xの2乗とyの積率
+   # xとyの2乗の積率，yの3次の積率
+   #
+   # Wの要素
+   W <- matrix(0, 9, 9)                      # 豊田（2007）の式番号
+   W[1,1] <- sx2                             # (1.50)
+   W[2,1] <- sxy                             # (1.51)
+   W[3,1] <- sx3                             # (1.52)
+   W[4,1] <- sx2y                            # (1.53)
+   W[5,1] <- sxy2                            # (1.54)
+   W[6,1] <- sx4-3*sx2^2                     # (1.55)
+   W[7,1] <- sx3y-3*sx2*sxy                  # (1.56)
+   W[8,1] <- sx2y2-sx2*sy2-2*sxy^2           # (1.57)
+   W[9,1] <- sxy3-3*sy2*sxy                  # (1.58)
+   W[2,2] <- sy2                             # (1.59)
+   W[3,2] <- sx2y                            # (1.60)
+   W[4,2] <- sxy2                            # (1.61)
+   W[5,2] <- sy3                             # (1.62)
+   W[6,2] <- sx3y-3*sx2*sxy                  # (1.63)
+   W[7,2] <- sx2y2-sx2*sy2-2*sxy^2           # (1.64)
+   W[8,2] <- sxy3-3*sy2*sxy                  # (1.65)
+   W[9,2] <- sy4-3*sy2^2                     # (1.66)
+   W[3,3] <- sx4-sx2^2                       # (1.67)
+   W[4,3] <- sx3y-sx2*sxy                    # (1.68)
+   W[5,3] <- sx2y2-sx2*sy2                   # (1.69)
+   W[6,3] <- sx5-4*sx3*sx2                   # (1.70)
+   W[7,3] <- sx4y-2*sx2y*sx2-2*sx3*sxy       # (1.71)
+   W[8,3] <- sx3y2-sxy2*sx2-2*sx2y*sxy-sx3*sy2  # (1.72)
+   W[9,3] <- sx2y3-sx2*sy3-3*sx2y*sy2        # (1.73)
+   W[4,4] <- sx2y2-sxy^2                     # (1.74)
+   W[5,4] <- sxy3-sxy*sy2                    # (1.75)
```

```
+       W[6,4] <- sx4y-sx3*sxy-3*sx2*sx2y                    # (1.76)
+       W[7,4] <- sx3y2-sx2*sxy2-3*sx2y*sxy                  # (1.77)
+       W[8,4] <- sx2y3-sy2*sx2y-3*sxy2*sxy                  # (1.78)
+       W[9,4] <- sxy4-sy3*sxy-3*sy2*sxy2                    # (1.79)
+       W[5,5] <- sy4-sy2^2                                  # (1.80)
+       W[6,5] <- sx3y2-sy2*sx3-3*sxy2*sx2                   # (1.81)
+       W[7,5] <- sx2y3-sx2y*sy2-sy3*sx2-2*sxy2*sxy          # (1.82)
+       W[8,5] <- sxy4-2*sxy2*sy2-2*sy3*sxy                  # (1.83)
+       W[9,5] <- sy5-4*sy3*sy2                              # (1.84)
+       W[6,6] <- sx6-6*sx4*sx2-sx3^2+9*sx2^3                # (1.85)
+       W[7,6] <- sx5y-4*sx2*sx3y-sx3*sx2y-2*sx4*sxy+
+                 9*sx2^2*sxy                                # (1.86)
+       W[8,6] <- sx4y2-3*sx2*sx2y2-sx3*sxy2-2*sx3y*sxy-
+                 sx4*sy2+6*sx2*sxy^2+3*sx2^2*sy2            # (1.87)
+       W[9,6] <- sx3y3-3*sx3y*sy2-sx3*sy3-3*sx2*sxy3+
+                 9*sx2*sy2*sxy                              # (1.88)
+       W[7,7] <- sx4y2-4*sx3y*sxy-2*sx2y2*sx2-sx2y^2+
+                 8*sx2*sxy^2+sx2^2*sy2                      # (1.89)
+       W[8,7] <- sx3y3-sx2*sxy3-4*sx2y2*sxy-sy2*sx3y-
+                 sx2y*sxy2+5*sx2*sxy*sy2+4*sxy^3            # (1.90)
+       W[9,7] <- sx2y4-3*sy2*sx2y2-sy3*sx2y-2*sxy3*sxy-
+                 sx2*sy4+6*sy2*sxy^2+3*sy2^2*sx2            # (1.91)
+       W[8,8] <- sx2y4-4*sxy3*sxy-2*sx2y2*sy2-
+                 sxy2^2+8*sy2*sxy^2+sy2^2*sx2               # (1.92)
+       W[9,8] <- sxy5-4*sy2*sxy3-sy3*sxy2-2*sy4*sxy+
+                 9*sy2^2*sxy                                # (1.93)
+       W[9,9] <- sy6-6*sy4*sy2-sy3^2+9*sy2^3                # (1.94)
+       W <- W + t(W) - diag(diag(W))
+       #
+       invW <- solve(W)              # Wの逆行列
+       return(list(n=n, s=s, W=W, invW=invW))
+       # 標本の大きさ，標本積率，行列W，Wの逆行列（重み）を返す
+     }
```

　関数を読み込んだので，身長と体重をベクトルxとベクトルyへ代入し，sW()関数へ渡す．3次までの積率，積率の漸近分散共分散行列とその逆行列は以下の通りである（一部を示す）．

```
> # 身長と体重の漸近分散共分散行列の逆行列
> hwa <- read.table("女性の身長と体重.txt", header = TRUE)
> x <- hwa[,1]          # 身長
> y <- hwa[,2]          # 体重
> sWr <- sW(x, y)
> sWr$n                 # 標本の大きさ
[1] 1314
> sWr$s                 # 標本の積率
           [,1]
 [1,] 158.024581        # xの平均
 [2,]  51.551142        # yの平均
 [3,]  24.584350        # xの2次積率（分散）
 [4,]  15.647883        # xとyの積率（共分散）
 [5,]  42.576806        # yの2次の積率（分散）
 [6,]   1.264778        # xの3次の積率
 [7,]   3.487122        # xの2乗とyの積率
 [8,]  17.112079        # xとyの2乗の積率
 [9,] 302.762749        # yの3次の積率

> sWr$W                 # 積率の漸近分散共分散行列W
           [,1]       [,2]       [,3]       [,4]
 [1,] 24.584350  15.647883   1.264778   3.487122
 [2,] 15.647883  42.576806   3.487122  17.112079
.....

> sWr$invW              # 積率の漸近分散共分散行列Wの逆行列
               [,1]          [,2]          [,3]
 [1,]  5.737483e-02 -2.708585e-02  4.340719e-04
 [2,] -2.708585e-02  4.470385e-02 -5.800491e-04
.....
```

■ A1() 関数

単回帰モデルの母数を推定し，モデルの適合度指標を求める関数A1()を作成した。この関数はRが提供するnlm()関数を利用している。A1()関数の書式と引数は以下の通りである。

> A1(説明変数, 目的変数, 母数の初期値ベクトル)

説明変数　説明変数の測定値を代入したベクトルである。
目的変数　目的変数の測定値を代入したベクトルである。

母数の初期値ベクトル　反復計算を行って自由母数を推定するので，母数の初期値ベクトルへ初期値を代入したベクトルを指定する。初期値ベクトルに入れる自由母数の順序は，

$$a,\ b,\ \mu_x^*,\ \sigma_{x^2},\ \sigma_{e^2},\ \sigma_{x^3},\ \sigma_{e^3}$$

である。

A1() 関数を読み込んだ様子を次に示す。ここでは，ファイルからスクリプトをクリップボードへコピーし，R Console へペーストした。

```
> # ADF3により単回帰分析を行う関数
> #
> A1 <- function(x, y, theta0){    # A1 単回帰分析
+    # y_i = a*x_i + b + e_i                              # (1.1)
+    #
+    # 最小化関数（基準関数）
+    A1fit <- function(theta, sWinvW, conv=9){
+                                         # theta は自由母数
+       a    <- theta[1]             # 回帰係数
+       b    <- theta[2]             # 切片
+       Mux  <- theta[3]             # xの平均
+       Sx2  <- theta[4]             # xの2次の積率（分散）
+       Se2  <- theta[5]             # 誤差eの2次の積率（分散）
+       Sx3  <- theta[6]             # xの3次の積率
+       Se3  <- theta[7]             # 誤差eの3次の積率
+                                    # 平均構造と共分散構造
+       Muy  <- a * Mux + b          # yの平均
+       Sxy  <- a * Sx2              # xとyの積率（共分散）
+       Sy2  <- a^2 * Sx2 + Se2      # yの2次の積率（分散）
+       Sx2y <- a*Sx3                # xの2乗とyの積率
+       Sxy2 <- a^2 * Sx3            # xとyの2乗の積率
+       Sy3  <- a^3 * Sx3 + Se3      # yの3次の積率
+       s <- sWinvW$s                # s は標本積率
+       S <- matrix(c(Mux, Muy, Sx2, Sxy, Sy2,
+           Sx3, Sx2y, Sxy2, Sy3))   # S は積率構造
+       invW <- sWinvW$invW          # 逆行列を invW に代入
+       minval <- t(s - S) %*% invW %*% (s - S)
+                                    # 一般化最小2乗基準 (1.39)
+       if(conv > 2){
+          return(minval)
+       } else {
+          return(list(S))
+       }
+    }
```

```
+   }
+   #
+   sWinvW <- sW(x, y)
+   # nlm 関数による推定
+   # rnlm に推定値などを代入する
+   rnlm <- nlm(A1fit, theta0, sWinvW, iterlim = 1000,
+                                                  hessian = TRUE)
+   n <- sWinvW$n
+   s <- sWinvW$s
+   code <- rnlm$code
+   t1 <- rnlm$estimate
+   se <- sqrt(diag(solve(rnlm$hessian))/n)
+   z <- t1/se
+   pz <- 2*pnorm(abs(z), lower.tail=FALSE)
+   est <- round(cbind(t1,se,t1-1.96*se,t1+1.96*se,z,pz), 4)
+   colnames(est) <- c("推定値","標準誤差","95%下限値",
+                      "95%上限値","z値","p値")
+   rownames(est) <- c("a","b","Mux","Sx2","Se2","Sx3","Se3")
+   chisq <- rnlm$minimum*(n-1)
+   df <- length(s)-length(theta0)
+   p値 <- pchisq(chisq, df = df, lower.tail = FALSE)
+   RMSEA <- sqrt(max((chisq/n)/df-1/(n-1), 0))
+   AIC <- chisq-2*df
+   CAIC <- chisq-(log(n)+1)*df
+   BIC <- chisq-log(n)*df
+   カイ2乗値 <- chisq
+   適合度 <- round(cbind(カイ2乗値,自由度=df,p値,
+               RMSEA,AIC, CAIC, BIC), 4)
+   S <- A1fit(t1, sWinvW, conv=code)
+   S <- data.frame(S[[1]])
+   sS <- round(cbind(s, S, s-S), 4)
+   colnames(sS) <- c("標本s","再生S","残差(s-S)")
+   rownames(sS) <- c("Mux","Muy","Sx2","Sxy","Sy2",
+                     "Sx3","Sx2y","Sxy2","Sy3")
+   return(list(モデル ="y = ax + b + e", 最適化コード =code,
+               標本の大きさ =n, 推定値など =est,
+               適合度指標 = 適合度, 積率と残差 =sS))
+ }
```

　以上で，単回帰分析を行うために必要な sW() 関数と A1() 関数を読み込めたので，身長と体重を相互に単回帰予測してみる。

■身長と体重の単回帰分析

最初は身長から体重を予測する。ベクトル x に身長，ベクトル y に体重の測定値を代入する。

```
> # 身長から体重を予測する（女性1314名）
> 身長体重年齢 <- read.table(" 女性の身長と体重 .txt", header = TRUE)
> names( 身長体重年齢 )          # 変数名
[1] "height" "weight" "age"
> x <- 身長体重年齢 [,1]          # 身長
> y <- 身長体重年齢 [,2]          # 体重
```

2つの観測値ベクトルと母数の初期値ベクトルを A1() 関数へ渡す。ここでは runif(7) として 0〜1 の一様乱数7つを初期値に利用した。

```
> # 身長から体重を予測する（女性1314名）
> 身長体重年齢 <- read.table(" 女性の身長と体重 .txt", header = TRUE)
> x <- 身長体重年齢 [,1]          # 身長
> y <- 身長体重年齢 [,2]          # 体重
> A1(x, y, runif(7))              # 乱数を初期値に使う
$ モデル
[1] "y = ax + b + e"

$ 最適化コード
[1] 1
```

反復計算が正常に終了したときは最適化コードが1である。この事例では乱数を初期値として用いたが，幸運にも正しい解が得られた。最適化コードが2以上のときは正しい解が得られていないことがあるので，初期値を変えて改めて計算すべきである。

標本の大きさと自由母数の推定値などは以下の通りである。

```
$ 標本の大きさ
[1] 1314

$ 推定値など  #        (a)       (b)       (c)        (d)       (e)
              推定値   標準誤差  95%下限値 95%上限値   z値       p値
    a          0.6144   0.0191    0.5769    0.6519    32.0970   0.0000
    b        -45.5444   3.0177  -51.4590  -39.6298   -15.0926   0.0000
    Mux      158.0319   0.0966  157.8425  158.2213  1635.5073   0.0000
    Sx2       24.5362   0.6670   23.2289   25.8435    36.7854   0.0000
    Se2       32.4066   1.7755   28.9267   35.8865    18.2525   0.0000
```

```
Sx3    1.4312    5.2664   -8.8910   11.7533   0.2718  0.7858
Se3  259.7763   58.9066  144.3193  375.2333   4.4100  0.0000
```

適合度関数の最適化に利用したnlm()関数は参照名をhessianとする行列（ヘシアンと呼ばれる）を返してくる。(a)列に示す推定値の標準誤差は，その行列をHとするとき，H^{-1}/nの対角成分の正平方根として定義される。また，(b)列と(c)列の95%下限値と95%上限値は，

$$95\%下限値 = 推定値 - 1.96 \times 標準誤差 \tag{13.27}$$
$$95\%上限値 = 推定値 + 1.96 \times 標準誤差 \tag{13.28}$$

である。(d)列のz値は推定値/標準誤差として定義され，母数が0であるとき，標準正規分布に従う。したがって，|z値|≥1.96のとき推定値は有意水準5%で有意と言える。(e)列のp値はp値（有意確率）のことであり，この事例では説明変数x（身長）の3次の積率を除き，母数が高度に有意であることがわかる。

次にモデルの適合度を見る。

```
$ 適合度指標
       カイ2乗値  自由度   p値    RMSEA    AIC     CAIC      BIC
[1,]    2.6011     2    0.2724  0.0151  -1.3989  -13.7606  -11.7606
```

カイ2乗値は単回帰モデルを真とする帰無仮説を検定する。標本が1314名と大きいにもかかわらず，$\chi^2 = 2.601$, $df = 2$, $p > 0.05$となり帰無仮説を棄却できない。RMSEAも基準値0.05よりも小さい。以上の結果から，身長から体重を予測する単回帰モデルがデータに適合したと言える。AIC，CAIC，BICはモデルの適合度を相対的に比較するために用いるので，因果の方向を逆にした単回帰モデルと比較するときに参照する。

単回帰モデルがデータに適合しているので，積率の残差を見ておく。

```
$ 積率と残差
         標本s      再生S    残差(s-S)
Mux    158.0246  158.0319   -0.0073
Muy     51.5511   51.5548   -0.0037
Sx2     24.5844   24.5362    0.0481
Sxy     15.6479   15.0757    0.5722
Sy2     42.5768   41.6695    0.9073
Sx3      1.2648    1.4312   -0.1664
Sx2y     3.4871    0.8794    2.6078
Sxy2    17.1121    0.5403   16.5718
Sy3    302.7627  260.1082   42.6545
```

標本 s は測定値から求めた標本の積率，再生 S は自由母数の推定値を積率構造へ代入して再生した観測変数の積率，残差 (s-S) は s から S を引いた値，つまりデータとモデルの相違度である。

次に因果の方向を逆にして体重から身長を予測してみる。体重が増えても身長が伸びるとは限らないから，不適切なモデルである。すでに身長体重年齢に測定値が代入されているので，説明変数と目的変数を入れ換えて A1() 関数へ渡す[*5]。

```
> # 体重から身長を予測する（女性1314名）
> x <- 身長体重年齢 [,2]            # 体重
> y <- 身長体重年齢 [,1]            # 身長
> A1(x, y, runif(7))                # 乱数を初期値に使う
$ モデル
[1] "y = ax + b + e"

$ 最適化コード
[1] 1
```

ここでも一様乱数を母数の初期値として用いたが，正しい解が得られた。幸運である。推定値と適合度指標を以下に示す。

```
$ 推定値など
       推定値    標準誤差   95% 下限値  95% 上限値      z 値      p 値
a      0.4374    0.0148     0.4084     0.4664     29.5482   0.0000
b    135.5506    0.7540   134.0727   137.0285    179.7708   0.0000
Mux   51.3774    0.1205    51.1411    51.6136    426.2852   0.0000
Sx2   35.7547    1.1480    33.5046    38.0049     31.1446   0.0000
Se2   17.7998    0.4898    16.8397    18.7599     36.3385   0.0000
Sx3   40.3825   16.7282     7.5953    73.1697      2.4140   0.0158
Se3   -0.8884    3.5967    -7.9380     6.1611     -0.2470   0.8049

$ 適合度指標
       カイ2乗値   自由度    p 値      RMSEA     AIC       CAIC      BIC
[1,]   9.1535      2        0.0103   0.0522    5.1535    -7.2082   -5.2082
```

χ^2 検定は $\chi^2 = 9.154$, $df = 2$, $p < 0.05$ となり，有意水準 5％で帰無仮説を棄却する。つまり，体重から身長を予測するモデルはデータに適合しないと言える。

また，3つの情報量基準も身長から体重を予測するモデルを支持している。本書では先に独立成分分析をこのデータに適用して因果の方向を探ったが，それと同じ方向が単回帰

[*5] それが面倒ならば，2つのベクトルをそのまま用いて A1(x=y, y=x, runif(7)) としてもよい。

モデルでも支持された。

練習2 UsingRパッケージのfather.sonデータには父子の身長が代入されている。A1()関数を用いて因果の方向を特定できるかどうか，調べなさい。

まず正しい方向である父の身長から子の身長を予測してみる。下のスクリプトを実行する前にsW()関数とA1()関数を読み込んであるものとする。

```
> # 父の身長から子の身長を予測する
> # UsingRのfather.sonデータで単回帰分析を行う（子 <- 父）
> library(UsingR)
> father <- father.son[,1]          # 父の身長
> son    <- father.son[,2]          # 子の身長
> x <- father                       # 父の身長をxとする
> y <- son                          # 子の身長をyとする
> A1(x, y, runif(7))                # 乱数を初期値に使う
$モデル
[1] "y = ax + b + e"
.....
$適合度指標
     カイ2乗値  自由度    p値  RMSEA     AIC      CAIC      BIC
[1,]    0.0397       2  0.9804     0  -3.9603  -15.9261  -13.9261
```

次に，子の身長から父の身長を予測してみる。

```
> # 子の身長から父の身長を予測する
> # UsingRのfather.sonデータで単回帰分析を行う（父 <- 子）
> x <- son                          # 説明変数xをson
> y <- father                       # 目的変数yをfather
> A1(x, y, runif(7))                # 乱数を初期値に使う
$モデル
[1] "y = ax + b + e"
.....
適合度指標
     カイ2乗値  自由度    p値  RMSEA     AIC      CAIC      BIC
[1,]    1.0444       2  0.5932     0  -2.9556  -14.9213  -12.9213
```

2つのモデルとも帰無仮説を棄却できない。情報量基準は妥当な方向を仮定した前者のモデルを支持するが，明確な違いとは言えない。独立成分分析を適用したときは，父の身長が子の身長を決めると言えても，子の身長が親の身長を決めるとは言えないという結論を得ることができたが，単回帰モデルの結果はそれほど明瞭な結論を得られなかった。

■縦断的データへの適用

http://www.unc.edu/%7ecurran/example/antiread.csv として提供されているデータファイルの第1変数から第4変数は縦断的に測定された反社会的行動得点である（第1変数がもっとも古い）。4時点の得点を使い，正しい向きと逆向きの単回帰モデルを当てはめ，モデルの有効性を探る。

まず，古い得点から新しい得点を予測してみる。

```
> antiread <- read.csv("http://www.unc.edu/%7ecurran/example/antiread.csv",
+                      header = TRUE)
> anti <- antiread[, 1:4]      # 反社会的行動得点を anti に代入
>                              # 正しい方向で予測
> for(i in 1:3){
+   for(j in (i+1):4){
+     print(A1(anti[,i], anti[,j], runif(7)))
+   }
+ }
$ モデル
[1] "y = ax + b + e"

$ 最適化コード
[1] 1
.....
```

次に新しい得点から古い得点を遡及的に予測してみる。

```
>                              # 遡及的に予測
> for(i in 1:3){
+   for(j in (i+1):4){
+     print(A1(anti[,j], anti[,i], runif(7)))
+   }
+ }
$ モデル
[1] "y = ax + b + e"

$ 最適化コード
[1] 1
.....
```

初期値をすべて乱数としたが，反復計算は正しく収束した。モデルの χ^2（p 値）と AIC を表13.1に示す。χ^2検定（$df=2$）の結果，妥当な方向の単回帰モデルは有意水準 0.05 で1つも棄却されず，遡及的に予測した誤った単回帰モデルはすべて棄却された。

表 13.1 縦断的データに当てはめた単回帰モデルの適合度

測定時点		$i \rightarrow j$（妥当な方向）		$j \rightarrow i$（遡及的な方向）	
i	j	χ^2(p 値)	AIC	χ^2(p 値)	AIC
1	2	5.434(0.066)	1.434	6.655(0.035)	2.655
1	3	0.881(0.643)	-3.118	11.390(0.003)	7.390
1	4	4.088(0.129)	0.088	13.090(0.001)	9.090
2	3	5.204(0.074)	1.204	9.302(0.009)	5.302
2	4	5.474(0.064)	1.474	13.840(0.000)	9.840
3	4	1.574(0.455)	-2.425	10.962(0.004)	6.962

この結果は単回帰モデルが妥当な方向の因果を特定できることを示したと言える。

練習3 重みなし最小2乗法（ULS）と単純最小2乗法（SLS）を用いて単回帰モデルの自由母数を推定するためのスクリプトを組みなさい。

ADF法とULSの違いは適合度関数における W^{-1} の有無，ADF法とSLSの違いは W^{-1} を使うかその対角線要素のみを使うかである。したがって，計算効率が良いとは言えないが，A1()関数の

```
invW <- sWinvW$invW          # 逆行列を invW に代入
```

を以下のように変更すればよい。ただし，重みなし最小2乗法の場合，関数から帰ってくる適合度指標の値を考察することはできない。

- 重みなし最小2乗法（ULS）の場合
  ```
  invW <- diag(9)              # 9次の単位行列にする
  ```
- 単純最小2乗法（SLS）の場合
  ```
  invW <- diag(diag(sWinvW$invW))   # 対角要素を抜き出し
                                    # 対角行列にする
  ```

■初期値を求める A1startval() 関数

これまで母数の初期値として乱数を使い正しい解を得ることができた。しかし，乱数を用いて常に正しい解を得ることができるとは限らないので，母数の初期値を与える A1startval() 関数を用意した。もちろん，この関数で求めた初期値を用いて常に反復計算が正しく終了するとは限らない。最適化コードが2以上になったときは，初期値を変えて再計算しなくてはいけない。

参考までに，身長から体重を単回帰予測するときの初期値を計算してみる。

```
> # A1用の初期値の計算（単回帰分析による推定値を使う）
> A1startval <- function(x, y){
+   regr <- lm(y ~ x)
+   a    <- regr$coeff[2]          # 回帰係数
+   b    <- regr$coeff[1]          # 切片
+   Mux  <- mean(x)                # xの平均
+   Sx2  <- var(x)                 # xの2次の積率（分散）
+   Se2  <- mean((regr$resid)^2)   # 誤差eの2次の積率（分散）
+   Sx3  <- mean((x-Mux)^3)        # xの3次の積率
+   Se3  <- mean((regrresid)^3)    # 誤差eの3次の積率
+   return(matrix(c(a, b, Mux, Sx2, Se2, Sx3, Se3)))
+ }
> # 初期値を求める（身長から体重を予測）（女性1314名）
> 身長体重年齢 <- read.table(" 女性の身長と体重 .txt", header = TRUE)
> x <- 身長体重年齢 [,1]           # 身長
> y <- 身長体重年齢 [,2]           # 体重
> t0 <- A1startval(x, y)          # t0に初期値を代入する
> t0
            [,1]
[1,]    0.6364977
[2,]  -49.0311450
[3,]  158.0245814
[4,]   24.6030739
[5,]   32.6169643
[6,]    1.2647777
[7,]  273.9994167
```

13.2.5 重回帰モデル

　3次までの積率を用いる重回帰モデルは飽和モデルではないからモデルの適合度を考察できる。先に利用したCurranの反社会的行動得点を使い，それぞれの時点で測定した得点を他の3時点の得点から重回帰予測してみた[*6]。時点4の測定値を目的変数とするモデル以外は，得点を遡及的に予測することになるので不適切である。4時点の得点を目的変数としたモデルの適合度を表13.2に示す。逆方向の予測を含む3つのモデルは有意水準5％で棄却され，適切な方向だけを含む時点4の予測モデルは棄却されない。しかも，時点1・2・3を予測したモデルのRMSEAは0.05を越えており，適合度は低い。3次の積率を用いたことにより，逆方向の予測を含む不適切な重回帰モデルを棄却できた。

[*6] スクリプトを省略する。

表13.2 重回帰モデルの適合度

統計量	時点1	時点2	時点3	時点4
$\chi^2(df)$	25.586(9)	19.568(9)	18.400(9)	11.356(9)
p	0.002	0.020	0.030	0.252
RMSEA	0.091	0.072	0.068	0.034
AIC	7.586	1.568	0.400	-6.643
CAIC	-31.996	-38.015	-39.182	-46.227
BIC	-22.996	-29.015	-30.182	-37.227

（目的変数とした測定時点）

13.3 双方向の回帰モデル

双方向の回帰モデルとは，2変数の間に双方向の因果関係を仮定し，2つの回帰係数を同時に推定するモデルである。パス図を図13.3に示す。①は切片を表現するために導入した定数変数である。因果関係の強さを考察する際に切片は不要であり，切片を導入することによって数値計算が不安定になるが，ここでは単回帰モデルに倣って切片を導入しておく。

モデル式は，

$$x_i^* = c_x + ay_i^* + e_i \tag{13.29}$$
$$y_i^* = c_y + bx_i^* + \epsilon_i \tag{13.30}$$

である。ここで，c_x と a は y^* から x^* を回帰予測したときの切片とパス係数，c_y と b は x^* から y^* を予測したときの切片とパス係数である。また，e_i と ϵ_i は誤差項である。このモデルは2つのパス係数を同時に推定するから，2次までの積率を用いたSEMでは測定値の積率の数が5（平均2つ，分散2つ，共分散1つ）であるのに対し，推定する母数の数が6（切片2つ，パス係数2つ，誤差分散2つ）となり，母数を推定できない。しかし，3次までの積率を利用すれば，推定する母数以上に標本の積率の数が増えるので，モデルを識別できる。そして，モデルがデータに適合していれば，2つのパス係数 (a, b) の有意性を検定することにより，因果の方向を考察することができる。

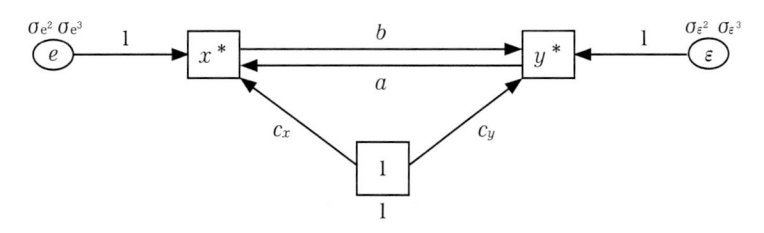

図 13.3 双方向モデルのパス図

13.3.1 自由母数と観測変数の積率構造

　自由母数の推定方法は単回帰モデルと同様の手続きをふむ．つまり，自由母数で表現した観測変数の積率構造と測定値から算出した積率との相違度に基づいて適合度関数を定義し，それを最小化する解を求める．

　双方向モデルの自由母数は切片 c_x と c_y，パス係数 a と b，誤差 e と ε の2次の積率 $\sigma_e{}^2$ と $\sigma_\varepsilon{}^2$，誤差 e と ε の3次の積率 $\sigma_e{}^3$ と $\sigma_\varepsilon{}^3$ である．誤差 e と ε の平均（原点の回りの1次の積率）を0と仮定するので，誤差の平均は自由母数ではない．また，観測変数 x^* と y^* は2つとも内生変数であるから，その積率は自由母数ではない．したがって，双方向モデルの自由母数の数は8である．測定値の積率の数は9であったから，自由度が1となるのでモデルの適合度を考察することができる．

　先のモデル式には両辺に観測変数があるので，そのままでは観測変数の積率構造を表現できない．そこで，$1-ab \neq 0$ と仮定した上で左辺に観測変数を移し

$$x_i^* = \frac{1}{1-ab}(c_x + ac_y + e_i + a\epsilon_i) \tag{13.31}$$

$$y_i^* = \frac{1}{1-ab}(c_y + bc_x + \epsilon_i + be_i) \tag{13.32}$$

とする．これは内生変数を外生変数のみで表現した方程式であり，誘導型と呼ばれる．以下では，この誘導型を用いて3次までの積率構造を導く．

■1次の積率

　誤差の平均が0であるから，観測変数の1次の積率は

$$E[x^*] = \mu_x^* = \frac{1}{1-ab}(c_x + ac_y) \tag{13.33}$$

$$E[y^*] = \mu_y^* = \frac{1}{1-ab}(c_y + bc_x) \tag{13.34}$$

である．

■2次の積率

　x^* からその平均を減じた値を x，また，y^* からその平均を減じた値を y と表記したので，平均値の回りの2次の積率は

$$E[x^2] = \sigma_{x^2} = \left(\frac{1}{1-ab}\right)^2 (\sigma_{e^2} + a^2 \sigma_{\epsilon^2}) \tag{13.35}$$

$$E[xy] = \sigma_{xy} = \left(\frac{1}{1-ab}\right)^2 (b\sigma_{e^2} + a\sigma_{\epsilon^2}) \tag{13.36}$$

$$E[y^2] = \sigma_{y^2} = \left(\frac{1}{1-ab}\right)^2 (b^2\sigma_{e^2} + \sigma_{\epsilon^2}) \tag{13.37}$$

である。

■3次の積率

平均値の回りの3次の積率は4つあり

$$E[x^3] = \sigma_{x^3} = \left(\frac{1}{1-ab}\right)^3 (\sigma_{e^3} + a^3\sigma_{\epsilon^3}) \tag{13.38}$$

$$E[x^2y] = \sigma_{x^2y} = \left(\frac{1}{1-ab}\right)^3 (b\sigma_{e^3} + a^2\sigma_{\epsilon^3}) \tag{13.39}$$

$$E[xy^2] = \sigma_{xy^2} = \left(\frac{1}{1-ab}\right)^3 (b^2\sigma_{e^3} + a\sigma_{\epsilon^3}) \tag{13.40}$$

$$E[y^3] = \sigma_{y^3} = \left(\frac{1}{1-ab}\right)^3 (b^3\sigma_{e^3} + \sigma_{\epsilon^3}) \tag{13.41}$$

である。

練習4 $E[x^2y]$ を導きなさい。

x と y は平均からの偏差であるから切片が消え，また，誤差共分散は0と仮定されるので

$$\begin{aligned} E[x^2y] &= E\left[\left(\frac{1}{1-ab}(e+a\epsilon)\right)^2 \frac{1}{1-ab}(\epsilon+be)\right] \\ &= \left(\frac{1}{1-ab}\right)^3 E\left[(e+a\epsilon)^2 (\epsilon+be)\right] \\ &= \left(\frac{1}{1-ab}\right)^3 (b\sigma_{e^3} + a^2\sigma_{\epsilon^3}) \end{aligned} \tag{13.42}$$

13.3.2　双方向モデルのためのスクリプトと適用事例

観測変数の積率とその漸近分散共分散行列を求める関数 sW() はそのまま利用できるので，適合度関数を最小化する関数と初期値を求める関数を作成した。

■**D1() 関数**　単回帰モデルとの違いは自由母数と観測変数の積率構造であるから，A1() 関数でこの2点を変更すれば双方向モデルの母数を推定するスクリプトになる。それを D1() 関数とした[*7]。D1() 関数の書式は以下の通りである。

> D1(変数 x, 変数 y, 母数の初期値ベクトル)

変数 x　観測変数 x の測定値を入れたベクトルである。
変数 y　観測変数 y の測定値を入れたベクトルである。
母数の初期値ベクトル　母数の初期値を代入したベクトル名である。初期値ベクトルに入れる自由母数の順序は，

　　$c_x, \ c_y, \ a, \ b, \ \sigma_{e^2}, \ \sigma_{\epsilon^2}, \ \sigma_{e^3}, \ \sigma_{\epsilon^3}$

である。

それでは，D1() 関数を読み込む。

```
> # ADF3により双方向の回帰分析を行う関数
> #
> D1 <- function(x, y, theta0){      # D1 双方向の回帰分析
+   # x_i = cx + a*y_i + e_i         # (2.85)に切片を追加
+   # y_i = cy + b*x_i + ε_i         # (2.86)に切片を追加
+   #
+   # 最小化関数（基準関数）
+   D1fit <- function(theta, sWinvW, conv=9){
+                                    # theta は自由母数
+     cx     <- theta[1]             # x の切片 cx
+     cy     <- theta[2]             # y の切片 cy
+     a      <- theta[3]             # パス係数 a
+     b      <- theta[4]             # パス係数 b
+     Se2    <- theta[5]             # 誤差 e の2次の積率（分散）
+     Sepsi2 <- theta[6]             # 誤差 ε の2次の積率（分散）
+     Se3    <- theta[7]             # 誤差 e の3次の積率（分散）
+     Sepsi3 <- theta[8]             # 誤差 ε の3次の積率（分散）
+                                    # 積率構造
+     d <- 1/(1-a*b)                 # 以下で使う d
+     Mux <- d*(cx+a*cy)             # x の平均
+     Muy <- d*(cy+b*cx)             # y の平均
+     Sx2 <- d^2*(Se2+a^2*Sepsi2)    # x の2次の積率（分散）
+     Sxy <- d^2*(b*Se2+a*Sepsi2)    # x と y の積率（共分散）
+     Sy2 <- d^2*(b^2*Se2+Sepsi2)    # y の2次の積率（分散）
```

[*7]　豊田 (2007) のD1モデルは切片を推定していないが，ここでは関数名を D1() とした。

```
+     Sx3   <- d^3*(Se3+a^3*Sepsi3)    # xの3次の積率
+     Sx2y  <- d^3*(b*Se3+a^2*Sepsi3)  # xの2乗とyの積率
+     Sxy2  <- d^3*(b^2*Se3+a*Sepsi3)  # xとyの2乗の積率
+     Sy3   <- d^3*(b^3*Se3+Sepsi3)    # yの3次の積率
+     s <- sWinvW$s                    # sは標本積率
+     S <- matrix(c(Mux, Muy, Sx2, Sxy, Sy2,
+         Sx3, Sx2y, Sxy2, Sy3))       # Sは積率構造
+     invW <- sWinvW$invW              # 逆行列を invW に代入
+     minval <- t(s - S) %*% invW %*% (s - S)
+                                      # 一般化最小2乗基準  (1.39)
+     if(conv > 2){
+       return(minval)
+     } else {
+       return(list(S))
+     }
+  }
+  #
+  sWinvW <- sW(x, y)
+  # nlm 関数による推定
+  # rnlm に推定値などを代入する
+  rnlm <- nlm(D1fit, theta0, sWinvW, iterlim = 1000,
+                                         hessian = TRUE)
+  n <- sWinvW$n
+  s <- sWinvW$s
+  code <- rnlm$code
+  iterations <- rnlm$iterations
+  t1 <- rnlm$estimate
+  se <- sqrt(diag(solve(rnlm$hessian))/n)
+  z <- t1/se
+  pz <- 2*pnorm(abs(z), lower.tail=FALSE)
+  est <- round(cbind(t1,se,t1-1.96*se,t1+1.96*se,z,pz), 4)
+  colnames(est) <- c("推定値", "標準誤差", "95%下限値",
+                     "95%上限値", "z値", "p値")
+  rownames(est) <- c("cx","cy","a","b","Se2","Sepsi2",
+                     "Se3","Sepsi3")
+  chisq <- rnlm$minimum*(n-1)
+  df <- length(s)-length(theta0)
+  p値 <- pchisq(chisq, df = df, lower.tail = FALSE)
+  RMSEA <- sqrt(max((chisq/n)/df-1/(n-1), 0))
+  AIC <- chisq-2*df
+  CAIC <- chisq-(log(n)+1)*df
```

```
+     BIC <- chisq-log(n)*df
+     カイ2乗値 <- chisq
+     適合度 <- round(cbind( カイ2乗値，自由度 =df, p値，
+                 RMSEA,AIC, CAIC, BIC), 4)
+     S <- D1fit(t1, sWinvW, conv=code)
+     S <- data.frame(S[[1]])
+     sS <- round(cbind(s, S, s-S), 4)
+     colnames(sS) <- c(" 標本 s", " 再生 S", " 残差 (s-S)")
+     rownames(sS) <- c("Mux", "Muy", "Sx2", "Sxy", "Sy2",
+                 "Sx3", "Sx2y", "Sxy2", "Sy3")
+     return(list( モデル =c("x = ay + e","y = bx + epsilon"),
+                 最適化コード =code, 標本の大きさ =n,
+                 推定値など =est, 適合度指標 = 適合度，
+                 積率と残差 =sS))
+ }
```

■ 初期値を求める D1startval() 関数

　双方向モデルでは初期値に乱数を用いた場合は反復計算が正しく収束しないことが多いので，初期値ベクトルを与える D1starval() 関数を作成した。切片を除く母数の初期値の与え方は豊田 (2007) に従った。

　それでは，D1starval() 関数を読み込む。この関数の引数は観測変数の値を入れた 2 つのベクトルである。

```
> # D1用の初期値の計算
> D1startval <- function(x, y){
+     mux   <- mean(x)              # 平均
+     muy   <- mean(y)
+     dx    <- x - mux              # 平均からの偏差
+     dy    <- y - muy
+     sx2   <- mean(dx^2)           # 2次の積率
+     sxy   <- mean(dx^1 * dy^1)
+     sy2   <- mean(dy^2)
+     sx3   <- mean(dx^3)           # 3次の積率
+     sx2y  <- mean(dx^2 * dy^1)
+     sxy2  <- mean(dx^1 * dy^2)
+     sy3   <- mean(dy^3)
+     a1 <- sx2/sxy
+     a2 <- sqrt(sx2*sy2/sxy^2 - 1)
+     if(sxy > 0) {
```

```
+     a <- a1-a2
+   } else {
+     a <- a1+a2                      # パス係数 a
+   }
+   b      <- sxy/sx2*(a^2+1)-a       # パス係数 b
+   Se2    <- sxy*(1-a*b)^2/(a+b)     # 誤差 e の2次の積率
+   Sepsi2 <- Se2                     # 誤差 ε の2次の積率
+   Se3    <- (sx3-a^3*sy3)*(1-a*b)^3/(1-a^3*b^3)
+                                     # 誤差 e の3次の積率
+   Sepsi3 <- (sy3-b^3*sx3)*(1-a*b)^3/(1-a^3*b^3)
+                                     # 誤差 ε の3次の積率
+   cx     <- mux - a*muy             # 切片 cx
+   cy     <- muy - b*mux             # 切片 cy
+   return(matrix(c(cx, cy, a, b, Se2, Sepsi2, Se3, Sepsi3)))
+ }
```

以上で変数 x^* と変数 y^* の間に双方向モデルを当てはめるための sW() 関数，D1() 関数，D1startval() 関数を読み込めた．

■ **身長と体重の双方向モデル**

先の単回帰モデルで利用した女性1314名の身長と体重に双方向モデルを当てはめる．まず，ベクトル x に身長，ベクトル y に体重の測定値を代入して初期値ベクトルを求め，t0 へ代入する．

```
> # 身長と体重の双方向の予測（女性1314名）
> 身長体重年齢 <- read.table("女性の身長と体重.txt", header = TRUE)
> x <- 身長体重年齢[,1]                 # 身長
> y <- 身長体重年齢[,2]                 # 体重
> t0   <- D1startval(x, y)              # 初期値
> t0
              [,1]
[1,] 170.3224402
[2,] -92.4529892
[3,]  -0.2385565
[4,]   0.9112768
[5,]  34.4731694
[6,]  34.4731694
[7,]   9.5992636
[8,] 538.9873241
```

次に，測定値と初期値を代入したベクトルを D1() 関数へ渡す。

```
> D1(x, y, t0)                          # 収束した
$モデル
[1] "x = ay + e"        "y = bx + epsilon"

$最適化コード
[1] 1
```

最適化コードが 1 となり，反復計算が正常に終了したことがわかる。母数の推定値と有意性検定の結果は以下の通りである。

```
$推定値など
            推定値    標準誤差   95%下限値   95%上限値       z値       p値
cx        155.4172    1.1850    153.0946    157.7398   131.1538    0.0000
cy        -38.0957    4.5224    -46.9596    -29.2318    -8.4238    0.0000
a           0.0506    0.0229      0.0057      0.0955     2.2096    0.0271
b           0.5673    0.0287      0.5110      0.6236    19.7666    0.0000
Se2        23.0996    0.8797     21.3754     24.8238    26.2585    0.0000
Sepsi2     32.8874    1.7796     29.3994     36.3754    18.4802    0.0000
Se3         0.5792    4.7762     -8.7822      9.9406     0.1213    0.9035
Sepsi3    282.7404   60.1212    164.9028    400.5780     4.7028    0.0000
```

身長から体重へ向かうパスの係数 b が高度に有意であるが，逆方向のパスの係数も有意である。

適合度指標の値を以下に示す。

```
$適合度指標
         カイ2乗値   自由度    p値    RMSEA      AIC      CAIC      BIC
[1,]       0.1792      1     0.6721     0     -1.8208   -8.0016   -7.0016
```

χ^2 検定は双方向モデルを棄却しない。しかし，身長から体重を予測した単回帰モデルの方が情報量基準（AIC，CAIC，BIC）が小さいので，単回帰モデルが支持される。しかも，身長と体重を標準得点へ変換して求めた標準化パス係数は以下の通りである。体重から身長へ向かうパスの標準化係数 a は 0.067 であり，身長から体重へ向かうパスの標準化係数 b の 0.431 と比べて小さい。この点からも身長から体重を予測する単回帰モデルを採用することができよう。

```
> # 標準得点を使う
> # scale() 関数は得点を標準得点へ変換する
```

```
> D1(scale(x), scale(y), D1startval(scale(x),scale(y)))
.....
$ 推定値など
         推定値  標準誤差  95%下限値  95%上限値    z値      p値
cx      -0.0002  0.0189   -0.0373    0.0368   -0.0108  0.9914
cy       0.0006  0.0171   -0.0329    0.0341    0.0333  0.9734
a        0.0665  0.0297    0.0083    0.1248    2.2385  0.0252
b        0.4311  0.0218    0.3883    0.4739   19.7477  0.0000
Se2      0.9389  0.0355    0.8692    1.0086   26.4148  0.0000
Sepsi2   0.7718  0.0417    0.6901    0.8536   18.5046  0.0000
Se3      0.0047  0.0391   -0.0720    0.0815    0.1212  0.9035
Sepsi3   1.0165  0.2159    0.5934    1.4396    4.7091  0.0000
```

練習5 UsingR パッケージの father.son データに保存されている父子の身長へ D1() 関数を用いて双方向モデルを当てはめなさい。

```
> # 父の身長と子の身長の双方向の予測
> # UsingR の father.son データ
> library(UsingR)
> father <- father.son[,1]        # 父の身長
> son    <- father.son[,2]        # 子の身長
> x <- father                     # 父の身長を x とする
> y <- son                        # 子の身長を y とする
> t0 <- D1startval(x,y)           # 初期値
> D1(x, y, t0)                    # 解が収束しない
$ モデル
[1] "x = ay + e"          "y = bx + epsilon"

$ 最適化コード
[1] 2
.....
```

となり，最適化コードが2となった．そのため，切片の初期値を変えてみたところ，以下の通り最適化コードが1となり，反復計算が正しく収束した．

```
> D1(x, y, c(10, 10, t0[3:8]))         # 切片の初期値を変えてみる
$ モデル
[1] "x = ay + e"           "y = bx + epsilon"

$ 最適化コード
[1] 1

$ 反復推定回数
[1] 96

$ 推定値など
         推定値    標準誤差   95%下限値  95%上限値    z値      p値
cx       63.7566   12.7262    38.8132    88.7000   5.0099   0.0000
cy       37.0267   10.4645    16.5163    57.5371   3.5383   0.0004
a         0.0572    0.1853    -0.3060     0.4204   0.3087   0.7575
b         0.4677    0.1546     0.1647     0.7707   3.0252   0.0025
Se2       7.1091    1.2878     4.5850     9.6332   5.5203   0.0000
Sepsi2    5.9430    0.2409     5.4708     6.4152  24.6700   0.0000
Se3      -1.6655    0.9826    -3.5914     0.2604  -1.6950   0.0901
Sepsi3   -0.7327    1.1353    -2.9579     1.4925  -0.6454   0.5187
```

適合度指標の値は以下の通りである。

```
$ 適合度指標
       カイ2乗値  自由度    p値   RMSEA    AIC      CAIC      BIC
[1,]    0.019      1     0.8904    0    -1.981   -7.9639   -6.9639
```

χ^2検定は双方向モデルを棄却しないが，子の身長から父の身長へ向かうパス係数 a は有意ではない。しかも，父の身長から子の身長を予測する単回帰モデルの方が情報量基準は小さい。したがって，このデータでも妥当なモデルが採択されたと言えよう。

練習6 陸上3種目.txtファイルに陸上競技選手の100m（秒），幅跳び（m），400m（秒）の記録が保存されている。(1) 100mと幅跳び，(2) 100mと400m，(3) 幅跳びと400mの記録に双方向モデルを当てはめ，因果の方向を推測しなさい。

(1) 100mと幅跳び　データを読み込んだ後，記録をそれぞれ3つのベクトルへ代入した。

```
> 陸上 <- read.table("陸上3種目.txt", header = TRUE)
> names(陸上)                           # 変数名
```

```
[1] "１００m" "幅跳び"  "４００m"
> １００m <- 陸上 [,1]              # １００mは全角文字
> 幅跳び   <- 陸上 [,2]
> ４００m <- 陸上 [,3]              # ４００mは全角文字
```

初期値をt0へ代入してから計算に必要なベクトルをD1()関数へ渡した。

```
> t0 <- D1startval(１００m, 幅跳び)
> D1(１００m, 幅跳び, t0)                      # 解が非収束
$モデル
[1] "x = ay + e"       "y = bx + epsilon"

$最適化コード
[1] 2
.....
```

最適化コードが2になったので，切片の初期値を変えて再び実行した。

```
> D1(１００m, 幅跳び, c(7.5, 17.6, t0[3:8])) # 解が収束
$モデル
[1] "x = ay + e"       "y = bx + epsilon"

$最適化コード
[1] 1

$標本の大きさ
[1] 150

$推定値など
        推定値   標準誤差  95%下限値  95%上限値    z値      p値
cx      6.7972   2.4824    1.9318    11.6627    2.7382  0.0062
cy     17.8413   2.4205   13.0972    22.5855    7.3710  0.0000
a       0.6178   0.3493   -0.0669     1.3024    1.7686  0.0770

b      -0.9593   0.2165   -1.3835    -0.5350   -4.4313  0.0000
Se2     0.1393   0.0564    0.0288     0.2498    2.4708  0.0135
Sepsi2  0.0745   0.0142    0.0467     0.1022    5.2494  0.0000
Se3    -0.0310   0.0196   -0.0694     0.0075   -1.5786  0.1144
Sepsi3  0.0051   0.0034   -0.0015     0.0118    1.5057  0.1321

$適合度指標
       カイ2乗値  自由度   p値  RMSEA    AIC     CAIC     BIC
[1,]    0.8294      1    0.3624   0    -1.1706  -5.1812  -4.1812
.....
```

変数x^*を１００ｍとしたので，１００ｍから幅跳びへ向かうパス係数bが有意であり，その逆方向のパス係数aは有意ではない。したがって，短距離で必要とされる瞬発系の走力が幅跳びの記録を決めるものと推測される。

(2) １００ｍと４００ｍ　測定値の平均差が大きいときは反復計算が収束しにくいので，４００ｍの記録を５分の１にして双方向モデルを当てはめた。この変数変換を行っても，モデルの適合度と回帰係数の有意性検定の結果は変わらない。以下に双方向モデルを当てはめた結果を示す。

```
> t0 <- D1startval(100m, 400m/5)
> D1(100m, 400m/5, c(10.2, 4.0, t0[3:8]))   # 解が収束
$ モデル
[1] "x = ay + e"        "y = bx + epsilon"

$ 最適化コード
[1] 1

$ 標本の大きさ
[1] 150

$ 推定値など
         推定値    標準誤差   95%下限値   95%上限値     z値      p値
cx      10.2510    1.0723     8.1493     12.3527     9.5600   0.0000
cy       4.8806    1.0015     2.9176      6.8436     4.8731   0.0000
a        0.0940    0.1076    -0.1169      0.3048     0.8735   0.3824
b        0.4536    0.0893     0.2785      0.6288     5.0772   0.0000
Se2      0.0599    0.0086     0.0430      0.0768     6.9459   0.0000
Sepsi2   0.0521    0.0073     0.0378      0.0664     7.1410   0.0000
Se3     -0.0062    0.0027    -0.0115     -0.0008    -2.2656   0.0235
Sepsi3   0.0092    0.0061    -0.0027      0.0212     1.5124   0.1304

$ 適合度指標
      カイ2乗値  自由度   p値    RMSEA    AIC     CAIC     BIC
[1,]    0.416      1     0.519     0    -1.584  -5.5947  -4.5947
.....
```

１００ｍから４００ｍへ向かうパス係数bが有意であり，モデルも適合している。短距離の走力が４００ｍの走力を高めていると推測できる。

(3) 幅跳びと４００ｍ　D1startval()関数を用いて求めた初期値では解が正しく収束しなかったので，切片の初期値を変えてD1()関数へ初期値ベクトルを渡した。

```
> t0 <- D1startval(幅跳び, 400m/5)
> D1(幅跳び, 400m/5, c(8, 10, t0[3:8]))      # 解が収束
$ モデル
[1] "x = ay + e"        "y = bx + epsilon"

$ 最適化コード
[1] 1

$ 標本の大きさ
[1] 150

$ 推定値など
         推定値    標準誤差    95%下限値   95%上限値      z値      p値
cx       8.3213    0.9544      6.4506     10.1920     8.7187   0.0000
cy      11.9424    0.6564     10.6558     13.2291    18.1926   0.0000
a       -0.1219    0.0957     -0.3095      0.0657    -1.2739   0.2027
b       -0.2793    0.0922     -0.4600     -0.0986    -3.0288   0.0025
Se2      0.0750    0.0074      0.0605      0.0896    10.1026   0.0000
Sepsi2   0.0617    0.0075      0.0471      0.0764     8.2699   0.0000
Se3      0.0040    0.0033     -0.0025      0.0106     1.2045   0.2284
Sepsi3   0.0113    0.0072     -0.0028      0.0254     1.5748   0.1153

$ 適合度指標
     カイ2乗値    自由度     p値     RMSEA      AIC      CAIC      BIC
[1,]   0.0193       1      0.8896      0    -1.9807   -5.9914   -4.9914
.....
```

幅跳びから400mへ向かうパス係数 b が有意となった。幅跳びで必要とされる短距離の瞬発系走力が400mでも必要とされることを示唆している。

練習7 短期長期記憶.txt には無意味綴りの初期再生数（短期）と，その後，予告なしに測定された再生数（長期）が保存されている。2つの再生数の間に単回帰モデルと双方向モデルを当てはめなさい。

以下の通り，双方向モデルが最適モデルとされる。しかも，2つのパス係数 a と b が有意という予期せぬ結果となった。2変数の相関は大きいが，長期の値が短期を決めることはないので，因果の方向の特定に失敗した。ときには，こういうこともある。

```
> 短期長期記憶 <- read.table(" 短期長期記憶 .txt", header = TRUE)
> x <- 短期長期記憶短期
> y <- 短期長期記憶長期
> t0 <- A1startval(x, y)
> A1(x, y, t0)                  # 短期から長期を予測
.....
```
$ 適合度指標

	カイ2乗値	自由度	p値	RMSEA	AIC	CAIC	BIC
[1,]	6.9595	2	0.0308	0.1163	2.9595	-5.4595	-3.4595

.....

```
> t0 <- A1startval(x, y)
> A1(y, x, t0)                  # 長期から短期を予測
.....
```
$ 適合度指標

	カイ2乗値	自由度	p値	RMSEA	AIC	CAIC	BIC
[1,]	7.1784	2	0.0276	0.1188	3.1784	-5.2406	-3.2406

.....

```
> t0 <- D1startval(x, y)
> D1(x, y, t0)                  # 双方向モデル
```
$ モデル
[1] "x = ay + e"   "y = bx + epsilon"

$ 最適化コード
[1] 1

$ 標本の大きさ
[1] 183

$ 推定値など

	推定値	標準誤差	95%下限値	95%上限値	z値	p値
cx	20.9078	0.7521	19.4337	22.3818	27.8005	0e+00
cy	4.8285	1.3595	2.1639	7.4930	3.5517	4e-04
a	0.4701	0.0404	0.3910	0.5492	11.6446	0e+00
b	0.4390	0.0466	0.3477	0.5303	9.4271	0e+00

.....
$ 適合度指標

	カイ2乗値	自由度	p値	RMSEA	AIC	CAIC	BIC
[1,]	0.327	1	0.5674	0	-1.673	-5.8825	-4.8825

.....

練習8 苦手なタイプの人から接近された体験をもつ人（160名）を対象に，その程度を「何度かある(1)」から「たびたびある(5)」までの5段階評定で尋ね，接近されたときの気分を「何とかして避けたいと思う(1)」から「対応するしかないと思う(5)」までの5段階評定で尋ねた。感情.txt ファイルに保存されている回答へ単回帰モデルと双方向モデルを当てはめなさい。

ファイルからデータを読み込みベクトルへ代入する。

```
> 感情 <- read.table("感情.txt", header = TRUE)   # 先頭に変数名
> names(感情)                                    # 変数名
[1] "経験" "気分"
> 経験 <- 感情[,1]                                # 経験
> 気分 <- 感情[,2]                                # 気分
```

最初に経験から気分を単回帰予測する。

```
> t0 <- A1startval(経験, 気分)
> A1(経験, 気分, c(0.3,1.0,t0[3:7]))   # 経験から気分を予測
.....
$適合度指標
       カイ2乗値   自由度    p値    RMSEA    AIC     CAIC    BIC
[1,]   5.4594      2       0.0652  0.1038  1.4594  -6.691  -4.691
```

次に気分から経験を単回帰予測する。

```
> t0 <- A1startval(気分, 経験)
> A1(気分, 経験, t0)                   # 気分から経験を予測
.....
$適合度指標
       カイ2乗値   自由度    p値    RMSEA    AIC      CAIC     BIC
[1,]   3.8654      2       0.1448  0.0761  -0.1346  -8.2849  -6.2849
```

おしまいに双方向モデルを当てはめる。

```
> t0 <- D1startval( 経験 , 気分 )
> D1( 経験 , 気分 , t0)                    # 双方向モデル
.....
$ 推定値など
        推定値   標準誤差   95% 下限値   95% 上限値    z 値      p 値
cx     1.5973    0.1945      1.2160       1.9785     8.2118    0.0000
cy     1.3878    0.1380      1.1173       1.6583    10.0555    0.0000
a      0.2615    0.1062      0.0533       0.4696     2.4623    0.0138
b      0.2144    0.0678      0.0816       0.3473     3.1632    0.0016
.....

$ 適合度指標
        カイ2乗値   自由度    p 値    RMSEA      AIC       CAIC      BIC
[1,]     0.5331       1      0.4653     0      -1.4669    -5.542    -4.542
```

　χ^2 検定は3つのモデルとも棄却せず，3つの情報量基準は支持するモデルが異なる。ここでは標本が160名と多くはないので AIC を使い，双方向モデルを採択したい。RMSEA も双方向モデルのみを支持している。

　双方向モデルで推定した2つのパス係数 a と b は有意であり，双方向の因果を示唆する結果となった。したがって，双方向の因果を断ち切るには，苦手な人への対応方法を変えるしかない。いつまでも同じことを繰り返していたのでは，事態は改善しない。

14章
項目反応理論

〈特徴〉
　項目反応理論は PISA（Programme for International Student Assessment）や TIMSS（Trends in International Mathematics and Science Study）のような大規模テスト，TOEIC（Test of English for International Communication）や TOEFL（Test of English as a Foreign Language）のように世界的規模で実施されているテストの運用に利用されることが多い。しかし，受検者数が比較的少ない心理・教育の学力検査，認知能力検査，性格検査，質問紙尺度などを作成するときにも使える。

〈注意点〉
　解答・回答の得点化の方法に応じて多数のモデルが提案されているので，適用するテストに応じてモデルを選択する。

14.1　項目反応理論と古典的テスト理論

　学力や性格などの心理的な特性を測定する用具をテスト（検査）という。テストの主要な形態は問題冊子を配布して筆記用具によって解答を求める筆記式テストであるが，近年ではコンピュータの端末を用いるテストも開発されている。テスト理論とは，こうしたさまざまなテストの作成方法，実施方法，採点方法，解答の分析方法などに関する知識体系である。

　良いテストは適切に心理的な特性を測定でき，信頼のおける安定した得点を算出できるテストである。前者をテストの妥当性，後者を信頼性という。妥当性と信頼性を評価するための数理的理論は2つに大別され，1つは1950年代に体系化された古典的テスト理論（classical test theory），もう1つは1950年代以降に発展してきた項目反応理論（項目応答理論；item response theory）である。本章では後者の項目反応理論の基本的事項と利点について学ぶ。

14.1.1　古典的テスト理論の限界

　古典的テスト理論は個人 i のテスト得点 x_i を次式のように分解する。

$$x_i = t_i + e_i \tag{14.1}$$

　ここで，t_i は個人 i の真値（真の得点），e_i は測定に伴う誤差であり，2つとも未知の成分である。実際には同一個人が同一のテストを繰り返し受けることはできないが，仮に繰り返し受けたとしたときの平均値を真値とみなす。

　受検者が同一の問題項目（以下，項目）を受けていれば，得点 x_i を受検者間で比較することができるので，この測定モデルに大きな問題はない。

　しかし，受検した項目が異なるとき，古典的テスト理論の枠組み内では，個人の得点をそのまま比較することはできない。また，仮に一部に同一の項目を挿入してあったとしても，同一の問題冊子ではないからテストの得点をそのまま比較することはできない。さらに，性格検査や質問紙尺度の数項目を別の新しい項目と入れ替えるとき，テスト全体を多数の受検者に実施して改めて評価基準を設定しなくてはいけないので，テストを容易に改訂することができない。ここに古典的テスト理論を利用する上での難しさがある。

　一方，項目反応理論では心理的な特性の強さを項目反応パターンにもとづいて推測するので，個々の項目の統計的特徴を共通の尺度上で推定しておけば，個人ごとに受検項目が異なっていても，特性の強さを同一の尺度上で定義することができる。また，性格検査や質問紙尺度の改訂では，必ずしもすべての項目を多数の受検者に実施なくてもよい。こう

したところに項目反応理論の利点がある。

14.1.2 特性値と項目困難度の尺度

項目反応理論では学力や性格などの心理的な特性のことを単に特性（trait）もしくは潜在特性，そして，個人のその高さや強さを特性値もしくは潜在特性値と呼ぶことが多い。本章もそれにならい，以下では学力や性格などをまとめて特性と呼ぶ。

特性はじかに測定できるものではないから，特性値を定義する尺度を物理的に定めることはできない。そのため，テストごとに尺度の原点と単位を任意に定める。たとえば，当該のテストが測定する特性値の平均を0，分散を1としたり，利用者が得点に親しみやすいように平均を50，分散を100としたりする。特性の強さには上限と下限がないので，それを定義する尺度にも上限と下限はない。

一方，古典的テスト理論では項目の困難度を正答率（通過率）で表すので，困難度は0から1の値を取る。全員が正答した（肯定的に回答した）やさしい項目は困難度が1，誰も解けない（誰も肯定的に回答しない）難しい項目は困難度が0である。概念的には学力や性格などの特性の強さに上限と下限はないので，それを測定する項目の困難度の指標に上限と下限があったのでは都合が悪い。そのため，項目反応理論では，項目の困難度と特性値を同一の尺度へ乗せて定義する。これにより，個人の特性値よりも小さな困難度をもつやさしい項目には正答する（肯定的に回答する）可能性が高く，特性値よりも大きな困難度をもつ難しい項目には誤答する（否定的に回答する）可能性が高いと単純に言える。見方を変えれば，能力検査の場合，ある項目に正答できたとすれば，受検者の特性値がその項目の困難度の値よりも大きい可能性が高く，誤答したとすればそれよりも小さい可能性が高いと判断できる。

表14.1に11項目の困難度と8名の項目反応パターンを示す（表中の識別力については後述）。項目困難度はやさしい方から難しい方へ−5から5とした。数値が小さいほどやさしい項目である。項目困難度の原点は任意であるから，平均困難度の項目を0とした。項目反応の「1」は個人が正答したこと，「0」は誤答したこと，「−」は未提示項目であることを示す。8名が受けた項目は相互に異なるので，古典的テスト理論に依拠して正答数や正答率で8名の特性の強さを比較することはできない。しかし，項目反応理論は困難度と項目反応パターンを照合することによって特性値を共通の尺度上で推定するので，個人の間で特性の強さを比較できる。

たとえば，個人1は項目2と項目3に正答し，項目4と項目5と項目7に誤答である。特性値は正答した項目の困難度よりも大きく，誤答した項目の困難度よりも小さいと考えるので，個人1の特性値は−3と−2の間にあると推測できる。ここでは項目3と項目4の困難度の間を取り，−2.5としておく。個人2は項目2に誤答し，項目3に正答してい

表14.1 項目困難度と項目反応パターン

	項目番号	1	2	3	4	5	6	7	8	9	10	11	特性値
	識別力	0.9	1.1	1.2	0.8	1.0	1.1	0.9	1.1	1.0	0.7	0.9	
	困難度	-5	-4	-3	-2	-1	0	1	2	3	4	5	$\hat{\theta}_i$
個人番号 i	1	-	1	1	0	0	-	0	-	-	-	-	-2.5
	2	1	0	1	0	0	-	-	0	-	0	-	-3.5
	3	1	-	1	1	0	0	-	-	0	-	-	-1.5
	4	-	1	-	1	1	0	1	0	-	0	-	0.5
	5	-	-	1	1	-	1	0	0	-	-	-	0.5
	6	-	1	1	-	-	1	1	0	-	1	0	3.0
	7	-	1	-	1	1	-	1	0	1	-	0	2.5
	8	-	-	-	-	1	-	1	1	0	0	1	3.5

るが，項目4とそれ以上に難しい項目に誤答なので，特性値は-4と-3の間にあると見て，-3.5としておく。このようにして推測した8名の特性値が表中の特性値 $\hat{\theta}_i$ である。ここでは直感的に特性値を推測したが，実際には数理的なモデルにもとづいて特性値を推定する。

練習1 表14.1に示す項目反応パターンにもとづいて，個人3から個人8の特性値を推測しなさい。

個人3は項目4までは正答できているが，項目4よりも困難度の大きい項目に誤答なので，-1.5とする（項目5以降を省略）。

14.2 項目反応モデル

特性値と項目反応の出現確率との関係を統計的関数を用いて記述したものを項目反応モデルという。ここでは，基本的な項目反応モデル[*1]を項目反応の得点化の違いによって2つに分けておく。

1つは正答と誤答のように2値的に採点した項目反応に適用するロジスティックモデルである。このモデルには，項目の統計的特徴を記述する母数（パラメータ）の数に応じて3母数モデル，2母数モデル，1母数モデルが提案されている。もう1つは，部分点を与える学力テストの項目や多段階評定法を用いて回答を求める性格検査や質問紙尺度に適用する多値的採点モデルである。これには，段階反応モデル，部分採点モデル，一般化部分採点モデルなどがある。さらに，多肢選択項目の選択肢番号をそのまま項目反応として扱

[*1] Baker, F., & Kim, S-H. (2004). *Item Response Theory: Parameter estimation techniques*, 2nd ed. New York: Marcel Dekker.

う名義反応モデル，陳述内容に対する意見や態度の強さを0〜1の範囲で求め，それを項目反応とする連続反応モデルなどがある。いずれもテストに1因子性を仮定するモデルであるが，それを多次元へ拡張したモデルも提案されている。

本章で利用する`ltm`パッケージ[*2]と`irtoys`パッケージ[*3]ではロジスティックモデル，段階反応モデル，部分採点モデル，一般化部分採点モデルなどを利用することができるが，本章では項目反応モデルのもっとも基本となるロジスティックモデルを取り上げる。パッケージ名の`ltm`は latent trait model（潜在特性モデル）の ltm である。

14.3 ロジスティックモデル

項目jに対する反応をu_jとする。能力テストの場合，u_jの値は「正答」のときに1，「誤答」ときに0である。また，性格検査や質問紙尺度の場合には回答が「はい（当てはまる）」のときに1，「いいえ（当てはまらない）」のときに0である。ロジスティックモデルは特性値の関数として，u_jが1もしくは0を取る確率をロジスティック関数を用いて定義する。

14.3.1 項目特性関数と項目特性曲線

■3母数ロジスティックモデル

3母数ロジスティックモデルは個人の特性値をθとしたとき，項目jで1点（正答，肯定反応）を取る確率$P_j(\theta)$（以下，正答確率と表記する）を次式で定義する。

$$P_j(\theta) = c_j + (1 - c_j)\frac{1}{1 + \exp\{-Da_j(\theta - b_j)\}} \tag{14.2}$$

ここで，$a_j(>0)$は識別力，b_jは困難度，$c_j(1 > c_j \geq 0)$は当て推量（疑似チャンスレベル）と呼ばれる。Dは尺度化係数であり，1もしくは1.7とする。本章で利用する`ltm`パッケージは$D = 1$とする。このときの尺度はロジスティックメトリック，$D = 1.7$とする尺度はノーマルメトリックと呼ばれる。a_j，b_j，c_jの値を固定したとき，式（14.2）は特性値θの関数でもあるから，項目特性関数（item characteristic function）もしくは項目反応関数（item response function）と呼ばれる。

表14.2に5項目の項目母数を示す。項目1と項目2の識別力は5項目の中では平均的

[*2] Rizopoulos, D. (2010). *ltm: Latent Trait Models under IRT.*
[*3] Partchev, I. (2009). *irtoys: Simple interface to the estimation and plotting of IRT models.*

表 14.2 3母数ロジスティックモデルの項目母数

番号	a_j	b_j	c_j
1	1.0	-2.0	0.2
2	1.0	-1.0	0.2
3	1.0	0.0	0.1
4	0.5	0.0	0.1
5	2.0	2.0	0.2

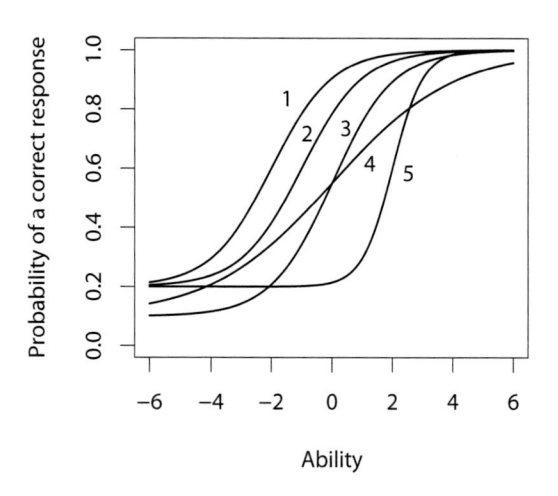

図 14.1 3母数ロジスティックモデルの項目曲線

であるが，他の項目と比べて困難度 b_j が小さい．項目3と項目4は識別力が異なるが，困難度と当て推量は等しい．項目5は識別力も困難度も他の項目よりも大きい．この項目母数値を用いて項目特性関数を描画し，母数との関係を見ておく．

ここでは irtoys パッケージの irf() 関数と plot.irf() 関数を利用する．irf は item response function（項目反応関数）の irf である．

まず，irtoys パッケージを読み込み，項目母数を ip3 へ代入する．

```
> par(cex = 1.5)            # 文字の大きさを標準の1.5倍
> install.packages("irtoys") # irtoys パッケージの読み込み
> library(irtoys)           # irtoys パッケージの読み込み
> ip3 <- matrix(c(          # 項目母数の準備
+ #   aj    bj    cj        # 3母数モデル
+    1.0,  -2.0,  0.2,
+    1.0,  -1.0,  0.2,
+    1.0,   0.0,  0.1,
+    0.5,   0.0,  0.1,
+    2.0,   2.0,  0.2), ncol = 3, byrow = T)
```

irf() 関数へ ip3 を渡して正答確率 $P_j(\theta)$ を計算し，pij3 に代入する．

```
> p3ij <- irf(ip3, x = seq(-6.0, 6.0, length = 1000))
>                   #    下限，上限        刻み数 +2
```

引数に記入した x = seq(-6.0, 6.0, length = 1000) は，描画する特性値の範囲を -6

から6とし，1000カ所の特性値で正答確率を求めることを指示する．この1行により特性値と正答確率がpij3へ代入されたので，これをplot.irf()関数へ渡して項目特性関数を描画する．

```
> plot.irf(p3ij)                          # 項目特性曲線をプロットする
> text(locator(5), c("1","2","3","4","5"))    # 項目番号の挿入
> #           番号を記入するところでマウスのボタンをクリックする
```

図14.1に項目特性関数を示す．横軸が特性値，縦軸が正答確率である．5本の曲線は項目特性曲線（item characteristic curve）もしくは項目反応曲線（item response curve）と呼ばれる．

母数値と曲線とを見比べると，識別力 a_j が大きい項目ほど関数の立ち上がりが大きく，困難度 b_j に近い範囲で正答確率が大きく違うことがわかる．つまり，識別力が大きい項目ほど，特性値の違いを正答確率の違いとして敏感に検知できる．しかし，特に項目5の項目特性曲線に現れている通り，識別力が大きくても，困難度から離れた特性値の違いを識別することはできない．

困難度 b_j は項目特性曲線の位置を定める．困難度が大きい項目ほど曲線が右へ移動するので，特性値の小さい個人は困難度の大きい項目で1点を取る可能性が小さい．しかし，項目3と項目4の項目特性曲線が交差しているように，識別力の異なる項目では一貫して一方の項目の正答確率が小さい，ということはない．たとえば，項目3では特性値が大きい個人ほど1点を取りやすいが，特性値の小さい個人は項目4の方が1点を取りやすい．

多肢選択形式の能力検査の項目では当て推量でも正答できることがあるので，そうしたときの正答確率を説明するために当て推量の母数 c_j が導入された．c_j は「1/選択肢数」に近い値を取ると期待されるが，正答を知らない受検者は魅力的な誤答選択肢を選択する可能性が高いので，必ずしも「1/選択肢数」になるとは限らない．

■2母数ロジスティックモデル

2母数ロジスティックモデルは，3母数ロジスティックモデルにおいて $c_j = 0$ としたモデルである．したがって，項目特性関数は次式で定義される．

$$P_j(\theta) = \frac{1}{1 + \exp\{-Da_j(\theta - b_j)\}} \tag{14.3}$$

表14.3に示す5項目の項目母数を用いて項目特性曲線を描く．ここではirf()関数をplot.irf()関数の引数として指定する．2母数モデルは3母数モデルにおいて $c_j = 0$ としたモデルであるから，面倒でも行列ip2の第3列の値をすべて0.0とする．図14.2に特

表 14.3　2母数ロジスティックモデルの項目母数

番号	a_j	b_j
1	1.0	-2.0
2	1.0	-1.0
3	1.0	0.0
4	0.5	0.0
5	2.0	2.0

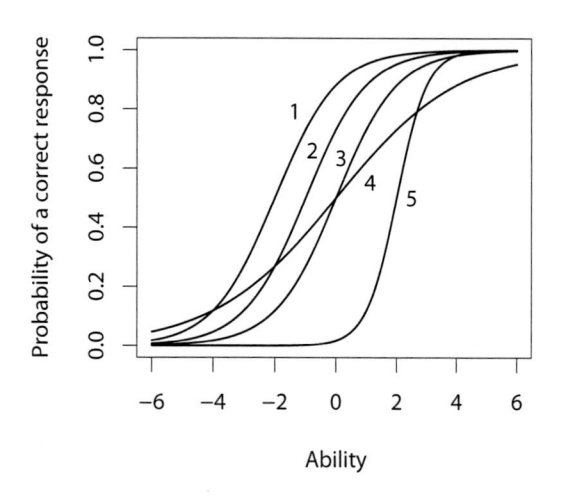

図 14.2　2母数ロジスティックモデルの項目曲線

性曲線を示す．母数値と項目特性曲線を見比べると，2つの母数の意味が3母数モデルと同様であることがわかる．なお，$\theta = b_j$ のとき正答確率 $P_j(\theta)$ が0.5となる．

```
> ip2 <- matrix(c(          # 項目母数の準備
+ #   aj    bj     cj       # 2母数モデル
+    1.0, -2.0,   0.0,
+    1.0, -1.0,   0.0,
+    1.0,  0.0,   0.0,
+    0.5,  0.0,   0.0,
+    2.0,  2.0,   0.0), ncol = 3, byrow = T)
> plot.irf(irf(ip2, x = seq(-6.0, 6.0, length = 1000)))
> text(locator(5), c("1","2","3","4","5"))   # 項目番号の挿入
```

■ 1母数ロジスティックモデル——Raschモデル

1母数ロジスティックモデルは2母数ロジスティックモデルにおいて $a_j = a$ としたモデルであるから，項目特性関数は

$$P_j(\theta) = \frac{1}{1 + \exp\{-Da(\theta - b_j)\}} \tag{14.4}$$

である．ここで，a は項目間で共通の識別力である．識別力 a を推定せず，あらかじめ $a = 1$ とした上で項目困難度のみを推定するモデルもある．

表14.4に示す5項目の項目母数を用いて項目特性曲線を描く．ここでは $a = 1$ とした．

```
> ip1 <- matrix(c(              # 項目母数の準備
+ #    aj    bj    cj           # 1母数モデル
+    1.0,  -4.0,   0.0,
+    1.0,  -2.0,   0.0,
+    1.0,   0.0,   0.0,
+    1.0,   2.0,   0.0,
+    1.0,   4.0,   0.0), ncol = 3, byrow = T)
> plot.irf(irf(ip1, x = seq(-6.0, 6.0, length = 1000)))
> text(locator(5), c("1","2","3","4","5"))   # 項目番号の挿入
```

項目特性曲線を図14.3に示す。1母数モデルでは全項目の識別力が等しいので，項目特性曲線は交差しない。つまり，1母数ロジスティックモデルは困難度の大きい項目ほど，すべての受検者にとって1点を取ることが難しいことを前提としている。

一方，ラッシュ[*4]は個人の特性値$\pi_i(>0)$と項目母数$\omega_j(>0)$を用い，正答確率$P_j(\pi_i)$を

$$P_j(\pi_i) = \frac{\pi_i \omega_j}{1 + \pi_i \omega_j} \tag{14.5}$$

と定義するモデルを提案した。ここで，項目母数ω_jの値を固定して特性値π_iを大きく

表14.4　1母数ロジスティックモデルの項目母数

番号	b_j
1	-4.0
2	-2.0
3	0.0
4	2.0
5	4.0

図14.3　1母数ロジスティックモデルの項目曲線

---

*4 Rasch, G. (1960). *Probabilistic models for some intelligence and attainment tests.* Copenhagen: The Danish Institute of Educational Research.

すると正答確率が1に近づくので，能力検査の場合，π_i は能力の高さを表す．逆に特性値 π_i を固定して項目母数 ω_j を大きくしても正答確率が1に近づくので，ω_j は項目の容易さを表す．

このモデルにおいて，自然対数 ln を用いて2つの母数を

$$\theta = \ln(\pi_i) \tag{14.6}$$
$$b_j = -\ln(\omega_j) \tag{14.7}$$

と変換すると，式（14.5）は，

$$P_j(\theta) = \frac{1}{1+\exp\{-(\theta-b_j)\}} \tag{14.8}$$

となる．これは式（14.4）で Da を1とする1母数ロジスティックモデルに等しい．したがって，1母数ロジスティックモデルは Rasch モデルと呼ばれることがある．ただし，ロジスティックモデルがデータへモデルを合わせるという視点から開発されたのに対し，Rasch モデルはデータをモデルへ合わせるという発想にもとづいて開発されているので，2つのモデルの間には理念的に大きな違いがある．

14.3.2 テスト特性関数とテスト特性曲線

n 項目[*5]の $P_j(\theta)$ を合計した

$$\mu_{x|\theta} = \sum_{j=1}^{n} P_j(\theta) \tag{14.9}$$

は特性値 θ を固定したときの平均得点を表し，テスト特性関数もしくはテスト反応関数と呼ばれる．なお，$\mu_{x|\theta}$ の値を項目数 n で除した $\mu_{x|\theta}/n$ をテスト特性関数と呼ぶこともある．

irtoys パッケージを用いる場合，`trf()` 関数で $\mu_{x|\theta}$ を求めて `plot.trf()` 関数でテスト特性関数を描画することができる．trf は test response function（テスト反応関数）の trf である．表14.2に示す項目母数を用いてテスト特性曲線を描画してみる．

```
> plot.trf(trf(ip3, x = seq(-6.0, 6.0, length = 1000)))
>                #      下限，上限      刻み数 +2
```

描画した関数を図14.4に示す．この曲線をテスト特性曲線という．これを見ると，こ

[*5] 本章では irtoys パッケージの出力に合わせ，項目数を n と表記する．また，受検者数を N とする．

Test response function

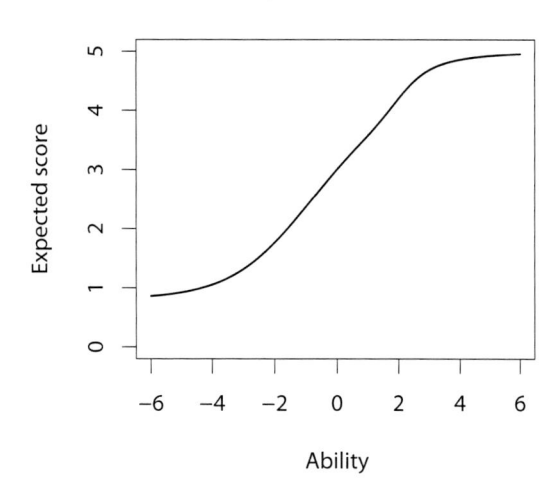

図 14.4　5 項目からなるテストのテスト特性曲線

の 5 項目の場合，特性値が 3 以上の受検者はほぼ満点を取れることがわかる．

14.3.3　母数の推定法

(1) 項目母数の推定値が既知であるときに特性値を推定する方法，(2) モデルの全母数が未知のときに項目母数を推定する方法を見ておく．こうしたモデルの母数を推定する手続きを較正 (calibration) という．

■特性値の推定法

ある個人の n 項目に対する反応パターンを $(u_1, u_2, \ldots, u_n)$ とする．項目反応は 0 か 1 である．その個人においては項目の正答確率が独立であると仮定（局所独立の仮定，1 因子性の仮定）すると，当該の反応パターンを得る確率 $P(u_1, u_2, \ldots, u_n | \theta)$ は，各項目の正答確率もしくは誤答確率の積に等しいから

$$P(u_1, u_2, \cdots, u_n | \theta) = \prod_{j=1}^{n} P_j(\theta)^{u_j} \{1 - P_j(\theta)\}^{1-u_j} \tag{14.10}$$

となる．Π は積を求める演算記号であり，たとえば，

$$\prod_{j=1}^{3} x_j = x_1 \times x_2 \times x_3$$

である．ここでは項目母数値と項目反応が既知であり，特性値 θ が未知であるから，この

関数は能力値 θ の関数とみなすことができる．このとき，この関数を尤度関数，そして，関数の値を尤度という．尤度は θ へある値を代入したときに，その反応パターンが出現する確率を表すから，この確率を最大にする θ の値を能力値の推定値とすることができる．これを最尤推定値という．

また，受検者が所属する母集団の特性値が平均 μ，分散 σ^2 の正規分布に従っていると仮定できるとき，その確率密度 $f(\theta)$ を尤度に乗じた

$$f(\theta|\boldsymbol{u}) \propto f(\theta) \prod_{j=1}^{n} P_j(\theta)^{u_j} \{1 - P_j(\theta)\}^{1-u_j} \tag{14.11}$$

は特性値の事後分布 $f(\theta|\boldsymbol{u})$ と呼ばれる分布に比例する．この事後分布の値を最大にする θ を特性値の推定値とすることもできる．これをベイズ・モーダル推定値（Bayes modal estimate；経験ベイズ推定値）という．なお，事後分布に対し，母集団に仮定した分布を事前分布という．

さらに，事後分布の平均値を特性値の期待事後推定値（expected a posteriori；EAP）という．期待事後推定値の計算式は

$$\tilde{\theta} = \frac{\sum_{k=1}^{q} \theta_k L(u|\theta_k) W(\theta_k)}{\sum_{k=1}^{q} L(u|\theta_k) W(\theta_k)} \tag{14.12}$$

である．ここで，θ_k は求積点の値，$W(\theta_k)$ はその重み，$L(u|\theta_k)$ は θ_k を用いた尤度，q は求積点の数である．求積点とその重みは分析者が与える特性値の分布によって決まる．事前分布が仮定できるときはベイズ・モーダル推定値もしくは期待事後推定値を求め，事前分布について情報がないときは最尤推定値を求める．

■ irtoys パッケージを用いた特性値の推定

irtoys パッケージの mlebme() 関数は特性値の最尤推定値とベイズ・モーダル推定値を求め，eap() 関数は期待事後推定値を求める．2つの関数とも尺度化係数 D を 1 としている．関数名の mlebme の mle は maximum likelihood estimation の mle，そして，bme は bayes modal estimation の bme である．また，eap は expected a posteriori の eap である．

まず，mlebme() 関数の書式と引数を以下に示す．

```
mlebme(resp = 反応パターン行列, ip = 項目母数行列,
       method = "推定法", mu = 平均, sigma = 標準偏差)
```

- `resp = 反応パターン行列` 行を個人，列を項目とする項目反応パターン行列である。項目反応は0（誤答，いいえ）もしくは1（正答，はい）である。未提示項目の反応には欠損値を表すNAを入れる。
- `ip = 項目母数行列` 3母数ロジスティックモデルにもとづく識別力，困難度，当て推量を入れた行列である。
- `method = "推定法"` "推定法"は，最尤推定値を求めるとき"ML"，期待事後推定値を求めるとき"BM"とする。初期設定値は`method = "ML"`である。
- `mu = 平均` 特性値の母集団分布の平均である。期待事後推定値を求めるときに指定する。初期設定値は`mu = 0`である。
- `sigma = 標準偏差` 特性値の母集団分布の標準偏差である。期待事後推定値を求めるときに指定する。初期設定値は`sigma = 1`である。

次にeap()関数の書式と引数を示す。

```
eap(resp = 反応パターン行列, ip = 項目母数行列,
    qu = 求積点と重み)
```

反応パターン行列と項目母数行列は上記のmlebme()関数と同様である。求積点と重みにはirtoysパッケージのnormal.qu()関数が返すオブジェクトを与える。normalはnormal distribution（正規分布）のnormal，quはquadrature point（求積点）のquである。normal.qu()関数の基本的な引数は特性値の母集団分布の平均と標準偏差であり，書式は

```
normal.qu(mu=平均,sigma=標準偏差)
```

である。標準正規分布を利用する場合は，`qu = normal.qu()`とするだけでよい。

それでは，表14.1に示した識別力と困難度を用いて8名の特性値の最尤推定値を求める。最初に項目反応パターン行列を反応へ代入する。

```
> 反応 <- matrix(c(
+      NA,  1,  1,  0,  0, NA,  0, NA, NA, NA, NA,
+       1,  0,  1,  0,  0, NA, NA,  0, NA,  0, NA,
+       1, NA,  1,  1,  0,  0, NA, NA,  0, NA, NA,
+      NA,  1, NA,  1,  1,  0,  1,  0, NA,  0, NA,
+      NA, NA,  1,  1, NA,  1,  0,  0, NA, NA, NA,
+      NA,  1,  1, NA, NA,  1,  1,  0, NA,  1,  0,
+      NA,  1, NA,  1,  1, NA,  1,  0,  1, NA,  0,
+      NA, NA, NA, NA,  1, NA,  1,  1,  0,  0,  1),
+  ncol = 11, byrow = T)
```

次に項目母数を母数へ代入する．2母数ロジスティックモデルにもとづく母数なので，当て推量をすべて0とする．

```
> 母数 <- matrix(c(
+           0.9, -5,   0,   # 左から識別力，困難度，当て推量
+           1.1, -4,   0,
+           1.2, -3,   0,
+           0.8, -2,   0,
+           1.0, -1,   0,
+           1.1,  0,   0,
+           0.9,  1,   0,
+           1.1,  2,   0,
+           1.0,  3,   0,
+           0.7,  4,   0,
+           0.9,  5,   0), ncol = 3, byrow = T)
```

項目反応と母数を代入できたので，2つの行列を mlebme() 関数へ渡す．最尤推定値を求めるので，method = "ML" とする．

```
> mlebme(resp = 反応, ip = 母数, method = "ML")   # 最尤推定法
           est       sem       n    # 最尤推定値，標準誤差，項目数
[1,] -2.4248079 1.103965 5
[2,] -3.5051256 1.036087 7
[3,] -1.5486518 1.138926 6
[4,]  0.3941042 1.053078 7
[5,]  0.4833039 1.174613 5
[6,]  2.4831398 1.239675 7
[7,]  2.5998444 1.151091 7
[8,]  3.6065067 1.183768 6
```

est は最尤推定値，sem は推定値の標準誤差，n は各受検者の受検項目数である．直感的に推定した特性値（表14.1の$\hat{\theta}_i$）が最尤推定値に近いことがわかる．

■テスト情報量と標準誤差

特性値と受検項目の母数値によって定義される

$$I(\theta) = D^2 \sum_{j=1}^{n} \frac{a_j^2(P_j(\theta) - c_j)(1 - P_j(\theta))}{P_j(\theta)(1 - c_j)^2} \tag{14.13}$$

はテスト情報量と呼ばれる．そして，推定値の標準誤差 $SE(\hat{\theta})$ （sem）は $I(\theta)$ により

$$SE(\hat{\theta}) = \sqrt{\frac{1}{I(\hat{\theta})}} \tag{14.14}$$

と定義される．標準誤差は推定値の精度を表し，標準誤差が小さいほど推定精度の高いことを意味する．また，

$$\hat{\theta} - 1.96SE(\hat{\theta}),\ \hat{\theta} + 1.96SE(\hat{\theta})$$

が特性値の信頼度95%の信頼区間である．信頼度を90%とするには1.96を1.64へ変える．

テスト情報量はtif()関数を用いて計算する．この関数の書式は以下の通りである．

```
tif(ip, x)
```

引数のipは項目母数値を代入した行列，xは特性値もしくは特性値を代入したベクトルである．tif()関数は参照名をfとしてテスト情報量を返す．たとえば，受検者1は項目「2, 3, 4, 5, 7」を受検し，特性値の推定値が−2.4248であったから，テスト情報量と標準誤差は

```
> infofsubj1 <- tif( 母数 [c(2, 3, 4, 5, 7), ], x = -2.4248)
> infofsubj1$f           # 受検者1のテスト情報量
[1] 0.8205202
> sqrt(1/infofsubj1$f)   # 標準誤差
[1] 1.103965
```

である．標準誤差の値はmlebme()関数が返したsemの値（1.103965）と一致している．

項目母数を所与としたとき，式（14.13）は特性値の関数と見なすことができる．これをテスト情報関数という．plot.tif()関数によりテスト情報関数を描画することができる．この関数の引数はtif()関数がオブジェクトである．たとえば，表14.1の全10項目を受けたとした場合，テスト情報関数を

```
> plot.tif(tif( 母数 ))    # テスト情報関数
```

として描画する（図14.5）．

練習2 表14.1の項目反応を用い，ベイズ・モーダル推定値を求めなさい．
method = "BM" とすればよい．

中央上部に図:

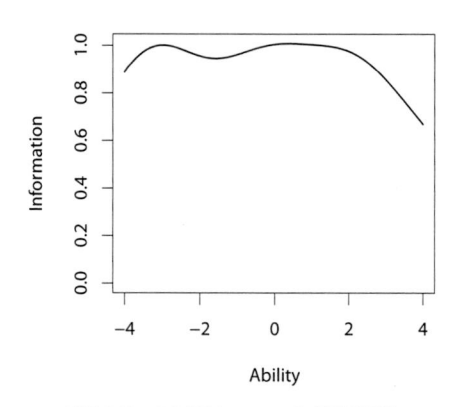

図 14.5　10項目のテスト情報関数

```
> # ベイズ・モーダル推定値
> round(mlebme(resp = 反応, ip = 母数, method = "BM"), 3)
       est   sem  n
[1,] -1.025 0.781 5
[2,] -1.629 0.762 7
[3,] -0.670 0.756 6
[4,]  0.187 0.724 7
[5,]  0.203 0.763 5
[6,]  1.037 0.758 7
[7,]  1.129 0.761 7
[8,]  1.612 0.745 6
```

事前情報としても用いた母集団分布が標準正規分布であるから，推定値が最尤推定値よりも母平均0へ近づいている。

練習3　表14.1の項目反応を用い，期待事後推定値を求めなさい。

特性値の事前分布を標準正規分布とすると，推定値は以下の通りである。事前分布が先のベイズ・モーダル推定値で用いた分布と同じであるから，2つの推定値はほぼ等しい。

```
> # 期待事後推定値（標準正規分布を仮定）
> round(eap(resp = 反応, ip = 母数, qu = normal.qu()), 3)

       est   sem  n     # ベイズ・モーダル推定値
[1,] -1.000 0.783 5     # -1.025 0.781
[2,] -1.600 0.763 7     # -1.629 0.762
```

```
[3,] -0.658 0.763 6      #  -0.670 0.756
[4,]  0.187 0.731 7      #   0.187 0.724
[5,]  0.196 0.769 5      #   0.203 0.763
[6,]  1.034 0.764 7      #   1.037 0.758
[7,]  1.116 0.763 7      #   1.129 0.761
[8,]  1.595 0.752 6      #   1.612 0.745
```

事前分布の平均を0，標準偏差を2に変えた結果を以下に示す．事前分布の標準偏差を大きくすることで，推定値が最尤推定値へ近づく．

```
> # 期待事後推定値（標準偏差を2とする）
> round(eap(resp = 反応, ip = 母数,
+           qu = normal.qu(mu =0 , sigma = 2)), 3)
        est   sem n
[1,] -1.781 1.020 5
[2,] -2.734 0.960 7
[3,] -1.150 1.009 6
[4,]  0.314 0.954 7
[5,]  0.351 1.042 5
[6,]  1.860 1.043 7
[7,]  1.968 1.015 7
[8,]  2.757 0.995 6
```

■グラフによる解法──最尤推定法の解

最尤推定法は式（14.10）で定義される尤度の最大値を与える特性値 θ を求める．実際には尤度のままでは計算が難しいので，尤度の対数（対数尤度という）の最大値を与える θ を求める．0点と満点の反応パターンを除いて対数尤度には最大値があるので，対数尤度を θ で微分した結果を0と置けば，θ を未知数とする方程式となる．2母数モデルの場合，その方程式は

$$\sum_{j=1}^{m} a_j \{u_j - P_j(\theta)\} = 0 \tag{14.15}$$

である．1母数モデルの場合は，a_j を a あるいは1とする．

この方程式は

$$\sum_{j=1}^{m} a_j u_j = \sum_{j=1}^{m} a_j P_j(\theta) \tag{14.16}$$

と書き換えることができるので，この関係を利用して θ を推定する「グラフによる解法」

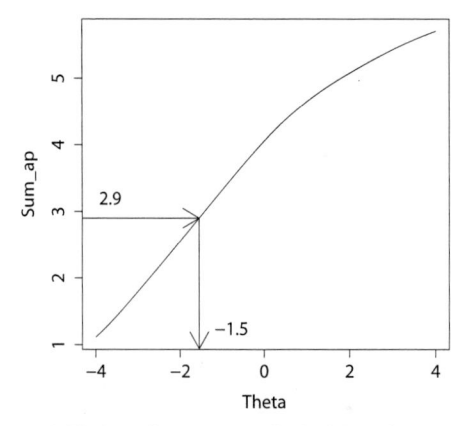

図 14.6　高橋 (2002) の $\theta - A$ 曲線 (項目 1, 3, 4, 5, 6, 9)

が提案されている[*6]。手順は以下の通りである。1母数モデルと2母数モデルを適用したとき，この解法を利用することができる。

(i) 式 (14.16) の右辺，すなわち，項目 j の項目反応関数（項目特性関数）に識別力 a_j を乗じた関数の総和を，θ の関数として描画する。これを $\theta - A$ 曲線という。

(ii) u_j は正答の場合が 1，誤答の場合が 0 であるから，左辺は「正答した項目」の識別力の合計に等しい。この値を A とする。

(iii) $\theta - A$ 曲線において，縦軸の値として A を与える横軸の値が式 (14.16) を満たす θ の推定値である。

たとえば，表 14.1 に示した個人番号 3 の受検者は項目「1，3，4，5，6，9」を受検しているから，図 14.6 が $\theta - A$ 曲線である。そして，この受検者は項目「1，3，4」に正答しているので，$A = 0.9 + 1.2 + 0.8 = 2.9$ である。したがって，$\theta - A$ 曲線の縦軸の 2.9 を与える横軸の -1.5（正確には -1.548）が特性値 θ の推定値である。

グラフによる解法は正確な推定値を読み取ることはできないが，簡易的な方法として教育的な場面で活用することができる。

$\theta - A$ 曲線は図 14.6 からわかるように，θ の単調増加関数であるから，2母数モデルの場合，正答数が同一のときは識別力の大きい項目に正答している受検者ほど特性値の推定値が大きい。また，1母数モデルの場合には全項目の識別力が等しいので，正答数が同一のとき，どの項目に正答していても推定値が等しい。このことは，2母数モデルでは $\sum_{j=1}^{m} a_j u_j$ が，また，1母数モデルでは $\sum_{j=1}^{m} a u_j$ が特性値 θ に関する十分統計量を与えることからも納得できる。十分統計量とは，特性値を推定するために必要な情報をすべてもっている統計量のことである。

[*6] 高橋正視 (2002). 項目反応理論入門―新しい絶対評価　イデア出版局

■項目母数の推定

　N名の特性値とn項目の項目母数がすべて未知であるとして項目母数を推定する状況を考える。個人iの特性値をθ_i，項目jの識別力をa_j，困難度をb_j，当て推量をc_jとする。個人iの反応パターンが出現する確率は式（14.10）であったから，N名全体の反応パターン行列Uが出現する確率は，個人iの確率をN名について乗じた

$$P(\bm{U}|\bm{\theta},\bm{a},\bm{b},\bm{c}) = \prod_{i=1}^{N}\prod_{j=1}^{n} P_j(\theta_i)^{u_{ij}}\{1 - P_j(\theta_i)\}^{1-u_{ij}} \tag{14.17}$$

である。ここでは項目反応が既知であるから，これを特性値と項目母数値を未知数とする尤度関数とみなすことができる。したがって，尤度を最大化するθ_i，a_j，b_j，c_jの値が最尤推定値である。この推定法は特性値と項目母数を同時に推定するので同時最尤推定法とも呼ばれる。

　同時最尤推定法は受検者が増えるほど推定すべき特性値が増えるので，3母数モデルと2母数モデルでは解が安定しない。そのため，尤度から特性値を積分消去した周辺尤度を最大化する推定法が提案された。これを周辺最尤推定法という。最大化する周辺尤度は以下の通りである。

$$L = \prod_{i=1}^{N}\int_{-\infty}^{\infty} f(\theta)\prod_{j=1}^{n} P_j(\theta)^{u_{ij}}\{1 - P_j(\theta)\}^{1-u_{ij}} d\theta \tag{14.18}$$

ここで$f(\theta)$は標準正規分布の確率密度である。

　この他にもモデルの母数に事前分布を仮定する（階層）ベイズ推定法，周辺最尤推定法において項目母数に事前分布を設定するMMAP（Marginal Maximum A Posteriori）法，カテゴリカル因子分析モデルの枠組み内で推定する方法[*7]（ヒューリスティック法とも呼ばれる）などがある。

　本章で利用するirtoysパッケージのest()関数は，ltmパッケージのtpm()関数（3母数モデル用），ltm()関数（2母数モデル用），rasch()関数（1母数モデル用）を利用して項目母数の周辺最尤推定値を求める。estはestimate（推定する）のestである。est()関数の書式を以下に示す。

```
est(resp = 反応パターン行列, model = "モデル",
    rasch = TF, engine = "ltm")
```

resp = 反応パターン行列　　N名×n項目の項目反応行列を代入したオブジェクト名を指定する。正答を1，誤答を0，欠損値をNAとする。

[*7] 豊田秀樹 (2002). 項目反応理論［入門編］―テストと測定の科学　朝倉書店

```
Item1              Item2                  Item3
よしんば            慮（おもんぱか）る       とどのつまり
  (1) すぐに         (1) よく考える          (1) 結局
  (2) もしも         (2) なぐさめる          (2) 幸いに
  (3) わざわざ       (3) 急に走り出す        (3) もうじき
  (4) ほとんど       (4) すぐに思い出す      (4) あらかじめ
  (5) かつては       (5) よい返事をする      (5) 言い換えれば
```

図 14.7 語彙理解力検査項目の例

- `model = "モデル"` "モデル" として 3 母数モデルを利用する場合には "3PL"，2 母数モデルの場合には "2PL"，1 母数モデルの場合には "1PL" とする。初期設定は model = "2PL" である。
- `rasch = TF` 1 母数モデルを適用したときに有効な引数である。共通の識別力 a を 1 へ固定するときは rasch = TRUE とする。初期設定は rasch = FALSE であり，このときは項目間で共通の識別力 a が推定される。
- `engine = "ltm"` 本章では ltm パッケージによって提供される関数を利用するので，engine = "ltm" は必須である。

■語彙理解力検査への適用

高校 1 年生 490 名へ実施した語彙理解力検査（40 項目）の項目母数を推定する。項目例を図 14.7 に示す。受検者は幹となる語の意味もしくは類似の意味を表す語を選択する。5 肢択一式形式の項目であるから，3 母数ロジスティックモデルを適用すべきであるが，受検者数が少ないときは当て推量母数の推定が難しいので，ここでは 2 母数ロジスティックモデルを適用する[8]。

490 名の解答が高1.txt へ保存されている。先頭行に変数名として項目番号（Item1，Item2，…，Item40）が記入されている。十分な解答時間を確保したので，無解答を誤答（0）とした。

まず，解答を高1.txt から読み込み高1へ代入する。

```
> 高1 <- read.table("高1.txt", header = TRUE) # 解答の読み込み
> names(高1)                                  # 変数名
 [1] "Item1"  "Item2"  "Item3"  "Item4"  "Item5"  "Item6"
 .....
[37] "Item37" "Item38" "Item39" "Item40"
```

---

[8] ltm パッケージの tpm() 関数は当て推量を任意の値，たとえば選択肢数の逆数（0.2）へ固定して識別力と困難度を推定することができる。

scree plot

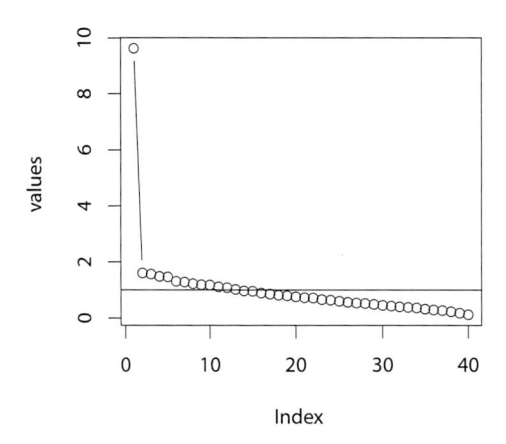

図 14.8 語彙理解力検査項目のスクリープロット

　予備調査の解答にもとづいて識別力の弱い項目を削除しているので，1因子性の仮定を満たすと予想されるが，40項目の四分相関係数行列を用いたスクリーテストを行い因子数を確認しておく。四分相関係数行列の計算にはpsychパッケージのpoly.mat()関数を用いるが，この関数はpolycorパッケージを必要とするので，2つのパッケージをはじめに読み込む。

```
> install.packages("polycor")
> install.packages("psych")
> library(polycor)         # polycor パッケージの読み込み
> library(psych)           # psych パッケージの読み込み
> tetcor1 <- poly.mat(高1)  # 四分相関係数行列の計算
> VSS.scree(tetcor1$rho)   # スクリーテスト
```

スクリープロットは図14.8の通りであり，1因子性を確認できる。

　1因子性を確認できたので，2母数モデルを当てはめる。ltmパッケージとirtoysパッケージを読み込み，est()関数を利用する。推定値を冊子1paraへ代入し，画面へ表示する。

```
> library(ltm)                      # ltm パッケージの読み込み
> library(irtoys)                   # irtoys パッケージの読み込み
> 冊子1para <- est(resp = 高1, model = "2PL",
+                  engine = "ltm")  # 2母数モデル
> 冊子1para                         # 母数の表示
         [,1]       [,2]       [,3]   # 左から, aj, bj, cj
Item1  0.4732859  1.05256316   0
Item2  0.6777401 -0.31183002   0
Item3  0.6488264  0.38374227   0
Item4  0.7846370 -0.81691056   0
Item5  0.8412947  0.09381194   0
.....
Item40 0.9521962 -0.29638166   0
```

第1列は識別力，第2列は困難度，第3列は当て推量の推定値である．2母数モデルであるから当て推量の値はすべて0である．先の図14.7に示した「よしんば」は Item1，「慮る」は Item2，「とどのつまり」は Item3 であった．3項目の項目特性曲線を図14.9に示す．

```
> plot.irf(irf(冊子1para[c(1, 2, 3),]))    # Item 1,2,3のICC
> text(locator(3), c("1","2","3"))         # 項目番号の挿入
```

「慮る（Item2）」と「とどのつまり（Item3）」の識別力は異なるが，$-3 < \theta < 3$の範囲では項目特性曲線が交差していないから，一貫して「とどのつまり（Item3）」の方が難しい項目と見なしてもよい．また，「よしんば（Item1）」は$\theta = -1.5$近くで「とどのつま

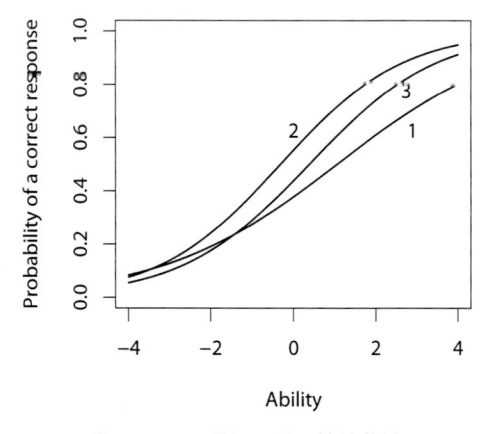

Item response function

図 14.9　3項目の項目特性曲線

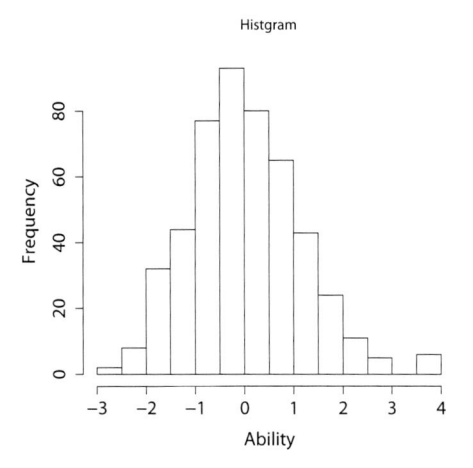

図 14.10 高1における特性値のヒストグラム

り（Item3）」と交差しているが，$\theta < -1.5$では正答確率の相違が小さいので，「よしんば（Item1）」がほぼ一貫して他の2項目よりも難易度が高いと言えよう．なお，多肢選択式項目は幹と選択肢によって難易度が決まることに注意しておきたい．

項目母数を推定できたので，特性値を最尤推定して高1mleへ代入し，推定値の平均と標準偏差を求める．満点の反応パターン（2名）では最尤推定値を得ることができないが，mlebme() 関数は推定値の範囲を $-4 \sim 4$ としているので，数値計算上のエラーは起きない．

```
> 高1mle <- mlebme(resp = 高1, ip = 冊子1para)    # 最尤推定値
> mean(高1mle[,1])                                # 平均値
[1] 0.03087976
> sd(高1mle[,1])                                  # 標準偏差
[1] 1.136466
> hist(高1mle[,1], main = "Histgram", xlab = "Ability")
>                                                 # ヒストグラム
> par(cex = 1.0)                                  # サイズを戻す
```

特性値のヒストグラムを図14.10に示す．標準偏差が1よりもわずかに大きいが，ヒストグラムを見る限り，推定値はほぼ標準正規分布に従っている．

14.4 尺度の変換

定数 $A(>0)$ と K を用いてモデルの母数 θ，a_j，b_j，c_j を

$$\theta^* = A\theta + K \tag{14.19}$$
$$a_j^* = a_j/A \tag{14.20}$$
$$b_j^* = Ab_j + K \tag{14.21}$$
$$c_j^* = c_j \tag{14.22}$$

と線形変換する。当て推量母数の値は特性値を無限小としたときの正答確率であるから，特性値の尺度変換を行っても変わらない。この変換後の母数値を用いた正答確率 $P_j(\theta^*)$ は

$$\begin{aligned}
P_j(\theta^*) &= c_j^* + (1-c_j^*)\frac{1}{1+\exp\{-Da_j^*(\theta^*-b_j^*)\}} \\
&= c_j + (1-c_j)\frac{1}{1+\exp\{-Da/A(A\theta+K-Ab_j-K)\}} \\
&= c_j + (1-c_j)\frac{1}{1+\exp\{-Da_j(\theta-b_j)\}} \\
&= P(\theta)
\end{aligned} \tag{14.23}$$

となり，変換前の尺度値と同一の確率を与える。これはモデル母数の原点と単位が不定，つまり分析者が単位を任意に与えることができることを意味する。このため，同一の特性を測定する複数の問題冊子があるとき，異なる受検者集団で実施された問題冊子の項目母数を問題冊子ごとに較正すると，項目母数は異なる尺度上で推定される。しかし，定数 A と K の値がわかれば，上記の変換式を利用して異なる問題冊子の項目母数値を共通の尺度へ変換することができる。これを母数の等化（equating）といい，等化に必要な定数 A と K を等化係数という。

等化係数を求めるために必要なデータは，図14.11に示す実験デザインに従って収集される。

(a) 共通項目デザイン　問題冊子Xと問題冊子Uを受検者群1へ，問題冊子Yと問題冊子Uを受検者群2へ実施する。問題冊子Uの項目は受検者群1においては問題冊子Xと同じ尺度上で母数が推定され，受検者群2では問題冊子Yと同じ尺度上で母数が推定される。そこで，問題冊子Uの項目（共通項目）の2つの推定値を利用して等化係数を求める。この等化デザインは係留（anchor）テスト法ともよばれる。等化に必要な共通項目数は状況によって異なるが，10項目程度は必要であろう。また，共通項目には困難度の小さい項目から大きい項目を用意したい。

(b) 共通受検者デザイン　共通項目デザインと問題冊子と受検者群の役割が逆になるだけで，この等化デザインの考え方は先と同様である。つまり，問題冊子Xと問題冊子Yを受検した受検者群Uは2つの問題冊子で特性値が推定されるので，それを利用して等化係数を求める。このデザインは係留受検者法ともよばれる。なお，(a)と(b)の場合，多母集団の同時較正法を用いて一度に項目母数を推定することもで

(a) 共通項目デザイン

受検者群1	問題冊子U	問題冊子X	
受検者群2	問題冊子U		問題冊子Y

(b) 共通受検者デザイン

受検者群1	問題冊子X	
受検者群2		問題冊子Y
受検者群U	問題冊子X	問題冊子Y

(c) ランダム標本デザイン

受検者群1	問題冊子X	
受検者群2		問題冊子Y

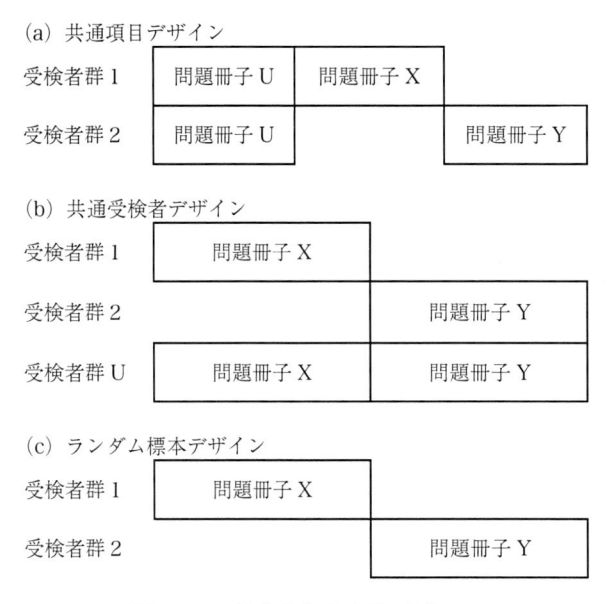

図14.11 等化を行う実験デザイン

きるが，ltmパッケージ（version 0.9-4）では多母集団の同時較正法を利用することができない。

(c) ランダム標本デザイン　受検者母集団を正確に代表する受検者群1と受検者群2を用意して，問題冊子Xと問題冊子Yを2つの受検者群へ実施する。このとき受検者が正しく母集団を代表していれば，2つの問題冊子の母数は既に共通の尺度上で推定されている。この方法は大きな標本を利用できるときに有効なデザインである。

さて，等化基準となる尺度を尺度2，尺度2へ等化したい尺度を尺度1とし，尺度1で較正された母数値を尺度2へ等化するための等化係数をA_{21}とK_{21}とする。また，逆に基準尺度を尺度1として，尺度2で較正された母数値を尺度1へ等化するための等化係数をA_{12}とK_{12}とする。このとき，4つの等化係数には

$$A_{12} = 1/A_{21} \tag{14.24}$$
$$K_{12} = -K_{21}/A_{21} \tag{14.25}$$

という関係が成り立つ。等化係数の推定値がこの2つの関係を満たすとき，推定値は対称性をもつという。以下では，Rの関数もしくはirtoysパッケージで利用できる方法を中心として等化係数の推定方法を説明するが，推定値が対称性をもつ方法ともたない方法がある。

14.4.1 等化法

■単回帰法

共通受検者デザインにもとづいて共通受験者の特性値を推定し，基準尺度における特性値を他方の尺度の推定値から単回帰予測する。そして，回帰係数を等化係数 A，定数項を等化係数 K とする。この方法は容易に等化係数の推定値を計算できるが，推定値は対称性をもたない。種々の欠点があるため，現在では等化係数を推定する方法として，また等化法としては利用されない。

■ Mean & Mean 法

共通項目デザインで利用される。基準尺度で推定された共通項目の識別力と困難度を a_j^* と b_j^*，基準尺度へ等化する尺度で推定された識別力と困難度を a_j と b_j とし，式（14.20）と式（14.21）の関係にもとづいて推定値の平均に

$$\bar{a}^* = \frac{\bar{a}}{A} \tag{14.26}$$

$$\bar{b}^* = A\bar{b} + K \tag{14.27}$$

を仮定する。そして，これを等化係数について解き，以下の値を等化係数の推定値とする。

$$\hat{A} = \frac{\bar{a}}{\bar{a}^*} \tag{14.28}$$

$$\hat{K} = \bar{b}^* - A\bar{b} \tag{14.29}$$

この推定値は対称性をもつ。

■ Mean & Sigma 法

共通受検者デザインの場合，基準尺度で推定された特性値を θ_j^*，基準尺度へ等化したい尺度で推定された特性値を θ_j とし，2つの推定値の平均と分散が式（14.19）にもとづいて

$$\bar{\theta}^* = A\bar{\theta} + K \tag{14.30}$$

$$S^2(\theta^*) = A^2 S^2(\theta) \tag{14.31}$$

を満たすと仮定する。そして，この2式の解である以下の値を等化係数の推定値とする。

$$\hat{A} = \frac{S(\theta^*)}{S(\theta)} \tag{14.32}$$

$$\hat{K} = \bar{\theta}^* - A\bar{\theta} \tag{14.33}$$

また，共通項目デザインの場合には，式（14.21）の関係にもとづいて2つの尺度で推

定された困難度の平均と分散が

$$\bar{b}^* = A\bar{b} + K \tag{14.34}$$
$$S^2(b^*) = A^2 S^2(b) \tag{14.35}$$

を満たすと仮定し，等化係数を求める。等化係数の推定値は

$$\hat{A} = \frac{S(b^*)}{S(b)} \tag{14.36}$$
$$\hat{K} = \bar{b}^* - A\bar{b} \tag{14.37}$$

である。推定値は対称性を有する。

■ Haebara（南風原）の項目特性曲線法

　基準尺度を尺度2，尺度2へ等化する尺度を尺度1とする。まず，尺度2で較正された共通項目 j の母数値を用いて項目特性曲線を描く。次に，等化係数 A_{21} と K_{21} が得られたものとして，尺度1で較正された共通項目 j の母数値を尺度2へ変換して項目特性曲線をその図の上に重ねて描く。そして，2本の項目特性曲線のずれを定義する誤差関数を Q_{21j} とする。さらに等化の方向を逆にして，$1/\hat{A}_{21}$ を A_{12} の推定値，$-\hat{K}_{21}/\hat{A}_{21}$ を K_{12} の推定値とし，尺度2で較正された項目母数値を尺度1へ等化したときの誤差関数 Q_{12j} を定義する。そして，2つの誤差関数の和

$$Q = \sum_{j=1}^{n} Q_{21j} + \sum_{j=1}^{n} Q_{12j} \tag{14.38}$$

を最小にする等化係数 A_{21} と K_{21} を求める。n は共通項目数である。誤差関数 Q_{21j} と Q_{12j} は

$$Q_{21j} = \sum_{k=1}^{s} \left[P_j(\theta_k)^{(2)} - P_j(\theta_k)^{(21)} \right]^2 h(\theta_k)^{(2)} \tag{14.39}$$

$$Q_{12j} = \sum_{k=1}^{s} \left[P_j(\theta_k)^{(1)} - P_j(\theta_k)^{(12)} \right]^2 h(\theta_k)^{(1)} \tag{14.40}$$

である。θ_k は特性値尺度上で定義する k 番目の求積点，$h(\theta_k)^{(2)}$ はその求積点の重み，$P_j(\theta_k)^{(2)}$ は尺度2において定義する共通項目 j の正答確率，$P_j(\theta_k)^{(21)}$ は尺度1で推定した項目母数値を尺度2へ等化した上で定義する正答確率である。また，$h(\theta_k)^{(1)}$ は尺度1で定義する求積点の重み，$P_j(\theta_k)^{(1)}$ は尺度1において定義する共通項目 j の正答確率，$P_j(\theta_k)^{(12)}$ は尺度2で推定した項目母数値を尺度1へ等化した上で定義する正答確率である。この基準関数 Q は双方向の等化誤差を考慮しているので，等化係数 $\hat{A}_{21}$ と $\hat{K}_{21}$ は対称性をもつ。

■ Stocking & Lord のテスト特性曲線法

この方法は共通項目で定義されるテスト特性曲線のずれに着目して

$$Q = \sum_{i=1}^{s} \left[\sum_{j=1}^{n} \left[P_j(\theta_k)^{(2)} - P_j(\theta_k)^{(21)} \right] \right]^2 h(\theta_k)^{(2)} \tag{14.41}$$

を最小にする等化係数を求める。記号の意味は前述の通りである。この基準式は，尺度2で推定した項目母数値を尺度1へ等化する際の誤差を考慮していないので，等化係数の推定値は対称性をもたない。しかし，Haebaraの方法に準拠して等化係数の推定値に対称性をもたせることはできる。

14.4.2 語彙理解力検査項目の等化

高校1年生から高校3年生に語彙理解力検査を実施した。問題冊子と実施学年の関係を図14.12に示す。100項目を3分冊として編集し，項目31から項目40を問題冊子1と問題冊子2の共通項目，項目61から項目70の10項目を問題冊子2と問題冊子3の共通項目とした。問題冊子1の項目は先に分析した40項目である。受検者は高校1年生が490名，高校2年生が485名，高校3年生が498名である。100項目にすべての高校生が解答しているわけではないが，問題冊子間に共通項目があるので，100項目の項目母数を1つの共通尺度上で較正することができる。

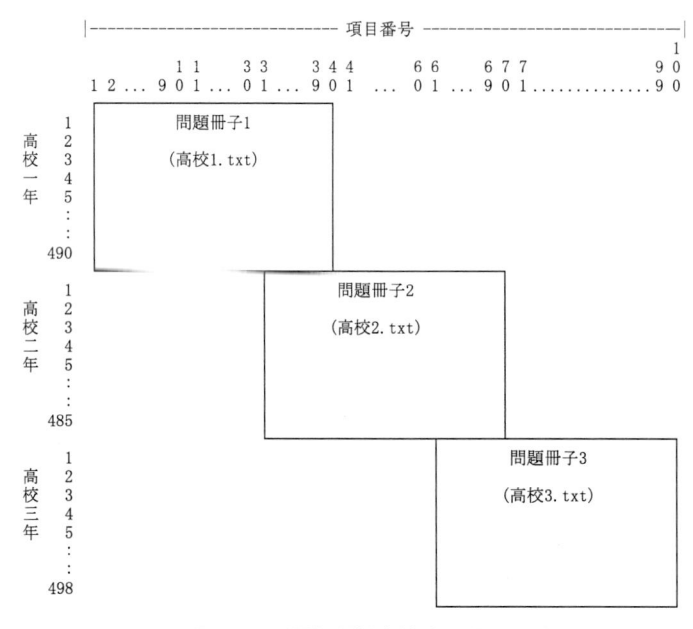

図14.12 語彙理解力検査の項目配置図

この実験では未提示によって生じた欠損値は無作為に発生したものではない。しかも，3学年の語彙理解力（特性）の分布が異なると推測されるので，3つの母集団を仮定した同時較正を行うべきである。しかし，ltm パッケージ（version 0.9-4）は多母集団の同時推定法に対応していないので，共通項目デザイン法を利用して次の手順に従って100項目の母数を共通尺度上へ等化する。ここでは共通尺度を高校1年生の特性値の分布とする。
1．問題冊子ごとに項目母数を推定する。
2．問題冊子2（高校2年生）の項目母数を問題冊子1（高校1年生）の項目母数を較正した尺度（共通尺度）へ変換する。
3．問題冊子2（高校2年生）と問題冊子3（高校3年生）の共通項目を利用して問題冊子3の項目母数を共通尺度へ等化する。

■問題冊子ごとの較正

　高2.txt と高3.txt にそれぞれ高校2年生と3年生のデータが保存されているので，問題冊子1（高校1年生）と同様の手順をふんで項目母数を推定する。
　まず，高校2年生のデータを読み込み問題冊子2の項目母数を推定し，冊子2paraへ代入する。

```
> library(polycor)          # polycor パッケージの読み込み
> library(psych)            # psych パッケージの読み込み
> library(ltm)              # ltm パッケージの読み込み
> library(irtoys)           # irtoys パッケージの読み込み
> 高2 <- read.table("高2.txt", header = TRUE)  # 解答の読み込み
> names(高2)                                    # 変数名
 [1] "Item31" "Item32" "Item33" "Item34" "Item35" "Item36"
 .....
[37] "Item67" "Item68" "Item69" "Item70"
> tetcor2 <- poly.mat(高2)  # 四分相関係数行列の計算
> VSS.scree(tetcor2$rho)    # スクリーテスト
> 冊子2para <- est(resp = 高2, model = "2PL",
+                  engine = "ltm")  # 2母数モデル
> 冊子2para                          # 母数の表示
           [,1]          [,2]       [,3]  # 左から, aj, bj, cj
Item31 0.8810358 -0.3109379899    0
Item32 0.7361390 -1.0960624295    0
Item33 1.1600668 -0.9063868123    0
Item34 0.6183433  0.7089883488    0
Item35 1.0184266 -1.6759203528    0
 .....
Item70 0.3907002  2.2047491135    0
```

次に問題冊子3の項目母数を推定し，冊子3paraへ代入する。

```
> 高3 <- read.table("高3.txt", header = TRUE)  # 解答の読み込み
> names(高3)                                    # 変数名
 [1] "Item61"  "Item62"  "Item63"  "Item64"  "Item65"  "Item66"
.....
[37] "Item97"  "Item98"  "Item99"  "Item100"
> tetcor3 <- poly.mat(高3)    # 四分相関係数行列の計算
> VSS.scree(tetcor3$rho)      # スクリーテスト
> 冊子3para <- est(resp = 高3, model = "2PL",
+                  engine = "ltm")  # 2母数モデル
> 冊子3para                          # 母数の表示
              [,1]        [,2]      [,3]   # 左から，aj, bj, cj
Item61   1.4218275  -0.97641488     0
Item62   0.4602710   2.14588953     0
Item63   0.7885518  -2.11983913     0
Item64   1.0934426  -0.34020235     0
Item65   0.9220602  -0.06963871     0
.....
Item100  0.8944887  -1.48168227     0
```

■ **等化係数の推定**

問題冊子ごとに項目母数を推定できたので，母数を共通尺度（問題冊子1の尺度，高校1年生）へ等化する。irtoysパッケージのsca()関数はMean & Mean法，Mean & Sigma法，Haebaraの項目特性曲線法[9]，Stocking & Lordのテスト特性曲線法を用いて等化係数を推定できる。関数の書式と引数の意味を以下に示す。

```
sca(old.ip = 基準母数, old.items = 基準項目,
    new.ip = 新母数, new.items = 新項目,
    old.qu = 基準尺度の求積点と重み,
    new.qu = 新尺度の求積点と重み, method = "等化法")
```

old.ip = 基準母数　基準尺度で較正された項目母数値を代入した行列である。
old.items = 基準項目　基準母数行列における共通項目の番号を代入したベクトルである。
new.ip = 新母数　新尺度で較正された項目母数値を代入した行列である。
new.items = 新項目　新尺度で較正された共通項目の番号を代入したベクトルである。
old.qu = 基準尺度の求積点と重み　normal.qu()関数が返すオブジェクトを与える。ただ

---
[9] version 0.1.2では対称性をもたせる基準式とはなっていない。

し，`normal.qu()` 関数の引数を基準尺度の平均と標準偏差とする。Haebara の項目特性曲線法もしくは Stocking & Lord のテスト特性曲線法を利用するときに必要な引数である。

`new.qu = 新尺度の求積点と重み`　Haebara の項目特性曲線法を利用するときに必要である。`normal.qu()` 関数が返すオブジェクトを与える。ただし，`normal.qu()` 関数の引数を新尺度の平均と標準偏差とする。

`method = "等化法"`　等化法を指定する。"等化法" は Mean & Mean 法が `"MM"`，Mean & Sigma 法が `"MS"`，Haebara の項目特性曲線法が `"HB"`，Stocking & Lord のテスト特性曲線法が `"LS"` [*10]である。method の初期設定は `method = "MS"` である。

ここでは等化係数が対称性をもつ Mean & Sigma 法を用いて等化係数を求める。最初に問題冊子1（冊子1para）の尺度へ問題冊子2の母数（冊子2para）を等化し，等化後の項目母数値を新冊子2paraへ代入する。共通項目の番号は問題冊子1が31から40，問題冊子2が1から10である。

```
> # 冊子1へ冊子2を等化する
> 新冊子2para <- sca(old.ip = 冊子1para, old.items = 31:40,
+                   new.ip = 冊子2para, new.items =  1:10)
> 新冊子2para
$slope                           # A12
[1] 1.083241


$intercept                       # K12
[1] 0.5411754

$scaled.ip                       # 等化後の母数の値
          [,1]        [,2]     [,3]   # aj, bj, cj
Item31 0.8133331  0.20435462     0    # 共通項目の等化後の値
Item32 0.6795709 -0.64612436     0
Item33 1.0709222 -0.44065996     0
Item34 0.5708271  1.30918063     0
Item35 0.9401662 -1.27425023     0
.....
Item70 0.3606770  2.92945001     0    # 独自項目の等化後の値
```

問題冊子2の母数を共通尺度（問題冊子1）へ等化するための係数は，

$\hat{A}_{12} = 1.083$

$\hat{K}_{12} = 0.541$

[*10]　version 0.1.2では `"LS"` とする。また，version 0.1.3 では `"SL"` とする。

である．したがって，問題冊子2で推定した特性値$\hat{\theta}_i$を次式によって共通尺度へ変換することができる．

$$\hat{\theta}_i^* = 1.083\hat{\theta}_i + 0.541 \tag{14.42}$$

$\hat{K}_{12}$が正であるから平均特性値は高校2年生の方が大きい．

次に問題冊子3の母数を共通尺度（問題冊子1）へ等化するが，共通尺度へ等化した問題冊子2の項目母数が新冊子2para\$scaled.ipへ代入されているので，冊子3paraを新冊子2para\$scaled.ipへ等化すればよい．共通項目の番号は新冊子2para\$scaled.ipでは31から40，冊子3paraでは1から10である．

```
> # 新冊子2paraへ冊子3paraを等化する
> 新冊子3para <- sca(old.ip = 新冊子2para$scaled.ip,
+                                old.items = 31:40,
+                    new.ip = 冊子3para, new.items = 1:10)
> 新冊子3para
$slope                        # A13
[1] 1.169710

$intercept                    # K13
[1] 0.893305

$scaled.ip                    # 等化後の母数の値
           [,1]         [,2]      [,3]   # aj, bj, cj
Item61  1.2155383 -0.24881746    0    # 共通項目の等化後の値
Item62  0.3934915  3.40337368    0
Item63  0.6741429 -1.58629241    0
Item64  0.9347979  0.49536679    0
Item65  0.7882809  0.81184783    0
.....
Item100 0.7647097 -0.83983386    0    # 独自項目の等化後の値
```

問題冊子3の母数を共通尺度（問題冊子1）へ等化するための係数は，

$\hat{A}_{13} = 1.170$
$\hat{K}_{13} = 0.893$

である．したがって，問題冊子3で推定した特性値$\hat{\theta}_i$を次式によって共通尺度へ変換することができる．

$$\hat{\theta}_i^* = 1.170\hat{\theta}_i + 0.893 \tag{14.43}$$

なお，$\hat{K}_{12} < \hat{K}_{13}$であるから，高校3年生の平均的な語彙理解力は高校2年生よりも高い。

問題冊子2と問題冊子3の項目母数を共通尺度へ等化したことにより，冊子間の共通項目は2つの推定値をもったことになるので，1つの推定値へまとめる。ここでは，識別力については幾何平均，困難度については算術平均を用いる。2つの値a_1とa_2の幾何平均とは積の平方根（$\sqrt{x_1 x_2}$）である。

問題冊子1と問題冊子2の共通項目の母数値を共通12へ，問題冊子2と問題冊子3の共通項目の母数値を共通23へ代入する。

```
> 共通12 <- 冊子1para[31:40, ]       # 後で共通項目の
> 共通23 <- 冊子2para[31:40, ]       # 母数を代入する
> # 共通項目の推定値の平均を求める
> 共通12[, 1] <- sqrt(冊子1para[31:40, 1] *
+           新冊子2para$scaled.ip[1:10, 1])     # 冊子1と2
>                                                # 識別力
> 共通12[, 2] <- (冊子1para[31:40, 2] +
+           新冊子2para$scaled.ip[1:10, 2])/2   # 冊子1と2
>                                                # 困難度
> 共通23[, 1] <- sqrt(新冊子2parascaled.ip[31:40, 1] *
+           新冊子3para$scaled.ip[1:10, 1])     # 冊子2と3
>                                                # 識別力
> 共通23[, 2] <- (新冊子2parascaled.ip[31:40, 2] +
+           新冊子3para$scaled.ip[1:10, 2])/2   # 冊子2と3
>                                                # 困難度
```

最後にrbind()関数を用いて全項目の母数値を全母数へ束ねる。

```
> 全母数 <- rbind(冊子1para[1:30,], 共通12,
+                新冊子2para$scaled.ip[11:30,], 共通23,
+                新冊子3para$scaled.ip[11:40,])
> round(全母数, 3)  # 共通尺度上へ変換された全母数
        [,1]    [,2]    [,3]
Item1   0.473   1.053    0
Item2   0.678  -0.312    0
Item3   0.649   0.384    0
Item4   0.785  -0.817    0
Item5   0.841   0.094    0
.....
Item100 0.765  -0.840    0
```

練習4 (1)Mean & Mean 法，(2)Stocking & Lord のテスト特性曲線法，(3)Haebara の項目特性曲線法を用いて問題冊子2の母数を問題冊子1の尺度へ変換するための等化係数を求めなさい。

(1) Mean & Mean 法

```
> # Mean & Mean 法
> sca(old.ip = 冊子1para, old.items = 31:40,
+     new.ip = 冊子2para, new.items =  1:10, method = "MM")
$slope
[1] 1.033840

$intercept
[1] 0.5099036

$scaled.ip
            [,1]         [,2]      [,3]
Item31 0.8521976   0.18844354     0
Item32 0.7120436  -0.62324936     0
.....
Item70 0.3779117   2.78926102     0
```

(2) Stocking & Lord の方法

　Stocking & Lord の方法と Haebara の方法は特性値の母集団分布の平均と標準偏差を必要とするが，周辺最尤推定法は母集団分布として標準正規分布を仮定するので，ここでは基準尺度とした高校1年生の平均0，標準偏差1を利用する。

```
> # Stocking & Lordの方法
> sca(old.ip = 冊子1para, old.items = 31:40,
+     new.ip = 冊子2para, new.items =  1:10,
+     old.qu = normal.qu(mu = 0.0, sigma = 1.0),
+     method = "LS")         #version0.1.3では"SL"とする
$slope
[1] 1.029777

$intercept
[1] 0.4242598

$scaled.ip
```

```
              [,1]         [,2]        [,3]
Item31  0.8555601    0.10406313       0
Item32  0.7148531   -0.70443964       0
.....
Item70  0.3794028    2.69465881       0
```

(3) Haebaraの方法

Haebaraの方法は基準尺度上で定義される高校2年生の特性値の平均と標準偏差を必要とするので，Mean & Sigma法による推定値が$\hat{K}_{12}$=0.541，$\hat{A}_{12}$=1.083であったから，平均を0.5，標準偏差を1.0としてみる。

```
> # Haebaraの方法（scaの推定値は対称性をもたない）
> sca(old.ip = 冊子1para, old.items = 31:40,
+     new.ip = 冊子2para, new.items =  1:10,
+     old.qu = normal.qu(mu = 0.0, sigma = 1.0),
+     new.qu = normal.qu(mu = 0.5, sigma = 1.0),
+     method = "HB")
$slope
[1] 1.058510

$intercept
[1] 0.4566771

$scaled.ip
              [,1]         [,2]        [,3]
Item31  0.8323357   0.127546087       0
Item32  0.6954482  -0.703516140       0
.....
Item70  0.3691038   2.790426542       0
```

■対称性をもたせた推定値

本来，Haebaraの項目特性曲線法は等化係数の推定値に対称性をもたせる。ところが，irtoysパッケージ（バージョン0.1.2）のsca()関数で利用できる基準関数は，推定値に対称性をもたせることができない。一方，Stocking & Lordのテスト特性曲線法は等化係数の推定値に対称性をもたせないが，基準関数を変更することによって推定値に対称性をもたせることができる。そこで，irtoysパッケージの関数を書き換え，等化係数の推定値に対称性をもたせるsca2()関数を作成した。sca2()関数の書式と引数は以下の通りであり，sca()関数と同様である。irtoysパッケージを読み込んでおいてからsca2()

関数を利用する。

```
sca2(old.ip = 基準母数, old.items = 基準項目,
    new.ip = 新母数, new.items = 新項目,
    old.qu = 基準尺度の求積点と重み,
    new.qu = 新尺度の求積点と重み, method = "等化法")
```

method = "等化法" "等化法"は Mean & Mean 法が "MM", Mean & Sigma 法が "MS", sca() 関数の Haebara の方法が "HB", 同じく Stocking & Lord の方法が "LS" である. 推定値に対称性をもたせる Haebara の方法が "HB2", Stocking & Lord の方法[*11]が "LS2" である. method の初期設定は method = "MS" である.

それでは, sca2() 関数を利用して推定値に対称性をもたせた Haebara の方法と Stocking & Lord の方法で等化係数を推定する. まず, irtoys パッケージと sca2() 関数を読み込む.

```
> # 等化係数の推定値に対称性をもたせるための関数
> library(irtoys) # normal.qu() 関数を使うので irtoys を読み込む
> # irtoys の sca() 関数を書き換えた
> sca2 <- function (old.ip, new.ip, old.items, new.items,
+                   old.qu = NULL, new.qu = NULL,
+                   method = "MS"){
+     if (length(old.items) != length(new.items))
+         stop("no of common items does not match")
+     if (!all(old.items %in% 1:nrow(old.ip)))
+         stop("bad index for some scaled item")
+     if (!all(new.items %in% 1:nrow(new.ip)))
+         stop("bad index for some new item")
+     sp = old.ip[old.items, ]
+     np = new.ip[new.items, ]
+     r = switch(method,
+         MS = simple.scale(sp, np, mm = FALSE),
+         MM = simple.scale(sp, np, mm = TRUE),
+         HB = adv.scale(sp, np, old.qu, new.qu, haeb = TRUE),
+         LS = adv.scale(sp, np, old.qu, haeb = FALSE),
+         HB2 = adv.scale2(sp, np, old.qu, new.qu, method),
+         LS2 = adv.scale2(sp, np, old.qu, new.qu, method),
+         stop(paste("unknown scaling method", method)))
```

[*11] version 0.1.2 の sca() 関数に合わせ, "LS2" とした.

```
+       new.ip[, 1] = new.ip[, 1]/r$A
+       new.ip[, 2] = new.ip[, 2] * r$A + r$B
+       return(list(slope = r$A, intercept = r$B, scaled.ip = new.ip))
+ }
```

sca2()関数で利用するadv.scale2()関数を読み込む.

```
> # irtoysのadv.scale()関数を書き換えた
> adv.scale2 <- function (sp, np, sq = NULL, nq = NULL, method){
+     if (is.null(sq))
+         stop("no quadrature for characteristic curve method")
+     if (is.null(nq))
+         stop("HB2 and LS2 need both old and new quadrature")
+     qp = c(sq$quad.points, nq$quad.points)
+     qw = c(sq$quad.weights, nq$quad.weights)
+     r = switch(method,
+         HB2 = optim(c(1, 0), hb2, method = "BFGS",
+             sp = sp, np = np, qp = qp, qw = qw),
+         LS2 = optim(c(1, 0), sl2, method = "BFGS",
+             sp = sp, np = np, qp = qp, qw = qw))
+     return(list(A = r$par[1], B = r$par[2]))
+ }
```

次に，推定値に対称性をもたせるHaebaraの基準関数を定義するhb2()関数とStocking & Lordの基準関数を定義するsl2()関数を読み込む.

```
> # 等化係数の推定値に対称性をもたせるための基準関数
> hb2 <- function (x, sp, np, qp, qw){  # Haebara法
+     A21 = x[1]
+     K21 = x[2]
+     A12 = 1/A21
+     K12 = -K21/A21
+     s = length(qp)/2
+     np21 = np
+     sp12 = sp
+     np21[, 1] = np21[, 1]/A21
+     np21[, 2] = np21[, 2]*A21 + K21
+     Q1 <- irf(ip = sp, x = qp[1:s])$f -
+         irf(ip = np21, x = qp[1:s])$f
+     sp12[, 1] = sp12[, 1]/A12
+     sp12[, 2] = sp12[, 2]*A12 + K12
+     Q2 <- irf(ip = sp12, x = qp[(s+1):(2*s)])$f -
+         irf(ip = np, x = qp[(s+1):(2*s)])$f
+     dif <- rbind(Q1, Q2)
+     return(sum(dif * dif * qw))
+ }
> sl2 <- function (x, sp, np, qp, qw){  # Stocking & Lord法
+     A21 = x[1]
+     K21 = x[2]
+     A12 = 1/A21
+     K12 = -K21/A21
+     s = length(qp)/2
+     np21 = np
+     sp12 = sp
+     np21[, 1] = np21[, 1]/A21
+     np21[, 2] = np21[, 2]*A21 + K21
+     Q1 <- trf(ip = sp, x = qp[1:s])$f -
+         trf(ip = np21, x = qp[1:s])$f
+     sp12[, 1] = sp12[, 1]/A12
+     sp12[, 2] = sp12[, 2]*A12 + K12
+     Q2 <- trf(ip = sp12, x = qp[(s+1):(2*s)])$f -
+         trf(ip = np, x = qp[(s+1):(2*s)])$f
+     dif <- c(Q1, Q2)
+     return(sum(dif * dif * qw))
+ }
```

必要な関数を読み込んだので，Haebaraの方法で問題冊子1の尺度へ問題冊子2の尺度を変換する等化係数を求める．

```
> # Haebaraの方法（対称性あり）
> sca2(old.ip = 冊子1para, old.items = 31:40,
+      new.ip = 冊子2para, new.items =  1:10,
+      old.qu = normal.qu(mu = 0.0, sigma = 1.0),
+      new.qu = normal.qu(mu = 0.5, sigma = 1.0),
+      method = "HB2")
$slope
[1] 1.064532

$intercept
[1] 0.4598313

$scaled.ip
            [,1]           [,2]       [,3]
Item31 0.8276275  0.128827955      0
Item32 0.6915143 -0.706961975      0
Item33 1.0897437 -0.505046249      0
Item34 0.5808594  1.214571972      0
Item35 0.9566897 -1.324239171      0
.....
```

次に，Stocking & Lord の方法で等化係数を求める．

```
> # Stocking & Lordの方法（対称性あり）
> sca2(old.ip = 冊子1para, old.items = 31:40,
+      new.ip = 冊子2para, new.items =  1:10,
+      old.qu = normal.qu(mu = 0.0, sigma = 1.0),
+      new.qu = normal.qu(mu = 0.5, sigma = 1.0),
+      method = "LS2")
$slope
[1] 1.044606

$intercept
[1] 0.432843

$scaled.ip
            [,1]          [,2]      [,3]
Item31 0.8434147  0.10803538     0
Item32 0.7047051 -0.71211010     0
Item33 1.1105308 -0.51397386     0
Item34 0.5919394  1.17345625     0
Item35 0.9749387 -1.31783300     0
.....
```

表 14.5　等化係数の推定値

等化法	等化係数 $\hat{A}_{12}$	$\hat{K}_{12}$
Mean&Mean（MM）	1.034	0.510
Mean&Sigma（MS）	1.083	0.541
Stocking&Lord（LS）	1.030	0.424
Haebara（HB）	1.059	0.457
Stocking&Lord（LS2）	1.045	0.433
Haebara（HB2）	1.065	0.460

　これまでに求めた等化係数の推定値を表14.5にまとめた。推定値に大きな相違はないが，モーメント法（Mean & Mean 法と Mean & Sigma 法）と特性曲線法（Haebara 法と Stocking & Lord 法）との間にわずな違いが見られる。

14.4.3　真の得点にもとづく等化

　語彙理解力検査（100項目）の項目母数は，先の等化によって高校1年生の特性値を基準として較正され，全母数に等化後の母数値が代入されている。ここで，特性値を –1.0 として問題冊子1（高校1年生用40問）と問題冊子3（高校3年生用40問）のテスト反応関数（テスト特性関数）の値を求めると

```
> # 特性値 = -1.0の場合
> trf( 全母数 [1:40,],    x = -1.0)$f        # 問題冊子1での真値
[1] 15.39729
> trf( 全母数 [61:100,], x = -1.0)$f         # 問題冊子3での真値
[1] 10.94206
```

である。問題冊子1の方が全体的にやさしいので問題冊子3よりも4.5点ほど大きい。この値は受検者が2つの冊子でそれぞれ正答する期待値に等しく，正答数の真の得点（true score）とも呼ばれる。また，特性値を2.0としたときは

```
> # 特性値 =  2.0の場合
> trf( 全母数 [1:40,],    x =  2.0)$f        # 問題冊子1での真値
[1] 34.68905
> trf( 全母数 [61:100,], x =  2.0)$f         # 問題冊子3での真値
[1] 30.36377
```

となり，やはり問題冊子1の方がやさしいので，真の得点は問題冊子1の方が4.3点ほど大きい。

　ここで計算した真の得点は同一の特性値を与えたときに期待される正答数であるから，2つの得点を等価とみなすことができる。つまり，問題冊子1で15.4点を取る語彙理解

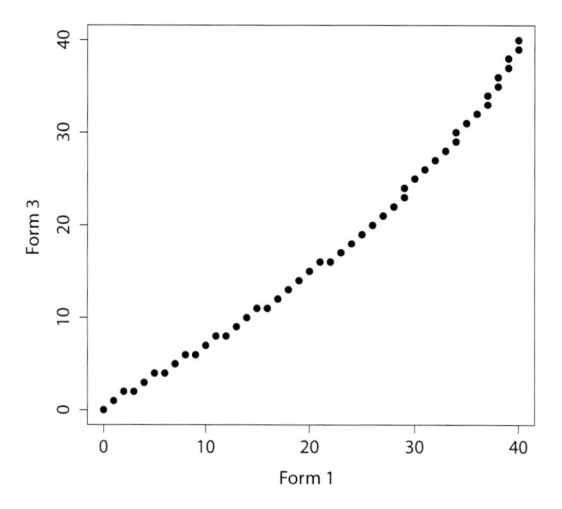

図 14.13 問題冊子1と問題冊子3における得点の等化

力と問題冊子3で10.9点を取る語彙理解力は等しい．さらに，問題冊子1で34.7点を取る語彙理解力と問題冊子3で30.4点を取る語彙理解力は等しいといえる．

ここでは2つの計算例のみを示したが，同様の手順をふんで2つの問題冊子の間で得点の対応表を作成することができる．この手続きは真の得点の等化，もしくはテスト得点の等化と呼ばれる．実際には真の得点は不明であるから，正答数に対して対応表を適用することになる．そこで，2つの冊子の間で等価な関係にある真の得点を正答数へ換算し（四捨五入），相関図にして図14.13に示した．横軸が問題冊子1の得点，縦軸が問題冊子3の得点を表す．0点は0点どうし，満点は満点どうしを対応させる．この計算例はたまたま問題冊子の項目数が等しかったが，項目数が異なっていても，真の得点の等化法を用いて等価得点の対応表を作成することができる．

14.5 ltm パッケージを用いた母数の推定

est() 関数は ltm パッケージが提供する tpm() 関数，ltm() 関数，rasch() 関数を利用して項目母数を推定する．tpm はバーンバウム（Birnbaum）の three parameter model （3母数モデル）の tpm，ltm は latent trait model（潜在特性モデル）の ltm，rasch() は Rasch モデルの rasch である．ここでは，この3つの関数の基本的書式と引数について説明する．以下の説明の中で引数として指定する反応パターン行列とは，N名 × n項目の項目反応行列を代入したオブジェクト名であり，正答（肯定的回答）を1，誤答（否定的回答）を0，欠損値をNAとする．

■ tpm() 関数——3母数モデル

```
tpm( 反応パターン行列 , type = " 識別力 ", constraint = 制約行列 )
```

type = " 識別力 "　全項目間で識別力を等値と制約する場合は `type = "rasch"` とし，項目ごとに識別力を推定する場合は `type = "latent.trait"` とする。初期設定は `type = "latent.trait"` である。

constraint = 制約行列　母数値を固定する項目がある場合，3列からなる行列制約行列によって固定母数を指定する。第1列は制約を課す項目の番号，第2列は制約を課す母数を表す番号（1が当て推量，2が困難度，3が識別力），第3列が固定する母数の値である。ちなみに，constraint の意味は制約である。

練習5　全項目の当て推量母数を0.2，さらに識別力母数を1.0へ固定した3母数モデルを高1.txt ファイルに保存されている40項目に当てはめなさい。

```
> detach("package:psych")               # psych の取り外し
> library(ltm)                          # ltm パッケージの読み込み
> 高1 <- read.table(" 高1.txt", header = TRUE)    # 解答の読み込み
> m <- length( 高1)                      # m は項目数
> tpm( 高1, constraint = rbind(cbind(1:m, 1, 0.2),    # cj=0.2
+                               cbind(1:m, 3, 1.0)))  # aj=1.0

Call:
tpm(data = 高1, constraint = rbind(cbind(1:m, 1, 0.2), cbind(1:m,
    3, 1)))

Coefficients:
        Gussng   Dffclt   Dscrmn          # (a)
Item1    0.2     1.555      1
Item2    0.2     0.361      1
Item3    0.2     1.041      1
Item4    0.2    -0.210      1
Item5    0.2     0.734      1
.....
Item40   0.2     0.242      1
```

(a) 欄の Gussng は当て推量 c_j，Dffclt は困難度 b_j，Dscrmn は識別力 a_j の推定値である。

■ ltm() 関数——2母数モデル

1次元モデルを当てはめるときは

```
ltm(反応パターン行列 ~ z1)
```

とするだけでよい。項目母数の値に制約を課す場合は2次元モデル[*12]のパラメータ化に従うので、通常の2母数モデルに対して母数に制約を課す場合は、tpm() 関数を利用する方が容易である。

■ rasch() 関数――1母数モデル

```
rasch(反応パターン行列, constraint = 制約行列)
```

constraint = 制約行列　母数値を固定する項目がある場合、2列からなる制約行列により母数の値を固定する。第1列は制約を課す項目の番号、第2列は固定する母数の値である。識別力の値を固定する場合は第1列の値を「項目数+1」とし、固定する値を第2列で与える。

練習6　全項目の識別力母数を1.0へ固定した1母数モデルを高1.txt ファイルに保存されている40項目に当てはめなさい。

```
> 高1 <- read.table("高1.txt", header = TRUE)  # 解答の読み込み
> m <- length(高1)                              # mは項目数
> rasch(高1, constraint = cbind(m + 1, 1))      # aj=1.0

Call:
rasch(data = 高1, constraint = cbind(m + 1, 1))

Coefficients:
  Dffclt.Item1   Dffclt.Item2   Dffclt.Item3   Dffclt.Item4
         0.547         -0.233          0.259         -0.670
  .....
 Dffclt.Item37  Dffclt.Item38  Dffclt.Item39  Dffclt.Item40
         0.765         -0.224         -0.579         -0.282
        Dscrmn
         1.000
```

Dscrmn は固定した識別力の値（1）である。

[*12] ltm() 関数は潜在特性の非線形項を伴う2次元モデル（Rizopoulos, D., & Moustaki, I. [2008]. Generalized latent variable models with nonlinear effects. *British Journal of Mathematical and Statistical Psychology*, 61, 415-438.）を当てはめることができる。

練習7 PISA 2003[*13]のReadingテストの完全正答を1，誤答・部分正答を0，未提示項目をNAとした反応パターン行列（41カ国・地域から17カ国を選択，67671名，28項目）を作成し，国17.txtファイルに保存した。ファイルの先頭行には28項目の変数名（x1からx28），国名コード，国名が記入されている。ltm()関数を用いて2母数モデルを当てはめ，結果をオブジェクトへ代入しなさい。ltm()関数が多母集団モデル（17の母集団）に対応していないので，ここでは1つの母集団として推定する。

```
> library(ltm)                              # ltmパッケージの読み込み
> 国17 <- read.table("国17.txt", header = TRUE)  # データ入力
> names(国17)                               # 変数名
 [1] "X1"         "X2"         "X3"         "X4"
 .....
[25] "X25"        "X26"        "X27"        "X28"
[29] "国名コード" "国名"
> 採点データ <- 国17[, 1:28]                # 項目反応
> 母数の推定値 <- ltm(採点データ ~ z1)      # 母数の推定
> 母数の推定値

Call:
ltm(formula = 採点データ ~ z1)

Coefficients:
     Dffclt   Dscrmn
X1   -1.415   1.532
X2   -0.014   1.377
X3   -0.428   1.709
X4   -0.838   2.106
X5   -2.092   1.228
.....
X28  -0.938   1.801
```

■特性値の推定

factor.scores()関数は項目母数の推定値と反応パターン行列を用いて特性値を推定する。基本的書式と引数は以下の通りである。

```
factor.scores(オブジェクト, resp.patterns = 反応パターン行列,
              method = "推定方法")
```

[*13] http://pisa2003.acer.edu.au/downloads.php

オブジェクト `tpm()`関数，`ltm()`関数，`rasch()`関数の返り値を代入したオブジェクト名を指定する．

`resp.patterns = 反応パターン行列` 特性値を推定する反応パターン行列を代入したオブジェクト名を指定する．項目母数を推定するときに利用した反応パターン行列であっても，個人ごとに推定値を必要とするときは，この引数を用いて反応パターン行列を指定する．

`method = "推定方法"` "推定方法"には"EB" "EAP" "MI" "Component"のいずれか1つを指定する．"EB"は経験ベイズ推定値（empirical Bayes；モーダル推定値），"EAP"は期待事後推定値，"MI"は多重代入法（multiple imputations）と呼ばれる方法による推定値，"Component"は成分得点を求める[14]．初期設定は`method = "EB"`である．推定値は`score.dat$z1`を参照名として返される．

練習8 先の練習で代入したオブジェクト（母数の推定値）を用い，個人ごとに特性値を推定して特性値へ代入しなさい．

ここではベイズ・モーダル推定値を求める．

```
> 特性値 <- factor.scores(母数の推定値,      # EB 推定値を求める
+                       resp.patterns = 採点データ)
> 特性値 score.dat$z1[1:10]                 # 先頭の10名
 [1] -1.1779419 -0.2536640 -0.2445496 -0.6489373 -1.0770593 -1.4949316
 [7] -1.3211266  0.9854307  0.6542067  1.2699246
```

練習9 個人ごとに推定した特性値を用いて国別平均値と標準偏差を求めなさい．また，国別に推定値の箱ひげ図を描きなさい．

平均値を比較しやすいように，推定値を平均500，標準偏差100へ変換した上で国別平均点を求める．ここでは，`sapply()`関数と`tapply()`関数を用いる．

```
> zbar <- sapply(data.frame(平均 = 特性値$score.dat$z1*100+500),
+               tapply, 国17$国名, mean)      # 平均
> zsd <- sapply(data.frame(標準偏差 = 特性値$score.dat$z1*100+500),
+               tapply, 国17$国名, sd)        # 標準偏差
> n   <- table(国17$国名)                      # 国別受検者数
```

受検者数をn，平均をzbar，標準偏差をzsdへ代入したので，3つを横へ束ねる．

---

[14] Bartholomew, D. (1984). Scaling binary data using a factor model. *Journal of the Royal Statistical Society*, Series B, 46, 120-123.

```
> round(cbind(n, zbar, zsd))              # 四捨五入
               n   平均  標準偏差
AUS オーストラリア  6754  507    88
BEL ベルギー      4859  495    92
CAN カナダ       15033  497    82
CHE スイス       4540  487    84
DEU ドイツ       2555  486    91
FIN フィンランド   3151  520    76
FRA フランス      2304  492    84
HKG 香港        2408  501    75
IRL アイルランド   2105  504    80
ITA イタリア      6298  486    86
JPN 日本        2535  492    90
KOR 韓国        2952  516    77
NLD オランダ     2194  501    81
NOR ノルウェー    2162  484    89
NZL ニュージーラン 2417  507    88
SWE スウェーデン  2458  497    87
USA 米国        2946  482    87
```

boxplot()関数を用いて国別に箱ひげ図を描く．チルド記号「~」の前に描画する変数名，後にグループ名を代入した変数名を指定する．

```
> boxplot(特性値$score.dat$z1 * 100 + 500 ~ 国17$国名コード)
```

図14.14の箱ひげ図から，日本はフィンランドや韓国と比べて分散の大きいことが見て取れる．

国別平均値とPISA 2003 Technical Report[15]に報告されている平均値を表14.6に示す．推定に用いたデータとモデルは異なるが，平均値の相関は0.894と大きく，参加国間の相違をほぼ再現できた．また，非加重平均値を見ると，本章で選択した17カ国が参加国の中では上位国であったことがわかる．

---

[15] http://www.oecd.org/dataoecd/49/60/35188570.pdf

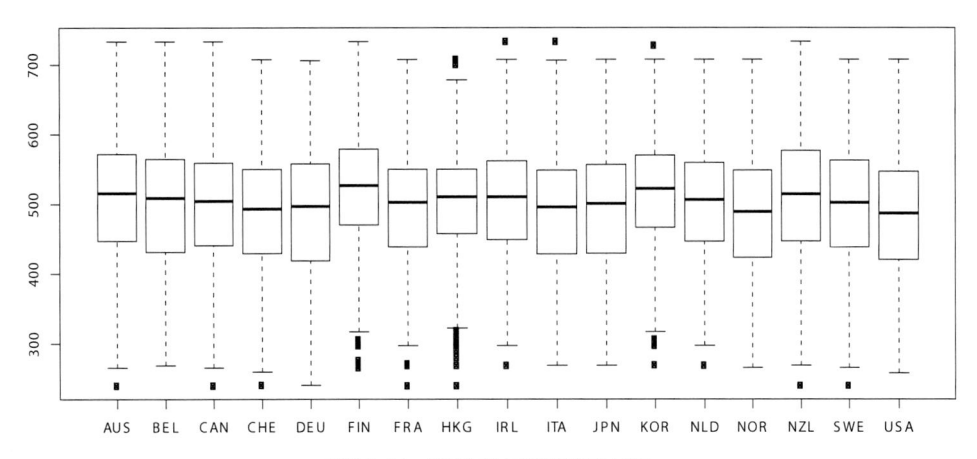

図 14.14　特性値の国別箱ひげ図

表 14.6　Reading テストの国別平均値

国名コード	国名	受検者数	平均値（標準偏差）本稿	Report
AUS	Australia	6754	507 (88)	525
BEL	Belgium	4859	495 (92)	507
CAN	Canada	15033	497 (82)	528
CHE	Switzerland	4540	487 (84)	499
DEU	Germany	2555	486 (91)	491
FIN	Finland	3151	520 (76)	543
FRA	France	2304	492 (84)	496
HKG	Hong Kong-China	2408	501 (75)	510
IRL	Ireland	2105	504 (80)	515
ITA	Italy	6298	486 (86)	476
JPN	Japan	2535	492 (90)	498
KOR	Korea	2952	516 (77)	534
NLD	Netherlands	2194	501 (81)	513
NOR	Norway	2162	484 (89)	500
NZL	New Zealand	2417	507 (88)	522
SWE	Sweden	2458	497 (87)	514
USA	United States	2946	482 (87)	495
		非加重平均値	497	510

14.5　ltm パッケージを用いた母数の推定

参考図書

　Rとデータ解析法を学ぶための参考書・論文（和書・翻訳書に限定）をテーマごとに紹介する。本文の脚注にも文献を紹介した。

■R
(1) 青木繁伸（2009）．Rによる統計解析　オーム社
(2) 舟尾暢男（2009）．TheRTips 第2版—データ解析環境Rの基本技・グラフィックス活用集　オーム社
(3) 渡辺利夫（2010）．誰にもできるらくらくR言語　ナカニシヤ出版

■基礎数学
(1) 永田　靖（2005）．統計学のための数学入門30講　朝倉書店
(2) 岡本安晴（2008, 2009）．統計学を学ぶための数学入門［上・下］培風館
(3) 小野寺孝義・狩野　裕（編）（2003）．文科系の学生のための数学入門1・2　ナカニシヤ出版

■心理統計学と統計的データ解析法
(1) 足立浩平（2006）．多変量データ解析法—心理・教育・社会系のための入門　ナカニシヤ出版
(2) 南風原朝和（2002）．心理統計学の基礎—統合的理解のために　有斐閣
(3) 中村知靖・松井　仁・前田忠彦（2006）．心理統計法への招待—統計をやさしく学び身近にするために　サイエンス社
(4) 繁桝算男・大森拓哉・橋本貴充（2008）．心理統計学—データ解析の基礎を学ぶ　培風館
(5) 渡部　洋（編著）（2002）．心理統計の技法　福村出版
(6) 山田剛史・杉澤武俊・村井潤一郎（2008）．Rによるやさしい統計学　オーム社

■単回帰分析
(1) 岩原信九郎（1965）．教育と心理のための推計学［新訂版］　日本文化科学社
(2) 間瀬　茂・神保雅一・鎌倉稔成・金藤浩司（2004）．工学のためのデータサイエンス入門—フリーな統計環境Rを用いたデータ解析　数理工学社

（3）吉田寿夫（1998）． 本当にわかりやすいすごく大切なことが書いてあるごく初歩の統計の本　北大路書房

■重回帰分析

（1）海保博之（編著）（1986）． 心理・教育データの解析法10講［応用編］　福村出版
（2）永田　靖・棟近雅彦（2001）． 多変量解析法入門　サイエンス社
（3）柳井晴夫・岩坪秀一（1977）． 複雑さに挑む科学—多変量解析入門　講談社ブルーバックス

■一般化線形モデル

（1）Dalgaard,P.（2002）． *Introductory Statistics with R.* New York : Springer Science + Business Media
　　岡田昌史（監訳）（2007）． Rによる医療統計学　丸善
（2）Dobson,A.J., & Barnett, A.G.（2008）． *An Introduction to Generalised Linear Models, 3rd Ed..* New York : CRC Press
　　田中　豊・森川敏彦・山中竹晴・冨田　誠（訳）（2008）． 一般化線形モデル入門［原著第2版］　共立出版
（3）丹後俊郎（2000）． 統計モデル入門　朝倉書店

■分類法

（1）木下栄蔵（2009）． わかりやすい数学モデルによる多変量解析入門［第2版］　近代科学社
（2）柳井晴夫・高木廣文・市川雅教・服部芳明・佐藤俊哉・丸井英二（1986）． 多変量解析ハンドブック　現代数学社
（3）柳井晴夫・高根芳雄（1985）． 多変量解析法［新版］　朝倉書店

■因子分析

（1）市川雅教（2010）． 因子分析　朝倉書店
（2）松尾太加志・中村知靖（2002）． 誰も教えてくれなかった因子分析—数式が絶対に出てこない因子分析入門　北大路書房
（3）芝　祐順（1979）． 因子分析法［第2版］　東京大学出版会

■主成分分析

(1) Everitt, B.S. (2005). *An R and S-Plus Companion to Multivariate Analysis.* London : Springer-Verlag
　　石田基広・石田和枝・掛井秀一（訳）（2007）．RとS-PLUSによる多変量解析　シュプリンガー・ジャパン
(2) 水野欽司（1996）．多変量データ解析講義　朝倉書店
(3) 芝　祐順（1975）．行動科学における相関分析法［第2版］　東京大学出版会

■独立成分分析

(1) Hyvärinen, A., Karhunen, J., & Oja, E. (2001). *Independent Component Analysis.* New York : John Wiley & Sons
　　根本　幾・川勝真喜（訳）（2005）．詳解独立成分分析—信号解析の新しい世界　東京電機大学出版局
(2) Hyvärinen, A., & Oja, E. (1999). *Independent Component Analysis : A Tutorial* [A revised version of this tutorial appeared in *Neural Networks*, 13 (4-5) : 411-430, 2000, with the title "Independent Component Analysis : Algorithms and Applications"]
　　鳥取大学工学部電気電子工学科電子素子応用研究室（訳）（2001）．独立成分分析（ICA）：チュートリアル
　　http://www cis hut fi/aapo/papers/IJCNN99_tutorialweb/
(3) 村田　昇（2004）．入門独立成分分析　東京電機大学出版局

■構造方程式モデリング

(1) 朝野熙彦・小島隆矢・鈴木督久（2005）．入門共分散構造分析の実際　講談社
(2) 服部　環・海保博之（1996）．Q&A心理データ解析　福村出版
(3) 狩野　裕・三浦麻子（2002）．AMOS，EQS，CALISによるグラフィカル多変量解析—目で見る共分散構造分析［増補版］　現代数学社
(4) 小島隆矢（2003）．Excelで学ぶ共分散構造分析とグラフィカルモデリング　オーム社
(5) Kreft, I.G.G., & de Leeuw, J. (1998). *Introducing Multilevel Modeling.* London : Sage Publications
　　小野寺孝義・菱村　豊・村山　航・岩田　昇・長谷川孝治（訳）（2006）．基礎から学ぶマルチレベルモデル—入り組んだ文脈から新たな理論を創出するための統計手法　ナカニシヤ出版
(6) 豊田秀樹（1998）．共分散構造分析［入門編］—構造方程式モデリング　朝倉書店

(7) 豊田秀樹（2007）．共分散構造分析［理論編］―構造方程式モデリング　朝倉書店
(8) 豊田秀樹（編著）（2009）．共分散構造分析［実践編］―構造方程式モデリング　朝倉書店
(9) 豊田秀樹・前田忠彦・柳井晴夫（1992）．原因を探る統計学―共分散構造分析入門　講談社ブルーバックス

■項目反応理論

(1) 池田　央（1994）．現代テスト理論　朝倉書店
(2) 芝　祐順（編著）（1990）．項目反応理論―基礎と応用　東京大学出版会
(3) 靜　哲人（2007）．基礎から深く理解するラッシュモデリング―項目応答理論とは似て非なる測定のパラダイム　関西大学出版部

索引

Rプログラム

記号

' 28,51
- 20
! 101
!= 37
" 17,51
20
$ 34,77
%*% 29,184
() 101
* 20,133
** 20
*.csv 56
, 25
/ 20
: 25,133
:/ 56
? 17,45
[,] 34
[] 34
^ 20
{} 35,37
~ 66,147,156
+ 20
<- 21,264,285
<-> 264,285
> 15
-> 21,264,285
\n 163

数字

1/mu^2 105,106
1PL 394
2PL 394
3PL 394

A

A1() 349
A1startval() 357
abline() 69
abs() 23
adv.scale2() 411
alg.typ 234
algorithm 163
Anova() 136
apply() 48
as.character() 321
as.integer() 160,237
as.matrix() 321

B

backward 96
bartlett 248
bentlerQ 182
bentlerT 182
binomial 104
BM 387
both 178
boxplot() 420
by() 38,41
byrow 28

C

c() 24,25
carパッケージ 17,85
cat() 163
cauchit 105,106
cbind() 26
ceiling() 23
cex 160
cex.axis 50,87
cex.lab 50,87
cfQ() 195
cfT() 195
clipboard 58
cloglog 105,106,118
cluster 182,215
col 160
col.names 321
colMeans() 38,39
colSums() 38,39
complete.obs 43
Component 419
constraint 416,417
cor() 38,40
cov() 38,40
cov2cor() 270,326
crossprod() 223
cumsum() 216
cut 183
CV 151

D

D() 51,66
D1() 362
D1starval() 364
DAAGパッケージ 85
data 67,104
data.frame() 37-38
data.matrix 201
dbinom() 101

deriv() 54
det() 273
detach() 18
deviance 132
diag() 30
direction 93
dmnorm() 145,166
dnorm() 99,142
dpois() 122

E

EAP 419
eap() 386
EB 419
eigen() 34,178,186,216
engine 394
est() 393
exp 232
exp() 23
expand 146
expand.grid() 130
expression() 51

F

fa 178
fa() 181
fa.parallel() 178,216,218
factanal() 194
factor.scores() 418
family 104
fastICA() 232
fastICA パッケージ 230,231
father.son 240,355
fixed.x 278,299,338
floor() 23
fm 181
for() 35,163
forward 93
Frogy 163
fun 232

G

galton 240
Gamma 104
gamma() 47
gaussian 104
geominQ 182
geominT 182
getwd() 56
ginv() 32
glm() 104
glm.nb() 104
gls 181
GPArotation パッケージ 194,226

H

Hartigan-Wong 163
HB 405,410
HB2 410
hb2() 411
header 57
hetcor() 206

I

identity 105,106
ifa.aic() 248
ifa.bic() 248
ifa.em() 247
ifa.predict() 247
ifa パッケージ 247
install.packages() 17
inverse 105,106
inverse.gaussian 105
ip 387
irf() 380
iris 236
irtoys パッケージ 379
is.matrix() 27
iter.max 163

K

kappa 195

kendall 46
kmeans() 163

L

lapply() 168
latent.trait 416
lavaan パッケージ 306
lda() 151,156
length() 46
lgamma() 47
library() 17
link 104
list 93
Lloyd 163
lm() 66,76
lms 248
locator() 237
log 105,106
log() 23
log10() 23
log2() 23
logcosh 232
logit 105,106
loglin() 130
loglm() 130
LS 405,410
ls() 60
LS2 410
ltm 394
ltm() 393,416
ltm パッケージ 379,415

M

MacQueen 163
main 234
MASS パッケージ 32,93
matrix() 27
mean 142
mean() 38,39
method 46,234,248,387,405,410,419
mfcol 234

mfrow　234
MI　419
minres　181
ml　181
ML　387
mlebme()　386
MM　405,410
mnormt パッケージ　145
mod.indices()　324
model　394
moments パッケージ　341
mregQ()　80
MS　405,410
mu　387

N

n.comp　232
n.ss　201
NA　43,264
names　262
NaN　88
ncol　28
new.ip　404,410
new.items　404,410
new.qu　405,410
nfactors　181,215
nFactors パッケージ　202
ni　248
nijidis()　152
nlm()　79,80
none　182,215
normal.qu()　387,405
normalize　194,195
nrep　201
nrow　28
nrows　57
nstart　163
nstep　201
ntrials　178
nvar　201

O

oblimin　182,215
oblimin()　226
offset　125
old.ip　404,410
old.items　404,410
old.qu　404,410
OpenMx パッケージ　306
order()　38,41
outer()　145

P

pa　181
pairwise.complete.obs　44
pairwise.t.test()　168
par()　234
paste()　321
pc　178
pch　160
pearson　46,132
persp()　145
phi　146
plot()　68
plot.irf()　380
plot.tif()　389
plot.trf()　384
poisson　104
poly.mat()　206,395
polycor パッケージ　206,395
predict()　148,156
principal()　214
print()　36,183
prior　148
prob　101
probit　105,106
promax　182,215
Promax()　198
psych パッケージ　175,214

Q

q()　16

q.eigen　201
qda()　147
qu　387
quartimax　182,215
quartimin()　194
quasi　105
quasibinomial　105,106
quasipoisson　105,106
quote　59

R

r.seed　201
random.polychor.pa()　201
random.polychor.pa パッケージ　201
rasch　394,416
rasch()　393,417
raw　299,338
raw.moments()　297
rbind()　26
read.csv()　58
read.fwf()　55
read.moments()　262
read.table()　57
rep()　25
resid()　131
residuals　184
residuals()　131
resp　387,393
resp.patterns　419
response　131
rm()　61
rnorm()　87
rotate　182,215
round()　23,195
row.names　321
rowMeans()　38,39
rowSums()　38,39
runif()　354

S

sample()　37

sapply()　419
sca()　404
sca2()　409
scale()　92
scatterplot3d パッケージ　79
scope　93
scores　215
sd　142
sd()　38,40
seijun()　161
sem()　262,265
sem パッケージ　260,297,320,336
senkeidis()　153
sep　58
seq()　25
set.seed()　249
setwd()　56
sigma　387
simplimax　182,215
size　101
skewness()　341
SL　405
sl2()　411
smc()　177,186
solve()　31
spearman　46
specify.model()　262,263,285
split()　43

sqrt　105,106
sqrt()　23
standardized.coefficients()　262, 265
stats パッケージ　163
std.coef()　262
step()　93
stepAIC()　93,113,137
str()　57
subset()　43
sum()　38,39
summary()　38,41,67,117,262, 265
sW()　345

T

t()　29,184
tapply()　419
text()　237
theta　146
thompson　248
tif()　389
tpm()　393,416
trf()　384
type　50,87,131,416

U

upper　93

usd()　48
use　43
UsingR パッケージ　240

V

var()　38,40
varimax　182,215
vif()　85
VSS()　216,218
VSS.scree()　177,216,218

W

which.max()　143
while()　36
wls　181
write.csv()　60
write.table()　58

X

xlim　50
xtabs()　132,135

Y

ylab　50
ylim　50

Z

z1　417

事項索引

記号

-1　31
-　32
+　77,148
→　258
⇄　259
⟷　259

アルファベット

ADF 法　345
AGFI　275
AIC　93,248,282
BIC　248,275
BMI　73
c　116
CAIC　282

CFI　275
CRAN　17
CSV 形式　55,57
e　22
e　70
EAP　386
Excel　55
FastICA　231
for ループ　35

F値　71,81
F統計量　71
F分布　71,81
GFI　275
Haebaraの項目特性曲線法　401,409
HTMLヘルプ　17
JADE　231
k平均法　162
leave-one-out交差妥当法　151
LOOCV　151
MAPテスト　176,203,216
Mean & Mean法　400
Mean & Sigma法　400
MMAP法　393
NFI　275
NNFI　275
noisy独立成分分析　230,247
Pearson-ICA　231
PISA　418
p値　68,71,72,267
R　13
R Console　15　20
R Gui　20
Raschモデル　382
Rcmdr　20
RMSEA　275
Rエディタ　20
Rコマンダー　20
scores　197
SEM　256
SLS　345,357
SMC　176
SRMR　275
Stocking & Lordのテスト特性曲線法　402,409
TIMSS　375
TOEFL　375
TOEIC　375
t規則　275
t値　68,71,72,81
t分布　71,81
ULS　344,357

VIF　85,87
VSS基準　176
z値　267

あ行

赤池情報量規準　93,248
アサインメント　21
値の付与　21
値の割り当て　21
当て推量　379
α係数　260
1因子性の仮定　385
1次の積率　340
1次微分　51
1母数モデル　378
1母数ロジスティックモデル　382
逸脱度　108
一致　116
一般化重み付き最小2乗法　345
一般化逆行列　31,233
一般化最小2乗法　180,185,200
一般化線形モデル　97,98
一般化部分採点モデル　378,379
一般線形モデル　97
因果関係　258
因果連鎖　261
因子　170,257
因子構造　189,190
因子得点　174,197,247
因子の回転　188
因子の相関　192
因子の変換　188
因子パーシモニー回転　189,196
因子負荷量　174,247
因子分析　170,256
インストールプログラム　14
エカマックス回転　189,196
エディタ　20
円形　257
オーソマックス基準　189
オッズ　109
オッズ比　126

オブジェクト　21
オフセット　125
オブリミン基準　189
重み　210
重み付き最小2乗法　180,185
重みなし最小2乗法　344,357

か行

回帰係数　64
回帰式　64
回帰推定法　197,198
カイザー基準　175,216
カイザーの基準化　194
χ^2検定　112
χ^2値　273
χ^2統計量　136
χ^2分布　112,273
階乗　101
外生変数　259
階層的クラスター分析　162
回転行列　195,198
カクテルパーティー効果　228
確認的因子分析　284
確率密度　99,140
確率密度関数　99
掛け算　20
過小分散　107
過剰分散　105,106
傾き因子　296
ガットマン基準　175,216
関数　22
間接効果　269
完全情報項目因子分析　200
観測信号　229
観測変数　257
感度　115
ガンマ関数　46
カンマ区切り　56
ガンマ分布　99
管理者権限として実行　15
幾何平均　407
疑似相関　170,276

索　引　431

疑似チャンスレベル　379	群内平方和　155,162	固有ベクトル　33,212
疑似尤度法　106	群別標準偏差　41	固有方程式　34,155
基準化　194	群別平均　41	混合行列　233
期待事後推定値　386,419	経験ベイズ推定値　386,419	混合係数　230
期待値　232,339	係留受検者法　398	困難度　377,379
帰無仮説　71	係留テスト法　398	
逆行列　31,81,145	欠損値　43	## さ　行
逆連結関数　105	決定係数　69,109,268	再検査信頼性係数　260
球状化　232	検出力　72,93	最小2乗法　64,180
求積点　386	源信号　229	最小残差法　180
共通因子　173	検定力　72,93	最尤推定値　386
共通項目デザイン　398	原点　377	最尤推定法　106,273
共通受検者デザイン　398	ケンドールの順位相関係数　45	最尤法　180
共通性　174,220	ケンドールのタウ　116	作業ディレクトリ　56
行の平均　38	交互作用　131	削除　35
行の和　38	交差妥当化法　150,151	残差　64,131
共分散　38	降順　42	残差平方和　108
共分散構造　271	較正　385,398	3次の積率　340
行列　26	構造行列　160	3指標規則　291
行列式　145,273	構造係数　160	3母数モデル　378
行列の積　29	構造的外生変数　259	3母数ロジスティックモデル　379
局外母数　100	構造方程式モデリング　256	ジェオミン斜交回転　182
極小値　50	恒等変換　103	ジェオミン直交回転　182
局所独立の仮定　385	項目応答理論　376	四角形　257
極大値　50	項目特性関数　379,392	識別性　291
極値　50	項目特性曲線　381	識別力　379
寄与率　69,158,183,216,220	項目反応関数　379,392	Σ　24
切り上げ　23	項目反応曲線　381	次元縮約　209
切り捨て　23	項目反応モデル　378	事後確率　148
グッドマン・クラスカルのガンマ　116	項目反応理論　376	事後分布　386
組み合わせの数　101	コーティマックス回転　182,189,196,215	四捨五入　23
クラスター回転　182,215	コーティミン回転　182,190,215	指数　23
クラスター内平方和　162,163	誤差　257	指数関数　99,232
クラスター分析　162	誤差分散　260	指数分布族　99,100
グラフによる解法　391	誤差平方和　64	事前確率　148
繰り返し文　35	50%致死量　120	自然対数　23
クリップボード　58	固定母数　261,263	事前分布　386
クロス確認　150	古典的テスト理論　376	指標　257
クロスバリデーション　150	コバリミン回転　190	四分位数　38
クロフォード・ファーガソン族　195	誤判別率　150	四分相関係数　200
群間平方和　155	固有値　33,175,212,220	四分相関係数行列　206,395
		自前の関数　48

尺度化係数　379	正準係数　156	総合効果　269
斜交解　180	正準相関係数　156,161	相対リスク　126
斜交回転　188	正準判別関数　155	双方向の因果関係　259,276
重回帰分析　76,256	正準判別係数　156	双方向の回帰モデル　359
重回帰モデル　359	正準判別得点　155	相補比率の重複対数変換　118
重決定係数　69	正準判別分析　154	総和　38
重心　166	正準母数　100	ソマーズの D　116
修正指標　324	正準連結関数　103,105	
従属変数　66	正答率　377	**た　行**
自由度　71,273	正判別率　116,150	対角重み付け最小2乗法　345
自由度調査済み決定係数　88	成分得点　419	対角行列　30
十分統計量　392	成分得点係数　222	対称性　399
周辺最尤推定法　393	正方行列　30	対数オッズ　109
自由母数　261,263	制約母数　261,263	対数線形モデル　129
主軸法　181,185	積　29,385	対数双曲線余弦関数　232
主成分　210	積率　339	対数尤度　106,112,391
主成分軸　214	積率行列　297	代入　21
主成分得点　210	積率構造　343,360	対立仮説　71
主成分負荷量　219	積和　223	ダウンロードサイト　14
主成分分析　210	絶対値　23	楕円形　257
順位　38	切片　64	足し算　20
順序尺度データ　200	切片因子　296	多重共線性　83
条件付き潜在曲線モデル　303	説明変数　67,147	多重代入法　419
昇順　42	説明率　69	多重ロジスティックモデル　109
常用対数　23	漸近共分散　345	多値的採点モデル　378
初期解　180	漸近的に分布に依存しない方法　345	妥当性　376
真値　376	漸近分散　345	多分相関係数　200
真の得点　376,414	線形判別分析　153	多分相関係数行列　206
真の得点の等化　415	線形予測子　103	多変量正規分布　145
シンプリマックス回転　182,215	潜在曲線モデル　256,294	多母集団の同時較正法　398
信頼区間　279,389	潜在成長曲線モデル　283	多母集団の同時分析　306
信頼性　376	潜在変数　257	ダミー変数　126,128
信頼性係数　260	潜在変数のパス解析　256	単位　377
数列　25	尖度　232	単位行列　30
スクリー基準　164	全平方和　155	単回帰分析　64
スクリーテスト　175,216	相関関係　259	単回帰モデル　343
スクリプト　14,20	相関係数行列　38	段階反応モデル　378,379
ステップワイズ法　93	相関係数行列の検定　310	探索的因子分析　256
スピアマンの順位相関係数　45	相関係数の検定　306	単純構造　188,190
正規化定数　100	相関係数の差の検定　311,312	単純最小2乗法　345,357
正規混合分布　247	相関比　155	中心化　232
正規分布　99	相関分析　256	丁度識別　275

調和解析法　200
直接効果　269
直交解　180
直交回転　188
散らばり母数　100,106
通過率　377
定数　64
定数変数　296
ディレクトリの変更　56
底を2とする対数　23
データの入出力　55
データの分割　43
データフレーム　37
θ-A曲線　392
適合度指標　274
テスト情報関数　389
テスト情報量　388
テスト特性関数　384
テスト得点の等化　415
テスト反応関数　384
テスト理論　376
デビアンス　108,112,126,131
デビアンス残差　132
転置　28,183
転置行列　29
転置ベクトル　29
等化　398
等化係数　398
導関数　50,53
道具的変数　336
同時最尤推定法　393
等値制約　264,331
同値モデル　334
特異性　115
特異度　115
独自因子　174
独自因子得点　174
独自性　174　220
特殊因子　174
独立　228
独立因子分析　230,247
独立成分　229

独立成分分析　228
独立変数　67
独立モデル　274
トレース　273
トレースの割合　158
トレランス　85
トンプソン法　197,248

な 行

内生変数　259
内生変数の分散共分散　326
並べ替え　41
2項分布　99,101
2次の積率　340
2次判別分析　140,152
2次微分　51
2指標規則　291
2母数モデル　378
2母数ロジスティックモデル　381
ネゲントロピー　232
ネピア数　23
ノイズ　247
ノイズあり独立成分分析　230,247
ノーマルメトリック　379

は 行

パーシマックス回転　189,196
バートレット法　199,248
Π　385
バイコーティマックス回転　189
バイコーティミン回転　190
白色化　232
白色化行列　233
箱ひげ図　420
パス解析　256
パス係数　258
パス図　170,256
パッケージ　17
パッケージのインストール　17
パッケージの読み込み　17
パラメータ　100,260
バリマックス回転　182,189,196,215

反復主因子法　181
ピアソン残差　132
非階層的クラスター分析　162
引き算　20
非反復主因子法　181,186
非標準化解　265
微分　49
微分係数　49
微分公式　53
ヒューリスティック法　393
標準化　92
標準化解　265
標準化間接効果　269
標準化効果　269
標準化総合効果　269
標準化直接効果　269
標準誤差　84,244,388
標準偏回帰係数　92
標準偏差　38
標準母数　100
標準連結関数　103
標本共分散　38
標本分散　85
敏感度　115
ファントム変数　330
不一致　116
ブートストラップ法　244
付値　21
不定　275
不適解　181,330
不等式制約　332
負の2項分布　37,99
負のエントロピー　232
部分採点モデル　378,379
不偏共分散　38
不偏性　38
不偏標準偏差　46,48
不偏分散　38
不偏分散共分散行列　38
ブラインド信号源分離　227
プロクラステス回転　189
プロマックス回転　182,189,215

プロンプト　15
分散　38
分散拡大係数　85
分散関数　101
分散説明率　183,216,220,268
分離行列　233
平均　38
並行分析　176,205,216
ベイズ・モーダル推定値　386
ベイズ情報量規準　248
ベイズ推定法　393
平方根　23
冪乗　20
ベクトル　24,25
ヘシアン　353
ベルヌイ分布　99,109
偏回帰係数　76
偏共分散　315
変数　21
変数減少法　93
変数選択　93
変数増加法　93
変数増減法　93
偏相関係数の検定　314
ベントラー基準にもとづく斜交回転　182
ベントラー基準にもとづく直交回転　182

偏尤度比検定　136
ポアソン回帰モデル　121,124
ポアソン分布　99,121,123
飽和モデル　239,274
保管　21
母数　100,260
補正値　125
ホルムの方法　168
ボンフェローニ法　245

ま 行

ミンレス法　180,185
ムーア・ペンローズ一般化逆行列　32
無相関　228
無相関検定　307
メモ帳　20,59
モーダル推定値　419
目的変数　66

や 行

有意確率　68
尤度　106,386
誘導型　360
尤度関数　386,393
尤度比検定統計量　113
要素　30
要約　38

用量反応モデル　117
抑制変数　89
予測式　64
予測値　64
予測平面　79

ら 行

ラグランジュの未定乗数法　212
乱数の種　249
ランダム標本デザイン　399
率比　126
累乗　20
累積寄与率　183,216,220
累積分散説明率　216,220
レーダーマンの境界　175
列の平均　38
列の和　38
連結関数　103
ロジスティック回帰モデル　109
ロジスティック曲線　110
ロジスティックメトリック　379
ロジスティックモデル　378,379
ロジット　109
ロジット関数　104

わ 行

歪度　341
割り算　20

著者紹介

服部　環（はっとり　たまき）
筑波大学第二学群人間学類卒業。
筑波大学大学院修士課程教育研究科修了。教育学修士。
筑波大学大学院博士課程心理学研究科修了。教育学博士。
現在，筑波大学大学院人間総合科学研究科教授。
主な著書に，『「使える」教育心理学』（北樹出版，2009，監修），『Q&A心理データ解析』（福村出版，1996，共著），『小学校児童　新指導要録の解説と実務』（図書文化社，2010，分担執筆），『中学校生徒　新指導要録の解説と実務』（図書文化社，2010，分担執筆），『心理学検定　基本キーワード』（実務教育出版，2009，分担執筆），『心理統計の技法』（福村出版，2002，分担執筆）。

心理・教育のための R によるデータ解析

2011 年 3 月 30 日　初版第 1 刷発行

著　者　　　服部　環
発行者　　　石井　昭男
発行所　　　福村出版株式会社
　　　　〒113-0034　東京都文京区湯島2-14-11
　　　　電話　03-5812-9702　FAX　03-5812-9705
　　　　http://www.fukumura.co.jp
印刷／製本　シナノ印刷株式会社

©Tamaki Hattori　2011
Printed in Japan
ISBN978-4-571-20076-2 C3011
定価はカバーに表示してあります。

福村出版◆好評図書

服部 環・海保博之 著
Q&A心理データ解析
◎2,600円　ISBN978-4-571-20055-7　C3011

データ解析の初学者が自学自習できるように，Q&A方式を用い練習問題を付した入門書。共分散構造分析も解説。

岩淵千明 編著
あなたもできる データの処理と解析
◎2,600円　ISBN978-4-571-20058-8　C3011

卒論で必須のレベルの統計を丁寧に解説。研究プロセスにもとづいて，手順と考え方を徹底的にチャート化。

渡部 洋 編著
心理検査法入門
● 正確な診断と評価のために
◎2,800円　ISBN978-4-571-24029-4　C3011

信頼性・妥当性などの理論を紹介し，Y-Gなど代表的な検査について，データの扱い，解釈を実践的に解説する。

渡部 洋 著
ベイズ統計学入門
◎3,800円　ISBN978-4-571-20066-3　C3011

予測と確率を重視するベイズ統計学をわかりやすく解説。標本から母集団の推測などにとくに効果を発揮。

村田光二・山田一成・佐久間勲 編著
社会心理学研究法
◎3,000円　ISBN978-4-571-20591-0　C3311

質問紙による実験と調査に的をしぼり，研究計画の立て方，質問紙の作成や集計のテクニック，倫理などを解説。

大村彰道 編著
シリーズ・心理学の技法
教育心理学研究の技法
◎2,200円　ISBN978-4-571-20586-6　C3311

観察，面接，質的分析，質問紙調査，実験の各技法をくわしく紹介。代表的研究例で手順が具体的にわかる構成。

下山晴彦 編著
シリーズ・心理学の技法
臨床心理学研究の技法
◎3,600円　ISBN978-4-571-20585-9　C3311

科学としての客観性と臨床的な妥当性をもった臨床心理学研究の新たな枠組みと方法を示す本邦初の書。

大櫛陽一・春木康男・浅川達人・松木秀明 著
看護・福祉・医学統計学
● SPSS入門から研究まで
◎3,000円　ISBN978-4-571-50005-3　C3047

看護・福祉・医療・保健の統計手法を網羅。初心者でも高度な処理を可能にしたマニュアル仕様の入門・実習書。

小花和Wright尚子・安藤明人・佐方哲彦 編著
心理学英和・和英基本用語集
◎1,000円　ISBN978-4-571-20075-5　C3011

心理学の基本的な専門用語1644と人名233を収録したハンディサイズの用語集。心理学を学ぶ人必携！

◎価格は本体価格です。